MATTHES & SEITZ BERLIN
PAPERBACK

FRANÇOIS JULLIEN

Vom Sein zum Leben

Euro-chinesisches Lexikon des Denkens

Aus dem Französischen von Erwin Landrichter

Matthes & Seitz Berlin

Inhaltsverzeichnis

Im Lauf der Arbeit kommt ein Zeitpunkt – ein Moment im Leben vielleicht? –, wo es angebracht erscheint, die verschiedenen Fäden miteinander zu verbinden oder, so könnte man auch sagen, sich einen Überblick über seine Baustelle zu verschaffen. Ein Moment des kritischen Resümees, so wie ihn ein Gärtner erlebt, wenn er einen Rundgang durch seinen Garten macht, um zu sehen, was darin gedeiht, was Wurzeln geschlagen hat und was nicht, in welchem Zustand sich die Pflanzen befinden, welcher Boden einer erneuten Bearbeitung bedarf, wo ausgerissen und wo neu gepflanzt werden muss.

Bei einer philosophischen Baustelle geht es darum, den Zustand seiner Konzepte[1] *zusammenzufassen und zu sehen, wozu sie wohl dienen könnten. Es sind hier Konzepte aus der Begegnung von chinesischem und europäischem Denken hervorgegangen, oder genauer gesagt: aus dem chinesischen und dem europäischen Sprechen-Denken* [langue-pensée], *denn selbst wenn es nicht von der jeweiligen Sprache determiniert wird, so beutet das Denken nicht minder deren Ressourcen aus. Die Konzepte, die ich hier vorlege, sind aus dieser Begegnung entstanden, dienen jedoch zugleich auch dazu, diese Begegnung überhaupt erst zu konzipieren, d. h. sie zuallererst möglich zu machen. Genau darin liegt tatsächlich die Schwierigkeit: Eine Begegnung dieser Sprachen und Denkweisen sollte Werkzeuge in der Art produzieren, dass ohne sie diese Begegnung gar nicht stattfinden könnte – das Resultat ist demnach auch die Vorbedingung. Wie aber kann man* zwischen *den Denkweisen denken, d. h. ohne in der einen oder anderen eingesperrt zu bleiben, sondern sich von der einen* durch und querverlaufend *zur anderen zu lösen, um ihnen zu erlauben,* sich füreinander zu inter-pretieren? *Ich werde hier so vorgehen, dass ich abwechselnd bei der einen und bei der anderen vorbeischaue, und zwar sowohl von der einen Seite her als auch von der anderen, lateral also, jedoch ohne mich auf eine der beiden festzulegen,* qua hinc, qua hac *heißt das im Lateinischen oder umgangssprachlich im Französischen* »cahin-caha«. *Ja, einmal so, einmal so, sich hin- und herwindend. Diese Vorgehensweise ist nicht sehr glorios, aber die einzig logische, wenn man nicht der üblichen Illusion verfallen will, sich eine unmögliche Überstülpung (einer unmittelbar direkten Übersetzung dieser Sprachen und Denkweisen) anzumaßen: wenn man die notwendigen Voraussetzungen zur beiderseitigen Anbahnung eines wechselseitigen Anhörens schaffen will. Anderenfalls würde man ja gleich zu Beginn die Kategorien und Vorausentscheidungen der eigenen Sprache und des eigenen Denkens, die jedoch ungedacht bleiben, auf dieses Anderweitige der Sprache und des Denkens projizieren und könnte einander dann wohl kaum noch tatsächlich begegnen.*

Mit anderen Worten: Ich glaube nicht, dass man vom Westen her das chinesische Denken direkt oder frontal »vorstellen«, es resümieren, einen Gesamtüberblick bzw. ein handliches Digest *davon verfassen oder gar seine Geschichte schreiben kann. Man bleibt unvermeidlich und ohne es zu bemerken von den implizierten Entscheidungen seiner eigenen Sprache und seines Denkens abhängig und würde letztlich stets bloß ein* Faksimile *dessen vorfinden, was man bereits gedacht hat, mit mehr oder weniger großen Abweichungen. Es hat keinerlei Verstörung stattgefunden, man hat nicht Abstand genommen. Man hat »das Europa mit seinen alten Brüstungen« nicht verlassen. Die einzige Strategie, die ich sehe, um dieser Aporie zu entgehen, ist, eine schrittweise* Gegenüberstellung *vorzunehmen, lateral, wie ich bereits sagte, mit aufeinander folgenden Seitenschritten, durch miteinander verknüpfte Verschiebungen und Verstörungen, durch Ent- und Rekategorisierungen, Masche für Masche knüpfend von einem Konzept zum nächsten, sodass diese* im Fortgang *ein Lexikon ergeben.*

Die Lemmata dieses Lexikons sind keine auf ihre Allgemeinheit vertrauende Begriffe, sondern konzeptuelle Abstände [écarts], *die eine nur allzu schnell zugestandene Allgemeinheit rissig werden lassen und dadurch ein* Dazwischen *unter diesen Sprachen und Denkweisen öffnen. In weiterer Folge wird es nicht darum gehen, zu »vergleichen«, indem versucht wird, die Ähnlichkeiten und Unterschiede zu identifizieren, um das eine wie das andere Denken zu charakterisieren – diese Identifizierungen wären ebenso vergeblich wie unmöglich. Vielmehr wird durch die Organisation einer Gegenüberstellung dieser Sprachen und Denkweisen eine wechselseitige* Betrachtung möglich, aus der eine Reflexion *der einen durch die andere resultiert, und zwar simultan und beiderseits. Da es dem Abstand eigen ist, nicht wie die Unterscheidung durch die Einteilung in Gleiches und Anderes Ordnung zu schaffen, sondern* Verwirrung *zu stiften, indem er herauszufinden auffordert, wie groß er ist, wird er durch die sich eröffnende Distanz das Denken wieder in Spannung versetzen, also wieder in seiner Arbeit aktivieren. Auch sind diese Konzepte nicht retrospektiv, indem sie eine Bilanz der beiden bisherigen Traditionen ziehen, sondern prospektiv: Indem sie eine Dissidenz innerhalb der Philosophie in Gang setzen und in weiterer Folge eine schrittweise Rekonfiguration des Denkbaren, rufen sie zu einem Denken auf, das sich der auf beiden Seiten zur Verfügung stehenden Ressourcen bedient und dabei die festgefahrenen Bahnen der einen wie auch der anderen zugunsten eines Neuanfangs verlässt. Wenn man Schweiß und Frust (Arbeit) auf sich nimmt, aber auch Lust, Leidenschaft und »Frohsinn« zulässt – die »Fröhliche Wissenschaft« steht im Gegensatz zu dem, was die sinologische Gelehrsamkeit nur allzu oft an Freudlosigkeit an sich hat –, kann das Denken wieder zur Initiative finden, dann kann es aufs Neue etwas wagen.*

Konzept heißt so viel wie Werkzeug. *Jedes hier geschmiedete Konzept ist nun eines im Hinblick auf ein anderes* (versus ein *anderes), das zunächst das semantische oder funktionale Äquivalent von ihm zu sein scheint, das sich aber durch den Abstand als das Gegensätzliche oder als Antonym von ihm herausstellt. Dergleichen Konzepte »entfalten« das Denken, d. h. sie öffnen die markierten und verfestigten*

»Faltungen« wieder. Sie haben daher keine spezifische Anwendung oder ein bereits im Vorhinein zugewiesenes Gebiet. Dafür lassen sie nach und nach, über den einen oder anderen indirekten Zugang, Rissbildungen in dem Ganzen erkennen, die es zu erforschen gilt: Rissbildungen zwischen dem, was sich im Rahmen des europäischen Denkens als Dominanz des Subjekts *erweist, und dem, was wir in Europa nur mit dem armseligen, zu restriktiven Ausdruck* Situation *bezeichnen (zu restriktiv, weil eben nicht losgelöst von der Perspektive des Subjekts) – diese Alternative gilt es zu konstruieren. Dabei sind die Konzepte dieser Zwischenwelt Vagabunden. Sie sind zu allem zu gebrauchen, sie durchqueren ganz munter die traditionellen Gebiete der Geschichte, der Moral, der Politik oder Ästhetik, sie wandern von der Ersten Philosophie bis zur Denkweise des Managements. Sie sind sowohl theoretisch als auch praktisch, oder genauer gesagt: Sie beginnen, den Gegensatz von »Theorie« und »Praxis« aufzuweichen. Ich würde sagen, sie sind eher* strategisch. *Indem sie die Ressourcen der einen und anderen Sprache, des einen und anderen Denkens nutzen, dienen sie dazu, eine Strategie sowohl von* Leben [vivre] *als auch von* Denken *auszuarbeiten.*

Welche Perspektive entfaltet sich im Zuge dieses Ablaufs, welche Geschichte gibt sich darin zu erkennen? Da profiliert sich nach und nach, dem Faden folgend, mit dem ich Masche für Masche zwischen dem Sprechen-Denken Chinas und dem Europas stricke, ein Ausgang aus der »Frage des Seins«, der sich zugleich als ein Zugang zum Denken von Leben herausstellt. Man kann tatsächlich nicht »weggehen« (etwas dekonstruieren), ohne anderswo hineinzugehen (etwas zu entdecken). Wenn nun Leben sich nicht mit der Begrifflichkeit von »Sein«, d. h. von Wissen, erfassen lässt, in der das europäische Denken, zumindest die Mehrheit der Philosophie, gedacht hat – wie kann man es dann angehen? Oder anders gesagt: Wenn »leben« sich nicht zum Gegenstand des Denkens machen lässt, weil man von Anfang an darin befasst und daher ohne Distanz zu ihm ist, wie kann man dann Zugang dazu finden? Schließlich ist es doch wahr, dass wir nichts anderes anstreben als zu leben.

I

Neigung (vs. Kausalität)

—1—

Wir mussten, um die Dinge zu denken, das Sein und das Werden trennen. »Wir« – sind das nur die Griechen? Und wenn ich sage: »die Dinge«, so handelt es sich selbstverständlich genauso um Lebewesen wie um Dinge, unabhängig von ihrer Natur und ihrem Verhalten – der Terminus möchte durch seine Unbestimmtheit so allgemein wie möglich sein. In einer allerersten Geste – und sie scheint durch die Vorgehensweise des Geistes geboten – unterscheiden wir zwischen dem *Statischen* und dem *Dynamischen*, zwischen stabilem und bewegtem Zustand, wobei sich Letzterer durch die Veränderung, die in ihm stattfindet, sogar als widersprüchlich erweist. Nicht dass wir die Dinge unausweichlich durch Sprachzwänge stabilisieren – in Frankreich ist das die Frage Bergsons –, aber wir betrachten einerseits die *Situation* und andererseits ihre *Entwicklung*. Von daher kommt es, dass wir die Dinge nicht in ihrer Konfiguration und zugleich in ihrer Transformation sehen können und dass wir niemals ausreichend an ein Ding herankommen – eben weil es kein in irgendeiner Weise isolierbares »es« ist –, wo wir doch wissen (*wodurch* wir wissen), dass Reelles vor sich geht oder sich spannt, aber eben nicht ist (*res*: das substanzielle »Ding«). Wir wissen nur, dass es *erfolgt*. Das heißt, dass wir nicht so sehr den Übergang vom einen zum anderen als vielmehr die Untrennbarkeit von beiden in einem schwarzen Loch belassen: dass die Dinge *sich* aus dem *konstituieren*, aus dem sie *sich entwickeln*. Was sich genauso umgekehrt lesen lässt: Sie entwickeln sich aus dem, was sie konstituiert. Um die Termini von früher wieder aufzunehmen, könnte man sagen: Das Ereignis ist in der Struktur.

Neigung [*propension*] scheint mir der geeignetste Terminus zu sein, um diesem Mangel abzuhelfen, nämlich diese Untrennbarkeit zu bezeichnen und einzugrenzen. Er würde diesem Undenkbaren am nächsten kommen, um zu sagen, wie die Dinge von dem, was sie »sind«, herbeigeführt werden und das »sind«, was sie herbeiführt: wie die Disposition in ihnen die Neigung impliziert und wie *zugleich* die Neigung selbst die Disposition konstituiert – wie die Entwicklung also nicht nur in der Konfiguration enthalten ist, sondern eins mit ihr ist und in ihr aufgeht. Dafür habe ich einige Bestätigung in einem Terminus des chinesischen Denkens der Antike gefunden, nämlich im *shi* 势. Das ist kein streng umrissener Begriff, der aber auf verschiedensten Gebieten Verwendung findet, von der Strategie bis zur Theorie der Machtausübung, von der Ästhetik bis zu grundlegenden Gedanken zur Geschichte und Philosophie, und ich war im Laufe der Lektüre der Texte erstaunt, dass er genauso oft mit »Situation« wie mit »Evolution«, mit »Bedingung« ebenso wie mit »Verlauf« übersetzt wurde.

Bis zu welchem, von der Intelligenz nie völlig geklärten, Punkt verbinden sich diese Begriffspaare miteinander, sodass sie sich als kommunizierend, ja sogar als äquivalent erweisen? »Tendenz« wäre noch zu sehr auf Seiten von Entwicklung, um brauchbar zu sein; es ließe das Situative zu wenig zur Geltung kommen; dieser Terminus wird nur allzu oft auch ins Psychologische hineingestopft, und zwar zu genetisch. Aus »Neigung« dagegen – der Terminus *Propension* ist eher ausgefallen, aber Leibniz hat ihn gekannt – hören wir heraus, dass die Dinge nicht »sind«, aber dass sie (sich) »neigen«, dass sie sich entsprechend ihrer Neigung spalten und dass gerade das ihr »Weiterkommen« ausmacht; dass sie durch ihre *Gewichtung* [*pesée*] (*pendere*) je nach Situation nicht zu kippen aufhören und durch diesen Elan und Schwung ihre Zukunft *pro*-duzieren; dass sie von vornherein danach streben, sich zu rekonfigurieren, aus dem einfachen Grund, weil sie stets nicht ein »Seiendes«, sondern ein Sich-Neigen sind. Stets: Die Welt besteht nur daraus, dass sich alles ständig und in gewisser Weise »nach vorne neigt« – *pro-pendere* – und so ihre Erneuerung produziert.

Wenn man von diesem Vokabular Gebrauch macht, hat man den Eindruck, in eine Art materialistische und deterministische Theorie zurückzufallen, wie wir sie in Europa immer wieder seit der Antike entwickelt haben. Genau das ist aber nicht der Fall – und eben hier kann uns das Denken von *Neigung* etwas Neues bringen, insofern es beginnt, uns von unseren Erwartungen wegzurücken. Interessant an diesem Konzept – oder besser: an dem, woraus ein Konzept zu machen wäre – ist, dass es uns von den Explikationen befreit, uns also aus dem Regime der Kausalität entlässt, das über das europäische Wissen geherrscht hat, um uns in eine beständige *Implikation* einzuführen. Die Griechen haben ausgehend von »Ursache« und »Prinzip« gedacht, von einer vorangehenden Ursache und einem wirkenden Prinzip (*aitia* αἰτία und *archē* ἀρχή sind die zwei einleitenden Termini des aristotelischen Vokabulars[2]). Wir dringen, anders gesagt, durch die »Ursache« zum »Ding« vor, dieses bezieht seine Wahrheit von jener, und wir »geben Rechenschaft« von welchem Seienden auch immer (das berühmte *logon didonai* der Griechen) nur durch etwas ihm Äußeres – was, zumindest auf symbolische Weise, das *Ex*- von Explikation verdeutlicht. »Kenntnis« ist so viel wie »die Ursachen der Dinge kennen«. *Rerum cognoscere causas* heißt im Lateinischen sentenziös eine Formel, die das Mysterium der Welt angeblich entschleiert, indem es dieses dem explanativen Regime unterwirft. Gott selbst – Platon sieht darin bereits eine Evidenz – wird als »erste Ursache« gesetzt, über die man nicht hinauszugehen imstande sei und von der ausgehend sich alles aneinanderreihen und »erklären« ließe (oder auch, im *Phaidon*, die »Idee« als »Ursache«).

—2—

Es liegt demnach hier, in der *Kausalität*, eine Wirkung der Intelligenz oder der Klarheit vor, die sich in allem fortsetzt, mit dessen Stempel die Griechen alles Wirkliche versehen haben (damit es als »wirklich« anerkannt wird, gemäß der Zweiteilung »verursachend«/»verursacht«). Die kausale *Verbindung* ist als solche archetypisch, so sehr trifft es nämlich zu, dass die Rolle des Verstands eben darin besteht, in einer Weise Beziehungen herzustellen und zwei Dinge zu »verbinden«, wobei das eine außerhalb des anderen behalten wird und zugleich dieses hervorruft – alles nach dem Modell: Das Feuer ist die Ursache dafür, dass das Wasser kocht. Nun hat die Kausalität das europäische Denken so sehr dominiert, dass wir diesen Rahmen und dieses große explanative Regime, diesen mächtigen Hebel vor allem des physikalischen Wissens, nicht verlassen haben und es bis in unsere Moderne nicht beargwöhnt wurde – mit Ausnahme von Hume und Nietzsche, deren Größe gerade darin liegt, es hinterfragt zu haben. Was unsere Moderne ausmacht, ist eben zum Teil der Versuch, sich von diesem Joch der Verkettungen zu lösen, indem sie den Gedanken wagt, dass dieses einzig unsere »Gewohnheit« als Rechtfertigung haben könnte. Was sie ausmacht, ist der Versuch, den Geist von der großartigen Antriebsfeder der Kausalität zu emanzipieren, und zwar bereits in der Physik, vor allem aber in der an ihr scheiternden Meta-Physik, die zu sorglos glaubte, ihr Gebäude auf diesem Kunstgriff errichten zu können.

Einige chinesische Denker am Ende der Antike (jene, die man die Späten Mohisten nannte) haben sehr wohl ebenfalls die Kausalität gedacht und sie sogar an den Beginn ihres *Kanons* gestellt, doch muss man sogleich bemerken, dass sie im Rahmen der chinesischen Tradition eine Sonderstellung einnehmen. Sie, die durch ihr Interesse an der Wissenschaft, der Physik und Optik, wie auch mit ihrer Forderung nach einer Definition sowie der Strenge ihrer Widerlegungsregeln den Griechen so nahe zu stehen scheinen, haben sich niemals mit dem *dao*, dem »Weg«, abgegeben: Wie weit haben sie sich von der Logik des Prozessualen, die unter dem Thema des »Wegs« das chinesische Denken dominiert hat, entfernt? Jedenfalls lässt sich bei ihnen die Möglichkeit eines Denkens erahnen, die die chinesische Tradition in ihrer Gesamtheit nicht entwickelt hat. Zweifellos gehörten sie selbst dem Milieu von Handwerkern oder »Technikern« an und nicht jenem der Berater des Hofes und der Literaten. Überdies wurden uns ihre Texte nur in Bruchstücken überliefert, da sie in China erst zu Beginn des 20. Jahrhunderts wiedergefunden wurden, wiederentdeckt zur selben Zeit, in der es auch zur Begegnung mit dem europäischen Denken kam. Das reicht, um zu verstehen, weshalb das erkannte *Mögliche* der Kausalität nicht dazu geführt hat, sich im Kontext des chinesischen Denkens zu entwickeln; oder weshalb ein anderes Mögliches die Oberhand gewann, das nicht versucht hat, die Welt zu erklären, auf ihr großes Warum zu antworten und sich dagegen darauf konzentrierte, ihren geringsten Neigungen auf scharfsinnige Art auf die Spur zu kommen, um sich ihre Wendungen zu eigen zu machen und so in einen Einklang zu ihrem »Funktionieren« zu gelangen. Auf diese Weise wendet es sich ab von dem, was wir Physik und Metaphysik nennen, braucht es weder einen Gott als »Ursache« der Welt noch den Gedanken der Freiheit als »Ursache« des Subjektwillens.

In Termini von Neigung und nicht mehr jenen von Kausalität zu denken, heißt nicht nur, das Regime von *Explikation* zugunsten eines Regimes der *Implikation* zu verlassen oder auch von einer externen zu einer internen Begründung überzugehen, die sich als Immanenz versteht, sondern lässt uns, im weitesten Sinn, von der Klarheit durch ein »Abkoppeln« (der Elemente) und »Entkoppeln« (der Gegenteile), jener des Seins und seiner Konstruktion, in die Logik des zugleich *Stufenlosen* und auch *Korrelierenden* und insofern unendlich im Prozesshaften Verschränkten hineinkippen. Man muss verstehen, dass das *Prozessuale* radikal von dem zu trennen ist, was wir traditionellerweise unter »Werden« begreifen, da Letzteres stets im Schatten des Seins und als seine Ableitung oder sein Vergehen verstanden wird. Entweder war das Werden eine Degeneration, Opfer seines Verderbens, weil das Sein im zeitlichen Verlauf in der Geruhsamkeit der Identität versackte, oder es war, im Gegenteil, als »Potenz« (*dynamis*) auf ein Ziel ausgerichtet und bestrebt, dieses zu verwirklichen (die *energeia* des Aristoteles). Die *Neigung* dagegen deutet auf eine Entfaltung hin, die durch keinen Verlust ausgelöst wird, aber auch von keiner Berufung gekennzeichnet ist, die von vorne herbeigeführt wird, aber nicht zu etwas hin (dieses *_zu_^{3} der Verwirklichung und des Ziels). Vielmehr wirkt sie einzig durch die Weise, wie eine Situation dazu tendiert, »sich zu neigen«, indem sie ihre Richtung einschlägt, ihre Verlängerung induziert und ihre Erneuerung produziert.

Daraus folgt, dass die für das Erfassen von Neigung erforderliche Intelligenzmodalität nicht die der »Verbindung« ist (der »synthetischen«, jene des Verstands im Kant'schen Sinn), sondern, sagen wir einmal, eine des *umsichtigen Einschätzungsvermögens* [*discernement*] (häufige Bedeutung von *zhi* 知); ein Einschätzungsvermögen, das in jedem Faden oder jeder Faser einer Situation den »Ansatz« einer Verwandlung aufzuspüren vermag (der Begriff des *ji* 幾 aus der Antike im chinesischen *Buch der Wandlungen*). Statt Zustände zu analysieren, geht es also darum, Phasen und Etappen auf eine Weise zu beobachten, die es erlaubt, die im Entstehen begriffene Mutation bereits in der gegenwärtigen wahrzunehmen, und zwar in ihren *Grundzügen* [*linéaments*] (der Begriff von *xiang* 象). »Kontextuelle« Intelligenz hat man sie genannt, sowohl ab- und verzweigend als auch zusammenfassend, denn man muss jederzeit herausfinden, wie die Konfiguration in eine bestimmte Richtung zu kippen sich anschickt und das aufgrund der Verhältnisse und Variablen, die das Ganze ausmachen, durch den Effekt ihrer Paarbildung, eben das, was wir »Situation« nennen – *Situation*, ein Terminus, der von Neuem gedacht werden muss. Von nun an wird man sich nicht mehr damit zufriedengeben, die singuläre Verursachung einer Wirkung zu verfolgen. Alles ist immer nur ein von seinen Polaritäten her konditioniertes Spiel korrelierender Faktoren, aus dem sich ein Richtungswechsel ergibt – förmlich sekretiert, der aus einer winzigen, kaum aufkeimenden Möglichkeit zu einer immer wahrscheinlicheren wird, bis er sich dann tatsächlich aktualisiert.

— 3 —

Der Eintritt in die Logik der Neigung bringt nun die große, übrigens bewundernswürdige, europäische Inszenierung der *Wahlmöglichkeit* und ihrer Freiheit ins Wanken. Die griechische Frage bezüglich der Ethik ist jene nach der Ursache meines Handelns. Damit ich nicht in die Fänge einer deterministischen Erklärung gerate, muss ich wohl eine Unterbrechung in ihrer Rationalität schaffen, indem ich so etwas wie eine »Abwandlung« voraussetze, die aber zufällig (*clinamen*) ist und so wirkt, dass sie durch ihre eigene Ursache »die unendliche Aufeinanderfolge der Ursachen verhindert«, wie Lukrez das sagen wird, und so Platz für die Möglichkeit eines Willens macht.[4] Wenn ich, wie das die Griechen gemacht haben, im Verlauf meines Verhaltens ein besonderes Segment herausschneide und isoliere, dem ich einen Anfang und ein Ende zuschreibe und das ich »Handlung« (*praxis*) nenne und diese von nun an nur eine Mehrzahl von Anfügungen zur Folge hat (»eine« Handlung – »unbestimmt viele« Handlungen), dann kann ich es nicht vermeiden, Fragen zur Herleitung und Begründung einer derartigen, sich als Entität konstituierenden Einheit von »Handlung« zu stellen. Ich kann nicht umhin, mir die Frage zu stellen, ob ich diese Handlung, isoliert wie sie ist, durch eine interne oder externe Kausalität vollzogen habe, durch eine, die von mir abhängig ist oder nicht, »aus freien Stücken« oder »unfreiwillig« (*ekōn/akōn* ἑκών/ἄκων). Es ist die erste Klippe der Moral zu Beginn der Verantwortung. Tatsächlich hat die griechische Tragödie diese Frage noch vor der Philosophie thematisiert: Ajax (bei Sophokles), der sich in sein Schwert stürzt – hat er das von sich aus gemacht oder war er Opfer eines von anderswo herrührenden Wahnsinns, einer göttlichen Rache?

Wenn sich der Westen so sehr an die Freiheit geklammert und aus ihr sein Ideal gemacht hat, so sicher deshalb, weil er sich Gedanken über die jedem Einzelnen gegebene Fähigkeit machte, seine eigene Ursache zu sein, unabhängig von aller äußeren Bestimmung, d. h. seinen Grund in »sich selbst« zu finden, *causa sui* zu sein, sagt

Spinoza zu Beginn seiner *Ethik*.[5] In dem Augenblick aber, in dem ich nicht mehr in den Termini des isolierbaren, atomisierbaren Seins (oder Handelns) denke, sondern in jenen des kontinuierlichen Verlaufs (dessen, was ich mein Verhalten nenne: »Verlauf der Welt«, »Verlauf des Verhaltens«, *tian-xing, ren-xing* 天行, 人行, sagen parallel die Chinesen), kann die Frage nur mehr lauten: Durch welche ununterbrochene Inklination in dem, was meine ununterbrochene, wechselseitige Anregung mit der Welt ausmacht (*xiang-gan* 相感), bin ich dabei, den Wert meines Verhaltens zu modifizieren – ihn zu erhöhen oder zu erniedrigen? Eine derartige Neigung ist trotz allem keineswegs deterministisch (die Kehrseite unserer Freiheit, die als solche nichts verschiebt), aber der Anteil an Wahlmöglichkeit und Initiative wird im Lauf dieses Prozesses so sehr verdünnt, dass er kaum merkbar selektiv ist: Diese »Wahl« kommt nur dort, wo es letztendlich »hinneigt« und hineinkippt, zum Ausdruck – also in Form eines Resultats. Die Frage, die sich dann stellt, ist: Wie kann man dieses, dem Verhalten Vorausliegende fördern und qualifizieren, von dem in weiterer Folge die Moralität meines Benehmens durch Neigung herrührt? Wie kann der geringste »Ansatz« eines in mir entdeckten moralischen Verhaltens – wie etwa das Unglück anderer plötzlich »unerträglich« zu finden, so bei Menzius[6] – weiter entfaltet und diese Neigung zum Guten hin »gleich dem Wasser, das abwärts neigt«, durch Schaffung günstiger Bedingungen »kultiviert« werden? Wenn schließlich das gesamte Benehmen nur mehr Ausdruck dieser moralischen Neigung ist, die Tugend somit spontan wird und weder Zwang noch Anstrengung bedarf,[7] dann ist man »weise« geworden.

Ebenso verhält es sich mit dem Verständnis von Geschichte. Statt sie in Ereignisse zu atomisieren, von denen man durch das Feststellen ihrer Ursachen deren Verkettung deutlich machen will, verfolgt man sie über eine lange Zeit hinweg – in ihrer »langen Dauer« [*longue durée*], wie Braudel sagt – in ihren Kraftlinien und ihrer »Gesamtneigung« (*da shi* 大势 nennt sie Wang Fuzhi[8]). Auch Montesquieu, dem bereits mit der zu bestimmten und daher zu zerstückelnden Vorgehensweise der Kausalität nicht gut zumute war, spielte darauf an, als er von »allgemeiner Ursache« sprach, die er später durch den »hauptsächlichen Gang« ersetzte, um die berühmten Ursachen »der Größe der Römer und ihres Niedergangs« zu beschreiben.[9] Die Geschichte ist nicht aus einem unendlichen Gewimmel unmöglich zu inventarisierender Ursachen gemacht, die zurückzuverfolgen man irgendwann einmal willkürlich aufhört, sondern aus Neigungen, die stets umfassend sind, ob man sie nun in größerem oder kleinerem Maßstab betrachtet, und die sich ständig verstärken und dann umkehren, oder besser noch: die bereits diskret sich umzukehren beginnen, während sie sich verstärkend ausbreiten. Man kann nur künstlich feststellen, wann »das« angefangen hat, und muss bemerken, dass selbst die hervorstechenden Ereignisse nur Modifikationen und die ausgewiesenen Situationen eigentlich immer nur Übergänge sind.

So wäre man heute, wo der Terminus »Krise« in aller Munde ist und angeblich die Wahrheit unserer Zeit auf den Punkt bringt, in heilsamem Zweifel zu fragen berechtigt: Wann hat die »Krise« in Europa eigentlich begonnen? Sollte man analysierend die »Ursachen« aufzählen? Nun, wenn sie eines Tages begonnen hat, so sagt man sich, dann wird sie auch eines Tages aufhören. Jeder markierte Anfang ruft auch nach einem deutlichen Ende, wo doch jedes Segment zwei Endpunkte hat … Bald wird man dieses Theaters von Vorhang hoch und Vorhang runter, dieser leichtfertigen und scheinbar heilsamen Vorstellung von einem Eintritt und einem Austritt aus einem »Tunnel« überdrüssig. Wie kann man nicht dieser *Neigung des Ensembles* gewahr werden, der entsprechend sich das wirtschaftliche und politische *Potenzial* in ständiger Modifikation verschiebt, von der Situation wie auf einer Flutwelle getragen, und zwar vor allem von Westen in Richtung Fernen Osten? Diese Wende wird in der Folge noch andere Richtungsänderungen kennen, die sich bereits abzeichnen.

II

Potenzial der Situation (vs. Initiative des Subjekts)

– 1 –

Was die europäische Philosophie auszeichnete und zurückblickend letztlich ihr Schicksal war, ist, dass sie auf die Idee kam, ihren Anfang in einem Ich-Subjekt zu verankern. Diese Feststellung ist – leider! – zu banal, um sie ausreichend zu reflektieren: dass, wenn ich denke, ich zu denken beginne, und zwar nicht die Welt oder die »Dinge«, sondern dieses »Ich«, das denkt; dass dieses Subjekt sich selbst als erstes Objekt und sich selbst genügend setzt, und die »Welt« erst daran anschließend, quasi als Folge, an die Reihe kommt. An dieses »Ich denke«, an dieses inselhafte *cogito*, dessen Grundzüge bei Augustinus zu finden sind, hat Descartes anzuknüpfen verstanden, wodurch, so Hegel, das »Land der Wahrheit« in Sicht geriet. Dass der zu zweifeln beginnende Philosoph entdeckt, sein Denken sei ungewiss und schlecht abgesichert, ist offensichtlich zweitrangig in Anbetracht dieses ursprünglichen »Ichs«, auf das er sich, um anzufangen, wie auf einen Felsen retten konnte, oder mehr noch: Dieser Zweifel selbst ist wesentlich, denn es ist dieses *Ich* in »ich zweifle«, das sich als dasjenige erweist, woran ich nicht zweifeln kann, so sehr ich mich auch anstrenge. Wovon hat sich Descartes unwissentlich nun gleich zu Beginn durch diesen hyperbolischen Zweifel getrennt, der mit einem Schlag alles zu umfassen meint und von dem ausgehend man selbstverständlich nicht abgehalten wird, die Welt und jedes Ding wieder auf seinem Platz zu finden? Was er später nach Belieben einzufangen trachtet, kann er nur in Abhängigkeit zu diesem anfänglichen *ego* und von nun an nicht mehr als Gesamtheit denken: Was ist es, das er nur mehr in dieser *Faltung* des Subjekts wird denken können? Was hat Descartes also im Endeffekt mit einem meisterhaften Schlag in das Ungedachte versenkt?

Gewöhnlich lautete die ihn feierlich verurteilende Antwort darauf, dass Descartes sich gleich von Anfang an von dem Anderen radikal abgeschnitten hat, damit den gemeinsamen Ursprung von Du und Ich, von dem Anderen und dem Subjekt verfehlte und sich dadurch in einen Solipsismus einsperrte. Es stimmt, dass Descartes sich gleich zu Beginn von der hebräischen Art des gegenseitigen Betrachtens abwandte – aber wäre das alles, was er mit seiner Art zu beginnen verloren hat? Ich fürchte, dass ihm noch etwas anderes abhandengekommen ist, etwas, das man seither nur mehr beiläufig in Betracht zieht und das seinerseits, während »Gott« immer noch da blieb, um dem Status des Anderen eine Stütze zu verschaffen, nur mehr der Zerstückelung des Empirismus anheimgefallen ist; etwas, das man in Europa nur in Bastelarbeit wieder instand zu setzen versuchen kann und was ich selbst nur mit dem bereits angeführten Terminus von »Situation« beginnen kann einzufangen. *Subjekt* oder *Situation*: Auch hier ist das europäische Denken, unwissentlich, abgezweigt. Wenn die moderne Philosophie, und sei es auch nur ein wenig bedauernd, von dem entscheidenden Ort des *cogito* sich abwendet und seither sich so sehr anstrengt, sich von ihrem Fehler reinzuwaschen, indem sie das große Andere in Erinnerung ruft und lobpreist, so hat sie vielleicht dem, was ebenfalls, aber weniger auffällig vernachlässigt wurde, nicht genügend Aufmerksamkeit geschenkt, weil sie nicht wusste, wie sie das hätte aufgreifen können. So sehr hat man in Europa ununterbrochen das Eine, das Subjekt, auf Kosten des kleinen Anderen gedacht, dass es ohne Name und Gesicht geblieben ist und das, was wir, so gut es eben geht, als »Situation« bezeichnen, nur in einer unbefriedigenden Aufholjagd und behelfsmäßig hat in Betracht ziehen können.

Subjekt *oder* Situation: Diese Gegenüberstellung wird im Hinblick auf das chinesische Denken seltsamerweise klarer. Man denke nur an das, was wir »Landschaft« nennen und was im Großen und

Ganzen nichts anderes als die natürliche und ursprüngliche Modalität einer »Situation« darstellt. Dieser Begriff wurde in Europa zur Zeit der Renaissance entdeckt, als jenes Dispositiv des Subjekts sich zu installieren begann, das Descartes dann so meisterhaft auszunutzen verstand. Die Landschaft ist, so besagt noch das gegenwärtige Wörterbuch, »der Teil des Landes, den die Natur einem Betrachter darbietet«[10], wobei dieser das Land von seiner Perspektive aus einteilt und der Horizont sich in Relation zu seiner Position verändert. Das Subjekt steht, anders gesagt, *vor* der Landschaft, ihr äußerlich, und bleibt autonom; es kompromittiert sich nicht mit ihr. China sagt statt Landschaft: »Berg(e)-Gewässer« (*shan-shui* 山水): zugleich das, was nach oben ragt (der Berg), und das, was nach unten drängt (das Wasser); oder das, was unbewegt und regungslos bleibt (der Berg), und das, was nicht aufhört, sich zu kräuseln oder zu fließen (das Wasser); oder das, was eine Form hat und ein Relief bildet (der Berg), und das, was seiner Natur nach keine Form hat und sich der Form der Dinge anpasst (das Wasser); oder auch das, was sich frontal dem Blick darbietet (der Berg), und das, dessen Geräusche aus verschiedenen Richtungen an das Ohr dringen (das Wasser) …

Man sagt im Chinesischen aber auch »Wind-Licht« (*feng-jing* 风景): also einerseits das, was nicht aufhört vorbeizuziehen und zu beleben, aber nicht sichtbar ist (der Wind), und andererseits das, was sichtbar macht und die Lebenskraft fördert (das Licht). Indem sie dies sagt, oder besser noch: macht, benennt die chinesische Sprache stets eine Korrelation von Faktoren, die in Interaktion treten und eine Polarität bilden. »Subjektartiges« ist nicht abwesend, sondern darin quasi eingetaucht: Es ist von Anfang an Teil dieses sich bildenden Spannungsfelds, von dem es sich nicht lösen kann. Anders gesagt: Das Subjekt taucht weder in autonomer Positur auf, wie es die Selbstgenügsamkeit des »Ich denke« exemplifiziert, noch projiziert es seinen Standpunkt auf die Welt, indem es diese von seiner Abgehobenheit her wie ein Panorama entrollt und als Objekt setzt (»vor« sich »hingeworfen«: »ob«-»jekt«), auf das der Blick stößt und das sich ganz souverän »ob-servieren« lässt. Landschaft verdankt sich demnach nicht der Initiative eines Subjekts, wie es der berühmte Anfang von Descartes einführt, sondern begreift sich als wechselseitiger Einsatz wirksamer, sich sowohl gegensätzlich als auch komplementär erweisender Vermögen, in dem »Subjektartiges« impliziert ist. *Situation* bezeichnet vorläufig einmal dieses Netz unbegrenzter Implikationen, in dessen Rahmen sich jeder unmittelbar erfasst, dessen Konfiguration sich durch verschiedene Spannungsfelder abzeichnet und aus dem man sich nur durch Abstraktion befreit.

— 2 —

Nun könnte man den Gedanken von Situation weiter entfalten, und zwar im Rückgriff auf den chinesischen Terminus, von dem ich ausgegangen bin und der, indem er den Gegensatz von Statischem und Dynamischem auflöst, anfänglich, in den *Kriegskünsten* des alten China, das *Potenzial der* auszunutzenden *Situation* bezeichnete (*shi* 勢, übersetzt sowohl mit »Bedingung« als auch mit »Entwicklung«). Der hier sich öffnende Abstand ist zweifach: Einerseits wird die Situation von Anfang an als das eingebrachte Vermögen verstanden; andererseits wird sie ganz ursprünglich angegangen, nicht spekulativ, sondern dem Gebrauch oder der Funktion entsprechend, die sich aus ihr herleiten. Übrigens übersetze ich diesen chinesischen Terminus vor allem in Bezug auf ein gleichnamiges Theorem der europäischen Physik, das uns lehrt, mit welcher Kraft das Wasser, entsprechend der Masse des gestauten Volumens und der Neigung des unter ihm befindlichen Grundes, abfließen wird.

Nun ist das genau dasselbe Bild, das man zu Beginn im *Sunzi*[11] findet: Der gute General, so heißt es dort, manövriert seine Truppen so wie das auf einer Anhöhe aufgestaute Wasser, dem man plötzlich einen Durchbruch verschafft – es wird alles auf seinem Weg mit sich fortreißen. Die Strategie besteht, anders gesagt, in nichts anderem als der Nutzung einer günstigen Situation, die man schrittweise so zu verändern vermag, dass daraus eine vorteilhafte *Neigung* entsteht, aus der die Wirkung ohne weitere Anstrengung hervorbricht und sich wie von selbst ergibt.

Sobald sich die Situation nicht nur als ein Rahmen bzw. Kontext erweist, sondern aktiv als ein *Potenzial*, restrukturiert sich bei der Gelegenheit auch ihre Beziehung zu einem »Subjekt«. Der Stratege wird dann nicht mehr derjenige sein, der im Hinblick auf seine Ziele einen Plan auf die Situation *projiziert*, indem er zuerst seinen Verstand zur Erfassung des Sollzustands mobilisiert und sodann seinen Willen gebraucht, um diesen zu verwirklichen (mit alledem, was dieses »Verwirklichen« an Erzwungenem impliziert) – »Verstand« und »Wille«, das waren die zwei wichtigsten Fähigkeiten des Subjekts im klassischen Zeitalter in Europa. Dagegen ist der wahre Stratege derjenige, der die konkrete Situation, in der er sich befindet und die nicht nur eine ist, die er sich in seinem Geist *idealiter* vorgestellt hat, umfassend *einzuschätzen* weiß, d. h. dass er sich aus ihr sowohl zu befreien als auch die günstigen, »zukunftsträchtigen« Faktoren aufzudecken versteht, mit deren Hilfe er kontinuierlich und für die anderen unmerklich an *Neigung* gewinnen und so die Situation zu seinen Gunsten verändern kann.

So gesehen muss die Effizienz nicht ausschließlich von mir herrühren, dem konzipierenden und wollenden Subjekt der Initiative, das einen Idealplan konstruiert, um ihn dann, entsprechend dem guten alten Verhältnis von Theorie und Praxis, von dem Europa noch immer nicht losgekommen ist, in beharrlicher Verbissenheit in die Tat umzusetzen. Effizienz kann *direkt* aus der Situation hervorgehen, wenn ich das für mich günstige Potenzial in ihr zu diagnostizieren vermag und schrittweise auszunutzen weiß. Die Situation wird dann nicht mehr diese störrische und widerständige Gegebenheit sein, der ich meinen bereits zuvor ausgearbeiteten Plan aufzwingen muss, sondern eine Goldmine, deren Adern ich erkunden werde, ein Feld von Ressourcen, dessen Furchen ich wie einem Netz verschiedenster Opportunitäten folge, auf denen ich zu »surfen« lerne. »Surfen« oder nach, wie man sagt, »tragfähigen« Faktoren suchen: Man wird eines Tages diesen der Erfahrung entsprungenen Vorstellungen mehr Augenmerk schenken müssen, *experientia reclamante*, bildlichen Vorstellungen von dem, was nicht mehr aktiv oder heroisch, sondern nachgiebig-weich und *fließend* ist, und sie in unser Reflexionsfeld einbeziehen. Deshalb lehrt uns das *Sunzi* gleich zu Beginn, das Potenzial der zwischen meinem Gegner und mir entstandenen Situation »zu bewerten« (»einschätzen« ist die alte Bedeutung von *ji* 计), und zwar so, dass ich Punkt für Punkt herausfinde, zu wessen Gunsten oder Ungunsten sich die Faktoren neigen, die sich darin zusammenfügen (auf welcher Seite das Verhältnis zwischen Fürst und General oder zwischen Fürst und Volk besser ist; oder auf welcher Seite die Spione besser sind usw.). Statt also einen Plan aufzustellen, zeichne ich ein Diagramm der infrage kommenden Faktoren und Vektoren, wobei es darauf ankommt, dass ich vor Aufnahme des Kampfes das Potenzial der Situation massiv zu meinen Gunsten verändere. Wenn ich dann endlich den Kampf aufnehme, habe ich bereits gewonnen; der Feind ist bereits besiegt.

— 3 —

Wenn ich nun auf die europäische Lexik zurückgreife, so bezeichnet »Situation« »die Gesamtheit von Umständen, in denen man sich befindet« - so als wäre das ausreichend. »Umstände« *zerstückeln* jedoch die Situation endlos durch den Plural, der unterteilt und aneinanderreiht (räumlich, zeitlich, je nach Gesichtspunkt usw.). Des Weiteren ist *Umstand* [*circonstance*] ein schwacher Begriff, als letzte Fallstufe im Lateinischen gereiht, dessen europäisches Bedeutungsfeld zur Genüge seinen nebensächlichen und zusammengesetzten Charakter zu erkennen gibt. »Circon«-»stance« (ebenso *peri-stasis* περί-στασις im Griechischen, **Um-stand* im Deutschen): Der Umstand ist das, was »rundherum« »steht«. Aber worum herum, wenn genau genommen doch die Perspektive eines souveränen Subjekts es ist, die von vornherein dominiert? Weit davon entfernt, so neutral zu sein, wie es den Anschein hat, ist *Um-stand ein Terminus, der, zu Unrecht, zugleich stabilisiert und an den Rand drängt, wobei sich das Subjekt wie eine Insel präsentiert, gegen die eine strömende Flut von Umständen brandet. Auch sind, so stellte Clausewitz fest, die Umstände unweigerlich eine Quelle von »Reibung«, tauchen sie doch unerwartet vor dem bereits zuvor ausgearbeiteten Plan auf und sind schuld daran, dass dieser sich zunehmend als fehlerhaft erweist und auf Schwierigkeiten stößt.[12] Denkt man nun die Situation als Potenzial, so macht man aus diesem Negativen genau das Gegenteil und dreht es um: Statt dass sich der eintretende Umstand wie ein Hindernis aufstellt, das die Modellvorstellung außer Kontrolle geraten lässt, ist es die Entwicklung der Situation und ihre Erneuerungsdynamik (was der Terminus *shi* 势 besonders stark zum Ausdruck bringt), auf die ich mich, da mein Geist von keiner Projektion eingeengt ist, unaufhörlich stütze, um dieses *Situative* zu meinem Gunsten zu neigen und immer mehr davon zu profitieren.

Man kann daraus ohne Schwierigkeiten Schlussfolgerungen auf operationeller Ebene und für jede Art von »Management« ziehen. Von nun an muss man sich genauso wenig über den »Zufall« oder das »Glück« den Kopf zerbrechen, sich vor Göttern und einem Schicksal fürchten oder Weissager aufsuchen, wie mit einem »Geniestreich« rechnen – das ist das andere große Loch unserer Subjekt-Rationalität: wenn man alle vorgefassten Pläne fallen lässt und unmittelbar auf die auftauchenden Umstände reagiert. Der Sieg wird immer nur das Resultat des anerkannten Situationspotenzials sein, oder wie Sunzi das ganz kurz und bündig sagt: Im Krieg »weicht es nicht ab« (*bu te* 不忒). Das bedeutet, dass die Schlacht gewonnen ist, noch bevor der Kampf begonnen hat, während die besiegten Truppen jene sind, »die den Sieg einzig im Augenblick des Kampfes« zu erringen suchen, in der Hoffnung, durch die Aufbietung aller Kräfte einen Erfolg zu erzielen. Daraus kann letztendlich gefolgert werden, dass der (wirklich) gute Stratege derjenige ist, dessen Strategie man erst gar nicht bemerkt und den zu »loben« einem gar nicht einfällt: ihn, der es im Vorfeld so gut verstand, die Erfolg versprechenden Faktoren ausfindig zu machen und für die kontinuierliche Entwicklung des Situationspotenzials zu seinen Gunsten zu sorgen, sodass alle meinen, wenn er schließlich den Sieg davongetragen hat, sein Erfolg wäre »leicht« zu erringen und ohne Verdienst gewesen, so sehr scheint er von der Situation herbeigeführt worden und von vornherein eine ausgemachte Sache gewesen zu sein. Dieses »ohne Verdienst« ist die große Leistung und das, was das dem Ruhm hörige Subjekt verdrießen kann. Man versteht, weshalb China kein Epos verfasst hat.

Es klärt sich nun schon einigermaßen, was es mit einer Situation auf sich hat, wenn man sie von ihrem Status des ebenso Zufälligen wie Umstandsbezogenen löst. Oder, um es zunächst negativ zu formulieren: Ich befinde mich nicht »in« einer Situation wie an einem Ort – in einer »Lage«, nicht einmal wie ein Kapitän auf seinem Schiff, um den berühmten Vergleich einmal anders zu verwenden; die Situation ist auch nicht so etwas wie ein »Akzidenz« im Hinblick auf die Essenz oder die Substanz eines Ich-Subjekts. Es ist übrigens auch die Grammatik unserer Sprachen in Europa, also deren zwingendes System der Rektion und der Präpositionen sowie insbesondere die Morphologie mit ihren Fällen, die die Umstandsmodi als Letzte unter den Ergänzungen einreiht. Nun befinde ich mich aber durch das *Situative*, das dem Faktum meiner Existenz inhärent ist, stets in einem Spannungsfeld verschiedener Faktoren und Vektoren, das sich durch deren Korrelation notwendigerweise verwandelt, zu dem ich daher selbst in ständiger Interaktion stehe und das als solches »mich« im Gegenzug konstituiert. Die Autonomie oder Unabhängigkeit ist nicht mehr ein absolutes Prädikat, sondern gilt nur als Handlungsspielraum, dem entsprechend man sein Verhalten steuert, ohne dass sich davon radikal eine »reine« »Absicht« abheben könnte, ein »guter« oder »schlechter« Wille, der alles Vorgegebene abrupt transzendiert.

Man wird nun auch besser verstehen, weshalb das chinesische Denken – das in Termini wie *Aktualisierung* und *Konfigurierung* (im Begriff von *xing* 形), wie *Neigung* und *Situationspotenzial* (im Begriff von *shi* 勢) und in den hinter diesen Begriffen stehenden Termini von Fließen und Energie denkt und nicht in solchen von Sein oder Handeln, die beide zusammengehören –, das Einzige ist, das sehr früh eine Konzeption des Strategischen ausgearbeitet hat. Clausewitz konnte zu Beginn des 19. Jahrhunderts nur das Scheitern des (europäischen) Denkens beim Versuch, den Krieg denkend zu erfassen, feststellen, da Letzterer ein Phänomen ist, das »lebt und reagiert«, wie er eingesteht; das nicht nur von Seiten eines inselartigen Subjekts gemacht werden kann, sondern *von Beginn an* einen Gegner impliziert. Eben weil es in Termini der Polarität denkt, fällt es China dagegen leicht, ihn zu denken. Zugleich versteht man, warum das grundlegende Buch der chinesischen Kultur das *Buch der Wandlungen* ist, ein »Buch« ohne *logos* oder *mythos*, ohne argumentierende Rede und ohne Erzählung oder Botschaft; ein Buch, das zunächst einmal nur aus zwei Arten von Linien, durchgehenden und unterbrochenen, harten und weichen, *yang* oder *yin* besteht, die, zu Figuren aufeinandergeschichtet, darstellen, welche Polarität gerade am Werk ist. Diese Figuren, die sich von der einen in die andere verwandeln, symbolisieren ebenso viele Situationen, die sich, Linie für Linie, wie von selbst in ihrer Evolution lesen lassen. Mit diesen Figuren versucht man – eine alte Frucht der Mantik –, herauszufinden, wie jede Situation von selbst dazu führt, einzig durch das Spiel der Faktoren (einzig durch die interne Beziehung dieser Striche), sich »günstig« oder »ungünstig« zu kippen. Es braucht allerdings, um sich auf das Spiel dieser Energien einzulassen und mit diesen Figuren in gleiche Schwingung zu treten, etwas, das ich – eine Bresche in unser Vokabular schlagend – nicht anders denn als »Disponibilität« (im Sinne einer »Aufnahmebereitschaft« oder auch »Verfügbarkeit«) zu nennen vermag. Die Initiative und der Wille werden also suspendiert. Denn es bleibt uns wohl nichts anderes übrig, als in Korrelation zur Ontologie des Seins – die der Erkenntnis als Grundlage dient – zu versuchen, die Ontologie des Subjekts – die der Freiheit als Sockel dient – auseinanderzunehmen.

III

Dispositionalität (vs. Freiheit)

— 1 —

Disponibilität ist ein Begriff, der im europäischen Denken unterentwickelt geblieben ist. Er betrifft in erster Linie Güter, Vermögen oder zur Verfügung stehende Leistungen. Dagegen hat er im Hinblick auf das Ich-Subjekt kaum Konsistenz gewonnen. Allenfalls bei Gide findet man die Aufforderung, jede Neuerung solle uns stets voll und ganz disponibel finden. Der Begriff *Disponibilität* kann weder dem Bereich der Moral noch jenem der Psychologie zugeordnet werden, er ist weder präskriptiv – und wenn schon, so wüsste man nicht, was er vorschriebe –, noch deskriptiv (erklärend), kann also weder als eine Tugend noch als eine Fähigkeit gedacht werden – und das sind doch tatsächlich die zwei großen Pfeiler oder wichtigen Bezugspunkte, auf denen in Europa unsere Auffassung des Subjekts beruht. Demnach sieht sich dieser Begriff auf der Stufe einer vagen Anweisung belassen, oder er gleitet in Subjektivität und deren leichte Erregbarkeit ab, genau das, wovon Gides Ausspruch handelt. Er ist, kurz gesagt, nicht in eine effektive Konstruktion unserer Innerlichkeit miteinbezogen. Man kann wohl in der Umgangssprache auf ihn Bezug nehmen, ihn einfließen lassen in die Banalität unserer Sätze als einen Appell an den gesunden Menschenverstand, hastig, zwischen zwei Türen, *aparté* – und vielleicht kann man ohne ihn gar nicht auskommen. Tatsache ist, dass man kaum darüber hinausgeht. Die Möglichkeit, dass man, diesem Faden folgend, daraus eine eigenständige, sowohl ethische als auch kognitive Kategorie ausarbeitet, wurde nicht entwickelt.

Weshalb diese Unterentwicklung? Wäre es nicht gerade deshalb, weil wir, um der *Disponibilität* als einer ethischen und kognitiven Kategorie Geltung zu verschaffen, zunächst unsere Auffassung von *ethos* grundlegend ändern müssten, indem wir von dem Tandem, bestehend aus Moral und Psychologie, aus Tugend und Fähigkeiten, absteigen? Heimlich, ohne viel Aufhebens, ganz beiläufig zwischen unsere Sätze eingeflossen, hat dieser Begriff eine lautlose Revolution losgetreten. Er unterminiert das Gerüst, mit dessen Hilfe wir uns eine Vorstellung von uns machen: Das Subjekt begreift sich mit ihm nicht in erhabener, sondern in hohler Form. Auf diese Weise ruft er zu einem tieferen, ursprünglicheren Umsturz auf als alle bisher angekündigten Wertumkehrungen. Es geht für das Subjekt hier tatsächlich um nichts weniger als darum, auf seine Initiative als »Subjekt« zu verzichten – jenes Subjekt, das zunächst und zuallermeist vorwegnimmt und plant, auswählt, entscheidet, sich Ziele setzt und sich mit Mitteln versieht, diese zu erreichen. Wenn es nun für einen Moment auf seine Kontrollgewalt verzichtet, wozu die Disponibilität einlädt, so deshalb, weil es befürchtet, dass diese Initiative, auf die es pocht, ein Hindernis und unangebracht sein könnte; dass sie es »Gelegenheiten« verpassen lässt, es auf ein fruchtloses Gespräch mit sich selbst festnagelt und nicht weiter gelangen lässt. Wohin aber *gelangen*? Eben, es weiß gar nicht »wohin«. Das Subjekt kann aber auf seine Mitgift verzichten, dem ihm Eigenen und »Vertrauten« misstrauen, wenn es ahnt, dass die sich selbst verliehenen Vorrechte, angenietet an ihm selbst, es durch Grenzen, die es nicht einmal ahnungsweise wahrnimmt, festsetzen.

So versteht man bereits, dass es sich hier nicht um eine Kategorie des Aufgebens, um irgendeine Einladung zu passiver Haltung handelt, sondern vielmehr um das Gegenteil des Solipsismus und des mit ihm verbundenen Aktivismus. Es geht auch nicht darum, sich einer anderen Macht (einem anderen Subjekt) auszuliefern oder, noch anders, die Herrschaft Gott zu übertragen, wie das die Quietisten so gut zu tun verstehen. Stattdessen ist dieses Loslassen der Disponibilität ein Erfassen, und zwar ein viel geschickteres, nicht eingezwängtes, sondern unablässig fließendes: Der Begriff ist zugleich ethisch und strategisch. Ein umso effizienteres »Erfassen«, da es sich nicht mehr lokalisieren, nicht mehr spezifizieren lässt, sich nicht mehr aufdrängt. Es wird umso kontinuierlicher angepasst, als es auf nichts mehr abzielt, weshalb es niemals enttäuschen kann oder hilflos wird; es ist weder verwirrt noch zersplittert. Es ist ein umso umfangreicheres »Erfassen« – oder kennt, genauer gesagt, keine Grenzen oder Endpunkte mehr – aus dem einfachen Grund, weil es sich keine zu verfolgende Bahn, kein zu erreichendes Ziel, keinen zu erfüllenden Ertrag, keinen in den Griff zu bekommenden Gegenstand vorschreibt. Dieses *Erfassen durch Loslassen* ist nicht mehr orientiert, das Subjekt *projiziert nicht mehr.* Es trägt keinen Schatten mit sich, wird nicht mehr von einer Absicht geleitet, hat also zu allem einen gleichen Abstand. Sein Erfassungsvermögen ist weit offen, weil es nichts zu erfassen erwartet.

Man muss diesen Terminus entsprechend der Ressource verstehen, die sich in seiner Zusammensetzung erkennen lässt. In dem *Dis-* der Disponibilität steckt nicht nur die Auslöschung jeglicher Opposition, sondern mehr noch die völlige Brechung jeglicher Position und in der Folge sogar ihrer Selbstauflösung. Ebenso wie sprichwörtlich jede Bestimmung auch Verneinung ist, ist jede Position zugleich der Verlust aller möglichen anderen. Jede *Position* ist eine *im-position.* Wenn nun Disponieren besagt, dass eine gewisse Ordnung und Verfahrensweise angenommen werden soll, so nimmt die Disponibilität jegliche starre und fokussierende Modalität davon zurück, indem sie diese durch die von ihr eröffnete Kompossibilität elastisch macht. Die *Offenständigkeit* ist nicht mehr ein frommer Wunsch, irgendein Surrogat des von Befreiung durch Entschleierung träumenden Metaphysischen und Religiösen (ein heute sehr häufiges Thema); sie konkretisiert sich vielmehr effektiv in Einstellung und Verhaltensweise oder, noch genauer, als *Strategie.* So gesehen können Tugenden und Fähigkeiten in der Folge tatsächlich nur als Aufsplitterung und Verlust erscheinen. Indem sie sich nur im Verhältnis zueinander spezifizieren, behaupten sie sich jeweils auf Kosten von anderen; die Selbstbehauptung wiederum, die sich von vornherein eine Autonomie anmaßt, gelingt nur unter zwingendem Druck. Nun vermischt, man könnte auch sagen: versteht die Disponibilität diese Pluralität von Verschiedenheiten als ein und dieselbe gleichwertige Potenzialität; zugleich bleibt sie diesseits jeglicher Angestrengtheit und Konfrontation, da sie weder etwas fixiert noch in Gegensatz zu anderem bringt.

Da der Erkenntnisvorgang nicht mehr zielorientiert ist, wird er in der Disponibilität zu einer besonderen *Wachsamkeit*, die sich durch nichts, was sie in Beschlag nehmen könnte, ablenken lässt, oder zu einer Fähigkeit, die sich nicht mehr kodifizieren und auch nicht als Aufgabe zuweisen lässt, sich jedoch völlig anzupassen und ohne Verluste zu entdecken vermag, da sie nichts ausschließt und sich auf nichts versteift. Man versteht, dass sich das abendländische Denken einer solchen Fähigkeit zur »Öffnung« widersetzte, bevorzugte es doch die Figur eines autonomen Subjekts, dessen innere Strukturierung als auf Begabungen – als dessen Eigenschaften – beruhend gedacht wurde, d. h. fernab vom Lauf der Welt, es sei denn, man behandelte sie im Gegenzug und zum Ausgleich auf einer mystischen Ebene. Gleichzeitig versteht man, dass es besser wäre, eine derartige Disponibilität als eine *Vorgehensweise* zu begreifen, ohne in einen Quietismus zu verfallen, in ihr das Ethische (oder Theoretische) und das Strategische oder, wie das insgesamt für das chinesische Denken der Fall ist, die Weisheit von der Effizienz nicht mehr voneinander zu trennen. Während die *Disponibilität* im europäischen Denken ein noch stammelnder Begriff ist, der nur am Rande seiner Theoriebildungen auftaucht, erweist sie sich in China als der *Grundstock* [*fond*] des Denkens selbst.

— 2 —

Kaum betritt man den Boden chinesischen Denkens, muss es einen frappieren, dass das, was ich hier unter *Disponibilität* verstehe, dort nicht den Gegensatz zu den auf unseren Fähigkeiten beruhenden kognitiven Verfahrensweisen bildet, sondern ihre eigentliche Grundlage bildet; oder dass die Disponibilität – weit davon entfernt, ein im embryonalen Stadium steckengebliebener Begriff zu sein, der bestenfalls als umgangssprachlich formulierte Ermahnung durchgeht, als ein Sicherheitsventil für unsere strengen Vorschriften, wie eine notwendige Nachlässigkeit und privatim zugeflüstert –, das eigentliche Grundprinzip des Verhaltens eines Weisen ist, aus dem sich alle Tugenden herleiten. Allerdings ist sie ein prinzipienloses »Prinzip«, denn die Disponibilität als ein Prinzip aufzustellen, hieße, ihr zu widersprechen. Die Disponibilität ist eine Disposition ohne bestimmte Disponiertheit. Darüber sind sich alle chinesischen Denkschulen einig, gleich, von welcher Seite her sie die Dinge angehen, und das seit dem Altertum (was ich als einen *Grundstock einvernehmlichen Denkens* bezeichne). Ich würde sogar allzu gerne die Lehre des chinesischen Denkens wie folgt resümieren: Weise ist, wer zur Disponibilität gelangt – das ist genug. Deshalb erstaunt uns das chinesische Denken mit seinem Antidogmatismus (wobei man nicht vergessen darf, dass dieser sozial durch eine Ritualisierung kompensiert wird).

So heißt es in diesem Spruch aus den *Gesprächen* (*Lun Yu*) des Konfuzius, mit dem ich einen früheren Essay begann: »Von vier Dingen war der Meister völlig frei: Er war ohne (bevorzugte) Idee, ohne (vorherbestimmte) Notwendigkeit, ohne (starre) Position, ohne (partikuläres) Ich.«[13] Das chinesische Offensichtliche, also das, was nicht infrage gestellt wird, ist dies: Eine Idee zu haben, oder besser gesagt: eine Idee vorzubringen, bedeutet *bereits*, andere im Schatten zu belassen, d. h. einen Aspekt auf Kosten anderer zu bevorzugen und damit zugleich in Parteilichkeit abzugleiten. Jede vorgebrachte Idee ist zugleich eine Einseitigkeit, die verhindert, die Dinge in ihrer Gesamtheit auf derselben Ebene und in gleicher Weise zu betrachten. Wir betreten damit das Feld der Bevorzugung und Voreingenommenheit. Man muss den Spruch des Konfuzius zusammenhängend lesen: Wenn man eine »Idee« vorbringt, drängt sich uns eine »Notwendigkeit« auf (ein auf das Verhalten projiziertes »Es muss«); infolge dieses »Es muss«, an dem man hängt, gelangt man zu einer festen Position, in der der Geist stecken bleibt und aufhört, sich weiterzuentwickeln; schließlich ergibt sich aus dieser Positioniertheit so etwas wie ein »Ich«: ein in eingefahrenen Spuren verlaufendes *Ich*, das Charakter zeigt. Dieses »Ich«, festgefahren in seiner »Position«, hat seine Disponibilität verloren. Dabei schließt sich auch dieser Kreis der Formulierung: Das Verhalten erstarrt zu einem Ich, dieses Ich schlägt eine bestimmte Idee vor, diese drängt sich als »Notwendigkeit« auf usw.

In den *Gesprächen* des Konfuzius wimmelt es nur so von Sprüchen dieser Art: Der edle Mensch ist »vollständig«[14], d. h. er verliert das Globale nicht aus den Augen, lässt nicht zu, dass das Feld alles Möglichen einseitig schrumpft. Er ist »nicht unbedingt dafür oder dagegen«, sondern »neigt dem zu, was die Situation erfordert«.[15] Oder wie Konfuzius von sich selbst sagt: »Nichts ist für mich möglich oder unmöglich«.[16] Mit anderen Worten: Der Weise hält sich alle Möglichkeiten offen, schließt keine *a priori* aus und verbleibt im Kompossiblen. Daher ist er ohne Charakter und man kann ihm keine Eigenschaften zuschreiben. Seine Schüler wissen nicht, was sie über den Weisen sagen könnten.[17] Man könnte die Weisen in Kategorien unterteilen: die Kompromisslosen einerseits, die sich weigern, sich die Hände auch nur im Geringsten für das Wohl der Welt schmutzig zu machen, und andererseits jene Entgegenkommenden, die, um die Welt zu retten, zu einigen Zugeständnissen bereit sind.

Wo aber würde Konfuzius hingehören? Ist er kompromisslos? Ist er entgegenkommend? Wo kann man ihn in dieser Typologie einordnen, welche »Position« kann man ihm zuschreiben? Menzius wird lakonisch antworten: »Von der Weisheit verkörpert er den Moment.«[18] Er ist so unnachgiebig wie die Unnachgiebigsten, wenn die Umstände es erfordern, so entgegenkommend wie die Entgegenkommendsten. Er ist dem einen Verhalten nicht mehr verpflichtet als dem anderen, einzig der »Moment« ist entscheidend. Seine »Weisheit« ist ohne einen Inhalt, der sie im Voraus lenkte und festlegte, oder, anders gewendet, sie hat keinen anderen Inhalt als den, sich unaufhörlich erneuernd im richtigen *Moment* disponibel zu erweisen.

Die »rechte Mitte«, das langweilige Thema schlechthin, könnte mit einem solchen Verständnis endlich ihrem Gebrauch als Gemeinplatz entkommen. Sie gewinnt unerwartet schärfere Konturen. Sie ist nicht mehr trivial, sondern radikal. Sie besteht nicht mehr darin, sich ängstlich und zögerlich, vor Übertreibungen zurückschreckend, auf halbem Weg zwischen Gegenteiligem aufzuhalten – »allzu viel ist ungesund«, wie ein Sprichwort sagt –, sie leitet nicht mehr nur dazu an, sich nicht auf die eine oder andere Seite zu schlagen und nachdrücklich Farbe zu bekennen. Tatsächlich ist das »Mittelmaß« nicht »golden«, wie die goldene Mitte, sondern glanzlos, »grau«. »Die Weisheit ist wie kalte, graue Asche, die die Glut bedeckt«, sagt Wittgenstein.[19] Die »rechte Mitte« dagegen heißt für jemanden, der sie in aller Strenge zu denken vermag (wie Wang Fuzhi), das eine ebenso gut wie das andere machen zu können, d. h. zum einen wie zum anderen Extrem fähig zu sein. In diesem »Gleich« des *gleichen Zugangs* zum einen wie zum anderen liegt dieses »Mittel-Feld« [*mi-lieu*]. Drei Jahre der Trauer um den Vater sind, so sagt man, nicht zu viel. Aber auf einem Bankett so viele Gläser zu trinken, dass man sie nicht mehr zählen kann, ist auch nicht zu viel. Ich übertreibe in keiner Hinsicht, gehe aber bis zum Äußersten jeder Möglichkeit, erfülle jede Forderung vollständig. Die Gefahr besteht eher darin, sich festzufahren, sich anderen Möglichkeiten zu verschließen und so die Gelegenheit zu versäumen. Im Gegensatz dazu würde die Disponibilität den Fächer aller Möglichkeiten ausgefaltet belassen – weder krampfhaft noch zurückweichend –, um so jeder auftauchenden Anforderung voll entsprechen zu können, d. h. nichts auslassend, nichts vernachlässigend; denn weder ein Charakter noch eine innere Verkrustung stellen sich dieser Formbarkeit entgegen.

Das chinesische Denken hat sehr wohl den Unterschied zwischen »die Mitte halten« und »in der Mitte halten« (an ihr festhalten) gesehen. Wenn es, einer gängigen Einteilung folgend, einerseits solche gibt, die nicht ein Härchen zum Wohl der Welt opfern, und andererseits solche, die bereit sind, sich um deren Rettung willen plattwalzen zu lassen, so würde ein »dritter Mann«, der die Mitte zwischen diesen beiden entgegengesetzten Positionen hält, der Sache »etwas näher« kommen.[20] Wenn er aber »an dieser Mitte festhält«, »ohne die Vielfalt der Fälle abzuwägen«, so hieße das letzten Endes, an »einer einzigen Möglichkeit festzuhalten« und damit »hundert andere zu verpassen« und »den Weg seiner Möglichkeiten zu berauben«. Sobald man aber an einer Position festhält, gerinnt ein »Ich«, ein Verhalten verfestigt sich um sich selbst rotierend, irgendein Imperativ oder »Es muss« festigt sich, und man ist nicht mehr im Gleichklang. Der Spielraum wird nicht mehr voll ausgeschöpft, und man reagiert nicht mehr auf die sich anbietende Vielfalt. Die *Disponibilität* als eine innere Disposition, die sich ohne Disposition dieser Vielfalt öffnet, geht Hand in Hand mit der *Gelegenheit*, die uns von der Welt in die Hände gelegt wird. Montaigne hat gesagt: Disponibel ist, wer es versteht, »den Umständen entsprechend zu leben«.[21]

In China hat dieser Gedanke von Disponibilität dazu geführt, dass die *Entleerung des Geistes* zur eigentlichen Bedingung der Erkenntnis wird. Das chinesische »Erkennen« ist nicht so sehr, *sich eine Vorstellung von etwas zu machen*, als vielmehr *disponibel für etwas* zu werden.[22] Eine innere Entleerung erfolgt nicht durch den Zweifel, der die Vorurteile eliminiert, sondern durch einen alles erfassenden Verzicht, und zwar weniger auf Verstandes- als auf Verhaltensebene. Von daher rührt das *Loslassen*, das dem Zugang zu seiner ganzen Weite verhilft. Man muss sich davor hüten, dass der eigene Geist ein »angekommener« Geist (*cheng xin* 成心) wird, sagt auch Zhuangzi[23]. Ein angekommener Geist ist steif und gefestigt. Seine Aktivitäten sind in seiner Perspektive paralysiert und eingemauert. Er ist, ohne es zu merken, zu einem Standpunkt geworden. Das erste Erfordernis ist, weder Präferenzen noch Vorbehalte zu haben und alle Dinge »in gleicher Weise« zu behandeln (entsprechend dem Schlüsselwort seines Denkens: *qi* im »Qi wu lun«). Der Weise, so zeigt Zhuangzi treffend, erachtet alles für gleichbedeutend und muss dazu imstande sein, bis zum undifferenzierten »daoistischen« Grundstock vorzudringen, aus dem alle Unterschiede hervorquellen. Er vermag den kleinsten Unterschied in seiner Opportunität aufzunehmen, ohne ihn zu mindern oder zu verfehlen. Da das »Ich« kein Hindernis mehr darstellt (was dort als »sein Ich verlieren«, *wang wo* 忘我, bezeichnet wird), kann er nun alle Stimmen der Welt in all ihrer Verschiedenheit in ihrem spontanen »Sosein« hören, *nach Belieben*, ihre einzigartige Entfaltung begleitend (*xian qi zi qu*).[24]

— 3 —

Während die Disponibilität also ein Grundbegriff chinesischen Denkens ist, über den sich alle chinesischen Denkschulen einig sind, ohne ihn jemals zu hinterfragen, hat das europäische Denken einige Schwierigkeiten, ihn zu erfassen: Es begegnet ihr nur auf Nebenwegen und hat Mühe, sie auf den Begriff zu bringen. Warum z. B. kommt Freud nur dadurch zu seiner Vorschrift von einer *»gleichschwebenden Aufmerksamkeit«, die für einen Psychoanalytiker im Laufe einer Kur erforderlich sei, dass er »durch eigenen Schaden von der Verfolgung anderer Wege zurückgekommen war«?[25] Und ist dieser Ausdruck nicht nahezu widersprüchlich: »Aufmerksamkeit«, *aber* »gleichschwebend«? Der Geist ist gerichtet, aber auf nichts Bestimmtes, er konzentriert sich auf alles zugleich. Läuft das nicht auf Zerstreuung hinaus? Oder warum besteht bei Heidegger die von ihm gepriesene *»Offenständigkeit«, von der er sagt, dass sie vorprädikativ einem *»Verhalten« gleichkommt, in einem »Sein lassen«, einer *»Eingelassenheit« und einer »ex-sistierenden Ausgesetztheit«? Müsste man sie dann nicht zur Rückkehr unter das Banner der *»Freiheit« zwingen?[26] Würde man die Offenständigkeit aber nicht verraten, wenn man zu ihrer Klärung auf unsere wichtigste Kategorie zurückgreift? Um einen seiner eigenen Begriffe aufzugreifen, würde ich hier eher eine »Verkapselung« sehen, der seine phänomenologische Analyse eigentlich zu entkommen suchte – und hat das nicht auch viele Kommentatoren stutzig gemacht?

Sollte man nicht besser den Abstand noch erweitern und bedenken, dass die europäische Schwierigkeit, die *Disponibilität* zu denken, nur im Hinblick auf die *Freiheit* – den mit ihr rivalisierenden Begriff, der in Europa vorherrschte und ihre Entwicklung blockierte – verständlich wird? Wenn heute viele chinesische Intellektuelle ein Denken von Freiheit (*ziyou* 自由, ein aus dem Westen übersetzter Terminus) angesichts des chinesischen Denkens vor der Verwestlichung fordern (vor allem was das *Zhuangzi* anlangt), wobei sie das, was ich soeben »Disponibilität« nannte (*zizai* 自在 würde ich das ins Chinesische übersetzen), unter diesen Terminus einordnen, so handelt es sich da nicht um einen terminologischen Disput, sondern um eine Logik von Begriffen. Ich würde diesen Gegensatz sogar bis zur gegenseitigen Ausschließung vorantreiben: Europa hat die Ressourcen von *Disponibilität* deshalb verkannt, weil es den Gedanken von *Freiheit* entwickelt hat, und umgekehrt trifft das auch für China zu. Sind die beiden Begriffe nicht in Wirklichkeit antagonistisch bis hin zum Widerspruch und eben nicht synonym, wie man das gewöhnlich annimmt? Die Freiheit reklamiert für sich einen *Bruch* mit der Situation, in die sich das Ich verwickelt findet, und es ist erst diese Emanzipation, die das Ich auch zu einem »Subjekt« erhebt, das sich eine Initiative anmaßt. Die Freiheit fordert das Subjekt dazu auf, sich von den ihm auferlegten Bedingungen durch die Macht der Negation wegzureißen (die Stärke des Negativen, auf das sich das Subjekt beruft). Sie propagiert dieses Ideal, anders gesagt, durch eine *Trennung* von der Ordnung der Welt, nicht durch eine Öffnung zu ihr hin.

Vielleicht muss man weiter unterscheiden, was die Griechen »Freiheit« nannten. Einerseits ist sie die Möglichkeit, zu machen, was mir nach Belieben und ohne Behinderung gefällt (*exousia* ἐξουσία). In diesem Sinne ist Freiheit ganz selbstverständlich in verschiedensten Kulturen, einschließlich der chinesischen, zu finden. Man könnte sogar sagen, dass das chinesische Denken diese Bedeutung ganz besonders entfaltet und angereichert hat (*xiao yao you* 逍遥游, das erste Wort des *Zhuangzi*: ohne Behinderung leichten Sinns »dahinwandeln«). Andererseits ist Freiheit das, was bereits bei Homer der soziale Rang des freien Menschen im Gegensatz zu dem des Sklaven darstellte (*eleutheria* ἐλευθερία). Nun ist es diese zweite Erfahrung, die die »Griechen« erfanden – oder die sie erfand –, und zwar zunächst auf politischer Ebene: auf jener der kleinen Stadtstaaten im Widerstand gegen ein riesiges Reich (in den Persischen Kriegen); dann durch die ausdrückliche Errichtung genuin politischer, von verwandtschaftlichen Beziehungen gelöster Institutionen (die Demokratie im Gegensatz zur erblichen Clanherrschaft); schließlich, bei Auflösung des Stadtstaates, als innere Befreiung des Individuums durch die Zähmung seiner Leidenschaften und vor allem seiner »Vorstellungen« (*phantasiai*), was seinen Höhepunkt mit dem Stoizismus erreichte. Wir sehen also, dass die Freiheit das Produkt einer letztendlich besonderen Erfindung ist – eher jedenfalls als eine »Entdeckung«, wie man so oft gesagt hat –, deren Parteilichkeit man in Europa vergessen hat, so sehr wurde sie assimiliert. So sehr sogar, dass das klassische Denken die Tatsache, dass es auf den Gesetzen der Freiheit gründete, als »universell« gültig erklärte. Diese Freiheit wurde als Autonomie verstanden, und ihre Gesetze waren nicht jene der Natur, nicht physisch, sondern metaphysisch und wurden zum Absolutum erhoben.

Das Gegenteil von Freiheit ist, wie jeder weiß, Knechtschaft – das ihr Widersprechende jedoch wäre die *Disponibilität*, die eine harmonische Beziehung zu entfalten sucht und nicht auf Emanzipation, sondern auf *Integration* mit dem Lauf der Welt aus ist. Wenn es aber im chinesischen Denken (hier vor allem bei Zhuangzi) so etwas wie eine Befreiung von den das Leben einengenden Fesseln in der Welt gibt, so erlaubt eine derartige »Entfesselung« umso mehr, uns diesem natürlichen Lauf der Dinge (*ziran* 自然) anzupassen, als sie nicht durch und wegen der Trennung und Abgeschiedenheit von der Welt zum Ideal erhoben wird. Statt uns von dieser loszulösen, um uns von ihr unabhängiger zu machen, fügt uns eine Disponibilität dieser Art in sie ein, indem sie uns in ihre Weiterentwicklung einbindet und dazu führt, ihre Ressourcen auszunutzen, ohne sich gegen sie zu wenden. Ein *Ich* kann sich umso besser darin einfügen, als es sich in ihr als »Ich« auflöst und sich in ihr durch Reaktion auf ihren – unmittelbar-immanenten – *Impuls* [*incitation*] von unechten Erregungen befreit.

Formulieren wir es nochmals mit einigem Abstand und in großem Maßstab: China, dieses riesige Reich, verdankt seine Geburt nicht, wie die Griechen, einem Kampf um bürgerliche Unabhängigkeit; es hat das Politische als einfache Verlängerung der Familienstrukturen konzipiert und politische Ordnung als eine zur Regularisierung berufene Spontaneität verstanden (in Gestalt des Vater-Königs) statt als eine Abkehr von ihr. Auf moralischer Ebene hat man in China sehr wohl dazu aufgerufen, »über sich selbst zu obsiegen«, dies jedoch, um jene – integrierend wirkenden – gesellschaftlichen und verhaltensrelevanten Normen einhalten zu können, die die Riten darstellen (entsprechend der konfuzianischen Lehre: *ke ji fu li*). Daher hat es nicht den Aufbruch des Subjekts und die Aufhebung seiner Entfremdung durch Freiheit konzipiert, sondern die Fähigkeit, das Subjekt wie in einer Hohlform aufrechtzuerhalten und in gleiche Schwingung zu allem zu bringen, was ihm von der Welt entgegengebracht wird – es ist die Fähigkeit, sich prinzipiell auf die Welt zu *verlassen*.

IV

Zuverlässigkeit (vs. Aufrichtigkeit)

– 1 –

Der Freiheit entspricht die *Aufrichtigkeit* [*sincerité*]. In Europa sind das die zwei für die Konstituierung eines authentischen Subjekts gestellten Anforderungen: Erstere befreit von aller, durch Äußerliches bedingter Entfremdung, Zweitere offenbart die Innerlichkeit als Wahrheit. Die Aufrichtigkeit ist sogar der Ursprung der großen ethischen Teilung. Man definiere Aufrichtigkeit nur als »das zu sagen, was man denkt, und nicht zu lügen«, und schon sieht man in Achilles den »einfachsten« und »aufrichtigsten« (*alethes* ἀληθής) Menschen; in Odysseus den gewandtesten und verschlagensten (*pseudes* ψευδής). Bei Homer spricht Achilles zu Odysseus: »Denn verhaßt ist mir der Mann gleich den Toren des Hades / der das eine verbirgt im Sinn und anderes ausspricht.«[27] Allerdings waren die Griechen (bereits Platon in seinem *Kleinen Hippias*) zu sehr in der dialektischen Umkehr bewandert und zu geschickt darin, das Rätsel zu kultivieren, um bei einer derartig elementaren Aufspaltung zu bleiben. Hat Achilles denn niemals gelogen? (Ist das überhaupt möglich?) Und wenn er lügt, »ist das seine eigene Entscheidung« oder geschah das unwillentlich? Ist nun der, der aus freien Stücken lügt und insofern wissender ist, nicht dem überlegen, der dies unwillentlich macht? »– Und was meinst du von der Stimme? Welche hältst du für besser, die vorsätzlich mißtönende oder unvorsätzlich? – Die vorsätzlich.«[28] Wenn man mit diesen Argumenten spielt, kommt man sehr bald in Verlegenheit. Eines zumindest kann man sagen: Das Einfache der Aufrichtigkeit ist bei Weitem nicht so einfach, und Platon fällt es nicht schwer, seinem Gesetzgeber in politischen Dingen das Lügen zu gestatten.

Wenn nun aber Gott im Hintergrund auftaucht, ändert sich die Frage radikal. Dann gewinnt sie, indem sie mit diesen Paradoxa Schluss macht, wieder an Schärfe, ja sogar die Dimension des Absoluten. »Das Auge des Zeus« sehe alles, sagte bereits Hesiod und ganz Ähnliches steht in der Bibel. Selbst wenn diese Gestalten des Göttlichen kaum etwas gemeinsam haben, so ist es doch dieses fantasierte Vermögen, das Verhalten und die Herzen zu ergründen, was einen »Gott« einführt. Es sei nicht nur unmöglich, den Augen Gottes/der Götter zu entgehen, erkennt Platon an, es gebe auch keinen Grund, »dass Gott ein Lügner wäre«. Wenn Gott nun absolut wahrhaftig und ihm überdies jede Lüge bekannt wäre, so wird jede Lüge ihm gegenüber zu einer Sünde: Jemand anderen belügen heißt Gott belügen. In dem durchsichtigen Gegenüber mit dem Göttlichen entdeckt die menschliche Subjektivität ihre Unendlichkeit. Wenn Gott nicht als Transzendenz gesetzt worden wäre, wäre die Lüge nicht als Erfahrung dramatisierbar geworden. Das führt bei Augustinus zu einer unbedingten Verdammung der Lüge (in *De mendacio*).[29] Da sie nun von der Kategorie des Willens her begriffen wird – wenn der Wille zu betrügen fehlt, gibt es auch keine Lüge –, beinhaltet die Lüge in sich selbst das Kriterium ihrer Definition und damit zugleich ihren grundsätzlichen Ausschluss. Es gibt keine »offiziöse« Lüge, sei es aus Gefälligkeit oder aus Mitgefühl. (Das betrifft sowohl die Lüge gegenüber dem Patienten, den man lieber darüber im Unklaren lässt, wie gravierend seine Krankheit ist, als auch den vorgetäuschten Orgasmus, mit dem man Erfordernissen des Verlangens zu entsprechen sucht.) In dieser Hinsicht ist kein Kompromiss, keinerlei Toleranz akzeptierbar: Der Mund, der lügt, »tötet die Seele«, und weil dadurch dem vergänglichen Leben geopfert wird, verliert man sein ewiges Leben.

Das *Dogma* der »Wahrheit um jeden Preis« ist wesentlich, denn es ist die Bedingung der Möglichkeit eines direkt auf der Praxisebene konzipierten *Unbedingten*, und es ist genau dieser Absolutismus, den Kant, dem Beispiel des Augustinus folgend, in seiner Polemik gegen

Benjamin Constant verteidigt:[30] Selbst wenn ein Mörder mich fragte, ob der Freund, den ich vor ihm verberge, bei mir sei oder nicht, *soll* ich die Wahrheit sagen. Wenn ich das nicht mache, begehe ich ein Unrecht hinsichtlich der Menschheit überhaupt und stelle zugleich die Rechtsquelle aller Verträge infrage. Es handelt sich hier um eine *formale*, rein rationale Pflicht, die nichts gemein hat mit dem Schaden, den dieser zu Unrecht verfolgte Freund erleiden könnte. Sein erlittenes Unrecht ist nur »zufällig«, »akzidentiell«. Da Kant nicht von seinem grundsätzlichen Universalismus abweicht, hält er an dieser unhaltbaren Position fest und wischt jenes Argument vom Tisch, das besagt, dass der Begriff der Pflicht dem des Rechts entspreche, und wenn nun das Recht nicht mehr respektiert wird, so werde auch die Pflicht (die Wahrheit zu sagen) null und nichtig. In der Tat hat Benjamin Constant diese Idee vorgebracht, die man weiterverfolgen sollte: Die Wahrheit zu sagen ist nur eine Pflicht gegenüber jenen, die »ein Recht auf Wahrheit« haben, ein Recht, das der den Freund zu Unrecht bedrohende Mörder verloren hat.

Die theoretische Blockade bei Kant, die zu einer unglaublichen Taubheit hinsichtlich von Erfordernis, also der eigentlichen Erfahrung von Moral, führt, und als solche ein Symptom für das Scheitern seines Universalismus darstellt, kann nicht im Namen einer unausweichlichen Anpassung an die Umstände, die vom göttlichen Recht ausnimmt, widerlegt werden, also etwa mit dem trivialen Argument, eine derartige Moral sei, weil zu idealistisch, *praktisch* undurchführbar. Man kann gegen Kants Auffassung nicht *a posteriori* argumentieren, auch wenn man meint, man müsse seine wahren Gedanken in Gesellschaft mehr oder weniger verstecken, sondern nur auf die einzig rigorose Weise, nämlich indem man erkennt, dass eine Lüge *per se situativ* ist und nicht nur eine Sache des Subjekts; dass sie nicht auf eine Person beschränkt betrachtet werden kann, sondern immer in Bezug auf eine jeweils andere; dass deren Beziehung vorrangig ist. Das heißt, die Lüge ist das Produkt nicht nur eines sich selbst beobachtenden Subjekts, sondern ganz wesentlich *relational.* Das relativiert sie aber keineswegs: Lügen *geht zu zweit vor sich.* Ich belüge nur deshalb einen anderen, weil ich annehme, dass er nicht imstande ist, die Wahrheit zu ertragen; es sei denn, man will die Lüge um der Lüge willen – aber bis zu welchem Punkt ist das überhaupt möglich? Das Kind belügt seinen Vater, weil es glaubt, er wäre unfähig, bis zu seinem Geheimnis vorzudringen: Das Anhören geht dem Wort voraus, und wenn ich mich selbst belüge, so deshalb, weil ich mich unfähig gemacht habe, meine eigene Wahrheit anzuhören. Es gibt daher so etwas wie eine gemeinsame Verantwortung für die Lüge, sie liegt nicht nur auf Seiten desjenigen, der nicht zu sprechen wagte, sondern auch bei dem, der sich für diese Aussprache nicht disponibel erweist.[31]

— 2 —

Es wäre heilsam, angesichts der europäischen *Fixierung* auf diesen neuralgischen Punkt der Lüge, diesen theoretischen Abszess zum Platzen zu bringen, indem wir durch eine Ortsveränderung Abstand dazu gewinnen. Wenn China offenkundig aus der Lüge kein Drama, ja nicht einmal ein Problem gemacht hat, so deshalb, weil es die Lüge nicht als einen *Akt* mit ganz spezifischen, sogar besonders bösartigen Zügen isoliert und ihn als solchen vom stetigen Verlauf des Verhaltens abgehoben hat, wobei sich der Status des Wortes mit der Frage nach der Wahrheit überschneidet. Es gibt zwar eine bereits in den ersten Texten gerühmte, göttliche und prüfende Instanz (der »Herr da oben«, *Shang di*, im *Shijing*[32] oder *Shangshu*), von der gesagt wird, dass sie sich »dir nähert«; was man aber im Hinblick auf diese göttliche Instanz fordert, ist, keinen »doppelten Geist« zu zeigen (*wu er er xin* 无二尔心), also keine Doppelzüngigkeit zu praktizieren und nicht zu schwindeln. Oder wenn gesagt wird, dass man nicht glauben soll, nur weil man allein ist, sähen uns die Geister nicht, so geht es in der zur Debatte stehenden moralischen Forderung, die zu einer »Rückkehr zu sich« (*zi xing* 自省) aufruft, nur darum, nicht von seinem Benehmen abzuweichen: Die Lüge, als bewusste Behauptung des Gegenteils der Wahrheit, wird als solche nicht in Betracht gezogen.

Der Grund dafür ist, dass die *Beziehungshaftigkeit* [*rélationalité*] am Beginn des chinesischen Denkens und somit auch der Moral steht, die nicht nur eine Sache des Subjekts ist. Auch die Moral leitet sich von den Phänomenen der Polarität und Interaktion ab und »zu zweit sein« ist ursprünglich. Der Begriff *ren* 仁 bringt das zum Ausdruck, der zu Recht mit »Menschheit« übersetzt wird: Der Mensch und die Ziffer Zwei haben ein gemeinsames Graphem. Die *Zusammenhängigkeit* [*contextualité*] ist also nicht nur gelegenheitsbezogen. Man verrät nicht seinen eigenen Vater, gibt Konfuzius zu bedenken. Das dem Ritus entsprechende Verhalten impliziert nicht, scheinheilig zu sein, sondern bedeutet, die Formen zu respektieren, statt sich diesen entgegenzustellen, was keineswegs ohne inneren Einsatz vonstattengeht. Beim Besuch eines Tempels stellt Konfuzius zu jedem Brauch eine Frage, selbst wenn er die Antwort bereits kennt; er wartet eines Tages sogar, bis der Herrscher herauskommt, um ihm dann seinen Dank auszusprechen … Ohne Errichtung eines prinzipiell Bösen, das das chinesische Denken nicht kennt, und ohne ein Wahrheitsdogma, ist es logisch, dass der Konflikt von Wahrheit und Lüge seine Schärfe verliert. Das Vokabular ist diesbezüglich erstaunlich vage: Das Chinesische spricht von: etwas »abweichend verbreiten« (*sa huang*), auch »betrügen« (*qi kuang*), »hintergehen« bzw. »missbrauchen« (*qi pian*), »vortäuschen« (*zha*) usw. Es gibt keinen univoken Terminus, der die Tatsache isoliert (wie *pseudos, mendacium*, »Lüge«), sie als einen eigenen Akt von anderen trennt und zugleich als einen Skandal darstellt, zumindest als ein Rätsel für den Verstand.

So wird man verstehen, dass es mir widerstrebt, den so wichtigen Terminus von *xin* (das Signifikum von Mensch und das Radikal von Wort 信) mit »Aufrichtigkeit« zu übersetzen, wie das die sinologische Tradition in der Regel macht. Dieser Terminus meint nicht so sehr *zu sagen, was man denkt* – was unangenehm, unhöflich, indiskret sein kann. (Kennt man überhaupt »das«, was man denkt? Ist »es« wirklich so leicht inhaltlich zu identifizieren?) Vielmehr besagt *xin, an dem festzuhalten, was man sagt*. Der Konfuzius der *Gespräche* misstraut den »schönfärberischen Schwätzern« (*ning*) und zeigt nur dem festgestellten Verhalten seine Wertschätzung. Selbst der *Kanon* der Mohisten, der mit seiner Definition dieses Begriffs der Aufrichtigkeit sehr nahe kommt (»das Wort stimmt mit dem inneren Gedanken überein«), kommentiert sogleich: »Nicht weil seine Worte adäquat sind, werden sie von den anderen respektiert, sondern aufgrund seines Verhaltens« (必其行也). Die Übereinstimmung von Denken und Sprechen überträgt sich von Anfang an auf eine Übereinstimmung von Sprechen und Verhalten. Auch wenn sich durch Selbstreflexion (*zi xing*) eine innere Instanz quasi als moralische Instanz konstituiert, so hat diese doch nicht die Aufgabe, »sich« zu sagen, indem sie sich der Funktion des Wortes anvertraut. Als Beweis dieses kulturellen Abstands möge auch der Unterschied zwischen der religiösen Praxis der Beichte und jener der Selbstkritik dienen, die sich dem politischen Konformismus verdankt.

Statt einer introspektiven Aufrichtigkeit, die versucht, bis in das tiefste Innerste des Gewissens vorzudringen, um den unmittelbarsten, nackten, rückhaltlosen Ausdruck einer inneren Wahrheit, der das Geheimnis des Einzigartigen enthüllt, zu finden, lenkt uns das chinesische Denken eher in Richtung auf das, was ich »Zuverlässigkeit« [*fiabilité*] nennen würde, welche selbst wiederum auf die noch zentralere Forderung nach »Gangbarkeit« [*viabilité*] verweist. Bei *gangbar* [*viable*] sollten wir an das Leben [*vie*] denken, an das, was das Leben ausmacht: dass die Lebewesen und Dinge langfristig weitergehen, auf Dauer sich *prozessartig* entwickeln können, indem sie ihren Weg (*dao*) in richtiger Weise verfolgen. Hier wird dieses »langfristig« wichtig: Die *Zuverlässigkeit* erweist sich erst in der Dauer und kann sich somit des Wortes entschlagen. Ein Verhalten lässt sich keineswegs in der Momentaufnahme einer Aussage beurteilen – noch dazu, wo die Aufrichtigkeit nicht den geringsten Hiatus, vor allem keinen zeitlichen, zwischen dem Auftauchen des Gedankens und seinem Ausdruck gestattet –, sondern nur *im Laufe der Zeit*, durch den Weg, den es nimmt, und durch zunehmende Festigkeit, und sogar, ohne dass man daran denkt, ohne dass man denkt, daran zu denken.

— 3 —

Zuverlässigkeit: Man sollte bei diesem Terminus verweilen, um aus ihm ein sowohl der Ethik als auch der Politik zugrunde liegendes Prinzip zu machen. Denn wenn man der Dauer nicht eine derartige Qualität der stillen *Verdichtung* und *Bewährung* einräumt, würden wir beim Denken dessen, was wir gewöhnlich »Vertrauen« nennen, weiterhin hilflos dastehen. Tatsächlich ist Vertrauen nur eine Folge von Zuverlässigkeit. Sind wir aber überhaupt imstande, diesen ebenso entscheidenden wie banalen Begriff zu erfassen? Denn wir wissen, dass er den Grundstock (den Fundus und das Kapital) jedes menschlichen Unterfangens darstellt – heute vor allem im Hinblick auf Wirtschaftsunternehmen und ihr Management – und letztendlich noch bestimmender und entscheidender ist, wenn auch weniger theatral als die berühmte von außen kommende »Gelegenheit«, als dieser unvorhersehbare *kairos*, den die Griechen als letzten Grund des Erfolgs so sehr gefeiert haben. Das Vertrauen bringt diese allerletzte Bestimmung des Verlaufs der Dinge, diese *grundlegende* Bestimmung, wieder zurück in den Bereich und in die Abhängigkeit des Menschlichen, sogar zu dem, was das eigentlich Menschliche ist oder *den Menschen ausmacht*. Letzten Endes ist es immer das *Vertrauen*, das unsere Entscheidung, nach Abwägung aller Argumente, in diese oder jene Richtung kippen und uns zu einem Urteil kommen lässt. Ihm entspringt auch die Zustimmung, aus der allein eine Gemeinschaft im positiven Sinn hervorgehen kann. Schließlich ist es das Vertrauen, das eine Kohäsion und Gangbarkeit des Politischen gewährleistet, ohne jedoch zugleich entfremdend zu sein, womit es sich grundlegend von jedem charismatischen Effekt absetzt: Indem das Vertrauen Reziprozität voraussetzt, ist es grundsätzlich egalitär und verdankt sich nicht dem zweifelhaften Prestige eines Aszendenten. Weil es *resultativ* ist, in einer allseits bekannten Vergangenheit seinen Ursprung hat, ist es auch allein das Vertrauen, das Zukunft eröffnet und möglich macht. Was wissen wir aber über seinen Gehalt, oder besser noch: seine Logik? Und wie kann man eine Situation nicht zwingend beeinflussen, um es hervorzubringen – was das Vertrauen ja sogleich wieder zunichtemachen würde?

Das *Phänomen* des Vertrauens lässt sich nicht so leicht einfangen, weil es sich unserem theoretischen Apparat entzieht, weil diese Kategorie weder moralisch noch psychologisch ist, außerhalb des Bereichs von Tugenden und Fähigkeiten verbleibt. Die europäische Philosophie aber hat die Fähigkeiten im Hinblick auf die »Erkenntnis« gedacht, die Tugenden im Hinblick auf die »Handlung« und beides ausgehend von einem Ich-Subjekt. Nun ist das Vertrauen weder vom Verstand noch vom Willen abhängig, es ist weder im Bereich des scharfsinnigen Verstands noch des »Ich will« angesiedelt. Obschon ganz von uns abhängig, haben wir es nicht unter Kontrolle: Vertrauen gibt es nur bei gleichzeitigem Loslassen. Es hängt nicht so sehr vom Subjekt als vielmehr von der konkreten *Situation* ab, nicht so sehr vom Individuum als von der geknüpften *Beziehung*, nicht so sehr von der jeweiligen Handlung als vom Ablauf des *Prozesses*. Im Vertrauen sind beide Partner eingebunden und mitverantwortlich: Es besteht im Bereich des »Zwischen« und nicht dem des *Seins*. Es kann nicht exklusiv einem von beiden zugeschrieben werden, ja man kann, wenn es sich gefestigt hat, gar nicht mehr sagen, wem es zu verdanken ist. Es ist etwas, das nicht mehr einer transitiven Handlung oder der einsamen Entscheidung eines Subjekts zuschreibbar ist, sondern einer stillen Verwandlung der Bedingungen der eingegangenen *gemeinsamen Subjektivität* [*cosubjectivité*].

Insofern ist das Vertrauen radikal von der »Transparenz« getrennt, mit der es nur allzu oft verwechselt wird, denn während Vertrauen auf Zuverlässigkeit gründet, bezieht sich Transparenz auf Aufrichtigkeit. Die Transparenz, diese heute im politischen Leben ebenso wie in den Verhaltenskodizes von Unternehmen so lautstark verkündete Losung, ist eine Illusion, nicht nur, weil sie wegen der unausweichlichen oder schlau überlegten Undurchschaubarkeit der Personen füreinander nicht durchführbar ist, sondern weil sie an und für sich unfruchtbar ist. Der Druck zur Transparenz macht es unmöglich, dass Neues entsteht. Die Transparenz tötet das Vertrauen, statt es zu fördern, denn sie erkennt den Anderen nicht in seiner Andersheit an. Tatsächlich braucht es auch etwas Schatten und ein Rückzugsgebiet, angedeutete Zonen der Diskretion und Stille, nicht nur, damit Geschäfte abgewickelt, sondern auch Beziehungen geknüpft werden können, die sich später entfalten. Wenn wir in Europa beim Bedenken von Vertrauen so unbeholfen sind, so deshalb, weil wir nur das denken, was der *logos* auszugliedern vermag, und zwar aufgrund der atavistischen Aufmerksamkeit, die wir der Aussage schenken, die allein konstitutiv für die Wahrheit ist. Das Vertrauen dagegen ist vom Implizierten abhängig, verläuft im Halbschatten, verstärkt sich mit der Dauer und schert sich nicht um das Sprechen.

Vor allem ist es völlig überflüssig, ein nachdrückliches »Vertrauen Sie mir!« von sich zu geben, ebenso wie ein sentenziöses »Du hast mein volles Vertrauen …«. Die erste Aussage ist eine magische und beschwört eine ungerechtfertigte Macht herauf, und die zweite ist an sich überflüssig. Denn sie fügt nichts hinzu, sie unterminiert sogar durch ihre Überflüssigkeit das bereits erworbene Vertrauen, das bekanntlich ein Resultat ist: Wenn Vertrauen herrscht, braucht man dies einander nicht zu sagen. Was das als Bitte oder als Aufruf vorgebrachte »Vertraut mir!« anlangt, so ist es überflüssig oder vielmehr dumm, denn es setzt einen willentlichen Entschluss voraus (ich dränge dich, eine Entscheidung zu fällen, ich appelliere an deine Vernunft), der eigentlich nur verfrüht und daher erzwungen sein kann, und reklamiert für sich das Schema von Akt-Ereignis (Vertrauen soll sofort geschenkt werden), das von der langen Zeit einer Reifung nichts wissen will. Es beruft sich auf die Macht der Überredung und die Wirkung der Rhetorik, während das Vertrauen doch nur aufgrund von Remanenz und Dauerhaftigkeit, durch kaum merkliches Hervorkommen und Überhandnehmen erwächst. Insofern ist Vertrauen nicht von Kausalität abhängig, die ihm ja unausweichlich äußerlich bliebe, ist weder präzise bestimmbar noch zuordenbar, sondern geht, wenn es sich einmal, ganz von alleine, eingestellt hat, aus *Geneigtheit* [*propension*] hervor und gedeiht, ohne dass dies beabsichtigt oder abgesprochen wäre. Vertrauen, als Ausdruck einer Immanenz, ist eine Aufwandsentschädigung, die nicht in Rechnung gestellt wird.

Wenn man in China sagt, man wäre für den anderen ein »alter Freund« (*lao penyou*), so muss man deswegen nicht wirklich »alt« sein, sondern nur im Laufe der Zeit Vertrauen zueinander gefasst haben, das weder vorgezeigt werden muss noch angezweifelt werden darf: eine Verbindung, die sich zwischen zwei Menschen gefestigt hat und die man nicht in leichteste Zweifel ziehen würde. Dies ist keine Sache von Entscheidung oder Willen – der Gewinn erwächst aus einem Prozess. Man »reibt sich aneinander« über Jahre hinweg (der Ausdruck findet sich auch bei Platon, *tribé* τριβή, aber nur am Rande im *Siebenten Brief*)[33]; man hat verhandelt, ist aneinandergestoßen, ohne jedoch aggressiv zu werden; man ist dabei geblieben, ohne auseinanderzugehen, sodass daraus eine Verlässlichkeit erwuchs, die sich nicht mehr unter Beweis zu stellen hat. In aller Stille hat sich nach und nach ein Einvernehmen gefestigt. Die wenigen Worte, die da und dort noch anekdotisch auftauchen, sind nur dessen sporadische Anzeichen.

Ich bin immer wieder überrascht, dass man meinen chinesischen Freunden mangelnde Aufrichtigkeit vorwirft, so als könnte man diese tatsächlich als eine soziale Tugend ansehen. Wenn man die Moral nicht mehr in Bezug auf einen (im Augenblick vollzogenen) Handlungsakt, sondern im Hinblick auf einen (kontinuierlichen) Verlauf und ein Verhalten denkt, wo hätte da eine derartige Wahrhaftigkeit des Wortes überhaupt Platz, ohne ebenso unpassend wie beliebig zu wirken? Zu sagen, was man denkt, ist unziemend; das blockiert die gesellschaftliche Regulierung und widerspricht der Wirksamkeit durch Konditionierung, von der auch die Moralität herrührt. Dennoch ist der Heroismus der *Aufrichtigkeit* nicht vergeblich, er gehört nur auf eine andere Bezugsebene: Der Wunsch, die Wahrheit zu sagen, ist eine Kühnheit, die sich darüber im Klaren sein muss, was es an nicht zu tolerierendem Asozialem und Skandalösem mit sich bringt. Wenn wir vorgeblich unseren Kindern die Pflicht, aufrichtig zu sein, lehren, so wissen wir sehr wohl, dass wir ihnen gegenüber nicht aufrichtig sind. Es handelt sich hier nicht ganz einfach um eine Verpflichtung, und wäre sie es nur als Ideal oder moralische Vorschrift, sondern vielmehr um das Bejubeln einer heldenhaften Gesinnung. Denn *sagen wollen*, »alles sagen« (bereits die *parrhesia* παρρησία der Griechen), bis zum Letzten gehen, bis man nicht mehr weiterkann, ohne vor Formulierungsschwierigkeiten kapitulierend nach dem richtigen Wort zu suchen, hier und jetzt, in diesem Augenblick, und damit, ohne Furcht vor dem Unschicklichen oder Beschämenden, das Ungefähre verjage – das ist stets ein hart zu erringender Sieg, der für *andere* nur schwer erträglich ist. Die Wahrheit zu sagen, ist ein Einbruch und Verstoß (gegen das schweigend Akzeptierte). Nur der Andere ist vielleicht bereit, zuzuhören, in aller Intimität, dieses Einzigartige aufnehmend – den aus diesem Geständnis auftauchenden »Anderen«. Oder es ist eine Leidenschaft der Intelligenz, dergestalt, dass sie alles zu opfern bereit ist und hier insbesondere das Ausweichen vor der Gefahr, was normalerweise etwas durchführbar [*viable*] und damit lebbar [*vivable*] macht. Das »Wahre auszusprechen«, ist schwindelerregend, denn es bohrt ein Loch in dieses Bindegewebe (der Soziabilität), das uns Sicherheit und Ruhe verschafft. Das Wahre zu sagen, ist eine Herausforderung (quasi ein Schrei), denn damit konfrontiert man sich mit dem Unmöglichen. Der wagemutige Versuch belohnt sich dafür jedoch selbst; vielleicht hofft er, gestärkt daraus hervorzugehen, aber Applaus von irgendjemandem erwartet er nicht: Es genügt ihm, in diesem Zusammenstoß mit der Grenze, sich selbst die lebendige, nackte Existenz des *Willens* zu bestätigen, der allein darüber entscheidet und ihn gestattet.

V

Beharrlichkeit (vs. Wille)

– 1 –

Niemand würde daran zweifeln, einen »Willen« [*volonté*] in sich zu haben, so sehr definiert dieses Vermögen den Menschen in dem, was er ist, stellt er doch dessen souveräne Antriebsfeder dar. Ist es nicht dieser Wille, den ich zuallererst – und auf intimste Weise – bei mir wahrnehme und dessen Erfahrung darum am weitesten verbreitet sein müsste? Mehr noch: Der Wille ist die einzige Fähigkeit des Menschen, die eine Dimension des Unendlichen hat, ihn zu Gottes Ebenbild macht, wie Descartes dies vorbrachte. Allein seine Reinheit ist absolut: Was meinen Willen betrifft, so fühle ich »keine äußerliche Kraft«, die mich da »hineinzwingt«. Seine eigene Kausalität befreit mich von der Kausalität der Dinge und sonstiger Bedingtheit; er entdeckt mir meine Freiheit. So lautet unser europäisches *Credo*, das unserem *System des Subjekts* als Sockel dient. Ich sage »Credo«, denn es ist ein Glaube, der sich in ihm einbringt: eine in unserem Geist versenkte Entscheidung, so tief vergraben, dass man sie für evident hält und überdies mit ihrer Sockelfunktion der Subjekt-Apparatur die Herrschaft sichert – so glaubte man wenigstens für lange Zeit. Denn diese Souveränität des Willens wurde und wird nicht mehr nur von außerhalb des europäischen Denkens her beargwöhnt; aus dem Innersten der Philosophie entsprungen, bekommt sie heute Risse. Wenn nun dieses Fundament erschüttert wird, gerät dann nicht auch unsere gesamte »Selbstauffassung« mit ihm ins Wanken? Und wie könnten wir da noch das Handeln, die Wirkmächtigkeit, die Sittlichkeit begreifen?

Am Anfang der vom Christentum transportierten, mehr oder weniger verweltlichten Anthropologie steht als erster Terminus der Wille, und als solcher ist er nicht in Zweifel zu ziehen. Dies bezeugen noch die Philosophen der Aufklärung, Rousseau und Kant. Er ist es, der die erste Aufspaltung herbeiführt, mir die erste Handhabe über »mich selbst« ermöglicht – woraus sich dann alles Weitere ergibt bis zu dem Punkt, wo er mir als einzig möglicher Schlüssel zum Verständnis der Welt dient. Die Erfahrung von ihm wird als unmittelbar, als einzig nicht anfechtbar angesehen, nichts in »mir« stellt sich ihm entgegen: »Ich will handeln und ich handle; ich will meinen Körper bewegen und mein Körper bewegt sich«, diese Behauptung scheint unwiderlegbar (in *Émile*). Hier ist von einer Performativität die Rede, die noch vor der Möglichkeit einer Aussage ins Spiel kommt. Auch bei Kant ist die einleitende Formulierung auf der Suche nach einem echten Anfang und sie will sich als allgemeinste schlechthin verstehen. Sie greift in rhetorisch übertriebener Weise auf das Hypothetischste zurück, um das besser hervorheben zu können, was nicht hypothetisch sein kann: »Es ist überall nichts in der Welt, ja überhaupt auch außer derselben zu denken möglich, was ohne Einschränkung für gut könnte gehalten werden, als allein ein *guter Wille.*«[34] Am Anfang und einzig absolut ist also das »Wollen«, das Wollen »an sich«, im »Reinzustand«.

Selbst wenn China nun, im Gefolge der vom Westen vor über einem Jahrhundert ausgehenden theoretischen Globalisierung, diesen Terminus übersetzt (mit *yizhi* 意志), so hilft uns sein Denken doch, die Genealogie des Willens zurückzuverfolgen und uns von der *Bequemlichkeit* seiner Konzeption zu lösen. Denn in China sieht man keine Erklärung für die Unterscheidung von »freiwillig« (*ekōn* ἑκών) und »unfreiwillig«, wie sie Aristoteles entwickelt hat, von einer Reflexion ausgehend, die in Griechenland ihre Wurzeln in der Rechtsprechung und im Theater hat (Phädra war »unfreiwillig« ihrer Leidenschaft ausgeliefert) und in die prinzipielle Frage mündet: In welchem Ausmaß bin ich für meine Handlung verantwortlich? Darauf aufbauend hat Aristoteles die weitere Terminologie entfaltet, derer wir uns noch heute bedienen: Wir unterscheiden den einfachen »Wunsch« (*boulesis* βούλησις) von der »durch Vorzugswahl der Mittel« (*prohairesis* προαίρεσις) durchgeführten Handlung, die eine Überlegung impliziert, in eine Entscheidung mündet und die Form eines inneren Imperativs annimmt. Man kann den aufgetauchten Abstand noch weiter zurückverfolgen: Da man in China die Idee von Kausalität weder in ihrem logischen noch physikalischen Aspekt zu einer Theorie ausgebaut hat, auch nicht, ihr korrespondierend, jene der Teleologie, wird man sich nicht wundern, dass auch der »Wille« kaum eine theoretische Unterstützung gefunden hat, um ihn zu beweisen. Auf westlicher Seite geht man dagegen sehr wohl von der *Kausalität* aus, wenn dieses Vermögen, auszuwählen und zu entscheiden, erklärt und damit der Wille üblicherweise definiert wird. Rousseau: Man muss immer »zu einem Willen als erster Ursache zurückgehen« und erkenne diesen Willen als eine »in Bewegung setzende Ursache«.[35] Kant: Der Wille der Vernunftwesen ist das »Vermögen [...], ihre Kausalität durch die Vorstellung von Regeln zu bestimmen«;[36] er ist eine »Kausalität der Vernunft«, in der Art der natürlichen Kausalität konzipiert, nur auf einer anderen Ebene.

Überdies hat sich im christianisierten Abendland die Psychologie des Willens vor dem Hintergrund einer die Sünde betreffenden Meditation vertieft. Vor allem aber wurde der Wille als ein unendlicher aufgefasst. Die *voluntas* offenbart sich in ihrer ganzen schrecklichen Größe dadurch, dass sie dem Menschen die Macht verleiht, nein zu sagen, sich von Gott abzuwenden und einen »Abfall« zu begehen, diesen *modus defectivus* des Augustinus, der sich durch die dem Menschen zuerkannte Möglichkeit zu *wählen*, das Böse zu tun, *posse peccare*, zu erkennen gibt.[37] Man könnte auch sagen, man verleiht der Idee des Willens nur dadurch ihre ganze Konsistenz, dass man die menschliche Psychologie mit einer göttlichen verdoppelt, die ihr als Modell dient und von der aus allein sich die Fülle dessen, was den Menschen ausmacht, denken lässt. So schreibt Rousseau, Gott könne, weil er wolle, sein Wille sei seine Macht, und Kant: Gottes Wille ist nicht nur ein reiner Wille, sondern auch ein heiliger. Dagegen stellt uns das chinesische Denken vor die Tatsache, dass es sich sehr früh von einer Beschäftigung mit einem persönlichen Gott abgewandt und seine primitive Kosmologie nicht in Richtung einer Theologie entwickelt hat. Es hat, in weiterer Folge, im Willen auch weder eine persönliche und als solche absolute Selbstbestimmung der Macht sich ausdenken müssen, noch die Erfahrung einer Begegnung mit der Sünde als einer Herausforderung der Gottheit gemacht.

Wenn man die Sache etwas näher betrachtet, wird man übrigens bemerken, dass die europäischen Philosophen, über keinen anderen Ausgangspunkt als den des Willens verfügend, sich bewusst sind, dass wir seine »Natur« nicht zu fassen kriegen. Ich will mich bewegen und mein Körper bewegt sich, sagt Rousseau, aber ich kann nicht »begreifen«, wie das vor sich geht, d. h. wie der Wille »eine physische Aktion« hervorbringt. Der Wille lässt die Schwierigkeit, welche dem das Empirische und das Intelligible voneinander trennenden Dualismus inhärent ist, nicht vergessen, selbst wenn er dazu ausersehen ist, die unmittelbare Verbindung zwischen beiden herzustellen. Während er also eine nicht zu leugnende Erfahrung von ihm macht, sieht Rousseau im Willen ein »Mysterium«: Die Evidenz verkehrt sich im Rätselhaften. Ebenso wird für Kant die Freiheit, die sich der Wille herausnimmt, unerklärlich, denn jede Erklärung würde uns zu einer den Naturgesetzen gehorchenden Bestimmung zurückführen, von denen uns als Vernunftwesen unser Wille jedoch unabhängig macht. Eine derartige »Erklärung« käme also seiner Vernichtung gleich. Immerhin gibt er zu, dass »in dieser Idee von dem absoluten Werte des bloßen Willens [...] ein Verdacht entspringen muß, daß vielleicht bloß hochfliegende Phantasterei insgeheim zum Grunde liege«[38] – Phantasterei, und nicht dieser reine, für sich selbst glänzende »Juwel« der Moral.

— 2 —

Man wird ohne Weiteres zugeben, dass der Begriff des Willens das Produkt einer kulturellen Geschichte ist, die, alles in allem, eine besondere sein muss, wenn man bedenkt, dass sie uns über die Griechen und das Christentum, die psychische Kausalität und die göttliche Verunendlichung geführt hat. Hat man aber jemals versucht, sich nur *vorzustellen*, ohne ihn auszukommen? Welchen Einfluss könnte außerdem die Tatsache, dass dieser Begriff des Willens zunehmend isoliert und herausgelöst wurde, auf den Rest unseres Denkens haben? Bei Kant und Rousseau, um uns an diese beiden zu halten, hat die Geschichte des »Willens« so gut geendet, dass man sie vergisst: Der Wille setzt sich gleich zu Beginn durch. Er *wird* zum Grundprinzip, der Rest folgt. Schon Nietzsche hat uns aber, nach Spinoza, vom Inneren der Philosophie selbst das vorausahnen lassen, was unsere Passage über China uns von außen her zu entdecken ermöglicht. Nietzsche hat es vermocht, bei dem »Verdacht«, den Kant so beiläufig erwähnte, stehen zu bleiben. Er, der den Begriff des Willens zu seinem Höhepunkt gebracht hat (»Der Wille zur Macht«), hat zugleich zu sehen verstanden, dass es sich bei ihm keineswegs um eine einfache Sache handelt, sondern »vor Allem etwas *Complicirtes*, Etwas, das nur als Wort eine Einheit ist«.[39] Im Detail sagt er als ein Philologe (das Beste in seinem Werk), dass das, was uns glauben mache, eine so komplexe Sache wie das »Wollen« wäre einfach, die Tatsache sei, dass wir in unseren Sprachen nur ein Wort hätten, um es auszusprechen, und die Philosophen »in diesem Falle auch nur gethan haben, was Philosophen eben zu thun pflegen«: Sie hätten »ein Volks-Vorurtheil übernommen und übertrieben«, ein Vorurteil der Sprache, das jedoch als solches ungedacht bliebe.

Diese *Einfaltung* des Willens, oder besser: diese Fahrrinne, in die das westliche Denken eingesunken ist (»Atavismus« nennt das Nietzsche), erwächst uns demnach aus einer Beschaffenheit der Sprache – *unserer* Sprache: aus einer dem Indoeuropäischen gemeinsamen Wurzel und bringt ein einziges und isoliertes Sem des »Wollens« zur Geltung. So im Griechischen *bulestai*, im Lateinischen *velle*, im Deutschen **wollen*, im Englischen *will*, im Französischen *vouloir* usw. Nun finden wir, wenn wir uns nach China begeben, genau diese Bedeutung von »wollen« nicht mehr. Menzius, einer der wichtigsten chinesischen Denker der Antike und der Erste, der auf diesem Gebiet zu reflektieren begonnen hat, spricht von »sich vorbereiten«, »einwilligen«, »wünschen« – kein Terminus hat Vorrang. Das benutzte Unterscheidungsmerkmal, um Weisheit zu denken, ist jenes der »Stärke«, die hinsichtlich des »Scharfsinns« zum Einsatz kommt; die im Entschluss hervorgehobene Tugend ist der »Mut«. Ein Terminus konnte in der europäischen Sinologie nicht ganz passend mit »Wille« übersetzt werden. »Wille« ist nämlich nur der Begriff, den wir bei *zhi* 志 erwarteten. Wenn man genauer hinschaut, bezeichnet sein unbestimmt gebliebenes semantisches Feld bei Menzius jedoch meist den gefassten Entschluss, an dem man festhält – was ich eher »Beharrlichkeit« [*ténacité*] nennen würde. Dieser Terminus wird bei ihm nur einmal expliziert, und zwar um das zu bezeichnen, was dem *qui* 气, dem Energie-Hauch, von dem unser physisches Wesen erfüllt ist, »befehlen« soll.[40] Diese zwei Funktionen werden einzig durch ihre hierarchische Beziehung definiert, wobei die eine »festhalten« besagt, die zweite, man solle »keine Gewalt« anwenden. Menzius präzisiert lediglich: Wenn die dirigierende Instanz »sich vereint« (sich konzentriert), dann »setzt sie die vitale Energie in Bewegung«, wie es sich gehört; doch wenn es Letztere ist, die sich konzentriert, so setzt sie Erstere in Bewegung, und ihre hierarchische Beziehung ist gestört. So fließt in seine Analyse keine der Vorgehensweisen ein, die Aristoteles zur selben Epoche darlegte: weder die bevorzugende Wahl noch die Überlegung oder die Entscheidung.

Schon sind wir wieder bei Nietzsche: Wir können von der chinesischen Heterotopie aus erneut die *interne* Heterotopie überdenken, die er so scharfsichtig im Zentrum der Philosophie herausgestellt hat. Mehr noch, wir können die Frage stellen: Zeigt sich hier etwa ein anderes *Mögliches*? (Stößt man hier auf eine Alternative?) In dem Augenblick, wo man nicht mehr bloß über einen einzigen Terminus wie »wollen« verfügt bzw. wenn man diesem zu misstrauen beginnt, kann man da diesen im Inneren einer Person ablaufenden Prozess überhaupt anders begreifen als eine Beziehung von einander entgegengesetzten Kräften? Das, was sich in einer »komplexen Sache« wie dem Wollen am genauesten identifizieren lasse, sagt Nietzsche, sei dieses hierarchische Verhältnis. »Bei allem Wollen handelt es sich schlechterdings um Befehlen und Gehorchen [...]«, aber diese an sich sehr einfache Beziehung ist in eine komplexe, kollektive Struktur eingebettet: »Unser Leib ist ja nur ein Gesellschaftsbau vieler Seelen«. Was es sodann, auf der Basis dieser hierarchischen Relation, erlaubt hat, dem umfassenden Begriff »Willen« Gestalt zu geben, ist das, was Nietzsche den »synthetischen Begriff des Ich« nennt, der genau der Parteinahme der europäischen Philosophie entspricht: Er ist es, der in der Identität eines Ich-Subjekts (gesetzt als vereinigend und einfach) diese Dualität der Funktionen – des Befehls und des Gehorsams – resorbiert, uns »darüber hinwegtäuscht [...], dass Wille und Aktion irgendwie Eins seien«. So wird die Vielfalt der Vorgänge, die auf allen Ebenen der Person ablaufen, im Selbstbewusstsein auf einen einzigen Vorgang reduziert. Nun konnte man sagen: »Ich will«, so wie man sagt: »Ich denke«. Indem man diese Subjekt-Funktion – von den indoeuropäischen Sprachen durch ihre Grammatik besonders betont – voll zum Tragen brachte, hat man geglaubt, sich seines »Willens« ebenso wie seines »Denkens« unmittelbar gewiss sein zu können.

— 3 —

Es ist nicht nur der Begriff des Willens, der bei Menzius fehlt, sondern tatsächlich noch grundsätzlicher die Kategorie des »Wollens« selbst. Dass dieser zu erwartende Gegensatz einfach nicht vorkommt, können wir auf der Sprachebene verifizieren: Statt »können« oder »wollen« sagt Menzius: »können« oder »*tun*«. Ein Fürst fragte, ob er fähig wäre, den »Urquell des Menschen« (*ren* 仁), den er dank des Weisen bei sich entdeckt hat, auch zum Sprudeln zu bringen. »Wenn Sie ihn nicht zum Sprudeln bringen«, entgegnet ihm Menzius, »so nicht deshalb, weil Sie es nicht ›können‹ sondern weil Sie es nicht ›tun‹«.[41] Damit diese Unterscheidung auch wirklich deutlich wird, fährt Menzius fort: »Wenn man Ihnen sagte, Sie sollen einen Berg unter Ihren Arm nehmen, um das Nördliche Meer zu überqueren, ist es ganz legitim, zu antworten, dass Sie das nicht ›können‹; wenn man Sie aber bittet, einen Blütenzweig zu pflücken, um ihn Ihrem älteren Bruder (dem Sie Respekt zu erweisen haben) zu offerieren, dann trifft es nicht zu, dass Sie es nicht ›könnten‹, sondern Sie ›tun‹ es einfach nicht« (wobei Couvreur, der französische Übersetzer, in der Meinung, er könne diese unlogische Gegensätzlichkeit nicht so stehen lassen, sich zu der Anmerkung gezwungen sieht, es sei »wegen fehlender Tat *oder aus mangelndem Wollen*«). Nun strukturiert dieser Gegensatz von »können« und »tun« und nicht von können und wollen durchgehend im *Menzius* das gesamte, sich auf das Verhalten beziehende semantische Feld. Das einzige Kriterium, das Menzius in Bezug auf das zur Verfügung stehende Vermögen in Betracht zieht, ist seine effektive Umsetzung in die Tat. Jeder könne, so bekräftigt er, ein vollkommener Weiser (wie Yao oder Shun) werden: Um so wie dieser zu werden, müsse er sich nur wie dieser verhalten.[42]

Was Menzius von dem Gebrauch der Kategorie »wollen« entbindet – oder ihn auf eben seine Weise zu denken veranlasst, weil er nicht darüber verfügt –, ist die Tatsache, dass er, wie man bereits weiß, das Verhalten in Bezug zur *Neigung* begreift, und zwar zugleich *potenzieller* und *aktualisierter*, und nicht in Bezug zu *Wahlentscheidung* und *Aktion* (»überlegter« Wahl, »gewollter« Aktion). Könnte man sich langsam daran gewöhnen? Wie groß ist hier doch der Abstand zwischen den Archetypen: Auf chinesischer Seite sehen wir, ausgehend vom Keim oder dem Saatkorn, den Reifungsprozess, von dem auch das Verhalten abhängt; auf griechischer Seite die tradierte Vorstellung des Menschen als Agierendem (*hōs drōntas*, sagt Aristoteles), wie sie uns vom Epos und Theater her bekannt ist, Genres, die das antike China nicht kannte; und auch die Bibel ist, auf ihre Weise, eine Erzählung von Handelnden. Eine leicht zu erkennende Konsequenz daraus ist, dass Menzius ohne die Kategorie des »Wollens« auch nicht der Frage nach dem Bösen begegnet – zumindest nicht in direkter Weise: Ein »radikal« Böses wie bei Kant gibt es für ihn nicht (kann es für ihn nicht geben). Die einzige Alternative in seinen Augen ist es, die

Neigung in uns, die als solche positiv ist (sie ist uns zutiefst eigen), zu entfalten oder aber verkommen zu lassen. Sie besteht nicht darin, sich nach innerer Überlegung entscheiden zu müssen: China kennt den inneren Monolog nicht, hat ihn nicht entwickelt. Es gibt auch keine Inszenierung einer vorliegenden *Entscheidungs- oder Wahlmöglichkeit* – zwischen dem Laster und der Tugend, Gott und Satan, dem Guten und Bösen: Herkules dagegen zögert an der Wegkreuzung, Adam und Eva verspüren im Garten Eden die Versuchung.

In der chinesischen Vorstellung, jener des kontinuierlichen Prozesses, wie auch das Verhalten einer ist, gibt es keine Wegkreuzung, die man derart abstrahierend betrachten kann, dass aus ihr eine *begrenzte*, heroische Situation wird, zu einem bestimmten Zeitpunkt (dem berühmten Augenblick X) einer entscheidenden Wahl. Es gibt auch keine Versuchung, die einen auf die Probe stellt und, indem man in den durch die Möglichkeit des Nichts sich öffnenden Abgrund sieht, dem Unendlichen begegnen lässt. Diese Themen machen das Wesen des Tragischen aus und können, selbst bei Kant, nur mythologisch vorgestellt werden. Daher ist die von Menzius dargelegte moralische Alternative, trotz rhetorischer Paralleleffekte, in Wirklichkeit gar keine – sie ist von vornherein schräg: Das Böse ist für ihn nur das »Nicht-Gute«, wie er oft sagt, es hat keine eigene Konsistenz als Prinzip.

Man könnte zusammenfassend sagen, dass das chinesische Denken gar nicht zu erhellen versuchte, was das westliche Denken für sich als unergründlich entdeckt hat (das für uns *Unergründliche, wird Kant sagen). Das chinesische Denken kennt das Schwindelgefühl nicht. Bringt es uns deshalb zur Verzweiflung? Jedenfalls beeindruckt es uns durch seine Kohärenz, hat es doch im Gegenzug – durch die dem Prozess geltende Aufmerksamkeit – zu erhellen verstanden, wie das Phänomen der *Neigung* in Bezug auf das Verhalten in diese oder jene Richtung gehemmt oder gefördert werden kann. Statt die faszinierende, aber ungelöste (weil unlösbare) Frage der Möglichkeit, (das Böse) zu wollen, aufzuwerfen, offeriert es uns eine sorgfältige Analyse der Konditionierungseffekte.

Menzius, der Moraltheoretiker, besteht auf der Wichtigkeit von *Konditionierung* und schließt sich damit, wie man sieht, nur den allgemein verbreitetsten chinesischen Gedanken über Effektivität und Strategie an: Man soll nicht glauben, die gesuchte Wirkung direkt erzielen zu können, denn das impliziert stets ein Forcieren und das Ergebnis bleibt prekär, kann sogar den gegenteiligen Effekt haben; man soll eher so vorgehen, dass die Wirkung sich wie von selbst, *sponte sua*, als eine einfache Folge der entsprechend angeordneten Bedingungen ergeben kann. So soll man auch nicht versuchen, das Volk dadurch zu moralischem Handeln zu bringen, dass man ihm ein Ideal aufzwingt, dem es zu entsprechen hat, und alle repressive Politik ist wegen ihres Zwangscharakters vergebens. Sie wird nur dazu dienen, das Volk in dem »Netz« von Buße und Bestrafung zu fangen. Stattdessen sollte man durch ein Eingreifen in der vorausliegenden Entwicklungsetappe, d. h. auf der Ebene der sogenannten »sozioökonomischen« Bedingungen, dafür sorgen, dass diese ausreichend gut sind und sich daraus »naturgemäß« ein moralisches, von Erziehungsmaßnahmen begleitetes Verhalten ergibt. Jedenfalls hat das den Einzug des Kommunismus in China erleichtert – selbst wenn das Verhältnis der sozioökonomischen Bedingungen zur Moral nicht deterministisch aufzufassen ist und, einmal mehr, in der Art von Neigung und nicht von Kausalität zu denken ist.

Dem moralischen Menschen bleibt die Möglichkeit vorbehalten, eine »feste« Haltung zu bewahren und hartnäckig an seinem Vorsatz festzuhalten, selbst in größter Not.[43] So hat sich in China eine Moral der Heranbildung einer Person entwickeln können (*xiu shen* 修身), von der allerdings bei Menzius gegen Ende zu lesen ist, wie ungewiss ihre letzte Rechtfertigung ist: Denn was ist, wenn man dem Widerstreit der Welt begegnet, statt sich ständig mit ihr vereinen und durch Anpassung Nutzen aus ihr ziehen zu können? Wenn sich diese feindliche Bedingung bis zum Schluss aufrechterhält und sich nicht resorbieren lässt, bleibt da noch eine vertrauensvolle Hoffnung oder wird man noch an seinem Vorsatz festhalten können? Ganz scharf taucht diese Frage auf, wenn Menzius mit seinem persönlichen Scheitern konfrontiert wird; auch hier aber hütet er sich vor einer Auseinandersetzung und belässt es im Ungefähren.[44] Wenn ich beim Fürsten gescheitert bin, so nicht wegen irgendeines eifersüchtigen Intriganten, sondern weil es der »Himmel« so wollte. Das ist ein Schlusspunkt: Mehr wird nicht – kann nicht – darüber gesagt werden. Die Berufung auf die Transzendenz bleibt ausweichend vage, da ohne theologische Untermauerung. Menzius muss diesem Negativen ausweichen, weil er sich auf keinen Glauben an ein, sei es auch nur geringfügig ausgearbeitetes, ausgleichend-entschädigendes Jenseits des Subjekts stützen kann.

— 4 —

Wenn im chinesischen Denken keine globale, metaphysische oder religiöse Antwort auf den Widerspruch zwischen dem Ich und der Welt besteht – jenem Widerspruch, aus dem in Europa die Berufung des Subjekts erwuchs –, so bleibt für das im Gegensatz zur Welt stehende Ich nur eine Option offen, nämlich »auszuharren«, ohne Ziel, ohne sich weitere Fragen zu stellen, ohne zu verzweifeln oder aufzugeben. Anders gesagt, wenn im chinesischen Denken die (psychologische) Kategorie eines reinen Wollens so gut wie keine Konsistenz gewonnen hat, so ist die *ethische* Fähigkeit, in seiner Entschlossenheit und seiner Anstrengung trotz des begegneten Widerstands nicht nachzulassen, die einzig übrig bleibende Position. Es ähnelt dem, was man in Europa, dann jedoch in qualitativer Weise, »Willensstärke haben« nennt. Da es sich hier aber weniger um die in einem Augenblick gezeigte Fähigkeit zu heroischer Tat handelt als vielmehr um jene, dauerhaft, ohne Unterbrechung, ohne aufzugeben durchzuhalten, ohne sich entmutigen zu lassen, so würde ich das, so wörtlich wie nur möglich, »Beharrlichkeit« nennen (die Tugend des *chi* 持). Wenn die *Beharrlichkeit* die größte Tugend ist, so deshalb, weil sie so sehr der chinesischen Aufmerksamkeit für Verlauf und Kontinuität, für den »Weg« (*dao*) entspricht. Weil sie den Ablauf eines Prozesses bezeichnet, der keine Unterbrechung zulässt, muss sie dem *Willen* entgegengestellt werden, der von einem Handlungsbezug mit Anfang und Ende sowie der Möglichkeit eines Beginnens herrührt. Damit entsteht sogleich ein begriffliches Netz: Man sieht, dass die *Beharrlichkeit* (einer Person) der von Dauer geprägten Logik der *Zuverlässigkeit* (zwischen den Personen) entspricht. Ebenso macht sie, was ihre Dimension von Anstrengung und Einsatz betrifft, deutlich, was die *Disponibilität* mit ihrer Fähigkeit, sich der internen Kohärenz der Erneuerung von Dingen und Situationen völlig anzuschmiegen, zunächst einmal an innerem Fortschritt implizierte, bevor sie in Leichtigkeit und Spontaneität umkippen konnte.

Statt willkürlich (theatralisch) zu isolieren, was eine wesentliche, absolute Entscheidung wäre, die einen metaphysischen Abgrund aufrisse, sollten wir vielleicht, um die Effektivität des Verhaltens zu denken, zwei Dinge gemeinsam in Erwägung ziehen. Zunächst einmal gibt es eine zunehmende *Neigung*, die uns zu dem tendieren lässt, was wir dann feierlich eine »Entscheidung« nennen: Unser Auswahlverhalten würde sich somit darauf begrenzen, das Beste alles Möglichen (*ze* 择) zu »selektieren«. Dann müsste man, durch konsequente Verfolgung der eingeschlagenen Richtung, seine *Beharrlichkeit* unter Beweis stellen. Die chinesischen Denker insistieren unaufhörlich auf diesem Bis-zum-Ende-»Durchhalten« (*chi* 持), ohne das jede Anstrengung vergebens wäre, so als hätte man gar nichts gemacht. Konfuzius (im *Zhong yong*)[45]: »Ein Mensch von Moral folgt in seinem Verhalten dem Weg; diesen auf halber Strecke zu verlassen, das ist etwas, wozu ich nicht imstande wäre: stehen zu bleiben!« Vom Lieblingsschüler des Meisters, der sich zur Regulierung seines Verhaltens entschieden hat, wird gesagt (Yan Hui),[46] dass, »sobald er zu etwas Gutem vordrang [...], er dieses mit fester Hand umschloss und in sein tiefstes Inneres versenkte, um es niemals mehr aufzugeben«. Schließlich heißt es: »Der ehrenhafte Mensch ist beharrlich-ausdauernd, noch abends wachsam« (zur dritten Linie der ersten Figur des *Buchs der Wandlungen*).[47]

Das tugendhafte Verhalten, so fährt Menzius weiter fort,[48] erwachse aus einer kontinuierlichen »Anhäufung« aufrechter Haltung (*ji yi* 集义) und werde nicht unvermutet und unter einmaliger

Aufbietung aller Kräfte erlangt: Man müsse sich Mühe geben und dürfe nicht glauben, man könne es auf direktem Weg erreichen; man müsse sich dauernd damit beschäftigen, »es nicht vernachlässigen«, aber auch nicht glauben, man könne dem, was nur durch eine fortschreitende Entwicklung und »natürlich« heraufkommen kann, künstlich »zu Wachstum verhelfen«. Das chinesische Denken insistiert auf dem »Ununterbrochenen« und der Ausdauer (*wu shao jian duan* 无少 间 断), denn die Qualifizierung des Verhaltens kann sich tatsächlich nur als ein Resultat der gesicherten, von Tag zu Tag sich verfestigenden Kontinuität ergeben. Daher nennt man diese Intensität des inneren *Einsatzes* [*investissement*] gewöhnlich »Mut« (*yong* 勇), in dem man eher eine Fähigkeit sieht, in seiner Anstrengung nicht zu erlahmen, als den momentanen Ausdruck einer willentlichen Entscheidung.

Wenn der Wille auch vergleichsweise eine mythologische Vorstellung sein mag, so hat der Mythos selbst doch seine Funktion und damit auch seine Rechtfertigung. Die bloße *Vorstellung*, dass wir einen Willen haben, hat seine Rückwirkung auf uns: nicht sosehr, weil wir uns ohne sie gar nicht als heroische Gestalten begreifen könnten, sondern weil diese Vorstellung bereits an und für sich eine Auswirkung hat, insbesondere eine politische. Wie könnten wir ohne ihre Stütze die Demokratie rechtfertigen? Wenn man wieder an Rousseau denkt, ist der »Volkswille« ihre einzig legitime, wenn auch nicht geheiligte Grundlage. (Wird die heutige Demokratie nicht dadurch abgeschwächt, dass die Repräsentanz dieses Willens rissig geworden ist?) Dadurch, dass er zur einzigen Instanz geworden ist, der die verschiedenen, tatsächlich implizierten Vorgehensweisen zusammenfassend umspannt, wurde er zu einem *allgemeinen*, leicht handhabbaren Bezugspunkt, der zwischen den Menschen eine gleichberechtigte Teilnahme legitimiert. Ich bin mir nicht mehr sicher, ob der »Wille« dieses allererste, unendliche Vermögen ist, wodurch ich Gott gleiche, wie Descartes das wollte, aber ich stelle fest, dass seine Konzeption wie ein konvergierendes Prisma innerhalb einer Person wirkt, welches, als Prinzip gesetzt, erlaubt, ein *Subjekt* einzuführen, das seine Initiative entfaltet. Berufen wir uns also weiterhin auf den »Willen«, aber ohne uns über seine Evidenz Illusionen zu machen, die uns die Erfahrung angeblich intuitiv, aber so rätselhaft, liefert. Berufen wir uns auf den Willen, verstehen diesen aber als eine Art, uns von unserer Mobilisierungs- und Widerstandsfähigkeit selbst eine Vorstellung zu machen, die, statt der Welt mit Ausweichmanövern zu begegnen, es wagt, sich ihr *entgegenzustellen*, ja, aus dieser Auseinandersetzung sogar stärker hervorgeht.

VI

Schräges (vs. Frontales)

– 1 –

Wie wir bereits an unseren ersten Konzepten sehen konnten, hat sich China besonders wohl gefühlt, die Strategie zu denken. Nicht etwa weil man dort gegen Ende der Antike, in der sogenannten Zeit der Streitenden Reiche, als die *Kriegskünste* aufblühten (mit den Militärstrategen Sunzi und Sun Bin im 5.–3. Jh. v. u. Z.), ständig Krieg führte, denn Krieg, so weiß man, gibt und gab es überall. Vielmehr hat China ein Denken in Polaritäten, d. h. von in Interaktion befindlichen, komplementären Gegensätzen (den berühmten *yin* und *yang*) entwickelt, das dem Wesen des Kriegs entspricht und die Ausgangsbedingungen zwischen dem Gegner und einem selbst definiert. Der Krieg ist ein Phänomen, das »lebt und reagiert«, wie das in Europa – spät, aber doch – Clausewitz anerkennen musste, der genau darin auch ein Hindernis für die Theoriebildung sah: Die Gegner sind von Beginn an voneinander abhängig und können sich selbst ohne den anderen nicht begreifen. Daraus erklären sich auch die großen Schwierigkeiten, die das, von einem autonomen Subjekt ausgehende, klassische europäische Denken hatte, um die Strategie zu erfassen, es sei denn, es nahm wieder einmal zu einer Modellbildung Zuflucht – dem auf die jeweilige Situation *projizierten* »Kriegsplan«, der den Willen zum Sieg führen sollte –, diesmal jedoch nur, um sein Scheitern feststellen zu müssen.

Bei Sunzi liest man bezüglich des Grundkonzepts einer Strategie, das aber nichts mit einem im Voraus erstellten Plan zu tun hat, dass »die Begegnung frontal erfolgt«, der Sieg aber »aus der Schräge [*biais*] errungen wird«. »Frontal« (*zheng* 正): im offenen Gegenüber, wie erwartet und kampfbereit; »schräg« (*qi* 奇): listig, unerwartet, dann und dort, wo man es nicht erwartet, sodass der Gegner zunehmend ratlos wird. Denn, so schlussfolgert Sunzi, es sei immer durch einen »Überschuss an Schräge« (*yu qi* 余奇), dass ich den Sieg davontrage, d. h. ich besiege schließlich den Gegner, weil ich ihm an schräger Herangehensweise überlegen bin. Das Wesentliche einer Strategie besteht also weder darin, ein Maximum an Streitkräften, ob nun auf dem Papier oder auf dem Feld, aufzustellen, noch darin, sich auf den Mut der Truppen zu verlassen oder an das Genie des Generals zu appellieren; vielmehr geht es darum, den Widerstand des Gegners schräg zu umgehen und zu durchkreuzen, bis er aufgibt. Ich triumphiere ohne weitere Anstrengung, einfach deshalb, weil seine Verteidigung zusammengebrochen ist. So misstraut der chinesische Stratege auch jedem festgelegten Plan, durch den seine Beweglichkeit und kreative Reaktionsfähigkeit verlorengingen. Stattdessen beginnt er damit, ein Diagramm des Situationspotenzials zu erstellen, in dem er die »vollen« und »leeren« Stellen des Gegners aufzeichnet, denn diese sind es, nach denen er, disponibel bleibend, *kontinuierlich* seine Entscheidungen zu richten hat, ohne sich in eine bestimmte Position einzugraben. Besser gesagt, muss er kraft seiner *Disponibilität* verstehen, ihren ständigen Veränderungen gegenüber offen zu bleiben, um zu vermeiden, dass er in eine verdinglichte Entschlossenheit versinkt, die ihn zu Unbeweglichkeit führt und seine Energie reduzieren würde, was die schlechteste aller Strategien wäre.

»Frontal«/»schräg« vertiefen sich (bei Sunbin) gewissermaßen zwei Phasen oder Stadien ein und desselben Prozesses. *Frontal*: Jeder nimmt dem anderen gegenüber Aufstellung und kann von diesem gesehen werden; *schräg*: Ich bringe den anderen dazu, auf dem Feld Aufstellung zu nehmen, und kann ihn kontrollieren, während ich mir jegliche Aktualisierung meiner Formation dank meiner Reaktionsfähigkeit weiterhin vorbehalte und durch diese Virtualität auch geistig rege bleibe. Demgegenüber ist der andere unbeweglich erstarrt und wehrlos, weiß er doch nicht, wie er zurückschlagen soll. Da der Gegner nicht weiß, *was* auf ihn zukommt und *wovor* er sich zu schützen hat, wird er mittellos und zu Passivität verurteilt. Längst nicht bloß ein Mittel unter vielen, ist so ein »Überraschungseffekt« ganz wesentlich, weil er unberechenbar (verwirrend, aus der Fassung bringend, entwaffnend) die gegnerischen Schwächen sichtbar macht und schließlich erlaubt, über das, was bisher bedeckt und in Abwehrposition verharrte, Macht zu bekommen. Eine aus der Schräge erfolgende Intervention ist jene, die das durchkreuzt, aufdeckt, in den Griff bekommt, was sich diesem entzieht und dadurch das gegnerische Abwehrsystem zerschlägt. Da er nicht weiß, wie er mich treffen kann, weil er nicht weiß, wo ich bin, und ich mich zugleich in diesem wachen Stadium der Reaktionsfähigkeit ohne festgelegter Position erhalte, kann er mir gegenüber keinen Angriffspunkt finden. Von daher ist der Rest nur mehr ein Ausnützen der erzielten überraschenden Verwirrung und nur als deren Konsequenz zu werten.

— 2 —

Dem kann man die *direkte Konfrontation* in einer geordneten Schlachtreihe gegenüberstellen, und man weiß, dass etwa um das 7. Jahrhundert v. u. Z. in Griechenland die Kriegsführung in dieser Hinsicht tiefgreifende Veränderungen erfahren hat. Die Zeit der Konfliktaustragung in Form von Scharmützeln, Hinterhalten oder Einzelkämpfen zwischen in Raserei verfallenen Helden, wie sie Homer feierte, war vorbei. Eine neue Struktur wurde eingeführt: die Phalanx, in der zwei schwer bewaffnete und gepanzerte Gruppen, hintereinander aufgereiht, im von Auleten rhythmisierten Gleichschritt in vereinter, geschlossener Formation aufeinander zumarschierten, ohne eine Fluchtmöglichkeit zuzulassen. Dieses Von-Angesicht-zu-Angesicht [*face-à-face*] kann nur in einem massiven und vernichtenden Zusammenstoß enden, denn die einzige Bestrebung dieser Männer von beiden Seiten liegt im »Vorstoß« (*othismos* ὠθισμός), wobei die ersten Reihen, die direkt dem feindlichen Ansturm ausgesetzt sind, durch den akkumulierten Druck der folgenden Reihen unterstützt werden. Je tiefer gestaffelt und je enger gereiht die Formation ist, desto »gewichtigeren« Druck kann sie auf den Gegner ausüben, desto größer sind ihre Stoßkraft und ihr Elan.

Was angesichts dieses frontalen Aufeinanderprallens wie ein reines Gemetzel erscheinen mag, entsprach tatsächlich einem ökonomischen Prinzip, das man bald entdeckt hat: Die Verheerungen eines lang anhaltenden, weder Güter noch Familien schonenden Krieges reduzierten sich damit auf das »Alles oder Nichts einer geordneten Schlacht«. Durch eine kurze und direkte Konfrontation zweier politischer Körperschaften, wie sie die Stadtstaaten darstellten, konnte schnell und unzweideutig eine Entscheidung herbeigeführt werden. Das ist der Grund, weshalb die Gegner in Form einer streng ausgerichteten Phalanx einen reglementierten Kampf auf offenem, häufig in geheimer Absprache ausgewähltem Feld veranstalteten. Dagegen wurden lang sich hinziehende Operationen verschmäht, in denen, um den Feind zu erschöpfen, Ausweichmanöver und kleine Vorstöße einander abwechseln. Sie verwässern durch ihre Windungen und Wendungen diese schnelle und endgültige, einzig durch einen Angriff herbeigeführte Entscheidung. So werden auch alle Waffen, die aus der Ferne oder durch Überraschung ihr Ziel finden, wie etwa Pfeile oder Wurfspeere, im Vergleich zur Lanze, der Waffe des Von-Angesicht-zu-Angesicht *par excellence*, als minder eingestuft. »Die Griechen«, so sagt Polybios, »meinten, dass einzig im Nahkampf, Mann gegen Mann, ein Konflikt wirklich dauerhaft gelöst werden könne.«[49] So gesehen verliert die Geschicklichkeit im Manövrieren an Interesse. Was einzig zählt, ist der Mut, den man im für den Sieg entscheidenden Augenblick beweist. Dieses Prinzip war so anerkannt, dass man nicht einmal versuchte, den Gegner noch vor der Schlacht zu schwächen: »Agesilaos«, schreibt Xenophon, »entschied, dass es besser sei, die Feinde sich sammeln zu lassen«, wie groß auch ihre Zahl sein mochte, »um ihnen dann, wenn sie sich zum Kampf stellen wollten, eine offene Schlacht in aller Regel zu liefern«.[50]

Dieses Modell einer direkten Konfrontation bzw. des *Frontalen* sollte aber keinesfalls zu der Annahme führen, die »Griechen« wären sich der Ressourcen des Umwegigen nicht bewusst oder wären nicht »listig« gewesen – man kennt doch ihre Vorliebe für Kriegslisten. Jean-Pierre Vernant und Marcel Detienne haben genau gezeigt, welche Wichtigkeit in den Augen der Griechen die *metis* hatte, diese »listige Intelligenz«, mit der die Götter reichlich ausgestattet sind und die das »Flair«, die »Voraussicht«, »Finte«, »diverse Geschicklichkeiten« sowie einen »Sinn für das Opportune« zusammenfasst.[51] Nichtsdestoweniger wählten die Griechen in der klassischen Epoche bewusst nicht diese Vorgehensweise, durch Rückgriff auf die *metis* ihre bewaffneten Konflikte zu regeln. Wichtiger noch: Diese Art von Intelligenz (*agkulometes*), manifest in dem Gefallen am Umwegigen, das die Griechen keineswegs ignorierten, »scheint«, so Detienne und Vernant, »stets mehr oder weniger ›unterschwellig‹ auf, eingebettet in eine Praxis, die, gerade wenn sie davon Gebrauch macht, sich keinen Augenblick darum schert, jemandem ihre Vorgehensweise auseinanderzusetzen oder zu rechtfertigen«. Im Gegensatz zur chinesischen Schräge [*obliquité*] bleibt die *metis* im Schatten der Vernunft, wird eigentlich nur auf mythologischer Ebene deutlich sichtbar, der Ausdruck verschwindet sogar in der klassischen Epoche. Von der spekulativen Intelligenz beiseitegedrängt, wird sie in Griechenland daher nicht Gegenstand einer Theorie.

Auch wenn empfohlen wird, die Kunst des Täuschungsmanövers zu beherrschen, um den Gegner durch Überrumpelung umso besser angreifen zu können – man findet diesen Rat im *Hipparchikos* von Xenophon[52] oder in den *Strategemata* des Frontinus[53] –, so muss man doch feststellen, dass eine Praxis des Umwegigen stets wenn nicht als Notlösung, so zumindest als bloße Hilfsmaßnahme präsentiert wird – man kann sie anraten, aber man denkt den Krieg nicht *ausgehend von ihr*. Es scheint, im Gegenteil, dass die direkte Konfrontation für die Griechen umso wichtiger ist, als sie in enger Verbindung zur Organisation der Polis steht, die zur selben Zeit entstanden ist. Man kann hier sogar von einer gewissen Homologie sprechen. Durch die

Uniformität ihrer Ausstattung, die Gleichwertigkeit ihrer Stellungen, um nicht zu sagen: die Identität des geforderten Verhaltens, werden die Fußtruppen der Phalanx auf in ihrer Ähnlichkeit austauschbare Elemente reduziert, genau dem entsprechend, was sie als Bürger im egalitären Rahmen ihres politischen Lebens geworden sind. Es scheint demnach, dass sich in der Phalanx, und mit ihr in der Logik des frontalen Zusammenstoßes, sehr wohl eine »Wahlentscheidung« [*choix*] der griechischen Kultur manifestiert, die im Aufstellen widersprechender Ansichten und ihrer Gegenüberstellung von Angesicht zu Angesicht die beste Art und Weise sieht, einem Konflikt Gestalt zu geben und ihn zu entscheiden.

— 3 —

Findet die Gegenüberstellung von Angesicht zu Angesicht der Phalangen auf dem Feld nicht ihr Äquivalent im Von-Angesicht-zu-Angesicht *der Reden*, um das herum sich die Polis organisiert hat? Ich spreche bewusst von Äquivalenz und nicht bloß von Analogie. Denn diese Struktur des *agon*, des Wettkampfs, wie sie die Organisation des bewaffneten Zusammenstoßes darstellt, findet sich ebenso im Zentrum des Gerichtshofs, der Versammlung, des Theaters: Im *agon* des Theaters wird mit genau derselben Anzahl von Versen das *Für* und *Wider* einer aufgeworfenen Thematik ausgefochten, etwa wenn zur Frage steht, ob Antigone zu Recht ihren Bruder bestattet hat, der mit der gegen die Polis gerichteten Waffe in der Hand den Tod fand. Ob sie nun theatralischer, juristischer oder politischer Natur ist, die Debatte erweist sich als ein Abwägen und wird einzig durch die Stärke und Vielfalt der vorgebrachten Argumente für die jeweilige Seite entschieden. Eine Homologie zwischen der Ordnung der Phalanx und jener der Polis besteht also nicht nur, weil in beiden dieselben Teilnehmer (als Bürger-Soldaten) zu finden sind, sondern vor allem aus strukturellen Gründen: Man kommt auf beiden Seiten auf dieselbe Weise zu einer Entscheidung.

Man darf nicht vergessen, dass die geordnete Schlacht – trotz der Kosten des Gemetzels – als ökonomisch galt, weil man durch den bewaffneten Zusammenstoß der Phalangen schneller und eindeutiger zu einer Entscheidung gelangte. Die Aneinanderreihung von Argumenten in Streitgesprächen von Angesicht zu Angesicht – ob im Theater, bei Gericht oder in Versammlungen – zielt auf dasselbe ab. Die Redner plädieren gegeneinander in einer begrenzten Redezeit in aller Öffentlichkeit, und jeder Zeuge kann sogleich für sich zu einer Entscheidung kommen: Dieser antagonistische »Vorstoß« in die eine oder andere Richtung endet schließlich mit einer Mehrheitsentscheidung. So zeigt sich dieses Aufeinanderprallen von Reden eng mit der Institution der Demokratie verbunden: Durch das Abwägen des Für und Wider der Argumente wird die zur Debatte stehende Frage entschieden. (Man denke nur daran, wie wichtig heute im politischen Leben die Gegenüberstellung politischer Gegner von Angesicht zu Angesicht im Fernsehen ist und dass die Demokratie auf der Stelle tritt, wenn sich deren Argumente nicht deutlich voneinander unterscheiden!) Hinsichtlich der chinesischen Vorgehensweise wirft das wiederum die Frage auf, bis zu welchem Grad die, in dieser kulturellen Tradition in der Behandlung antagonistischer Beziehungen bevorzugte, *schräge Herangehensweise*, die keine offene Opposition zulässt, heute nicht immer noch die Entwicklung des »Demokratisierungsprozesses« hemmt.

Dieses Von-Angesicht-zu-Angesicht der Diskurse ebenso wie die darauffolgenden Abstimmungen beruhen auf einer eigenartigen Logik, deren Prinzip so aussieht: Wenn eine isolierte Rede imstande ist, eine Idee zu vermitteln, so können einzig zwei einander widerstreitende Reden deren Wahrheit unter Beweis stellen, rückt man sie in ihrer Konfrontation nur so eng wie möglich aneinander. Man ist sich darüber einig, dass in Protagoras ein Vater dieser Wortgefechte (*agon logon* ἀγὼν λόγων) gesehen werden kann, wie sie sich im Griechenland des 5. Jahrhunderts durchsetzten: »Er stellte zuerst die Behauptung auf, daß es zwei einander entgegengesetzte Aussagen über jegliche Sache gebe«[54] und dass aus der Bevorzugung dieses

Zusammenstoßes der Worte ein Großteil unserer Konzeption des *logos* herrührt. Wenn gegenüber jedem vorgebrachten Argument stets ein diesem widersprechendes Argument existiert, so besteht die Kunst der Rede, von der man weiß, dass sie mit dem Aufkommen unserer »Vernunft« Hand in Hand geht, im Wesentlichen darin, den vorgebrachten Argumenten diesen widersprechende vorzuschlagen und sie überzeugender darzustellen.

Weil es nur allzu häufig von dem Redner angewandt wurde, wissen wir, worin dieses diskursive Prozedere der *Auseinandersetzung* besteht. Das einfachste Vorgehen ist die Widerlegung im eigentlichen Sinn, die darin besteht, aufzuzeigen, dass das Argument des Gegners nicht richtig ist; dann gibt es noch die Kompensation, die darauf abzielt, das gegenteilige Argument zu einem Nullsummenspiel zu machen; oder auch das Umdrehen des Arguments des Gegners, wobei man zeigt, dass das, wovon er glaubte, es spräche für ihn, eigentlich (durch Umkehrung) gegen ihn spricht oder (durch Retorsion) sogar für einen selbst. Die ganze Kunst besteht darin, sich möglichst eng an die gegenteiligen Argumente zu halten, so genau wie möglich auf die behaupteten Fakten des Gegners, auf seine Worte und Ideen einzugehen, um letztlich zu entgegengesetzten Schlussfolgerungen zu gelangen. Bei diesem verbalen Zusammenstoß soll sich die Antwortrede so eng wie möglich an die zu beantwortende Rede anlehnen (*logos para logon*); im Fall der ersten Rede soll der Redner bereits die möglichen Argumente der Widerrede vorwegnehmen, sodass jede Rede im Hinblick auf die andere einen möglichst engen Zusammenhang herstellt – *logoi antikatateinantes* nennt das Thukydides: »Die Reden« sind »mit Kraft gegeneinander gespannt«.

Das in der Struktur der Phalanx entdeckte egalitäre Prinzip scheint hier genauso notwendig zu sein, denn zum Vergleich und zu einer zu fällenden Entscheidung kommt man umso überzeugender und schneller, je ähnlicher die zu vergleichenden Elemente sind. Die Strenge der Antilogie besteht demnach in dem Bestreben, alle Elemente der Argumentation in vergleichbare Gegebenheiten zu verwandeln, in Gegenüberstellung aneinandergereiht, bereit für eine

Addition oder Subtraktion, geradezu austauschbar. In weiterer Folge bilden Konfrontation und Kalkulation die Basis für den verbalen Konflikt, wobei man freilich behauptet, dass es ein *Mehr* ist – aber ein Mehr an Argumentation und nicht an heimlichen Schachzügen –, das zum Sieg verhilft. Von daher versteht man auch, dass der griechische Ausdruck *logizesthai* λογίζεσθαι sowohl »nachdenken« als auch »abrechnen« bedeutet. Die Philosophie hat von der Antilogie etwas geerbt, ja sie ging eigentlich aus diesem Von-Angesicht-zu-Angesicht der Reden hervor, da sie sich damit vom Sentenziösen der Weisheitslehre lösen konnte. Ein Argument vertreten und widerlegen, mit These und Antithese vorgehen – das schien das geeignetste Mittel, um der gesuchten Wahrheit auf die Spur zu kommen. Es stimmt zwar, dass die Erstellung einer Antilogie – wie man sie im 5. Jahrhundert v. u. Z. in allen Genres finden kann, nicht nur in der Redekunst, sondern auch in der Art, wie man Geschichte schrieb – immer mehr abgeschwächt wurde und sich in der Philosophie der *Antilog* in einen *Dialog* umwandelte. Dennoch hat das Denken seit den Griechen eine gewisse Faltung bekommen, die darin besteht, in einer Gegenüberstellung möglichst eng aneinander liegender Argumente zu denken: Noch heute lehren wir den Kindern, in Schritten von *These* und *Antithese* zu philosophieren. Auch wenn ich für mich allein denke, so überlege ich, welche Argumente man gegen mich vorbringen könnte, um damit meinen Gedanken auf die Probe zu stellen und seine Richtigkeit nachweisen zu können.

—4—

Frontal/Schräg: Es könnte sich also hier um eine ganz allgemeine Alternative handeln, die für den militärischen Bereich genauso wie für jenen des Denkens ihre Gültigkeit hätte, denn auch das Denken erhebt sich zu einer Strategie. (Sogar für den Bereich der Ethik hat diese Alternative Geltung: Lévinas zufolge muss man auf den anderen zugehen, ihm nicht aus der Schräge, sondern von Angesicht zu

Angesicht begegnen; nur in einer echten Anrede, die den anderen zu einem authentischen anderen erhebt, kann man eine von Gerechtigkeit getragene Beziehung herstellen.) Freilich darf man diese Kategorien nicht der einen oder anderen Seite (der chinesischen oder westlichen) zuordnen, denn es gab ebenso Debatten am Hof des Fürsten wie auch manche chinesische Denker, die zu Philosophen wurden; und auch in Europa wusste man, sich schräg und umschweifig-andeutungsweise, »chinesisch« sozusagen, auszudrücken. Nichtsdestoweniger ist es dem chinesischen Verstand viel besser gelungen, diese *Kunst des Indirekten*, die in Europa eher im Schatten blieb, auszuleuchten, während seine Theorie der Argumentation erstaunlich ärmlich blieb. Als Beweis dafür kann ein militärischer Ausdruck dienen, der zum Sprichwort wurde: »Das Pferd töten, um den Reiter zu treffen«. Noch heute wird diese Phrase im politischen Leben Chinas als Empfehlung für eine indirekte Kritik am Vorgesetzten durch eine direkte an seinen Untergebenen verwendet. (Die defensive Formulierung besagt umgekehrt: »Ross und Wagen aufgeben, um den General zu schützen«.) Auf einen anderen gebräuchlichen Ausdruck greift Mao Zedong in seiner Reflexion über den Partisanenkrieg zurück: »Lärm im Osten machen, um im Westen anzugreifen«. Das Prinzip lässt sich auch auf die Rhetorik übertragen: Auf der einen Seite wird das gesamte Volumen mit ausformulierten Worten angefüllt (z. B. mit redundanten, allgemein üblichen Floskeln), auf der anderen Seite gibt es eine nuancierte Anspielung, die den polemischen Angriff kaschiert und diskret in Umlauf bringt. Dieser taktische Ausdruck findet übrigens seine perfekte Entsprechung, die allerdings nur für die Kunst des verbalen Angriffs gilt: »Mit dem Finger auf das Huhn zeigen, um auf den Hund zu schimpfen« (oder: »Auf den Maulbeerbaum zeigen, um über den Zimtbaum zu schimpfen«). Ich weise mit meinen Worten auf das eine hin, habe aber das andere im Visier; das *eine* ist nur Gelegenheit für einen deutlich vorgeführten Umweg, um das *andere* besser, aber heimlich zu erreichen.

Der in der Kriegskunst empfohlenen Schräge der Herangehensweise entspricht eine ebensolche der Worte: In China wird die Praxis des verbalen Umschreibens, das mehr Raum zum Manövrieren lässt, die unterschwellige Anspielung, die den Gegner aus der Fassung bringt, ohne dass man sich selbst exponieren muss, dem Von-Angesicht-zu-Angesicht im Zusammenprall der Argumente in direkter Konfrontation vorgezogen. Man verhält sich lieber ausweichend: Statt die eigenen Argumente ganz offen darzulegen, was dem anderen ermöglicht, sogleich etwas darauf zu erwidern, erlaubt uns die gewundene Ausdrucksweise, jeder frontalen Attacke, die uns zu einer Rechtfertigung zwingt, »auszuweichen«. Zugleich ermöglicht sie uns, unserem Gegner gegenüber unaufhörlich zu sticheln, indem wir ihn der Drohung der Anspielung und dem Druck des unterschwellig Mitgedachten aussetzen. Denn auch im Hinblick auf eine verbale Auseinandersetzung öffnet die Subtilität einer schrägen Herangehensweise den Weg zu unendlich vielen Manipulationsspielchen ohne die Gefahr, sich festzufahren. Genauso wie der Stratege bereits vor dem tatsächlichen Ereignis operiert und die Vorkehrungen des Gegners umso besser unter Kontrolle hält, je weniger er seine eigenen Vorkehrungen auf dem Feld konkretisiert, gewinnt der Stratege des Wortes einen Vorteil, wenn er seinen Standpunkt bloß ansatzweise – inchoativ – zum Ausdruck bringt: Statt uns auf eine bestimmte Position festzulegen, erlaubt uns die nur ungefähr angedeutete Denkrichtung, nach Belieben fortzufahren und Herr der Lage zu bleiben. Auf diese Weise bleibt der Gegner der Initiative unseres kaum ausformulierten Wortes ausgeliefert und zu Passivität verurteilt.

Dieser nur schwach am Horizont auftauchende Sinn ist umso bedrohlicher, da die anderen noch nicht genau wissen, wohin das Ganze führt. Eine nur angedeutete Kritik ist umso gefährlicher, als sie keinen Angriffspunkt zu einer Widerlegung bietet. Liang Shiqiu (1903–1987), ein chinesischer Literat und großartiger Übersetzer Shakespeares, beschreibt uns nach seiner Rückkehr aus den USA, zweifellos in Kontrast zu dem *to be frank (to be blunt)*, dass er dieses »von der Seite her zuschlagen und aus der Schräge attackieren« für sich entdeckt hat und nun bei seiner Rückkehr nach China umso deutlicher wahrnimmt: »Wenn Sie jemand bestiehlt und Sie sagen ihm, ihn zurechtzuweisend, er sei ein Dieb; oder wenn Sie jemand beraubt und Sie sagen ihm anklagend, er sei ein Bandit, so ist das dumm. Wenn man jemanden tadeln will, muss man zunächst die Kunst des Leeren und Vollen, des Verschleierns und Durchschimmerns zur Geltung bringen: Es ist auch passend, indirekt zu suggerieren und schräg hervorzuheben, seitlich einzuschlagen und aus der Quere zu attackieren: Am kritischen Punkt angelangt, genügt ein einziges Wort und der andere hat, wie man so sagt, das Messer an der Kehle.«[55]

Wenn Sie jemandem direkt Ihre Meinung sagen, dann ist sie gesagt, dann ist es aus und Sie haben nichts mehr hinzuzufügen. Ihr Wort hat kein »Darüber hinaus« mehr, wo es sich entfalten und lebendig bleiben könnte. Es ist tot, regungslos, weil vollendet, das Pulver ist verschossen. Der andere weiß nun, was er davon zu halten hat und kann Sie widerlegen. Wenn Sie aber zu verstehen gäben, Sie könnten denken, dass ..., dann würden Sie den anderen in den weiteren Verlauf der mit Implikationen getrüffelten Rede hineinziehen, ihn in Atem halten, beunruhigen und manövrierunfähig machen: »Er wird erst nach einiger Zeit des Nachdenkens zunehmend merken, dass die Worte sich nicht einer wohlmeinenden Absicht verdanken, und so wird sein zunächst lächelndes Gesicht von Bleich zu Rot wechseln, sich von Rot zu Violett verfärben, um schließlich vom Violetten ins Graue zu fallen.«[56] Es ist wie in der militärischen Strategie, wo der Gegner bereits besiegt ist, wenn Sie ihn schließlich frontal angreifen. Genauso wie Sie dort kaum noch etwas zu tun haben, haben Sie hier kaum noch etwas hinzuzufügen. Die Wirkung aus *der Schräge* entsteht durch die eingeschlagene Vorgehensweise, die die Ausgangslage zunehmend verändert und die dem Wort nicht mehr vertraut als dem Handeln.

VII

Kniff (vs. Methode)

– 1 –

Wenn im europäischen Kontext ein Begriff dominiert hat, der bezeichnet, was die sicherste, die einzig zu rechtfertigende »Vorgehensweise«, die *ars operandi* der Alten, zu sein hat, so ist es ganz souverän die »Methode«. Man hat alles darüber gesagt, wie sich in ihr die Kontrollmacht sowohl über das Handeln als auch über die Erkenntnis verdichtet, was sich auf diese Weise als »Rationalität« begreift – ein sich selbst legitimierender Terminus, der einzige, von dem man nichts ihm noch weiter Vorausliegendes zurückverfolgen kann. Ist aber eine derartige Souveränität, die man gar nicht mehr infrage zu stellen wagt, in Anbetracht der Vielfalt der Kulturen und des sonstigen Denkbaren nicht auf eine sehr besondere, d. h. findige Weise errungen worden? Denn *Methode* setzt stillschweigend voraus, dass deutlich und klar ein Ziel festgesetzt werden kann (»nach« dem man zu gelangen trachtet: *meta*) und dass hierauf eine ebenso klar bestimmte Vorgehensweise (ein »Weg«: *hodos*) gefunden werden kann, um dorthin zu kommen. Als Platon den Begriff ausarbeitete, um das, sich einem Zugriff entziehende, mehrdeutige Wesen der Sophisten in den Griff zu bekommen, hebt er zunächst die Funktion eines Modells oder Paradigmas hervor[57] und betont ihren abstrakten, kommunizier-, also lehr- und unbegrenzt übertragbaren Idealcharakter – mit seiner Krönung in der »dialektischen Methode«, die zum Prinzip erhoben wurde, um Schlussfolgerungen abzusichern.[58]

Was die Methode demnach charakterisiert, ist, dass sie über eine formelle Allgemeinheit und eine »logische« Struktur verfügt, d.h. als *logos* ausdrückbar ist: »methodisch« und »logisch« sind reziprok. Ihre Allgemeinheit und ihre Struktur gestatten es ihr auf Anhieb, die Unterschiedlichkeit der Situationen zu transzendieren und ihre Richtigkeit unter Beweis zu stellen. Dürfen wir jedoch vergessen, dass dieser Terminus *méthodos* (μέθοδος) bei den Griechen auch seine dunkle Seite hat, die mit der *metis* in Verbindung und in diametralem Abstand zu dieser Selbstgenügsamkeit einer verabsolutierten »Vernunft« steht? Von dieser anderen Seite ist die Methode verdächtig und überhaupt nicht souverän: Können wir diese »heterotope« Wirkung – diesmal eine *interne Heterotopie* – außer Acht lassen, die dazu führt, dass »Griechenland« auch sein »Anderswo« kennt, nur eben in sich selbst, doch außerhalb (dissident) von dem, was die spätere Tradition davon zum Stocken brachte? »Methode« kann bei Plutarch – und ist dieser nicht bereits eine Art »Anti-Platon«? – auch einen auf Betrug und List beruhenden Schleichweg bedeuten, auf dem man verdeckt und quasi komplizenhaft vorgeht. Was war es nur, was diese Bedeutung dermaßen zugeschüttet hat, dass das europäische Denken nur die Idee einer zielgerichteten Vorgehensweise, die ein »Ende« vorgibt, die zugleich projizier- und programmierbar ist und bei vollem Tageslicht (die »Klarheit« der Vernunft) erfolgt, bewahrt hat und dabei ihr verachtetes Gegenteil in den Schatten drängte: das im Geheimen vorgehende und sich jedem einzelnen Fall anpassende Gewundene?

Was hat nun Descartes dieser Selbstbestätigung der Methode noch hinzugefügt? Dass der Begriff systemrelevant wird und zugleich in den Vordergrund gerückt wird, bringt in der »Methode« den Ausdruck einer Allmacht des Geistes zum Vorschein, der sein Vorrecht bekräftigt: Von nun an wird von ihm allein – und dieses »allein« zunächst einmal isolierend – ausgegangen, nicht nur, um mit dem Denken zu beginnen, sondern auch, um der Welt zur Existenz zu verhelfen. Dabei ist der Geist in seiner Vorgehensweise einzig von sich selbst abhängig. Von dieser Selbstsicherheit ist das cartesianische *cogito* ursprünglich und definitiv gekennzeichnet. Die Herrschaft und

Initiative des *denkenden Subjekts* deklariert sich darin und geht ans Werk – kann man in dieser Richtung überhaupt noch weiter gehen? Ist nun dieser Ausgangspunkt, wenn man schon unbedingt einen festlegen will, der einzig zuverlässige? Aus der Allgemeinheit der Methode und ihrer Fähigkeit zur Modellierung, beides nunmehr von der Mathematik abgesichert, folgt nicht nur, dass der Geist *clara et distincta* verfährt, sondern stets auch von den Ideen zu den Dingen geht, da er den Dingen nur das zuschreiben darf, was wir von ihren Ideen als evident wahrnehmen. Überdies sind diese Ideen in einer bestimmten Anordnung zu untersuchen, nämlich so, dass jede Idee den ihr vorausliegenden folgt, von denen sie abhängig ist. Ebenso muss sie allen jenen vorangestellt sein, die von ihr abhängen. Bis wohin erstreckt sich nun die Relevanz dieser Option des Geistes, die sich so als *Ausgangspunkt* setzt und als »Subjekt« aufspielt? Bevor man noch die Grenzen ihres Anwendungsgebiets in Betracht zieht, wird man sich fragen müssen, wie die Idee ihrer möglichen *Anwendung* überhaupt einzuschätzen ist.

Wie hilflos sind wir doch plötzlich, sobald wir nicht mehr auf die mit der Methode abgestimmte Unterstützung rechnen können? Anders gesagt: In welche Ratlosigkeit würde uns das stürzen, was all die in jahrhundertelanger Arbeit erfolgte Ausarbeitung von »Handlung« und »Erkenntnis« durcheinanderbringt? Wären wir ohne die Klarheit, welche die berühmte »Methode« von Anfang an projiziert, nicht dazu verdammt, uns blind vorzutasten? Worauf könnten wir uns stützen, wenn es nicht »angewandt« werden kann? Müsste man sich nicht dann auf den anderen Pol verlassen, auf jenen des Irrationalismus, auf das, was der »Empirismus« oder bestenfalls die im Laufe der Jahre erworbene »Berufserfahrung« wäre, die allerdings nicht leicht mit anderen zu teilen, jedenfalls niemals komplett übertragbar ist und vorsichtig auf einen »Pragmatismus« beschränkt bleibt, der an den »Dingen« förmlich klebt und sich nicht kodifizieren lässt? Mangels einer im Voraus aufgestellten Regel lernt man, sich »durchzuwursteln«[59] (der Terminus gerät unausweichlich ins Familiäre): ein schlechthin gegenbegrifflicher Ausdruck und so schwierig vorzubringen, weil er ein Eingeständnis des Scheiterns und pöbelhaft ist. Nun ist »durchwursteln« hier in zweierlei Hinsicht zu verstehen: Da geht es einmal darum, die Fäden dieses wirklich sehr verwickelten Wollknäuels zu entwirren, der dann der zu behandelnde Fall ist; aber auch darum, sich aus der Affäre zu ziehen oder sich, so gut man kann, zu helfen wissen, indem man sich auf etwas verlässt, man weiß eigentlich nicht worauf – jedenfalls, weiß man es überhaupt zu sagen?

— 2 —

Tatsächlich erweist sich unser Denken als hilflos, wenn es darum geht, eine Vorgehensweise auf den Begriff zu bringen, die zwar rigoros, aber nicht *methodisch* ist, eine, die zwar weder inkohärent noch zufällig ist, trotzdem aber auch nicht *a priori* geltenden Regeln unterworfen werden kann. Das, was wir weder mit Ursachen noch Prinzipien in den Griff bekommen können, schreiben wir gewöhnlich dem Zufall zu. Wenn wir etwas keiner *technē* unterordnen können, dann entscheiden wir uns mangels einer Alternative dafür, es der *tychē* zu überlassen. Welcher Spiel- bzw. Handlungsraum bleibt uns denn zwischen dem, was sowohl der *modellierenden Herrschaft* ausweicht, die nur allzu leicht durch ihre abstrakte Subsumption die Vielfalt der Fälle nicht in den Griff bekommt, als auch der unintelligenten und hilflosen *festgefahrenen Ergebung*, die nur allzu blind und perspektivlos in der Besonderheit des speziellen Falles befangen ist? In Europa fällt es uns schwer, das zu denken, was überlegtes, aber nicht projiziertes Vorgehen ist. Wir können uns nur schwer in eine Situation einklinken, ohne sie durch unsere Willkür zu verändern, was die gegebene Situation unweigerlich – und das ist bereits vorhersehbar – für uns unzugänglich macht.

Könnte aber nicht eben dieses Denken des *Schrägen* diesen starren Gegensatz (*entweder* souveräne Herrschaft der Methode *oder* reiner Empirismus) auflockern und uns einen gewissen Handlungsraum in dem Zwischen der beiden eröffnen? Haben wir nicht noch die Ressource einer anderen praktikablen Möglichkeit, um uns auf das zu beziehen, was wir *frontal* durch unsere rationale Überlegung nicht in Angriff nehmen können, nämlich eine Art und Weise, die man *schräg* genannt hat? Bei dieser Ressource geht es darum, in dem, was sich momentan einem methodischen Zugang sperrt, nach und nach einen »schrägen Zugang«, einen »Kniff« [*biais*] zu entdecken, wobei man sich seinen Konturen anschmiegt, um kaum merklich in sie einzudringen und einzusickern, um geduldet zu werden, sodass mit der Zeit diese Intervention kaum mehr als eine solche verstanden und, ohne einen Widerstand oder Gegeneffekt zu provozieren, toleriert wird. Mit dem Ausdruck »Schräge« geraten wir in Gefahr, dass wir in das Register dessen abgleiten, was – weil nicht mehr intellektuell – traditionellerweise dem Manuellen zugeschrieben wird und von dem wir befürchten, dass es, wenn schon nicht dem Zufall, so zumindest einer persönlichen Begabung zu verdanken ist, einem »Ich weiß nicht, was« oder einem Ungefähren – so wie man auch von einem »Riecher« spricht oder einer »Geschicklichkeit«, notwendigerweise Ausdrücke der Erfahrung und des Umgangssprachlichen. Es ist jedoch auch möglich, dass unser Denken über den *Kniff*, d. h. ein indirektes Vorgehen in einem Fall, wo keine Regeln vorgesehen sind, von unserer »Erkenntnistheorie« einfach erdrückt wurde: dass es ebenso wie die zuvor erwähnte Disponibilität, Zuverlässigkeit oder Beharrlichkeit kulturell unterentwickelt geblieben ist.

Der *Kniff* aus der *Schräge* würde somit ganz klar der *Methode* widersprechen und eine gegensätzliche Ressource zum Vorschein bringen. Angesichts der von Wissenschaft und Philosophie mit großem Prestige ausgestatteten Methode müssten wir wieder dieses bescheidene *Umwegig-Knifflige* [*biais*] zu denken lernen, das zu leichtfertig dem Handwerklichen überlassen wird (»der kennt den Kniff, der hat den Dreh heraus«). Dabei geht es nicht um das Wissen, sondern um das »Gewusst wie«. Anders als das, was sich frontal und also auf die einzig mögliche Weise erlernen lässt (das Eigentliche des Methodischen), setzt der Kniff stillschweigend eine Fülle von Aspekten, von Facetten voraus, unter denen sich die Dinge betrachten lassen können. Dies führt zu der Annahme, dass man sie nur schrittweise, im Zuge eines Ablaufs entdecken können wird und sie sich nicht sogleich anordnen und umreißen lassen. Wesentlich für den schrägen Zugang ist nicht ein Plan, sondern die *Herangehensweise*; der Vorgang ist nicht mehr projektiv, sondern *prozessual.* »Kniff« ist sicher nicht theoretisch, in Wahrheit aber auch nicht praktisch, sondern unabdingbar mit der sich als unzerlegbar erweisenden Frage verbunden, wie man es anstellt, dass man weder antizipiert noch improvisiert, weder vorbereitet noch hilflos ist. Man muss sehr wohl einen Angriffspunkt finden, aber dieser soll uns eingeräumt werden. Statt direkt auf das Ziel loszugehen, wie das rational die Methode befiehlt, die die Vielfalt der Fälle unter ihre Allgemeinheit subsumiert, geht der schräge Kniff im Gegensatz dazu von dem aus, was jede Situation an Individuellem und Besonderem darstellt, um dementsprechend einen Angriffspunkt auszuwählen, von dem aus unsere Intervention, weil den Umständen bestens angepasst, erfolgreich sein könnte. Es ist dann die, eine Disponibilität erfordernde *Disposition*, die maßgebend ist, und nicht die Initiative und das Projekt eines Subjekts. Man *weicht aus* [*biaise*], weil das Terrain, auf dem man sich bewegt, nicht eben und glatt ist (unser Handeln auch nicht ferngesteuert werden kann), sondern vermint oder zumindest unübersichtlich: Widerstände sind zu vereiteln und Schwierigkeiten zu umgehen.

Da *Kniff* auf *Disponibilität* als Vorbedingung verweist, komme ich auf die Kunst oder das Know-how des Psychoanalytikers zurück – wie sonst soll ich das nennen? Ist derjenige, der die »gleichschwebende Aufmerksamkeit« im Verlauf einer Kur praktiziert, da er sich auf keine passende Methode verlassen kann, nicht ebenfalls (folgerichtig) stets auf einen *Kniff* angewiesen? Wenn man die Psychoanalyse nicht als ein Feld der Anwendung, sondern der Ausübung von Kniffen versteht (ohne, nach Lacan, zu vergessen, was diese »Praxis« sonst noch an cartesianischer Gewissheit geerbt haben mag), so sieht man sehr gut und in diesem Fall sogar exemplarisch, um welchen zu überwindenden Widerstand es sich dabei handelt. Es ist der vom Analysanden selbst herrührende Widerstand, der, von seinem Verdrängten fixiert, zu einem Umweg zwingt, um dieses Hindernis zu überwinden, das umso schwieriger zu beseitigen ist, als es dem Unbewussten entstammt und der Patient sich dahinter versteckt. Freud sagt uns immer wieder, dass man nicht allein mit dessen Intelligenz rechnen könne, auch nicht mit dessen Gewilltheit, »im Licht« die gewünschte Veränderung voranzubringen.[60] Da im Fortgang der Kur sich keine Methode als praktikabel erweist, muss man einen *Kniff* benutzen. Es ist die Suche nach einem Weg, wie man mit dem Widerstand gemeinsame Sache machen kann, um dessen Hindernis zu umgehen und ihn an dessen schwächster Stelle zum Aufgeben zu bringen. Auch wenn man Erfahrungen in diesem Bereich sammeln kann, ist diese Fähigkeit jedoch nicht auf andere Fälle ohne Weiteres übertragbar. Sie bleibt dem Besonderen verhaftet oder; wenn es sich um eine erworbene Fähigkeit handelt, so müsste sie flexibel bleiben, um ihren »eindringenden« Charakter zu bewahren und sich für jeden Fall neu zu konfigurieren, sich quasi jeweils neu erfinden. Zugleich aber wird sie sich immer besser zurechtfinden, was etwas ganz anderes ist, als sich zu berichtigen oder anzupassen.

Freud sagt immer wieder, solange man nicht den richtigen Kniff gefunden hat, um zu intervenieren und den Widerstand zu umgehen, d. h. solange man nicht das ausweichende Verdrängte zu fassen kriegt, können alle prinzipiellen Erhellungen vom Betroffenen folgsam angehört, ja sogar von ihm mit Begeisterung aufgenommen werden, doch ändert das nichts an der Sache, sie drehen sich im Leeren und »greifen« nicht, sie »berühren« nicht und dienen nicht der Sache. Es geht daher nicht darum, irgendwelche Regeln zur Anwendung zu bringen, sondern darum, das freizulegen, was unbekannterweise blockiert ist und sich so verbirgt, dass seine Demaskierung umso schwieriger ist, als es in anscheinend naiver Unschuld geschieht. Daher bedarf es hier weniger einer methodischen als vielmehr einer *strategischen* Anstrengung. Da also weder *technē* noch *epistēmē* als Termini angebracht sind, wird man wohl auf *Kniff* [*biais*] zurückgreifen müssen. Wie aber kann man daraus ein Konzept machen, das uns schließlich dem Komplizenhaften und Umgangssprachlichen entkommen lässt? Damit will ich sagen: Kann man diesen *Kniff* so denken, dass er nicht nur ein erfahrungsgesättigter Notbehelf ist, dem es zwar an Intelligiblem mangelt, der aber kohärent und stimmig ist?

— 3 —

Man darf, um sich in Bezug auf die Methode zu beruhigen, nicht glauben, dass ein *Kniff* mit ihr vereinbar wäre, nur ihrer korrigierenden Anpassung diente oder dieser gar, wie Sartre einmal beiläufig meinte, nur »eine etwas komplexere Methode« sei.[61] Das dem Kniff Eigene ist nicht so sehr, dass er uns nur auf die Besonderheit der Lage aufmerksam macht – vielmehr werden wir in der Situation zu einem Komplizen. Statt die Initiative des Subjekts in den Vordergrund zu rücken, wie das für die Methode typisch ist, öffnet er als Reaktion auf die begegnete Schwierigkeit einen Handlungsraum, schlägt einen Umweg ein, um sie zu entschärfen. Insofern ist sein Wissen »schlau« im eigentlichen Sinn, d. h. es lädt zu einem Rückzug ein, um besser zu besetzen und einzudringen. Eine antike chinesische Abhandlung über Diplomatie wie *Guigu zi* (deutsch: »Der Meister aus dem Dämonental«) bestätigt alles, was man bereits über die chinesische Strategie weiß, und stellt es ohne Bedenken und Umschweife vor. Der Text beleuchtet ganz klar und auf überlegte Weise das, was die dunkle und geheim gehaltene Seite von *méthodos* bei den Griechen uneingestanden anerkannte: dass man nämlich die Situation wie eine Kugel »drehen« muss, um in ihr den kleinsten Sprung zu entdecken, denn dieser öffnet eine Bresche, erweitert sich wie von selbst von einem Haarriss zu einem Spalt, einer Kluft, einem Graben, und die gegnerische Festung lässt sich dann leicht einnehmen. Andernfalls wäre der Einsatz völlig willkürlich, halsbrecherisch, weil erzwungen, und ohne größere Wirkung. Was den Fürsten anlangt, so ist es weniger wichtig, vor ihm für die eigene Sache zu plädieren, als vielmehr, neben ihm stehend, von ihm angehört zu werden: Hat man es nämlich verstanden, sich völlig den Eigentümlichkeiten seiner Persönlichkeit anzupassen, ohne ihm je die Stirn zu bieten, braucht man gar keine Audienz mehr bei ihm, um »Zugang« zu seinem Denken zu haben und sich Gehör zu verschaffen.

In China findet sich diese Strategie der indirekten Intervention [*biais*], die umwegig-schräg vorgeht, ebenso in der Weisheitslehre, die uns von dem, worum es in der Erkenntnis und der Wahrheit geht, abkommen lässt. Wenn er sieht, dass der andere auf seinem Standpunkt beharrt und sich nur in den eigenen Argumenten suhlt, hält Konfuzius es für unnütz, weiter mit ihm zu reden. Ein Streitgespräch wäre ebenso vergebens wie mühsam. Besser wäre es dagegen, den anderen zunächst seinen Weg gehen zu lassen, sodass die Lehre, die der Meister, wenn er es direkt und frontal versuchte, wohl vergebens erteilen würde, die Möglichkeit erhält, seinen Schüler nach einer ausgiebigeren Reifungszeit zu erreichen, wenn sich der Spalt in seiner Position gefunden haben wird, der es ihm schließlich erlaubt, sie anzuhören.[62] »Wenn man sich mit jemandem unterhalten will und macht es nicht, vergeudet man die Person; wenn man sich aber mit jemandem nicht unterhalten kann und es trotzdem macht, dann vergeudet man seine Worte.«[63] Daher spricht Konfuzius, jeder frontalen Auseinandersetzung ausweichend, erst wenn der richtige Zeitpunkt gekommen ist und dann auch nur wenig, denn wenn man einmal gewahr wird, dass der Geist des anderen empfänglich geworden ist, dann genügt es, beiläufig ein Wort fallen zu lassen. Statt offensichtlich und mit Vorbedacht eine Lektion zu erteilen, nimmt man irgendetwas zum Anlass, damit der andere, stutzig, aus der Fassung gebracht und ratlos geworden, seine parteilichen Vorurteile aufgibt und »realisiert« (was es mit dem »Weg« auf sich hat).

Da genügen dann wenige Worte. In Wirklichkeit »lehrt« der Meister gar nicht. Statt andere mit seinen Worten zu überhäufen – was dann von anderen unnötigerweise »kolportiert« wird –, begnügt er sich damit, einen kleinen Anstoß zu geben, mit wenigen Worten ein Beben auszulösen, um dem anderen zu helfen bzw. ihn zu veranlassen, die Position, in der er sich festgefahren hat, aufzugeben. Dabei ist diese dargebotene Handreichung auch ein Handstreich: Es geht darum, den Widerstand gegen das Erwachen (zur Weisheit) zu überwinden. Deshalb zieht Konfuzius auch die konkreten Gegebenheiten des »Terrains« in Betracht (also den Punkt, zu dem sein Gesprächspartner in seiner Entwicklung gelangt ist), und zwar dermaßen, dass er dem einen dies, dem anderen jenes sagen kann, ja sogar derselben Person zunächst eine Sache und dann an einem anderen Tag das Gegenteil. Insofern ist sein Wort in der Tat strategisch: Sein Wert bemisst sich daran, wie sehr es jemand aus der Fassung bringen und lockern kann[64], indem er zum richtigen Zeitpunkt und am richtigen Ort, mithin in seiner Wirkungskraft und nicht durch seine Aussage etwas herbeiführt. Was übrigens ihren Wortlaut anlangt, so sind, gestehen wir es uns doch ein, die *Gespräche* des Konfuzius kaum mehr als Plattitüden. Sie sind nur wegen ihrer schrägen Strategie interessant, die den Gegner aus der Fassung bringt, wie uns das die Kommentatoren und deren Erben, die Meister des *chan* (*zen*), die diese Vorgehensweise systematisiert haben, zu lesen lehren. Der Meister kann sich darauf beschränken, auf den Weg zu bringen, indem er auf diesen verweist, dem anderen obliegt es, ihn weiterzuverfolgen und zu vervollständigen: »Ich lüpfe eine Ecke; wenn der andere im Gegenzug die drei anderen nicht findet, so mache ich nicht weiter.«

Was das Wort des Meisters ausmacht, ist, dass es zum richtigen Zeitpunkt gesagt wird und den wunden Punkt trifft; seine Funktion ist es, ohne weitschweifig zu sein, »anzuregen« (*xing* 兴, auch einer der Schlüsselbegriffe der chinesischen Reflexion über die Poesie). Beim Gesprächspartner soll eine Verwandlung ausgelöst werden, die sich nur in diesem und durch ihn selbst vollziehen kann: Der Meister versucht nicht, sich an dessen Stelle zu versetzen. So liest man in einer alten pädagogischen Abhandlung, die uns im *Buch der Riten* überliefert wurde, dass der Weise danach trachtet, den anderen auf den Weg zu bringen, die Entdeckung aber dessen Sorge sein lässt: »Er weist ihm die Richtung, schleppt ihn aber nicht hinter sich her; er ermutigt ihn, sich anzustrengen, zwingt ihn aber nicht; er zeigt ihm den Weg, geht ihn aber nicht mit ihm zu Ende.«[65] Täuschen wir uns nicht: Der

Meister handelt nicht etwa so, weil er die Autonomie und Geistesfreiheit des Schülers respektieren will (unsere moderne Pädagogik), sondern weil er weiß, dass er nur von der Seite her, durch schräge Anregung in einem Prozess effektiv intervenieren kann. Er weiß, dass dieser Prozess nur von selbst ablaufen können wird, d. h. ohne dass man ihn beschleunigen kann; und dass alles, was er darüber hinaus machen würde, den weiteren Verlauf, indem er ihn forciert, behindern würde und sich als kontraproduktiv erwiese. *Indirekt* oder *aus der Schräge* bedeutet also, dass sich der Meister weder völlig vorangehend, mit dem Anspruch, den Weg zu zeigen, noch als gleichberechtigter Begleiter positioniert. (Agiert der Psychoanalytiker nicht ebenso aus der Schräge?) Er weiß, dass er einführen, nicht aber anführen kann und dass es besser ist, *zu beeinflussen* als zu belehren; oder dass eine direktere Belehrung nur möglich ist, wenn ihr diese diffuse, subtile, nicht isolierbare Einflussnahme vorangeht, die stillschweigend und zeitlich ausgedehnt vor sich geht. Diese allein ermöglicht, dass eine solche Belehrung schließlich Gehör findet und eine Verwandlung bewirkt.

VIII

Beeinflussung (vs. Überredung)

– 1 –

Die *Beeinflussung* [*influence*] ist die vollendete – und auch die am schwierigsten abzuwehrende – Form des Schrägen. Sie ist in der Tat nicht frontal, aber sie streut sich in alle Richtungen aus; sie dringt durch alle Poren mit allen möglichen Kniffen. Sie ist also nicht direkt, sondern diskret: Man kann ihr nicht die Stirn bieten, da sie quasi atmosphärisch wirkt. Man kann eine Beeinflussung nicht zurückweisen, ihr nicht widersprechen. Da sie auf einer vorgeordneten Bedingungsebene operiert, kann man sich ihr nicht stellen; sie ist diffus und lässt sich nicht isolieren. Da ihr nichts zuordenbar ist, gehört sie eigentlich nicht zur Kategorie des Seins, aber auch nicht zu jener des Nichtseins, da sie, sogar langfristig, nicht reduzierbar ist. Infolgedessen lässt sie sich auch nicht durch den Gegensatz von Präsenz und Absenz fassen, durch das »davor sein«, *prae-esse*: Die Beeinflussung ist eher etwas, das einen »durchdringt«, als dass man es sich vergegenwärtigen kann. Was sie auszeichnet und ihre Wirkungskraft ausmacht, ist, dass sie infiltriert, zu verstehen gibt, von allen Seiten ohne Vorwarnung eindringt, ohne dass man sie bemerkt. Daher hat das europäische Denken das Phänomen zwar durchaus erkannt, jedoch kaum einen Begriff davon entwickelt.

Wie zum Beweis für die beunruhigende Randständigkeit der Beeinflussung in unserem Wissen mussten wir den Ausgangspunkt ihrer Begrifflichkeit nicht in der Ontologie, dem noblen und in sich konsistenten Wissen über das Sein, sondern in der verdächtig am

Rande des Aberglaubens angesiedelten Astrologie suchen. *Influentia* besagte zunächst »eine den Sternen zugeschriebene Einwirkung auf das Schicksal der Menschen«, sodann eine solche, die Menschen oder Dinge ausüben können. Von dieser zweifelhaften Herkunft gekennzeichnet, musste der Begriff der Beeinflussung in den Augen der klassischen Rationalisten das gleiche Misstrauen erregen wie alles, was – angesichts der zunehmenden Bedeutung der Klarheit aufzwingenden Wissenschaft – in das Obskure und Okkulte abgeschoben wurde, also dem Bereich der ungewissen Kausalitäten und verschwommenen Konturen, deren Herkunft und Ergebnisse nicht bestimmt werden können und denen folglich keine gesicherte Grundlage zuerkannt wird. Die Beeinflussung, die im grauen Grenzbereich zwischen Sichtbarem und Unsichtbarem umhergeistert, ohne eigentlich zu »sein«, leidet unter demselben Misskredit wie die Psychologie der »Fluide«, wie das der Mesmerismus so deutlich zeigte. Ist andererseits das Wort »Aktion«, das für sie verwendet wurde, überhaupt noch zutreffend? »Aktion« setzt nämlich ein Subjekt voraus; die Beeinflussung ist aber dem Fließen, dem Verlauf, dem Durchqueren zuzuordnen und damit ohne ein isolierbares Subjekt. Eine Aktion verläuft *hic et nunc*, an einem bestimmten Ort zu bestimmter Zeit, während der Einfluss weder begrenz- noch lokalisierbar ist und dazu zwingt, die Unterscheidung von aktiv und passiv hinter sich zu lassen. Er ist daher mit den Kategorien der Philosophie nicht zu fassen und wird von ihr vernachlässigt, nur am Rande behandelt und als Notlösung benutzt.

Was uns zurückhält, dem Phänomen der Beeinflussung, dessen Wichtigkeit wir in gewisser Hinsicht sehr wohl anerkennen, seine ganze Reichweite zuzugestehen, wäre das nicht wiederum, wie für die Disponibilität oder die Zuverlässigkeit, die Tatsache, dass es die Autonomie des Subjekts in einem schlechten Licht darstellt und ihr zu widersprechen scheint? »Unter Einfluss« zu stehen – allein schon das »Unter« spricht in seiner Abwertung für sich –, widerstrebt unserem Ideal der Freiheit. Was ist also dieser *Rest*, der mit Beeinflussung ausgedrückt wird, der dem methodischen Zugriff unserer Intelligenz entgeht, von dem wir aber trotzdem Auswirkungen feststellen, ja sogar erwarten können? Nochmals sei hier auf die Psychoanalyse als Zeugin verwiesen: So sagt uns Freud im Hinblick auf den »Rattenmann«[66], dass die ganze Kunst darin bestünde, die einmal entdeckten Widerstände dem Patienten aufzuzeigen und ihn »dank des Einflusses, den ein Mensch auf einen anderen ausüben kann«, zu ermuntern, diese aufzugeben. Schließlich ist es nicht so, »dass wir auf die Annahme des Unbewussten ein erfolgreiches Handeln aufbauen können, durch welches wir den Ablauf der bewussten Vorgänge *zweckdienlich beeinflussen«[67]. Um welches *operationelle Phänomen* kann es sich dabei handeln, das sich weder auf eine Suggestion noch auf eine Übertragung reduzieren lässt und das Freud hier als letzte Hilfsmaßnahme anführt, ohne sie näher zu erhellen? Man sollte beginnen, diesen Begriff der »Beeinflussung«, dem die Konsistenz des Ontologischen fehlt und der vom erklärenden Rationalismus der Wissenschaft verstoßen wird, von dem ihn behindernden Netz zu befreien, um ihn zu erörtern. Man sollte ihn endlich, noch vor aller Spekulation, aus der von mir ganz allgemein so genannten westlichen »Ideologie« herausholen, widerstrebt er doch so sehr der Selbstkonstituierung des Subjekts.

Wieder einmal hilft uns China, die theoretischen Faltungen unseres Denkens aufzufächern (selbstverständlich hat es auch die seinen: exakt jene, die *uns* genau betrachten). In diesen *Faltungen* blieb der Begriff der Beeinflussung in Europa eingeklemmt; sie verhinderten, das Phänomen in seiner ganzen Dimension zu bedenken, selbst wenn man, wie eben auch Freud, gezwungen war, ihm so ganz beiläufig einen Platz einzuräumen. China dagegen denkt nicht so sehr in Begriffen des »Seins« und der Identifikation als vielmehr in solchen des *Energieflusses*, von Polen und Interaktion oder eher noch von »wechselseitiger Anregung« (*xiang-gan* 相感); es denkt in Begriffen von »Veränderung« und »Fortgang« (*bian-tong* 变通), von kommunizierendem Durchlass und Übergang (*jiao-tong* 交通); es ignoriert in seiner Grammatik die morphologische Unterscheidung von aktiv und passiv; es kennt in seiner Physik statt der Kausalität die Begriffe des »Echos aus Distanz« und der wechselseitigen Resonanz (*gan-ying* 感应) – übrigens hat China sehr früh ein differenziertes Verständnis für magnetische Phänomene entwickelt, wobei der Westen hier lange Zeit zurückblieb, ebenso für das Phänomen der Gezeiten; schließlich hat es sehr wohl das Individuum als Person anerkannt, sich aber nicht allzu sehr damit beschäftigt, eine Autonomie des Subjekts zu konstruieren – China hat die Beeinflussung ins Zentrum seiner Intelligenz gestellt. Die *Beeinflussung* ist aus seiner Sicht die allgemeine Modalität der Heraufkunft jeglicher Realität sowohl im Bereich dessen, was wir »Natur« nennen, als auch in dem der Moralität.

—2—

Nun kann man diesen Gegensatz durch die Verzweigung der bereits überwundenen Abstände noch weitertreiben, indem man die Thematik auf das Wort fokussiert: Man wird feststellen, dass *überreden* und *beeinflussen* zwei antithetische Verben sind, die einer je anderen Logik entspringen, obschon das eine vom anderen infiltriert werden kann. »Überreden« erfolgt durch die Rede, von Angesicht zu Angesicht und *frontal*, in dichter Argumentationsfolge und unter Berufung auf Vernunftgründe (*logoi*) – wir haben es dabei mit dem griechischen Verb schlechthin zu tun: *peithein*. Es ist mit dem Aufkommen der Polis eng verbunden, wird doch eine Debatte durch Überredung [*persuasion*] entschieden, durch die Konfrontation des Für und Wider, ob im Rat, bei Gericht, in der Volksversammlung, ja selbst im Theater. So wird in der für das griechische Bewusstsein wesentlichen Etappe durch Überredung exemplarisch über Nichtschuld und Schicksal von Orest entschieden (zwischen Athene und dem Chor am so lange auf sich warten lassenden Schluss der *Eumeniden*), was auf diese rationale Weise der Fortführung der Rache im Schoß des *genos* ein Ende setzte. Denn es gibt, wie Platon das später entwickelte, in der Politik keine andere Alternative als die zwischen Überredung oder Anwendung von »Kraft« und »Gewalt« (*peitho/bia* πειθώ/βία).[68] Selbst wenn die Überredung, wie man weiß, auch insgeheim eine von diesem Ideal abweichende Art der Manipulation sein kann, so ist die Opposition nichtsdestoweniger strukturierend, heute wie damals, und auf ihr beruht im Prinzip das bürgerlich-zivile Leben.

Es sei auch daran erinnert, dass der »erste Weg« in der Philosophie seit den frühen griechischen Denkern die Operation des Überredens ist, »richtet [sie] sich nach der Wahrheit«, wie schon Parmenides sagt.[69] In dem Augenblick, da das Wort reflexiv wird und der Gesprächspartner nicht mehr der andere, sondern man selbst ist, wird Denken, frei nach Platon[70], zum »Sich-selbst-Überreden«: Was ist das europäische Denken denn anderes als die Entwicklung eines gewissen Verlaufs der Reflexion, die zur Selbstzustimmung führt und durch sie garantiert wird? Es stimmt wohl, dass Überredung nicht frei von Zweideutigkeit ist, die zu denunzieren dem klassischen europäischen Denken ein gewisses Vergnügen bereitete, nämlich als eine Kunst des Einfangens, des spielerischen Verführens, was eher der »Wollust« als der »Wahrheit« zuzuordnen wäre (so Pascal). Es bleibt nichtsdestoweniger anerkannt, dass Überreden die Grenzen des Subjektiven überschreiten kann, dass es den bloßen Anschein zu zerstreuen und über ihn hinauszugehen vermag, dass es sich objektiv als Begründung etablieren kann und so zur »Überzeugung« wird (bei Kant der Übergang von *Überredung zu *Überzeugung[71]) – von Rechts wegen allen Menschen kommunizierbar und durch universelle Zustimmung der Subjekte die Wahrheit des Urteils bestätigend.

Beeinflussen und *Überreden* haben gemeinsam – und das rechtfertigt ihre Gegenüberstellung –, dass sie nicht in einem Augenblick stattfinden können, sondern jeweils eine Abfolge implizieren: Im Fall der Überredung ist es die des Diskurses, im Fall der Beeinflussung jene der Verbreitung – beim einen wie beim anderen braucht es für dieses Eindringen-Annehmen Zeit. Während die Überredung aber auf der Seite des Gesprächspartners eine ausdrückliche Zustimmung erfordert, selbst wenn diese manipuliert wurde – weshalb die Überredung zentral für die Demokratie und den Freiheitsgedanken ist –, erfolgt die Beeinflussung unmerklich, ja harmlos, ohne dass der davon Betroffene sich dessen bewusst wird und daran denkt, sich davor zu schützen. Von daher erklärt sich die Bedeutung, die in China nicht so sehr den Gesetzen als vielmehr den »Riten« beigemessen wird: Während man die Gesetze freiwillig befolgt – man erinnere sich an die Personifizierung der Gesetze im *Kriton*[72] –, sind die »Riten«, oder was man als solche schlecht und recht übersetzt, als Verhaltensnormen umso wirksamer, als sie das Verhalten beeinflussen, ohne dass man sich dessen bewusst ist. Die Beeinflussung ist umso intensiver und durchdringender, je weniger wir ihr Wirken bemerken. Während die Überredung in jeder Etappe von Anfang bis Ende mittels passender Worte stattfindet, ist die Beeinflussung nicht nur ein Anspielen: Das Wort bleibt diffus, ist nur ein Teil, wenn überhaupt, des sich abspielenden Modifizierungs- und Konditionierungsprozesses. Angesichts dieses Abstands finde ich es überaus aufschlussreich, dass sich in China keine Überredungslehre entwickelt hat (noch heute drückt die Wortzusammensetzung *shuo-fu* 说服, »durch Worte beugen«, eher ein Unterwerfen als eine Überzeugung aus). Stattdessen hat China eine Begrifflichkeit für die menschlichen Beziehungen entwickelt, die wie jene Geflechte, die die Welt ausmachen, von der Beeinflussung ausgeht.

Es gibt noch eine Tatsache, die eigentlich für sich selbst spricht und genügt, den Abstand zu vertiefen (jedoch zweifellos aufgrund ihrer Auswirkungen zu wichtig ist, um gewöhnlich bemerkt zu werden): China kennt weder die Figur des Redners, noch hat sie eine Rhetorik als Kunst der Überredung entwickelt, um die herum in Europa die antike Kultur entstanden ist. Das Wort wurde eher nach dem Bild des »Windes« begriffen, wie das bereits eines der ältesten literarischen Motive (seit dem *Shijing*) ausdrückt, und eben nach diesem Modus der diskreten Einwirkung begann man auch, die poetische Ausdrucksweise zu denken. Was besagt der »Wind«, wenn nicht eine Verbreitung, die umso umfassender ist, als sie invasiv, aber nicht gewollt und kaum bemerkbar ist. Der Wind zieht unmerklich vorbei, nur an seinen Auswirkungen wahrnehmbar: Streicht er vorbei, »beugen sich die Gräser«[73]; indem er in den kleinsten Riss eindringt, sich überall in sanfter und diffuser Weise bewegt (vgl. das Trigramm *xun* im *Buch der Wandlungen*),[74] breitet er sich unendlich aus und moduliert mit seiner Orientierung die umgebende Landschaft. Mein Gesang solle sich, so sagt eines der ältesten Gedichte, wie »kristallklarer Wind« ausbreiten bis zu seinem Empfänger und ihm diese Gemütsregung überbringen (*Shijing*, »Songgao«, »Zhengmin«).[75] Auch zwischen den Personen besagt dieser vorbeistreichende *Wind* eine Verbreitung, die unter seiner Anregung unmerklich erfolgt; die eine Richtung ohne Zielangabe vorgibt; die durchdringt, aber sich nicht zuordnen lässt; sich ausdehnt, ohne sich jedoch eingrenzen zu lassen. Der Wind setzt in Bewegung, aber ohne Erklärung; er ändert eine Geisteshaltung, aber ohne sie zu belasten.

In China wurde diese Eigenschaft des poetischen Wortes zugleich sehr früh als eine der politischen Redeweise verstanden. Ihr kommt es zu, gleich einem gnädigen Lüftchen, das von der Vorbildwirkung des Fürsten (*feng-hua* 风化) ausgeht, von der Spitze der Gesellschaft nach unten auf das Volk günstig einzuwirken. Es gibt nichts, was nicht von dessen Moralität durchdrungen wird, von der Familie angefangen bis ans Ende der Welt; wie es auch dem Wort zukommt, das von unten nach oben, vom Volk zum Fürsten wie ein »stechender« Wind bis zum Machthaber aufsteigt, Kritik anzumelden (*feng-ci* 风刺), um ihn durch diesen, durch Bilder gedämpften, Einfluss zu ermuntern, sein Verhalten zu bessern. Denn, so fügen die Kommentatoren hinzu, *belehren* und *beeinflussen* (nach der Art des Windes) seien voneinander zu unterscheiden (*jiao/feng* 教讽): Es ist angebracht, dass der Fürst zunächst einen von ihm kommenden wohltuenden Einfluss, der anregt und konditioniert, auf seine Familie und schließlich auf die gesamte Welt ausstrahlt, noch bevor eine Unterweisung erfolgen kann. Ganz allgemein gesagt, sind Worte, die einsickern und ganz sanft zu einer Änderung der Richtung und ohne Druck auch in die Tiefe führen, besser als Worte, die ausdrücklich auf ihr Ziel hinweisen und befehlen wollen.[76]

— 3 —

Eine Sammlung wie das Buch *Zhuangzi* gefällt sich darin, solche Szenen der Beeinflussung zwischen Personen zu evozieren. Sie laufen nur selten verbal ab, dafür erstrecken sie sich über eine längere Dauer und enden in einer völligen Verwandlung, wobei derjenige, der dieser Beeinflussung unterliegt – aber ist »Unterliegen« nicht ein zu bedrückender und passiver Ausdruck? –, sich erst im Nachhinein dessen bewusst wird. Nichts Magisches macht sich da bemerkbar, auch nichts Seltsames, irgendwie Erwähnenswertes oder worüber man überhaupt sprechen könnte. Da ist nichts, worüber man berichten könnte, nichts *Bestimmbares*. Mit der sich im Ablauf der Tage entwickelnden Nahbeziehung, mit dieser in der Zeitdauer geteilten Gegenwart, mit diesen wiederholten Begegnungen sowie diesem diskreten Verkehr, aus dem die *Zuverlässigkeit* herrührt und durch das das Ambiente so gesättigt wird, ergibt sich jedoch eine schrittweise Richtungsänderung sowohl des Urteilens als auch des Verhaltens bis hin zur Umkehrung. Derjenige, der die Verwandlung erlebt, bemerkt anfangs gar nicht die Qualitäten des anderen. Vielleicht ist dieser sogar »zum Fürchten hässlich« und besitzt weder Reichtum noch Renommee, einfach nichts Anziehendes. Trotzdem kann man sich auf die Dauer nicht mehr von ihm trennen. Der Fürst mag ihm sogar vorschlagen, die Macht zu übernehmen, doch er sagt dazu weder ja noch nein und geht schließlich fort, ohne weitere Erklärung … Wer ist dieser Mensch eigentlich? Kein Meister im eigentlichen Sinn, aber ein Wesen, dessen Persönlichkeit diskret eindringt. »Aufrecht stehend, lehrt er nicht; sitzend, diskutiert er nicht.« »Aber leer geht man hin und voll kehrt man zurück.« »Ist das nicht eine Unterweisung ohne Worte?« Denn »ohne dass etwas besonders aktualisiert wird«, ohne dass irgendetwas Bemerkenswertes in der Folge passierte, hat sich der Geist trotzdem unter diesem Einfluss »gebildet«.[77]

Wer oder was ist in dieser Beziehung *tatsächlich* operationell? Sicherlich, die Zeit vergeht. Die Begegnung findet nicht als Vier-

Augen-Gespräch statt, nicht als so sehr angepriesener »Austausch«, sondern im Sinne einer schrägen Beziehung, als eine Stille, die jedoch nicht stumm ist. Es geht weder um ein Sagen- noch ein Schweigenwollen, sondern um ein *Passierenlassen* in der doppelten Bedeutung des Wortes: »zwischen uns vorbeigehen« und »wie ein Vergehen von Zeit«. Denn nichts kann in dieser beginnenden Verwandlung projiziert oder überstürzt werden. Das schräge Vorgehen [*trajectoire de biais*] lässt eine längere Strecke zu, toleriert Windungen und Wendungen, erfordert Umkehrungen. Es ist weniger offensiv und erlaubt mehr Spielraum: Da tritt nichts Außergewöhnliches ein, wird nichts erzwungen, die Entwicklung kann von allein durch Selbstentfaltung erfolgen und effektiv wohltuend sein. Sie braucht aber einen Ablauf und eine unbestimmte Dauer. »Am ersten Tag«, wenn man diesen Menschen, diesen Meister, der kein Meister ist, »einschätzt«, »findet man ihn ungenügend«, erzählt Zhuangzi, »aber (dann), nach einem Jahr, findet man, dass er mehr als genug hat«.[78] Dafür muss man das Geschehen sich ereignen, Gegenwart ausstrahlen und seine Wirkung zur Klärung kommen lassen.

Zu behaupten, den anderen von Angesicht zu Angesicht überreden zu können, scheint in seiner starren Gegenüberstellung erschreckend willkürlich zu sein. »Es ist niemals die Absicht solcher Diskussionen« mit dem Patienten, wie Freud für seinen Teil eingesteht, *»Überzeugungen hervorzurufen«; und: »Ich bringe diese Argumente nur vor, um mir wieder von neuem bestätigen zu lassen, wie ohnmächtig sie sind«.[79] Auch die Kur will Langsamkeit und einen Ablauf, ein Von-selbst-Hervorkommen, das man nur schräg anregen kann. Dass hier sonst nichts Außergewöhnliches geschieht, macht nur noch deutlicher, wie sehr die Überredung zu dem gehört, was wir als Vernunft konstruiert haben: Indem sie sich vornimmt, durch Argumente eine Überzeugung hervorzurufen, rechnet sie mit einer freiwilligen Zustimmung und wendet sich an unsere Freiheit.

Nun handelt es sich hier, in Gegenüberstellung zum Diffusen der Beeinflussung, auch um eine Stärke, in die sich das Subjekt im Zeitalter des Klassizismus eingekeilt und die es zum Helden seiner

Geschichte gemacht hat. Denn während ich umso mehr beeinflusst werde, je unbemerkter dies vor sich geht, mache ich, wenn ich überzeugt bin, daraus eine Frage der Wahrheit und lasse Unerschütterliches zutage kommen. Mein Entschluss ist umso verankerter, als sein Gegenstand gebündelt, meine Anhängerschaft überlegt und abgestimmt ist. Im Namen meiner Überzeugung kann ich mich *frontal* auflehnen und etwas anprangern: Ich kann einen *Sinn* riskieren und die Verantwortung dafür auf mich nehmen.

IX

Kohärenz (vs. Sinn)

1

Da *Kohärenz* gewöhnlich im Schatten von Sinnhaftigkeit ihr Dasein fristet – **Sinn* und **Zusammenhang* sind noch bei Freud Synonyme –, muss ich die Essenzen dieser Begriffe feinfühlig auseinanderschneiden, um ihre fälschlich behauptete Synonymität zunächst einmal anzuritzen und sie dann schließlich einander gegenüberzustellen und von ihnen ausgehend zwei rivalisierende Logiken zu konstruieren, zwischen denen die Existenz sich auswählt. Die Logik des Sinns ist jene, deren grundlegende Abstammung von der Ontologie wir bestens kennen: Beginnend mit dem wechselseitigen Ausschluss von Gegenteilen bei Parmenides, von »sein« und »nicht sein« bzw. »Wahrheit« und »Meinung«; sodann artikuliert sie sich in der platonischen Theorie der Verbindung der Gattungen in einer Weise, dass sie die Durchführung der Prädikation autorisiert und der Dialektiker sie Regeln unterwirft; schließlich stellt sie das Prinzip des Nichtwiderspruchs und in dessen Folge das Axiom vom ausgeschlossenen Dritten auf, auf dem jede Rede (*logos*) beruht und das auch derjenige, der es beseitigen wollte, immer noch voraussetzt, sobald er spricht. Denn »sprechen« heißt »sagen«, stellt Aristoteles gleich zu Beginn fest und etabliert damit eine Äquivalenz, der sich die Logik des *logos* nicht mehr entziehen konnte. »Sagen« ist »etwas sagen« (*legein ti* λέγειν τι): Es ist stets ein »Etwas«, so undefiniert es auch sein mag, das der singuläre Gegenstand des Sagens ist. Sonst würde man »nichts« sagen und sich annullieren.[80] So ist »etwas sagen« zugleich

»etwas bedeuten« (*semainein ti* σημαίνειν τι), das, um Sinn zu ergeben, nur eine Bedeutung haben kann. Wer dieses Protokoll des Wortes nicht respektiert, schließt sich aus der Menschheit aus.

Statt dass die *Kohärenz* diesem souveränen Monopol des Sinns unterworfen bleibt, d. h. so verstanden wird, dass sie von vornherein eine interne Gleichsetzung im Dienst des Diskurses sei, die die Legitimität seiner semantischen Funktion absichert, ziehe ich es vor, sie in der ihr eigenen Qualität zu bedenken. Indem ich sie aus ihrer Unterwerfung befreie, bringe ich ihre Zutrefflichkeit entsprechend dem, was der Terminus von sich selbst besagt, zur Geltung: *co-haere* heißt es im Lateinischen, »zusammenhalten«; die Kohärenz ist das, was *zusammenhält.* »Die Welt«, so sagte Cicero, »ist so kohärent«, hängt mit sich in einer so passenden Weise zusammen, *ita apte cohaeret,*[81] »dass sie in keiner Weise auseinandergenommen werden kann«. Oder negativ ausgedrückt, und zwar im Hinblick auf das Wort: »Es ist nur mit Mühe, dass seine Rede zusammenhielt«, ein mit sich kohärentes Ganzes bildete, *vix … cohaerebat oratio.*[82] Das ist bereits eine Art, eine Kohärenz zu denken, die eine des Wortes und nicht des Sagens ist (wobei das Sagen notwendigerweise »etwas sagen« ist, das einen Sinn, das nur eine Bedeutung hat). Es wird hier also die Möglichkeit einer Rede behauptet, die tatsächlich »spricht«, ohne aber »etwas« (*ti*), also von »einem« etwas, das es unterscheidet und isoliert; einer Rede, die nicht notwendigerweise darauf abzielt, zu »bedeuten«; ja sogar, die *zusammenhält*, kohärent ist, in dem, was sie sagt, obschon die Wortbedeutungen eigentlich Gegenteile sind, die einander sinngemäß ausschließen.

Im Westen ist Heraklit der Erste auf diesem Weg, der die Entwicklung der Ontologie, die auf der Ausschließung von Gegenteilen beruht, von vornherein hemmt. Indem er die Gegenteile ohne Vermittlung zueinander öffnet, sie in Gegenüberstellung assoziiert, ohne sie auch nur zu koordinieren, optiert er ganz offen dafür, die innige Kohärenz der Dinge in seinem Wort deutlich werden zu lassen, etwas, das der gewöhnliche Diskurs der Bedeutung – disjunktiv, wie er nun einmal ist – nur verschleiert (eine Verschleierung, die der metaphysische Diskurs selbst nur noch bestätigen wird): »Der Gott ist Tag-Nacht«, spricht er, »Winter-Sommer, Krieg-Frieden, Sättigung-Hunger«[83]. »Tag-Nacht« und nicht »Tag und Nacht«. Nicht dadurch, dass man einerseits den Tag, andererseits die Nacht, einerseits den Winter, andererseits den Sommer usw. fasst, kann man diese Einheit durch Interdependenz, die *zusammenhält* und eine *Kohärenz* bildet, erfassen; nicht deshalb hat Heraklit entschieden, sie »Gott« zu nennen. »Tag-Nacht«: Man darf sie nicht distributiv und nacheinander buchstabieren, wie es die »Vielen« machen, die noch nicht »erwacht« sind, die dieser Untrennbarkeit nicht gewahr werden, den Frieden ohne Krieg oder den Sommer ohne Winter begreifen, sondern man muss sie in Korrelation zueinander halten. Tag-Nacht, Winter-Sommer, Krieg-Frieden, Sättigung-Hunger: Es gibt hier keinen eigentlichen (selektiven) »Sinn«, auf der Ebene des Wortes dafür aber ein aktives Erhalten der Kohärenz der Gegensätze.

Diese intime Verbindung der Gegensätze lässt sich eigentlich nicht wirklich »sagen«, weil sie nicht »etwas« ist, »ein« etwas, dieses und nicht jenes, sondern sich genau gegen jede Isolierung und Dekorrelierung von Gegensätzen wendet, die fatalerweise jede Rede hervorbringt, die das Prinzip des ausgeschlossenen Widerspruchs, auf dem Aristoteles die Möglichkeit des »Bedeutens« gründete, respektiert. Das heraklitеische Wort neigt hingegen auf verschiedenen Umwegen dazu, stets auf diesen Zusammen-Hang [*con-joint*] der Welt hinzuweisen. Die Gegensätze stützen einander und bringen sich wechselseitig – im Kontrast zueinander – zur Geltung: Die Krankheit macht die Gesundheit spürbar, die Ungerechtigkeit die Gerechtigkeit. Sie machen sich einer durch den anderen verständlich, wie »sterblich« und »unsterblich«; sie gehen einer in den anderen über, wie »warm« und »kalt« oder das »Lebende« und das »Tote«. Während der eine die Säge zu sich zieht, stößt sie der andere von sich und eines geht nicht ohne das andere, die Bewegung ist »eine«, allerdings mit entgegengesetzter Gestik und gegenläufig bis zur Einseitigkeit, also zur ursprünglichen Parteilichkeit, in der uns gewöhnlich unsere Sprechweise festhält. Tatsächlich, so Heraklit, ist »das Widerstreitende zusammentretend« (*to antixoun sympheron*)[84]; er ist nicht nur gegnerisch.

Genau in diesem Erfassen der, vom anderen herkommenden, einen Zugang zur Kohärenz erlaubenden »Kooperation« entsteht das, was ich die »Kom-prehension« bei Heraklit nennen würde und die ich damit bewusst gegen die parmenideische Disjunktion von »sein«/»nicht sein« stelle, aus der Aristoteles das Prinzip des ausgeschlossenen Widerspruchs gewonnen hat. *Com-prendere* heißt wörtlich »mit-nehmen«, »mit-(be)greifen« (*cum*; man vergleiche das griechische *syniemi*, ein von Heraklit bevorzugtes Wort), also das Umgekehrte von trennen und ausschließen: Ich »kom-prehendiere«, indem ich jedes Mal notwendigerweise das eine mit dem anderen mitnehme, ungetrennt belasse, den Krieg mit dem Frieden, den Winter mit dem Sommer, denn der eine lässt sich nur durch seinen anderen verstehen, obwohl er ihm zugleich widerspricht. Ich lasse daher mein Wort, erfasst von deren nur allzu deutlichem Gegensatz, sich nicht auf das eine zuungunsten des anderen ausrichten und dann willkürlich in dem beständigen »Fließen« der Dinge entscheiden (das berühmte »Alles fließt«). Gerade dazu verdammen sich jedoch die »Vielen«, »sie verstehen nicht, wie Sichabsonderndes sich selbst beipflichtet: eine immer wiederkehrende Harmonie, wie im Fall des Bogens und der Leier.«[85]

Insofern könnte man auch sagen, dass Heraklit nicht »bedeutet«, sondern »indiziert« (*semainein* in seinem ursprünglichen Sinn): Die *Indikation* (auf die omnipräsente Untrennbarkeit der Gegensätze) steht somit der *Signifikation* (durch die Spezifizierung des Inhalts jeglichen Wortes) gegenüber, genauso wie *Kohärenz* dem *Sinn* gegenübersteht: die grundlegende *Verbindung* der differenzierenden *Abgrenzung*, oder auch die *Komprehension* der *Disjunktion*. Sobald man aber dieses Mitbegreifen der Kohärenz nicht mehr mitbegriffen hat, war es fatalerweise der Ablehnung durch die semantische Funktion ausgeliefert. Man hat Heraklit, obschon er an dieser Nichtdisjunktion und des Weiteren an der Nichtexklusion festgehalten und damit den Abstand zu einer Bedeutungslogik vertieft hat, vom Standpunkt des Sinns aus gelesen und beurteilt. So sehr hat diese Entscheidung zugunsten der Bedeutung, wie sie von Aristoteles definitiv eingerichtet worden war, später die europäische Kultur dominiert, dass sie nur mehr diese eine »Logik« zuließ: Daher konnte man Heraklit, dessen Worte man unverständlich fand, auch nur »obskur« (*skoteinos*) nennen. Von daher kommt es auch, dass unter dem etablierten Regime eines völlig semantisch gewordenen, bestimmend-unterscheidenden Sagens diese andere Berufung des Wortes, einmal von der Philosophie vernachlässigt und durch den allmächtigen Apparat des *logos* sogar verdrängt, sich in Europa, unter Berufung auf diesen Abstand, in eine Antidiskursivität geflüchtet hat, die man konventionellerweise »Poesie« nennt. Von Heraklit bis Char ist das poetische Wort in einer erstaunlichen Beharrlichkeit dieser Widerstand.

—2—

Indem er voraussetzt bzw. durchsetzt, dass das Wort notwendigerweise »etwas« (*ti*), so unscheinbar es auch sein mag, sagt, also etwas von »Einem« sagt, unterstellt der aristotelische *logos* in Wirklichkeit bereits, dass dieses *Eine* im Sinne einer vollständigen Einheit individualisierbar, isolierbar und von allem anderen trennbar ist und uns dadurch zu seiner Bestimmung hin mitreißt. Damit ist unterstellt, dass dieser Gegenstand des Sagens eine Einheit sein kann, dass er also eine Id-entität besitzt, eine solche, die der Diskurs erkennt und *identifiziert*. Indem Aristoteles als Regel aus der Sicht des *logos* festlegt, dass »das Wort etwas bedeutet und zwar nur eine Sache bedeutet«, der Sinn also eine Einheit hätte (sei), begründet er die Berufung des Wortes, eine stabile Einheit der Dinge auszusagen, also im Sinne des »Seins« zu sprechen, und installiert es damit »onto«-logisch. Gerade auf dieser Einheit des »Seins«, die die Identität der Bedeutung der Worte herstellt und die Aristoteles mit einem neuen Namen, nämlich »Essenz« bzw. »Seiendheit« (*ousia* οὐσία), benennt, gründet Europa die Bedingung der Möglichkeit seines Wissens, indem es diese

Essenz durch die »Definition« fixiert. In Bezug auf eben dieses so sehr kulturell und global Festgeschriebene scheint mir der Gesichtspunkt der *Kohärenz* genau wegen der Weggabelung, die er öffnet, so entscheidend und wichtig. Mit einem Schlag befreit uns die Kohärenz aus der essenzialistischen Perspektive des Wissens und führt uns zu einer anderen Beschreibung der Dinge.

Tatsächlich bezog die Philosophie ihre Modernität aus der Anstrengung, von der essenzialistischen Ansicht loszukommen, von der sie die Grenze erkannte, ohne jedoch einen neuen Ausgangspunkt zu finden. Selbst die Phänomenologie hat sich damit schwergetan; meist war sie zu endlosen Abänderungen verdammt, die sie jedoch niemals über diese ursprüngliche Perspektive, wie sie zuallererst durch die (europäische) Sprache und ihre Grammatik festgelegt wurde, hinaushoben. Nun ist aber das Interessante am Gedanken eines *Kohärenzprinzips*, dass das Einheitliche [*unitaire*] an ihm nicht mehr die vorausgesetzte Einheit des Sinns und, dahinter, des Wesens, sondern »das Zusammenhaltende« ist, das *einzig in der internen Beziehung* vor sich geht, ohne dass noch die Unterstützung durch das Sein und die »Sub-stanz« nötig wäre. In adversativer Weise und mich rein assoziativ an dieses *cum* (»mit«) haltend, nenne ich dies *Kon*-sistenz. Es ist einzig das In-Beziehung-Setzen, das durch seine ihm eigene Qualität, sein Korrelierungsvermögen, »hält«, und zwar so, dass es kom-prehensiv ist, also eine rivalisierende Rationalität zur Bedeutung darstellt. Keine Notwendigkeit mehr für die Anrufung oder Vorstellung eines Sockels oder eines »Darunter« (der »Sub«-stanz), eines »Dahinter« oder Jenseitigen (der Meta-physik), einer Unter- und Grundlage. Das Relationale besitzt für sich selbst eine genügende Wirksamkeit, um eine Intelligibilität des Existierenden zu gewährleisten. *Kon-sistenz* wird also der *Essenz*, Kohärenz dem Sinn, Komprehension der Disjunktion gegenüberstehen.

— 3 —

Angesichts dessen, was ich bereits vom chinesischen Denken vorgebracht habe, wird man vermuten können, dass dieses eher ein Denken der *Kohärenz* als eines des *Sinns* ist, dass es eher genauestens erforscht, wovon die Kon-sistenz der Dinge abhängt, als deren Essenz und Definition zu erkunden. Bereits seine parataktische Struktur, die sehr wenig von einer grammatischen Konstruktion geprägt ist, verrät, dass das Eigentümliche der chinesischen Sprache, statt sich auf die bloße Singularisierung eines diskursiven Sinns einzulassen, die Bevorzugung der Aussage durch Korrelation ist (was man auf ungenügende Weise den chinesischen Parallelismus bezeichnet), wodurch eine chinesische Formulierung schon vom Prinzip her poetisch ist. Noch in der gegenwärtigen Sprache besagt *dui* 对, was so viel wie »richtig« oder »exakt« bedeutet, eigentlich »zusammenpassend«, »gepaart«. Nun wird man eine solche Logik der *Korrelation* im Abstand zu einer der *Komposition* noch besser verstehen, wenn man aus ihr deren Rivalen macht. Die Logik des Sinns ist, in umgekehrter Richtung, eine *zusammensetzende*, wie das seinerseits europäisches Sprechen-Denken entwickelt hat: Ausgehend vom Wort, der kleinsten Einheit des Sinns, selbst hervorgegangen aus der alphabetischen Zusammensetzung (während die chinesische Schrift eine ideografische ist, die einzige übrigens, die es geblieben ist), entfaltet sie sich durch Zusammensetzung in einem Satz, in Haupt- oder Nebensatz, in Phrasierung bis hin zur Rede. Eine zusammensetzende Logik, die man auch am Beginn der europäischen Physik wiederfindet: Die Körper sind aus Atomen als ursprünglichsten Elementen zusammengesetzt (*stoicheia* στοιχεῖα), so wie die Wörter aus Buchstaben bestehen, wie das bereits Lukrez bemerkte (statt dass die Welt ausgehend von korrelierenden Faktoren, wie es die »fünf Wirkungsweisen«, *wu xing* 五行 sind, erfasst wird). Vergleichbar ließ sich in Europa auch die Sprache der Malerei (man denke an Alberti) von der Denkweise der Geometrie inspirieren (die wiederum das chinesische Wissen so wenig entwickelt hat): vom Punkt zur Linie, zur Fläche, zum Körper und schließlich zur »Geschichte« als vollständiger Entfaltung des Sinns, analog zu dem, was die Rede für die Rhetorik darstellt. Nun ist die chinesische Bildersprache grundsätzlich *korrelierend*: Ein Strich ruft in Opposition-Kompensation nach einem anderen, das »Volle« ruft nach dem »Leeren«, das »Dichte« nach dem »Schütteren«, das »Gedrückte« ruft nach »Hervorgehobenem«, und wenn man einen »Berg« malt, so malt man auch das »Wasser«, um der Landschaft Kon-sistenz zu verleihen.

Das chinesische Sprechen-Denken, insofern es keinen einheitlichen und isolierten Terminus, den man hypostasieren kann, konzipiert hat, öffnet tatsächlich einen Abstand zu dem, was aus dieser Sicht die europäische »Tradition« zu sein scheint. Genauso wenig wie es das Atom als ersten Baustein gedacht hat, genauso wenig hat es »Gott« als isolierten Schöpfer gedacht: Es hat den »Himmel« nicht abgetrennt, sondern in Korrelation zur Erde gedacht. Besteht die Qualität des Himmels im antiken *Buch der Wandlungen* in seiner »Eröffnungskapazität«, so verfügt die Erde zugleich und in Korrelation dazu über die ihr eigene »Rezeptivität«. *Dao* selbst ist kein monistischer Terminus, denn er ist nur die regulierte Abwechslung des Einen und des Anderen, des *yin* und des *yang* (一阴 一阳 之谓道). Aus der Kombination von zwei Arten von Strichen entstehen im *Buch der Wandlungen* seherische Figurationen: Alles wird in Form von gerade/ungerade, Himmel/Erde, männlich/weiblich (*yang/yin*) usw. konzipiert, also aus Polaritäten bildenden komplementären Gegensätzen. Es ist die Beziehung dieser zwei Arten von Strichen, die jedes Mal die spezifische *Ko-härenz* einer Situation und die ihr eigene *Kon-sistenz* sowie, in weiterer Folge, ihre Fähigkeit zur Entwicklung durch Neigung zum Vorschein bringt. Auf diese Weise kann der Fragesteller zwar nicht einen vom Orakel verkündeten Sinn hören, keine Offenbarung von etwas von Gott *Gesagtem* erwarten; er kann sich jedoch ganz bewusst in die Korrelation der infrage kommenden Faktoren einfügen, um sein Verhalten der Situation anzupassen.

Das Interessante an dem Begriff, der im Chinesischen »Vernunft« [*raison*] besagt (der Terminus *li* 理), ist, dass er nicht nur theoretisch und spekulativ gebraucht wird, sondern auch eine »Kunst des Vorgehens« impliziert. Weit davon entfernt, auf das Sagen und die Konstruktion einer Argumentation zurückzuverweisen, wie es der aristotelische *logos* will, zeigt die Schreibweise dieses Terminus die Maserung von Jade, wobei der Steinschneider der Zusammensetzung beim Schleifen folgt: »Der Jadestein mag noch so hart sein, es genügt, die Ratio (*li*) seiner Schichtungen zu finden, um aus ihm ohne Schwierigkeiten ein Stück zu formen: Das nennt man räsonieren, *li*.«[86] Diese *ars operandi* besteht demnach darin, die den Grundzügen jedweder auftauchenden Situation innewohnende interne Kohärenz, aus der sie ihre Konsistenz bezieht, zu erhellen, und der es sich in seinem Verhalten *komprehensiv* anzupassen gilt. Was ist diese Maserung der Jade, die die Spaltung erleichtert, an sich, wenn nicht eine diskrete Verästelung oder innere Äderung, durch die sich diese Materie Schritt für Schritt korrelativ organisiert und strukturiert hat? Maserung eines Steins, Verzweigung eines Astes oder die Textur eines Blatts bzw. einer Haut: In jedem Fall handelt es sich um Trennungslinien, die ebenso Kraft- bzw. Lebenslinien sind; ihre Vernetzung bringt nicht nur Konsistenz zum Vorschein – diese »verzweigten Netze« bilden »ratio« (*tiao-li* 条理).

Also weit davon entfernt, in der Vorstellung von einem bestimmten Plan oder einem berechneten Optimum auszugehen, eine Ordnung aufzustellen und sie als »Soll« auf die Situation zu projizieren, macht der chinesische Denker eine interne Anordnung ausfindig, die nach dem Kohärenzprinzip vorgeht und die Gegensätze »zusammenhält«, und zwar indem er wenige Fissuren und diverse Linien verfolgt, die es erlauben, in die Kompaktheit der Dinge einzudringen: Er *kooperiert* also eher (mit dem Verlauf der Dinge), als dass er (durch Zusammensetzung) *konstruiert*. Daraus leitet sich auch ab, dass diese Konsistenz und Kohärenz des Konkreten, mag sie noch so fein und einzigartig sein, so, wie sie im winzigsten phänomenalen Ereignis aufscheint, sich tatsächlich in größerem Maßstab mit der Kohärenz des Laufs der Dinge, möge das nun *Himmel* oder *dao* heißen, verbindet und die ganze Welt zusammenhält. »Ratio« (*li* 理)

ist der konfigurierende Beweggrund (*wen* 文) der Heraufkunft der Dinge, und *dao* ist das, wodurch alle Dinge geschehen. Deshalb sagt man: »Das *dao* ist das, was sie entsprechend dem *li* geschehen lässt«[87]. Es gibt daher zwischen diesen zwei Stadien, jenem der sinnlichen Manifestation und dem ihres latenten Grundes, keine zwei Ebenen des »Seins«, die sich im Übergang zur jeweils anderen verlieren, wie das die Ontologie vorsieht, oder, wie von der Theologie gedacht, deren Anderes außerhalb von ihm als sein Grund oder sein Schöpfer zu setzen ist. Es handelt sich vielmehr um das Vorausliegende und daraus Folgende ein und desselben Prozesses, den man kontinuierlich, d. h. ohne metaphysische Unterbrechung, bis zu seiner »Quelle« (*yuan* 源) zurückverfolgen kann: Jedes Zur-Existenz-Kommen konfiguriert sich entsprechend seiner sich in Korrelation formierenden Maserung oder internen Gewebestruktur, woraus seine Konsistenz besteht, und setzt uns eben dadurch mit der Großen Regulierung der Welt in Verbindung.

— 4 —

Die Gegenüberstellung von *Sinn* und *Kohärenz* ergibt sich als eine ursprüngliche Entscheidung des Denkens, die eine jeweils andere Art, die Existenz zu begreifen, also auch zu leben und sich zu verhalten, nach sich zieht – zumindest, wenn man begreift, dass es sich hier weder bei dem einen noch bei dem anderen um naiv sich ergebende »Weltanschauungen« handelt und man stattdessen zu entscheiden hat, mit welchem intellektuellen Werkzeug man die Dinge angehen, welche Adern man weiterverfolgen wird, um offenen Auges die Auswirkung davon einzuschätzen. Die Sinnfurche, endlos vertieft oder zum Selbstzweck geworden (indem sie sich vom Religiösen pflügen lässt: Ist das Hypertrophie?), bringt es mit sich, die Frage eines erstaunten »Warum« zu stellen, insbesondere die Frage nach dem Bösen, verlangt also nach dem Hervorkommen eines Subjekts, das für seine Entscheidung verantwortlich ist und das durch diese gefördert wird.

Auf einer diskriminierend-disjunktiven Logik beruhend, kippt die Perspektive in Redegewandtheit und Dramatik: Da ist entweder ein noch verborgenerer Sinn zu offenbaren oder die Welt ist absurd. Diese vorschnelle Begeisterung für die Sinnfrage, ist sie einmal gestellt, kennt keinen Grund mehr, aufzuhören: Sie ist für sich selbst der einzige Ausweg. Könnte man nicht etwa diskret die Türe schließen, durch die sie da hereingestürzt ist? Sich auf Zehenspitzen davonschleichen?

Die Furche oder Ader der Kohärenz stellt die Aufgabe, herauszufinden, *wie* die Dinge zum Vorschein kommen, und zwar ohne dass man sich einzig auf das Gebiet der Wissenschaft beschränken müsste. Ein derartiges »Wie« der wirkenden Beziehung bringt die unergründliche (unersättliche) Frage des Endzwecks und des Ursprungs zum Schweigen, statt dass es darauf aus ist, sie zu lösen. Das »Böse« verschließt in Verfolgung dieser Ader seinen Riss, wird zum »Negativen«, das mit dem Guten kooperiert, und rechtfertigt sich als die Bedingung der Möglichkeit – das war bereits der alte, immer und ewig wiederholte Diskurs der *Theodizeen*. Er führt nicht zu dem Auftauchen und der Propagierung eines Subjekts, das durch seine Autonomie in das Gefüge einer unendlichen Abfolge einbricht, denn seine »komprehensive« Logik ist eine der *Integration* im Rahmen des großen Prozesses, der die Welt ausmacht, der macht, dass es »Welt« gibt. Während die Absicht des Sinns aufbrechend und herauslösend ist und als solche sehr bald das Leben zu einem Rätsel werden lässt – wobei es sich dann nur mühsam von einem Erlösungsgedanken trennen kann –, lässt einen das Denken der Kohärenz in die Ökonomie der Dinge oder, wie es die Griechen nannten, in ihre »Syntax« (*syn-taxis*) eintreten. Da bedarf es dann keiner erklärenden Erzählung (um das Rätsel zu beantworten), keines *Mythos* mehr: Die bloße *Beschreibung* der Dinge, das Sicheinlassen in das subtile Gewebe ihres paarweisen Auftretens genügt.

Das Schlüsselwort für dieses Denken von Kohärenz, wäre das nicht, schlussendlich und fast zu einfach, die »Harmonie«? Nun kann Kohärenz meinen, eine »nichtoffenkundige Harmonie ist stärker als offenkundige«, wie Heraklit behauptete:[88] Um ein Denken von

Kohärenz zu entwickeln, ist man nicht unweigerlich dazu verdammt, in einer von der »Weisheit« der Nationen und ihrer Abgeklärtheit gesättigten Ideologie zu schwelgen. Man ist eher zu Gegenteiligem veranlasst. In einer (gegenwärtigen) Zeit, da die Großen Erzählungen tot, oder eher noch: unbewohnt sind, da die Eloquenz des Sinns (der berühmte »Sinn des Lebens«) nur mehr langweilt oder einfach versiegt ist und da das (religiöse) Spiel des »Mysteriums oder des Absurden« nicht mehr begeistert, wird diese Ader einer komprehensiven Kohärenz immer noch bedenkenswert bleiben. Ist es im Übrigen nicht dieselbe Ader, die die zeitgenössiche Kunst zu erforschen und auszubeuten unternimmt, indem sie durch ihren Minimalismus, einen ebenso ethischen wie ästhetischen, mit der Rhetorik bricht? Man glaubt schon längst nicht mehr an eine Botschaft, man liefert keinen »Sinn« mehr. Man kann aber noch Kohärenz wirken lassen, ein »Werk« der Kunst kann noch existieren, d. h. man kann seine Kon-sistenz *werken lassen*, und das vor allem deshalb, weil sich in ihm eine interne Spannung durch seine Negativität aufbaut. Spätestens seit Mallarmé liest man ein Gedicht nicht mehr einzig aufgrund seiner Leidenschaft für einen Sinn und wegen seiner Entschlossenheit, sondern auch, um zu erfahren, was es in einer nicht »logischen« Weise »zusammenhält«, ja, was sogar den *logos* herausfordert, aber trotzdem »wirkt«. In der Kunst ebenso wie in der Dichtung interessiert man sich zuvorderst für das, was die Bedeutungsträger zusammenhält, die sich untereinander verständigen und *im Einvernehmen* sich entdecken (»Aboli bibelot d'inanité sonore«[89]) – man versucht nicht nur, durch das einzige Fensterchen einer Bedeutung zu blicken, das zum »Wissen« führt. Das Einvernehmen, als Kohärentes, ist das stille Einverständnis, das sich nicht lautstark vermelden muss.

X

Einvernehmen (vs. Erkenntnis)

– 1 –

Wie kann man, in Anbetracht der *Erkenntnis* [*connaissance*] und ihrer Hegemonie über die europäische Kultur, ihr Anderes, das sie überdeckt und nicht gedacht hat, nennen? Ich habe mich dazu entschieden, diese andere Beziehung zur Welt, welche die Erkenntnis tendenziell zu vergraben versuchte, trotzdem aber nicht abschaffen konnte, *Einvernehmen* [*connivence*] zu nennen, von dem ich, in Gegenüberstellung zum etablierten Erkenntnisregime, die »Kohärenz« in Erinnerung rufen muss. Da die Erkenntnis, indem sie sich zu einem spekulativen Wissen entwickelt hat, d. h. zu einem Wissen um des Wissens willen, zum Selbstzweck wurde und sich *auf dem Umweg über* die Wissenschaft von dem Bedürfnis gelöst hat, sich der Welt, aus der sie entstanden ist, anzupassen, somit den Kontakt zum Lebendigen unterbrochen hat, obliegt es nun uns, diese genau genommen korrelative Aufgabe in Angriff zu nehmen, also auf die von der Vernunft verschüttete Beziehung zurückzukommen, die, obschon sie nur im Schatten operiert, uns in einem stillen Einvernehmen mit den Dingen aufrechthält – in einem »Einvernehmen« allerdings, das wir nicht reflektieren. Es ist ein implizit bleibendes »Einvernehmen«, diesseits der relationalen Arbeit, der sich die Vernunft selbst widmet und das wir nur dadurch erhellen können, dass wir sie dazu bringen, ihre Schritte zurückzuverfolgen, in ihrer Geschichte zurückzugehen, um herauszufinden, wovon sie abgezweigt ist. Es geht nicht um das, wogegen sie heroisch gekämpft hat, nämlich den sich gegen die Aufklärung stellenden

Obskurantismus, sondern um das, was sie in ihrem gerechten und heftigen Kampf, um sich durchzusetzen, beiseitelassen musste und was seither in unserem *Nichtwissen* ruht, also unserer Intelligenz entgeht. Wenn das Gegenteil von *Erkenntnis* Ignoranz ist, so ist das ihr Widersprechende das *Einvernehmen*, das sich als ihr ebenbürtig erweist, ihr aber zugleich den Rücken zukehrt. *Connivere* heißt im Lateinischen so viel wie »ein Auge zudrückend« sich ins Einvernehmen setzen.

Die Erkenntnis isoliert eine »Natur« und setzt sie als »Objekt«. Sie organisiert methodisch ihr Voranschreiten, erarbeitet ihr Abstraktionswerkzeug und konstruiert Vermittlungsstränge, macht die Räume indifferent und projiziert eine gleiche und geplante Zeit. Sie entwickelt einen argumentierenden Diskurs, der sowohl die Bedingungen der Wissenschaft als auch die des Politischen fördert. Wäre das aber nun das *ganze* Wissen? Setzt *Leben* nicht eine andere Art von Intelligenz, oder besser gesagt: von »Einvernehmen« voraus, das sich im Lauf der Zeit einstellt, ohne dass man daran denkt, ohne dass man daran denkt, es zu denken, wodurch man es in Anhaftung zurückhält – statt auf Distanz zu ihm zu gehen und es im Denken zu *errichten*? Ist die Erkenntnis denn nicht bloß die Vorderseite der Münze, die nur die Verständnisinnigkeit [*connivence*] ihrer Rückseite möglich macht, an der sie angelehnt ist, die sich allerdings dabei zum Vergessen bringt? Ein schattenhaftes Wissen ist das, welches in einem Milieu integriert bleibt, das sich nicht von einer Landschaft abstrahiert, sich nicht einer Konditionierung entzieht, die weder die Theorie von der Praxis noch ein »Ich« von der Welt loslöst: Es bleibt diesseits jeder Darlegung, geht jeder Explizitheit voraus. Vor allem hinterfragt es nicht.

Die *Verständnisinnigkeit* ist dieses Wissen, das sich von seiner Anhaftung nicht losgelöst hat. Das Kind an der Brust oder auf dem Schoß seiner Mutter hat quasi einzig dieses Wissen. Später dann, mit der Einschulung, mit der gleichmacherischen Ausbreitung der Schrift und der Aufteilung des Wissens in Disziplinen, profilieren und isolieren sich Gegenstände, entstehen Gliederungen, die die Vernunft miteinander zu verbinden hat: Dieses verständnisinnige Wissen wird zugedeckt, sobald ein wissendes Subjekt seine Autonomie erlangt. Es ist dieses, von außen betrachtet, sehr komplexe, verständnisinnige Wissen, das die Anthropologen bei Kulturen wiederfinden, von denen man sagt, sie seien »primitiv« geblieben. Die Rede ist dabei von Kulturen, die noch nicht von einem Wissen abgekommen sind, in dem die Sinne und die Intelligenz noch nicht voneinander getrennt sind, wo die Geste es ist, die versteht, und jedes Körperglied es ist, das entdeckt, wo Vorsicht die Königin und Wachsamkeit ihr Weg zur Aneignung ist, wo der Mensch Beteiligter an seiner Umwelt ist und überall um sich herum Partner findet, mit denen er sich stumm unterhalten kann, Berge und Gewässer, Tote, Tiere, Pflanzen, Geister. Die innige Vertrautheit [*connivence*] erwächst ihm aus dem, was er in Einklang mit den Elementen, den Altersstufen, den Jahreszeiten lebt.

— 2 —

Ist nun diese Verständnisinnigkeit nicht ein bloßes Relikt, nach dem wir uns, heimlich vielleicht, sehnen, das wir aber definitiv in seine Vergangenheit eingesperrt haben – das verlorene Paradies unserer Kindheit, der Menschheit? Oder webt und knüpft sie nicht, in aller Stille, stets verdeckt, aber aktiv an einem grundlegenden Einvernehmen ebenso in wie zwischen uns, noch diesseits der Erkenntnisarbeit und ist bereit, wieder an die Oberfläche zu kommen? Erleben etwa zwei Liebende nicht füreinander, wie sie zum Vorschein kommt? – Oder ist es umgekehrt nicht dieses Wiederhervorkommen, das sie als Liebende *leben* lässt? Ist es nicht diese verborgene Ressource, die sie zu zweit wiederentdecken und zutage fördern, während sie sich zugleich vom Wissensaustausch und dessen Geschäftigkeit zurückziehen – so sehr, dass sie den ganzen Tag damit verbringen können, miteinander zu sprechen, ohne einander tatsächlich etwas zu sagen, jedenfalls *nichts* von Interesse, was man zu einem Gegenstand machen, was man als eine Aussage zurückbehalten könnte? Sie sagen sich »Nichtigkeiten«, die nichts anderes tun, als das zwischen ihnen bestehende Einvernehmen auszusprechen: »Hast du gesehen?«, »Weißt du, dass …?«

Hinter der Banalität des Austausches beleben sie ihre füreinander bestehende Zustimmung wie ein Atmen: Der ganze Tag ist ein beständiges Augenzwinkern – ein »verliebtes Brabbeln« nennt das Rousseau. Dass man sprechen kann, ohne etwas zu sagen, kann tatsächlich auf zweierlei und in gegensätzlicher Art aufgefasst werden: Entweder ist es eitel und vergebens, dann ist die Rede »hohl«, oder sie ist »erfüllt«, wenn ich das so sagen darf: Die Vertrauten brauchen nicht »etwas« zu sagen, wie Aristoteles das wollte, denn sie sprechen nur, um untereinander *Intimes* auszutauschen. In diesem Regime inniger Vertrautheit kann man ebenso schweigen wie sprechen, es läuft auf dasselbe hinaus: Ihr Schweigen ist nicht Stummheit, nicht einmal Reserviertheit, es stört und bedrückt nicht, und ihr Sprechen ist, selbst wenn sie einander gar nichts sagen, doch nicht geschwätzig.

Ich frage mich, ob nicht jedes soziale Leben (in einer Familie, einer Gruppe und selbst in einem Unternehmen) mehr an stillem Einvernehmen voraussetzt, als wir vermuten: Worte, die nichts Neues sagen und auf nichts abzielen, jedoch ein Verbundenheitsgefühl aufrechterhalten, die eher die Sphäre des Austausches mit einem »Milieu« zusammenfallen und Einverständnis durchsickern lässt, als etwas als Botschaft zu »kommunizieren« und als Informationsträger zu dienen. Musste ich nicht, um in Gesellschaft zu überleben, durch diskrete Kenntnisnahme und konkrete Erfahrung, auf verständnisinnige Weise das lernen, was man mir nie gesagt, mir gegenüber niemals ausgedrückt hat, ja, das sogar dem widerspricht, was man mir so oft nachdrücklich gesagt, was man mir alles beigebracht hat? Wie groß auch immer die Anstrengung der Erkenntnis sein mag, sich dessen zu bemächtigen, bleibt da nicht ein immer noch Tieferes, das dem Sprechen entgeht, das man nur in aller Stille teilen kann? Mehr noch, wurden wir nicht alle, was das *Leben* des Menschen anbelangt, in ein stilles Einvernehmen versetzt, das trotz Jahrtausende an Literatur in allen Sprachen und Ländern niemals vollständig ausformuliert wurde, aber ermöglicht, dass wir uns stillschweigend über unsere Lebensbedingungen verständigen, also ohne Schwierigkeiten den fehlenden »ausreichenden Grund« wettmacht, d. h. noch vor jeder verbalen Äußerung, jeder Erklärung und möglichen Verdeutlichung?

Man denke auch an die Poesie: Ist sie nicht insgesamt, wenn sie nicht eine Rede in Versform ist, sondern ihrer eigentlichen Berufung nachkommt, eine Sprache stillen Einvernehmens, die uns wieder mit der Immanenz des Vitalen verbindet und ein Spiel des Einvernehmlichen und der internen Verbindungslinien (in Form von Bildern, Reimen, Assonanzen) bevorzugt? Man könnte auch sagen, dass durch die Entfaltung eines derartigen Echoraums das Wort sich in stillem Einvernehmen darin zurückzieht, statt sich auf ein diskursives Fortschreiten einzulassen. Das poetische Wort versucht, diesem *Implizierten* eine Stimme zu verleihen, und spricht damit von etwas *Grundlegenderem*, das gewöhnlich in der Rede nicht zum Vorschein kommen kann – auf das die Erkenntnis keinen Zugriff hat. Die Poesie sorgt sozusagen für eine Umkehrung der Beziehung und führt den Menschen wieder dorthin, wo er hergekommen ist: Statt dass die Erkenntnis mit der Verständnisinnigkeit bricht, löst sich die Poesie vom Diskurs der Erkenntnis und kehrt zu diesem Ursprünglichen und »Primitiven« zurück. Muss man in der Tat nicht sein *ethos* ändern, in sich selbst eine diskrete, aber gründliche Verwandlung seiner Geisteshaltung vornehmen, sich quasi bekehren und *wieder verständnisinnig* werden, wieder Kind werden, um ein Gedicht zu lesen? Ist dieses Naive des Poetischen – diese überaus ernsthafte *Naivität* im Sinne der Romantik – nicht von dieser Art?

— 3 —

»Landschaft« liegt dann vor, wenn mein Erkenntnisvermögen in *Verständnisinnigkeit* kippt, sich umkehrt, sodass die objektivierende, hier vor allem die observierende Beziehung, die ich zur Welt unterhalte, sich in Einvernehmen und stille Kommunikation verwandelt: Aus dem Wissenden, der ich gegenüber dem »Land« gewesen war (mit dem Wissen der Geografie), wird aus mir ein in die Landschaft innig

Eingebundener. Nicht dass ich Elemente der Landschaft »personifiziere« oder mich in sie »hineinprojiziere«, den Dingen meine Subjektivität verleihe oder das Unbelebte verlebendige, wie es die gewöhnliche, die geschwätzige Romantik im Versuch, den Rationalismus der Erkenntnis auszugleichen, in Europa immer und immer wieder getan hat. Das waren alles Operationen, von denen das Subjekt noch annahm, es könne sie beherrschen, und die doch nur Behelfe sind. Wenn aber tatsächlich diese Verwandlung stattfindet, wenn also das Land zu Landschaft wird, so ist das, was ich an ihr erfasse, mir nicht mehr fremd, sondern gibt mir ein Zeichen, »spricht mich an«, »berührt mich«, wie man umgangssprachlich sagt. (Kann man denn je dem Umgangssprachlichen ausweichen?) Die chinesischen Maler-Poeten brachten großartig zum Ausdruck, was das bedeutet: Das Perzeptive wird immer zugleich zu etwas Affektivem, mich selbst nehme ich von innen wie von außen wahr; von der Körperlichkeit der Dinge geht eine Dimension der Unendlichkeit aus und verbreitet sich, mit der sich mein Geist »ins Einvernehmen setzt« (*mou* 谋 heißt es chinesisch im strategischen Sinn). Aus Land wird Landschaft – das wissen wir bzw. »wissen wir sehr wohl«, aber das chinesische Sprechen-Denken zeigt sich hier besonders begabt, um das darin Implizierte auszudrücken –, wenn dieses »Stück Land« wie von selbst zum Partner wird, wenn die sich einstellende Spannung mich einbezieht und teilnehmen lässt. Es gibt, anders gesagt, »Landschaft«, wenn sich mit diesem »Land« eine Relationalität einstellt bzw. wiederherstellt, die mich zurückgehen und die Quelle jenseits von dem, was die erkennende Vernunft etabliert hat, finden lässt. Der *Ort* wird plötzlich ein »Band« und dieses »Stück Land« wird zur Welt. Ich verbinde mit ihm wie mit *dem, was die Welt ausmacht.*

Was die Erfahrung von Landschaft meines Erachtens so aufschlussreich macht, ist, dass sie mich meine tiefere Einbindung in die Welt entdecken lässt, die meine gewöhnliche Beziehung entwertet hat und von der ich sonst nichts wissen, ja, die ich nicht einmal vermuten würde. Indem ich jedoch mit und in der Landschaft meine Funktion als erkennendes Subjekt, die mich sowohl intellektuell als auch sozial konstituiert, suspendiere, beseitige ich zugleich das, was diese noch elementarere Verbindung zugeschüttet hat. Man muss sich zunächst eingestehen, dass die Definition von Landschaft in Europa, die der *Robert* etwa immer noch gibt – Landschaft ist der »Teil eines Landes, den die Natur einem Beobachter darbietet« –, in dieser Hinsicht ein wenig zu kurz greift. Eingezwängt wie sie ist in den Vorurteilen der Erkenntnis (also dem Primat der visuellen Wahrnehmung, dem Verhältnis von Teil und Ganzem, der Beziehung von Subjekt und Objekt), kann sie nicht von dieser Verwandlung Rechenschaft geben, die den Gegensatz von Ich und Welt für einen Augenblick zurücknimmt bzw. eine ihm zugrunde liegende Verständnisinnigkeit zwischen diesen hervorholt, woraus Landschaft erwächst. Es liegt hier kein fusionierendes Ineinanderkippen vor, kein kompensatorisches Abgleiten ins Ekstatisch-Mystische, wie dies eine schlechte Lyrik in Europa so sehr gepriesen hat. Ich lande keineswegs in irgendeinem Irrationalismus (es handelt sich hier um etwas der Vernunft *Vorausliegendes* und nicht um ihre polemische Ablehnung) – über den die berühmte »Verbundenheit« oder Symbiose mit der Natur, zur Reparatur der erkennenden Vernunft herbeigeeilt, etwas zumindest Äquivokes schweben lässt.

Das chinesische Sprechen-Denken hat mit seinem Spiel von Korrelationen in der Tat sehr gut zu beschreiben gewusst, wie ich über Landschaft und Verständnisinnigkeit, welche ich in ihr für mich entdecke, meine Verbindung mit der Welt auf einer elementareren Ebene wiederaufnehme. Dafür braucht es keine »schöne« Landschaft – keinen mit einer Hinweistafel gekennzeichneten »Aussichtspunkt«, kein »Panorama«, keine Postkartenansicht – all das eignet sich wohl am wenigsten für eine Verständnisinnigkeit. Entsprechend dem jedoch, was zwischen »uns«, der Landschaft und mir, an »Einvernehmen« in einem langen Zeitverlauf ausgedünstet und durchgesickert ist oder sich sonst wie wegen häufiger Wiederkehr, real oder in Gedanken, angesammelt hat, entdecke ich mich als in meiner Beziehung zur Welt noch tiefer verwurzelt, förmlich *eingepfropft*. Es genügt eine Begegnung, eines Abends, an einer Umfahrung, dass mir diese Landschaft, die nun wirklich nichts Außerordentliches an sich hat, nicht mehr aus dem Kopf geht: dass sich dabei eine Übereinstimmung noch vor meiner Zustimmung herstellt. Es geht nicht darum, dass sich ein Ich-Subjekt in die Landschaft hineinprojiziert und sie zur engen Vertrauten seiner Gefühle macht (was ich gerade zuvor als banales Verhaltensmuster schlechter Romantik stigmatisierte), sondern um die sich vereinzelnde Landschaft, die mich, im Widerhall ihrer Variationen, in ihr Spannungsfeld eintreten lässt. Die Landschaft ist wie ein *Bogen*, der auf der Seele spielte, so Stendhal. Es geht um eine Landschaft, die meine ursprünglichere Zugehörigkeit zur Welt – unterhalb des gleichsam autonom auftretenden Geistes bzw. des inselgleichen, wissenden und wollenden Subjekts gelegen – zum Vorschein bringt: zu einer Welt, die aus ihrer Indifferenz getreten ist und die sich an meine Vitalität *ankoppelt*.

In Wahrheit leben wir in ständiger Abwechslung dieser beiden Register, oder besser noch: dieser beiden Regime, selbst wenn die europäische Philosophie aus intellektualistischer Neigung das Erkenntnisregister besser ausgeleuchtet hat: Ich werde ein Kennender, wenn ich studiere oder in der Öffentlichkeit rede; ich werde wieder zu einem Verständnisinnigen [*connivent*], wenn ich mich in eine intime Beziehung zurückziehe. Wenn ich Urlaub mache, spazieren gehe, wieder »Kraft schöpfe«, in die Wälder zurückkehre, nehme ich mich selbst zurück, wende ich mich wieder dieser Übereinstimmung, diesem latenten Wissen zu – gegenüber den Bäumen, den Wiesen, den Bergen – und werde, Erkennender, der ich war, wieder verständnisinnig. Ich drücke, einmal mehr, einmal weniger, auf eine der Tasten meines inneren Klaviers; ich wechsle ständig den Zeiger zwischen dem einen und dem anderen Pol. Man lebt, indem man diskret zwischen den beiden hin- und hergeht, in dieser Beweglichkeit: voranschreitend (sich behauptend, bestätigend) als Erkennender oder zurückweichend als Verständnisinniger, der von seinem autarken Ich regrediert. Für das erkennende Subjekt ist die Modellbildung das Ideal. Wie kann man nun, in einem nächsten Schritt, das im Schatten gebliebene Umgekehrte nennen, das, allerdings in aller Stille und ohne diesem stetigen Prozess Aufmerksamkeit zu schenken, bewirkt, dass sich Kapazität, und zwar in zunehmender Weise, aneignen lässt, bis man schließlich sein Resultat feststellt?

XI

Reifung (vs. Modellierung)

– 1 –

Zu diesen so wenig edlen Termini, die anscheinend nur indirekt, mangels Besserem oder als Behelf, eine Fähigkeit, sich zu verhalten, ausdrücken und von denen man sich zunächst einmal nur schwer vorstellen kann, wie man ihnen die Würde eines Konzepts verleihen kann, zähle ich auch die »Reifung« [*maturation*]. Es ist ein ebenso bescheidener Begriff wie Schräge, Disponibilität oder Verständnisinnigkeit, von dem man aber noch weniger sieht, wie er sich strategisch verwenden lässt, spricht die Reifung doch von einem inneren Werden der Natur hin zu ihrem Resultat. Diese stille Verwandlung der Samen, der Gewebe oder Zellen, die man kaum beschleunigen kann, jedenfalls nicht völlig zu beherrschen vermag, *lässt sich nicht befehlen*. Es spricht also von dem, was in den Prozessen von den ihnen eigenen Rhythmen herrührt, sich nicht von außen regeln lässt und daher nicht dem Einfluss des Willens unterliegt. Man »macht« nicht reif, das ist ein missbräuchlicher Ausdruck. Man kann nur Bedingungen schaffen, die solch einen Reifungsprozess möglich machen. Insofern steht die Reifung diametral unserem Vermögen gegenüber, ein Seinsollendes zu konstruieren und, indem man die Initiative an sich reißt, auf eine Situation zu projizieren, gegenüber dem also, was wir seit den Griechen als die Macht der *Modellierung* [*modélisation*] verstehen.

Die »Modellform« (*eidos* εἶδος) ist der griechische Begriff schlechthin. Ist er, philosophisch gesehen, nicht auch der erste? Mit ihm jedenfalls hebt Platon die Philosophie über die obskure Sphäre der

Erfahrung und der Meinung und konstruiert seine Gedanken, indem er den Abstraktionsprozess erschließt: Die Modellform ist das, was der Geist aufgrund seiner eigenen Aktivität »sieht« und was das »Sein« der Dinge in ihrer Wahrheit, jenseits ihres Erscheinungsbilds, ausmacht. Über sie werden auch die moralischen Tugenden abgehandelt, um sie vor dem Empirismus und seiner Routine zu retten; auf ihr aufbauend konzipiert der König-Philosoph seine politischen Regime und den idealen Stadtstaat oder erschafft der Demiurg den Weltenplan, und zwar »im Sinne des bestmöglichen«. Selbst Aristoteles, von dem man weiß, wie sehr er jeder Abkehr vom Sinnlichen misstraut (der platonischen Ideen-Theorie, die dazu führt, »die Dinge selbst« zu vernachlässigen), hält an der Modellform fest, die bestimmt, was das Ding als solches »ist«, insofern sie sowohl den ausreichenden Grund (die »letzte« Ursache) als auch quasi das interne Entwicklungsprogramm darstellt. Ohne eine Ableitung aus einer Modellgestalt würde alles Wirkliche, wegen des Fehlens von Kausalität, sich bloß blindem Zufall verdanken und könnte sein von der Definition festgelegtes »Wesen« nicht rechtfertigen.

Nun hat man sich in Europa so sehr an die Errungenschaften der Modellierung gewöhnt, dass man nicht mehr sieht, was an ihr erfindungsreich ist: welchen Zugriff auf die Welt sie gewährt hat, vor allem auf das, was wir die »Natur« nennen und Gegenstand der klassischen, der mechanischen und kausalen Physik war, deren Erkenntnisse, auf dem Umweg über die Technik, in wenigen Jahrhunderten das Leben auf unserem Planeten völlig verändert haben. Dieses Modell wurde seit den Griechen von der Mathematik, dem Modell aller Modelle, geliefert. Die geniale, ebenso verrückte wie fruchtbare Idee, die der Name Galilei symbolisiert, ist die, dass Gott das »große Buch« der Welt in Buchstaben geschrieben hat, die »Kreise, Dreiecke und andere geometrische Figuren« sind,[90] also in einer Sprache, der die Geometrie als Modell diente. Das war ein ungeheuer kühner Streich, weiß man doch sehr wohl, dass diese Körper, die ewig in gerader Linie sich fortbewegen, sowie eine gleichmäßige Bewegung in einem unendlichen leeren Raum, wie Galilei das konzipierte und zur Formulierung des Trägheitsgesetzes benutzte, niemals physisch existieren können und solch ein leerer Raum nirgendwo zu finden ist – dass also hier, nach einer berühmten Formulierung, »das Wirkliche aus dem Unmöglichen zu erklären«[91] ist. Trotzdem können auf dieser Modellebene die Bewegungsgesetze, die für physikalische Körper gelten, erfolgreich, wie man weiß, dargelegt werden.

Der abenteuerliche Schritt, den Galilei gemacht hat, bestand darin, die ideale Erklärung eines nunmehr völlig gereinigten und zum Absoluten erhobenen Phänomenalen anzunehmen, die nun allein seine Wahrheit ausmacht. Indem er eine Wesensebene behauptete, profitierte er dabei von der theoretischen Möglichkeit der Modellierung, die Platon eröffnet hat – er nannte sich übrigens selbst einen *philosophus platonicus* –, und dessen großartiger Einführer in die Physik Archimedes gewesen war. Der zu erzielende Ertrag auf diesem Gebiet erwies sich als unbegrenzt. Von den Bedingungen der Welt abhebend, sich umgekehrt ihnen in weiterer Folge sehr wohl zum Zweck der Verifikation (im Experiment) unterwerfend, bietet allein diese Modellierung eine wirksame Handhabe, und zwar auf der Basis einer Exteriorität, die *a priori* eine Notwendigkeit enthüllt, welche erlaubt, über die in der Welt immer in einer besonderen Weise sich ereignenden physischen Tatsachen Rechenschaft abzulegen und diese zum eigenen Vorteil zu nutzen. Das heißt, dass die Phänomene und konkreten Bewegungen ihre befriedigende Erklärung nur mehr in Bezug auf eine Abstraktion finden, die auch ihre Perfektion definiert, selbst wenn sich zeigt, dass diese niemals vollständig realisiert wird. Es stellt sich allerdings die Frage, wie weit man diese, durch Modellierung erlangte, kontrollierende Beherrschung ausdehnen kann bzw. welche die von ihr abgedeckte Sphäre ist. Es fragt sich, ob das, was im Universum der Physik so gut funktioniert, ebenso oder mit gleichem Erfolg anwendbar ist, wenn man vom Gebiet des Wissens zu jenem übergeht, wo Situationen bewältigt werden müssen, die das menschliche Verhalten und die Strategie betreffen.

Grundsätzlich zweifeln wir nicht an diesem unendlich sich ausdehnenden Anwendungsbereich. Der General entwirft einen Plan der Kriegsführung, bevor er mit den Kampfmaßnahmen beginnt; der Ökonom zeichnet eine Wachstumskurve, die die voraussichtlich beste Entwicklung darstellt; der Politiker konzipiert ein Wahlprogramm, das die weitere Vorgehensweise festlegt. In jedem dieser Fälle wird ein Seinsollendes konstruiert, das auf eine Situation projiziert wird, die sich dann wie Wachs dem Abdruck eines Stempels nachzubilden hat. Das Modell definiert das angestrebte Ziel, entsprechend der alten griechischen Paarbildung von *eidos* und *telos* (εἶδος-τέλος). Von dem gesetzten Ziel ausgehend werden die zu seiner Erreichung nötig erscheinenden Mittel bestimmt: Der Plan wird als umso effizienter beurteilt, je direkter die Mittel zum Ziel führen. Clausewitz denkt auf diese Weise den »Modellkrieg« bzw. den in der Kammer vorbereiteten absoluten Krieg, dem sich *anschließend* der »wirkliche«, auf dem Feld durchgeführte, so gut es geht, anzunähern versucht. Trotzdem, so muss er eingestehen, ist eine Abschwächung unausweichlich, herbeigeführt durch das, was er »Reibung« nennt, hervorgerufen von den »Umständen«. Clausewitz erkannte gerade darin schließlich das Wesen des Krieges, dasjenige, was seinen Begriff ausmacht, in strategischer Hinsicht jedoch auch sein Scheitern bedeutet: Der Krieg ist das, was, einmal begonnen, stets von seinem projizierten Modell abweicht. *Stets*: Das Wesen des Krieges ist, dass er auf dem Feld niemals so stattfindet, wie man ihn *idealiter* vorbereitet hat. So hat Clausewitz zu guter Letzt auch an der Möglichkeit einer echten Strategie gezweifelt und sich nur mehr darauf beschränkt, seinen General »zu kultivieren«.

— 2 —

Ich finde es bemerkenswert, dass die von mir bereits zitierten *Kriegskünste* des alten China nicht in Termini einer *Modellierung* und deren *Anwendung* denken und daher auch nicht von Mittel und Ziel sprechen, sondern von Umstand und Folgerung und demnach von *Prozess* und *Reifung*. Wie wir bereits wissen, ist ein guter chinesischer General nicht jener, der im Voraus einen Plan erstellt, sondern einer, der auf

Grundlage einer »Einschätzung« der konkreten Umstände (die alte Bedeutung von *ji* 计) die für ihn günstigen Faktoren ausfindig macht und dieses *Potenzial der Situation* zur Entfaltung zu bringen versteht. Dabei ist dieses »Bringen« noch zu aktiv und dirigistisch. Sagen wir besser: Er bevorzugt die Entwicklung der für ihn günstigen Bedingungen, indem er das, was ein für ihn günstiges »Terrain« darstellt, ausnützt (der Begriff von *xing* 形) oder, wie das *Laozi* sagt: Er hilft dem, was von alleine kommt. Die strategische Kunst besteht demzufolge darin, dass das erwartete Resultat aus der implizierten situativen Entwicklung hervorgeht: Es gibt kein anzuvisierendes »Ziel« im eigentlichen Sinn, sondern einen »einzustreifenden« Gewinn, etwas, das »geerntet« werden muss (*li* 利, das Schriftzeichen enthält die Ähre und die Sichel zum Abschneiden). Wenn daher diese Bedingungen noch nicht reif sind, greift er nicht ein bzw. »handelt« er nicht, und wenn er dann handelt, muss er nicht wirklich »handeln«. Die berühmte Thematik des »Nichthandelns« (*wu wei* 无为) hat nichts mit Verzicht oder Passivität zu tun, denn der Erfolg fällt ihm in den Schoß wie eine zum Abfallen bereite, reife Frucht. Das impliziert nicht so sehr Geduld, eine noch allzu moralisch-psychologische, an ein Ich-Subjekt gebundene Eigenschaft, als vielmehr die Fähigkeit, es der Situation zu überlassen, selbst das zur Wirkung zu bringen, wozu man nur einen »Anstoß« gegeben oder nur das Samenkorn gestreut hat, dessen *ganz von selbst vor sich gehendes* Keimen und Wachstum nur begleitet wird. Um einzugreifen, warte ich, bis die Situation entsprechend herangereift ist – was ich dann tue, ist kaum merkbar. Genauso, so erzählte man mir eines Tages, hat es General Giáp in Vietnam gemacht, als er zwei Monate vor der Einnahme von Dien Bien Phu[92] den Angriff hinausschob: »Es ist noch nicht reif …«

Als ein Land von Ackerbauern und nicht Viehzüchtern (die nur an seinen Grenzen angetroffen werden) hat China nie aufgehört, über das erstaunliche, wenngleich gänzlich vertraute Phänomen der Reifung einer Pflanze nachzudenken. Man sieht die Getreideähre nicht sprießen, dieses Phänomen ist zugleich umfassend und stetig, aber eines Tages stellt man fest, dass sie reif und die Zeit zur Ernte gekommen sei. Menzius sagt, der Bauer soll nur ja nicht »an den Schösslingen ziehen«,[93] um sie zum Wachsen zu bringen. Mit anderen Worten, er müsse es sich verbieten, etwas »direkt« bewirken zu wollen. Damit würde er dem bereits in Gang befindlichen Prozess nur Gewalt antun, und die Pflanze würde schnell vertrocknen. Unwissentlich hätte er mit seiner Aktivität, mit der er sein Projekt ins Spiel brächte und aufzwingen wollte, den gegenteiligen Effekt bewirkt. Sollte er nun das Gegenteil machen, passiv am Feldrand hocken und dem Wachsen zusehen? Warten, bis es wächst? Was soll er »machen«? Das, was jeder Bauer zu tun versteht: von Zeit zu Zeit die Erde lockern, rund um die Pflanze jäten und das Wachstum fördern. Weder am Schössling ziehen (Aktivität) noch ihm bloß beim Wachsen zusehen (Passivität), den Verlauf nicht erzwingen, aber auch nicht vernachlässigen. Das hat zwar nichts Geniales oder Heroisches an sich (»von einem großen General gibt es nichts, was zu loben wäre …«), es ist *bescheiden* und diskret, aber es ist das einzig *Erfolgbringende*. Das Sprießen kann in Gang gesetzt, stimuliert, begleitet werden, doch *seinen Verlauf* verdankt es sich selbst.

Genauso verhält es sich mit jeder Reifung, auch im eigenen Innersten, denn dieses nehme, so sagt uns Menzius, seinen Lauf, so wie das Wasser fließe. Das Wasser verläuft tatsächlich nur Schritt für Schritt – hören wir genau auf diese Formulierung, die nach nichts klingt und doch so viel besagt: »So lange es die Aushöhlung, die auf seinem Weg liegt, nicht ausgefüllt hat, fließt das Wasser nicht weiter.«[94] Nun sind das »Ein- oder Vordringen« des Geistes und das »zusammenfassende Verstehen« [*com-prendre*] ebenfalls der Reifung zuzuordnen, erstehen sie doch aus Akkumulation. Indem sie von einem zum nächsten weiterziehen, produzieren sie eine unserer Kontrolle sich entziehende *Selbst-Entfaltung*. Unmöglich ist es, Etappen zu überspringen, Meilensteine zu ignorieren, ein Verstehen zu erzwingen. Doch jedes Mal, wenn es eine unterwegs angetroffene Aushöhlung ausgefüllt hat, geht das Wasser über und setzt seinen Weg fort. Es setzt unbeirrbar seinen Lauf fort, von eigener Bewegung getragen. Genauso geht es dem Geist: Ausgehend von dem, was sich dank unserer Anstrengungen zu klären begonnen hat, breitet sich das Licht nach und nach aus und »kommuniziert« von einem Teil zum anderen, von einem Gedanken zum anderen, von einem Grund zu einem weiteren, uns nicht bewusst, *sponte sua*, durch sich verzweigende Verbindungen. Dieser Prozess geht so lange, bis man endlich, eines Tages, seine Früchte ernten kann, wie einen unter Aufbietung aller Kräfte errungenen Sieg, wobei man plötzlich vermeint, *heureka*, »es«, »eine Idee« gefunden zu haben.

— 3 —

Man wird nun verstehen, wie beliebig es ist, mehr noch: wie inkonsequent und unbedacht es ist, von einer »toten Zeit« zu sprechen. Nichts hasste Clausewitz am Krieg mehr als diese Zeit, in der man nichts tut, in der anscheinend nichts passiert. Diese tote Zeit sei nur ein Zeitverlust, der die Aufeinanderfolge von Handlungen und Kampfmaßnahmen abbreche. Tatsächlich ist die tote Zeit jedoch, im Gegenteil, eine, in der der implizierte Prozess sich ständig und diskret entwickelt, in der die Saat keimt, bevor sie aufgeht: Diese »tote« Zeit ist eine ganz lebendige. Es ist eine, in der sich unmerkbar Verzweigungen bilden, in der in aller Stille Dislozierungen durchgeführt werden, die zu versteckten Veränderungen führen, und zwar bevor die Situation zu kippen beginnt und das Resultat plötzlich sichtbar wird. Der letzte, ins Auge springende Zeitabschnitt ist nur das Resultat von alldem, was sich zuvor ereignet hat. Auch in unserem Innenleben beginnen, wenn man nichts tut, nicht nachdenkt, sondern sich in Träumen verliert und sich völlig entspannt, auf einmal Ideen heranzureifen und sich zu verzweigen, einander zu befruchten, auf die Probe zu stellen; sie verbinden sich und bahnen sich unbemerkt ihren Weg, noch bevor sie sich dem Denken stellen.

Wäre nun, angesichts dieses stillen Entwicklungsverlaufs des *Effektiven*, die Forderung nach Modellierung vergebens, weil willkürlich? Sie wird trotz alledem nicht verschwinden, sie wird nur nicht dort sein, wo man sie vermutet: Man müsste ihre Wirksamkeit auf eine andere Ebene verlegen. Man konstruiert ein Seinsollendes – das gilt für eine Gesellschaft ebenso wie für jede Art von Unterfangen –, denn dieses projizierte Idealbild lässt uns voranschreiten, mit allem, was dieses »Lassen« an Abenteuerlichem mit sich bringt. Indem es sich von der Immanenz der in Gang befindlichen Prozesse abhebt, entscheidet dieses Projekt über den weiteren Fortschritt – zweifellos auf missbräuchliche Art, aber dieser Missbrauch ist vorantreibend. Man modelliert, gestehen wir es uns doch ein, um zu *mobilisieren*. Ein Modell, sagte bereits Platon, berge seine Relevanz in sich selbst, in seiner theoretischen Form und nicht darin, dass man es umsetzen könne. Ich skizziere den Plan eines idealen Stadtstaates, denn diese Idealität liefert eine Handhabe, oder besser noch: ein Sprungbrett, um *das Politische* zu fördern, das im Wesentlichen in der Konstruktion eines Projekts besteht (das Politische ist dabei von *der Politik* zu unterscheiden, die es nur mit der Steuerung von Kräfteverhältnissen zu tun hat), ohne dass ich mich zunächst darum zu kümmern habe, ob so eine Stadt jemals existieren können wird. Selbst ein Wahlprogramm macht man bekanntlich nicht, um es umzusetzen, sondern als Anregung zum Nachdenken, zum Debattieren, für eine Entscheidungsfindung, um Sehnsüchte zu wecken, um einem fortschrittlichen Projekt Gestalt zu geben, und sei dies auch nur phantasmatisch, kurz, um Demokratie zu schaffen. Die Modellierung, eine griechische Sache, geht daher Hand in Hand mit der Erfindung des Politischen und des Stadtstaates. Nun weiß man aber, dass es China traditionellerweise an Demokratie mangelt. Dies liegt nicht nur daran, dass es die zugehörigen Institutionen nicht entworfen hat, sondern vor allem daran, dass es, behutsam auf die diskreten Reifungsprozesse achtend, eine Modellierung nicht sonderlich gefördert hat, die prinzipiell verabredet und öffentlich ist. Erst diese Modellierung aber schafft dadurch, dass sie das Trachten und Wünschen formalisiert, die zivile Gemeinschaft.

Ein guter Stratege (ein »bedeutender Mensch«) wird also beides machen, wird die zwei Ressourcen miteinander verbinden können:

Er wird einerseits ein Modell bilden, um die Intelligenz und das Wollen vieler Menschen zu mobilisieren, denn er weiß, dass dieses in aller Freiheit zusammengerufene menschliche Potenzial eine geschichtsträchtige Macht darstellt; er trägt andererseits aber auch dazu bei (lässt es zu), dass die Situation diskret heranreift, sodass dieses Modellgebilde sich ohne Zwang konkretisieren kann. Ein Zwang führt nur dazu, dass die Revolution im Gegenzug ihre Reaktion hervorruft: eine »Restauration«, die erstere dann ständig bedroht; oder dazu, dass jedes Mittel gerechtfertigt erscheint, um die Revolution im Hinblick auf das angeblich »gerechte« Ziel durchzusetzen. Es besteht in der Tat die Gefahr, dass diese Konstruktion eines Seinsollenden auf ihrer Kehrseite oder in ihrem Schatten einen kompensatorischen Realismus birgt, der unter dem Deckmäntelchen eines vorgeblichen Idealismus sogar zynisch werden kann – etwas, worunter ganz offensichtlich die Politik, inklusive jene der sogenannten »Linken«, in den zeitgenössischen Demokratien leidet.

Etwas zur Reifung zu bringen/heranreifen zu lassen, ist nicht schändlich und kann sich auch auf die ethische Intelligenz der zu ihrem Resultat führenden implizierten Abläufe berufen: Das Vertrauen in die stille Verwandlung der Reifung hat daher nichts mit dem gewöhnlichen Pragmatismus zu tun, mit dem sich nur allzu oft die Politiker abfinden und der sie letztlich scheitern lässt. Solange man nicht imstande ist, strategisch die Modellierung, die ein Ideal propagiert, und den prozessualen Verlauf des Effektiven miteinander in Einklang zu bringen, wird sich die Geschichte nur vorwärtstappend, weil nicht wirklich gelenkt, entwickeln können – oder nur ruckweise, von einer Enttäuschung zur anderen, da ihr Verlauf keine *Regulierung* kennt und nur allzu wilden Gewaltmaßnahmen ausgesetzt sein wird.

XII

Regulierung (vs. Offenbarung)

– 1 –

Zum wohl offensichtlichsten und sich auf die gesamte Geschichte erstreckenden Abstand zwischen der chinesischen Kultur und dem Mittelmeerbecken (den »drei Monotheismen«) wird man die Tatsache zählen können, dass China weder das göttliche Wort noch die *Offenbarung* [*révélation*] gekannt hat. »Gott« kündigt sich dort nicht an. Einige elementare Linien, auf dem Rücken von Drachen oder Schildkröten (*hetu* oder *luoshu*) aus dem Fluss aufgetaucht, verbinden die Urschrift mit dem grundlosen Quellgrund [*fonds*] der Heraufkunft der Welt (*shen li* 神 理), von dem sie die erste Gestaltwerdung sind (als *wen* 文)[95], jedoch keineswegs eine Botschaft darstellen. »Der Himmel spricht nicht«, sagt Konfuzius – und doch »folgen die Jahreszeiten ihrem Verlauf und alles Existierende gedeiht«[96]: »Weshalb auch hat der Himmel es nötig zu sprechen?« Seinem Bild folgend möchte auch der Weise »nicht sprechen«. Er möchte vermeiden, dass seine Belehrung sich als Aussage etabliert, die man »kolportiert«, debattiert, die man beweisen muss und die einen Wahrheitsanspruch erhebt. Ein sich derart aufdrängendes Wort würde wie etwas Auferlegtes wirken, wäre notwendigerweise *aufgesetzt*. Es würde auch für die aus der Immanenz spontan hervorgehende *Kohärenz*, wie sie sich unablässig vor unseren Augen etwa im regulierten Verlauf der Jahreszeiten, in der endlosen Hervorbringung von Seiendem manifestiert, ein Hindernis bilden. Jede Eindringlichkeit wäre in dieser Hinsicht eine Einmischung, jedes Betonen bereits ein *Misston*.

Zur Ouvertüre, wie die *Genesis* sie darstellt, lässt Gott durch seinen Schöpfungsakt die Welt aus dem Chaos entstehen, er holt sie aus dem formlosen *Tohuwabohu*: Indem er Tag für Tag die Elemente voneinander scheidet, stellt er in ihr Ordnung her. Dieses Ereignis ist ein Bruch, der aus einem, von keinem Einfluss beeinträchtigten, reinen Wollen erwächst, das keinerlei Interaktion aufnimmt und das bereits auf die Geschichte eines Heils hinweist. Die ersten Zeilen des *Buchs der Wandlungen* – wegen seines Alters und seiner zentralen Bedeutung für die chinesische Kultur mit der *Genesis* vergleichbar – offenbaren weder eine Geschichte, noch geben sie eine Orientierung für irgendeine Erzählung. Kein Sinn wird in sie hineinprojiziert, doch es wird eine erste Formel vorgetragen, die von der in Gang befindlichen *Kohärenz* zeugt, wie sie die Aufeinanderfolge der Jahreszeiten illustriert: »Beginn, *yuan* 元 – Aufschwung, *heng* 亨 – Gewinn (Ernte), *li* 利 – Geradheit, *zhen* 贞«. Allein durch ihre Aufeinanderfolge – wobei das eine aus dem Vorangegangenen erwächst – genügen diese vier Wörter, um einen Verlauf auszusprechen, der nicht von seinem »Weg« abweicht. Die Logik der *Regulierung* [*régulation*], die sich in dieser eine Schleife bildenden Formel zeigt, bringt die Erwartung einer Offenbarung zum Verschwinden, macht sie unnötig. Schließlich führt die »Geradheit« oder »Richtigkeit«, die dafür sorgt, den Verlauf der Dinge nicht abdriften zu lassen, dazu, dass dieser sich von selbst erneuert und einen neuen Aufschwung nimmt – was der Begriff des Himmels darstellen wird, der sich der in ihrer unendlichen Erneuerung erfassten Natur anzupassen sucht. Die Ordnung wird weder als von außen kommend dargestellt, noch drückt sie einen Fortschritt aus: Sie ist dem Ablauf inhärent und unterstützt diesen als Lauf der Welt, der sich unerschöpflich fortsetzt.

»Himmel« wird in China zu diesem uranfänglichen Terminus, der nicht etwa einen Glauben begründet, sondern unser Vertrauen in ein derartiges *Kontinuum*, aus dem die Wirklichkeit-Lebensfähigkeit der Dinge erwächst – der »Weg« (*dao*), der beides zugleich besagt, oder besser: der beiden dieselbe Bedeutung gibt. Der »Himmel«, der den Sieg errungen hat über den ihm vorangegangenen Begriff eines

»Herrschers von oben«, Shangdi, den man anbetet, fürchtet, dem man opfert und der die Menschenwelt regiert – und den man zu diesem Zeitpunkt der zu Ende gehenden Antike bereits ins Abseits gedrängt hatte –, dieser Himmel benennt nun diesen bodenlosen Fundus des Weltprozesses, der durch die ihn intern regulierende Wechselbeziehung, die seine »Kohärenz« ausmacht (*tian li* 天理), *von sich aus* dazu auserkoren ist, sich zu perpetuieren. So ist der Himmel auch nicht, wie in der *Genesis*, der erste Anfang, der die Zeit eröffnet und zum Ereignis wird, sondern jeder Beginn ist in jedem Augenblick eine diskrete Initialzündung, die sich ausweitet und sich ihren Weg bahnt. Ebenso gibt es auch keinen endgültigen Schluss, keine angekündigte Apokalypse, denn solange ein Verlauf *reguliert* erfolgt, führt jedes Ende zugleich einen neuen Anfang herbei, und der Verlauf ist nichts als ein ständiger Übergang. So braucht es auch weder eine vorauszusetzende Kausalität noch eine zu projizierende Finalität (*aitia-telos* αἰτία-τέλος), jedoch ist andauernd eine *Operationalität* am Werk (als *yong* 用), und zwar ausgehend von der Polarität, die sich auf diese Weise materialisiert und *Physikalität* (als *ti* 体) wird. Dies machen »Himmel« und »Erde« sichtbar, die, indem sie sich begatten, die Matrix dieses Dispositivs bilden, dessen Faktoren *yin* und *yang* sind.

— 2 —

Der Begriff einer *Regulierung* ist also von seinem in Europa nur spezifisch gebliebenen Gebrauch zu befreien. Da gibt es den technischen Gebrauch (die Regulierung des Verkehrs), den physiologischen (wie die homöostatische Konditionierung, also z. B. die thermische Regulierung eines Organismus) sowie vor allem den ökonomischen (die Regulierung der Märkte). Aus dieser begrenzten Anwendung sollte man ihn herausholen und zu einem Konzept machen, und zwar zum allgemeinsten schlechthin, sogar zu einem, das in Gegenüberstellung zu einer Offenbarung ebenso das Absolute ausspricht. Tatsächlich umhüllt uns die *Kohärenz* eines solchen Verlaufs umfassend auf allen Ebenen, in uns ebenso wie außerhalb von uns, und wir erfahren eigentlich nur sie – sonst wäre dieses »Wirkliche« nicht mehr »lebensfähig« und würde zugrunde gehen. Die Kohärenz befreit uns von der Frage nach dem Ursprung, von der Setzung eines Anfangs und Endes, lässt das freche »Warum« in eine Sackgasse münden: Ein durchgehendes Gleichgewicht erhält sich inmitten der Veränderungsvorgänge, das dem Ablauf seine »Konstanz« (*chang* 常) und in der Folge seine Permanenz verleiht. Im Voraus wird keine Ordnung festgelegt, kein Anderswo eingeführt: Es gilt, weder ein Rätsel zu entschlüsseln noch Geheimnisvolles unter die Lupe zu nehmen, weder zu erklären noch zu enthüllen. Indem man diese Immanenz ans Tageslicht bringt, genügt es, das *zu klären*, »was von selbst so wird«. Denn zwischen gegensätzlichen Faktoren, die eine Polarität bilden, wird eine Reziprozität angeregt. Die Interaktion zwischen diesen Faktoren, die im Verlauf ihrer Variierung eine »harmonische« Beziehung aufrechterhalten, erlaubt es im ausreichenden Maß die in Gang befindliche Zusammenarbeit in ihrem »unerschöpflichen« Fundus (*wu qiong* 无穷) zu erfassen. Eine »Offenbarung« ist also nicht nötig.

Daraus ergibt sich, dass die wie auch immer regulierte Aufrechterhaltung *des Prozessualen* die einzige Voraussetzung darstellt und als Ideal gilt. Alles Wirkliche »ist« einzig sein Verlauf, der dauernd ausgleichend und kompensierend sich bewegt, woraus seine Erneuerung erwächst (»einmal *yin* – einmal *yang*, das ist der Weg …«).[97] So ist im Grunde die einzige Forderung, an der kein Weg vorbeiführt, die, nicht von seiner internen Kohärenz abzuweichen, um sich in Veränderung zu halten. Man soll nicht stehen bleiben, sich nicht in irgendeiner Position verfestigen – das gilt für den Verlauf des Verhaltens ebenso wie für den Prozessverlauf der Dinge, für das Fundament der Moral genauso wie für das, was wir die Erste Philosophie oder Kosmologie nennen. Das eine ist nur die Fortsetzung des anderen (*ji* 继). Man ist zunächst erstaunt, wenn in den *Gesprächen* von Konfuzius weder von starren (ein Handeln vorschreibenden) Regeln noch von (das Wesen bestimmenden) Definitionen zu lesen ist. Tatsächlich aber entspricht nicht nur die *Regel* einer Aktion, die *Regulierung* dagegen einer Verwandlung (und die chinesische Denkweise hat nun einmal einen »Akt« mit Anfang und Ende nicht isoliert), sondern mehr noch, die beiden sind einander von ihrem Prinzip her diametral entgegengesetzt. Die einer »Methode« unterworfene *Regel* schreibt im Voraus etwas vor, projiziert eine Norm, indem sie, über den konkreten Fall hinausgehend, eine allgemeinere Notwendigkeit behauptet. Auch gehört es zu einer Regel, dass sie »anzuwenden« ist, weshalb sie etwas mit Modellierung zu tun hat. Die *Regulierung* hingegen entsteht aus einer internen Angemessenheit, die ständig von der Situation abhängt, die unaufhörlich nach Maßgabe von deren Verwandlung variiert: Sie lässt sich also nicht auf etwas Identisches reduzieren, sozusagen »identifizieren« und *kodifizieren*. Dem entspricht in China als Kompensation die ungehemmte Verbreitung von »Riten« (*li* 礼) als Verhaltensnormen, die das Benehmen »kanalisieren«, es also wie einen Wasserlauf, der stets aus den Ufern zu treten droht, regulieren, und das, wie wir wissen, umso effizienter, als sie ohne unser Wissen vor sich gehen und zutiefst assimiliert sind.

Daher vermeiden die konfuzianischen Worte das Generalisieren, verzichten auf Vorschriften ebenso wie auf jegliche Abstraktion und geben nur Hinweise. Je nach Gesprächspartner und dessen jeweiligem Entwicklungsstadium begnügt sich der Meister mit einer *Bemerkung*, einem *Hinweis*: Er breitet sich nicht mit Belehrungen aus, sondern lässt jeweils einen Exzess oder einen Mangel zum Vorschein kommen, der zu einer Abweichung vom Weg führt und den Schüler in seiner Entwicklung hemmt. Tatsächlich bedarf es jedoch sehr wohl einer fortwährenden Entwicklung des Schülers, bis dieser das Stadium der reinen *Prozessualität* erlangt hat, in welchem die Selbstregulierung seines Verhaltens sich mit der unerschöpflichen Erneuerung des Urgrunds der Dinge verbindet – eine Harmonie mit der Welt ebenso wie mit sich selbst, die den Platz von Auto-nomie einnimmt (Konfuzius: »Mit siebzig Jahren folge ich meinem Begehren, ohne von der Norm abzuweichen«). Selbst sein Lieblingsschüler, Yan Hui, gerät einmal aus der Fassung und klagt: »Ich sehe das vor mir und plötzlich ist es hinter mir.«[98] Er versuchte, aus seinem Unglück eine Regel abzuleiten oder, so könnte man sagen, ein Modell daraus zu machen, erkennt aber schließlich, darauf verzichten zu müssen (er erkennt also, dass dieses »Das da«, *zhi*, das er zu erreichen suchte, nicht kodifizierbar ist). Er erkennt dies, weil es sich hier, so werden die Kommentatoren sagen, um ein so prekäres »Austarieren« handele, das sich nicht fixieren lasse. Das Wort des Meisters könne deshalb an sich nur »subtil« und hinweisend sein und vermöge nicht sich zu verfestigen (*wei yan* 微言). Nun ist dieses nicht benennbare (normierbare) Gleichgewicht, das unablässig variiert, wie es seine kontinuierliche Anpassung erfordert, auch das einzige, das dem Verhalten erlaubt, seine Konstanz im Laufe der Entwicklung zu bewahren, diese »Konstanz«, die sich dann ebenso als eine moralische, im Sinne einer *Beharrlichkeit*, versteht.

Die einzige Weisheitsregel ist demnach die, ohne starre Regel zu sein – weshalb es keine »Regel«, sondern nur eine *Regulierung* gibt –, um seine *Disponibilität* völlig aufrechtzuerhalten.[99] Selbst wenn dann diese Disponibilität des Weisen von außen betrachtet als Opportunismus eingeschätzt werden könnte[100] und selbst wenn die anderen nichts Lobenswertes an ihm fänden[101], sogar nichts daran für erwähnenswert hielten[102]: Der Weise ist ohne Charakter und ohne Eigenschaften. Denn man kann nur das benennen, was sich ausreichend stabilisiert, um sich bestimmen zu lassen. Die Weisen lassen sich nach Kategorien einordnen, die zueinander im Gegensatz stehen: je nachdem, ob sie an ihrer Integrität festhalten oder sich tolerant erweisen, sich mit Abscheu von der Welt zurückziehen oder mit ihr paktieren. Konfuzius aber ist sich darüber im Klaren, dass er zu ihnen allen im Gegensatz steht, eben weil er an keiner Position festhält und sowohl die eine als auch die andere einnehmen »kann«, je nach vorgefundener Situation von der einen zur anderen gehen kann.[103] Entsprechend den Termini der Alternative, die sich jedem chinesischen Literaten stellt, ist er imstande, sowohl »ein Amt zu übernehmen« als auch »darauf zu verzichten«, und verschließt sich keiner Gelegenheit: Von der Weisheit ist er der »Moment«, wie Menzius später das von ihm hinlänglich sagen wird.[104] Daher unterliegt seine Persönlichkeit keiner Beeinträchtigung und sein Geist ist frei von Dogmatismus. Er ist undefinierbar.

Ich würde daher den zentralen Begriff des chinesischen Denkens mit »Regulierung« übersetzen, die, indem sie Entwicklung durch Nichtabweichung aufrechterhält, einen Ablauf ohne Behinderung zu verstehen gibt. Er selbst besagt »Zentriertheit« (*zhong* 中), was für alles Mögliche gebraucht wird und zu allen Gelegenheiten passt (als komplementärer Begriff zu *yong* 庸, vgl. das *Zhong yong*, einer der Klassiker der Literaten).[105] Regulierung »im gewöhnlichen Gebrauch« geht von einem Extrem zum anderen über und lässt sich ohne Parteilichkeit keine Möglichkeit entgehen; sie ist nicht »richtig« oder »stets auf Mittelkurs«, wie das oft übersetzt wird. Dies würde jedoch einen festen, idealen Punkt zwischen Übermaß und Mangelhaftigkeit vorgeben und ihn als besondere und typische Eigenschaft bestimmen, wie das mit der »Mitte« des Aristoteles der Fall ist (wo etwa die »Freigiebigkeit« genau in der Mitte von Geiz und Verschwendungssucht liegt). »An der Mitte festhalten« heißt, wie wir bereits wissen, eine Position einnehmen, also andere ausschließen und »den Weg versperren«, indem man eine Möglichkeit bevorzugt, hundert andere aber aus der Hand gibt.[106] Man würde es sich versagen, von einer Grenze zur anderen zu gehen und die durch die Variationsbreite des Verhaltens sich ergebende Fülle des zugleich »Begehbaren« und »Lebbaren« zu erfahren. Während nun der aufrechte Mensch sich dabei noch anstrengen muss, hat der Weise spontan Zugang (*congzong zhongdao* 从容中道) zu dieser Disposition, wobei er mit der Regulierung des Himmels, wie sie den Weltenlauf erhält, eins wird: Die Fähigkeit wird immanent, ist aber nicht wahrnehmbar, obwohl, oder eher noch: weil sie dauernd am Werk ist. Darin steht sie im Gegensatz zu der einen Bruch verursachenden Ankündigung der Offenbarung.

– 3 –

Man kann das soeben Gesagte leicht an der chinesischen Medizin illustrieren. Sie ist ganz offensichtlich eine Medizin der *Regulierung*, und zwar in allgemeinster Weise. Für jene, die noch Zweifel hegen, dass die Kulturen zueinander Abstände schaffen, die einfallsreich sind, da jede einen jeweils anderen möglichen Zugang öffnet, liefert die Gegenüberstellung von chinesischer und europäischer Medizin einen Nachweis, der nichts Spekulatives an sich hat, denn er bestätigt sich auf praktischer Ebene und in der Behandlung einzelner Fälle. Genauso wie man glauben – befürchten – kann, dass jede kulturelle Vielfalt aufgrund der Globalisierung zum Verschwinden verurteilt ist, genauso kann man sich vom Gegenteil überzeugen, wenn man erfährt, wie sehr diese beiden Medizinen dazu berufen sind, ihre *Ressourcen* parallel zur Entfaltung zu bringen: Heute noch, und morgen vielleicht noch mehr, kann man sich überlegen, ob man eher zum (europäischen) Chirurgen oder zum (chinesischen) Akupunkteur gehen soll – oder gar zu beiden (ohne sie jedoch zu verwechseln), um von der einen und der anderen Wirksamkeit zu profitieren.

Die westliche Medizin leitet sich nachweislich von der Modellierung ab: Die Griechen dachten daran, die *Gesundheit* zu definieren, und zwar so genau, dass sie hinsichtlich des Lebendigen sogar zwischen einer vorbildlichen und einer tatsächlichen bzw. einer absoluten und einer relativen Gesundheit unterschieden, wobei Letztere einen gewissen Spielraum erlaubte. Die relative Gesundheit lag zwischen der (paradigmatisch) von den Philosophen konzipierten Gesundheit und der (praktisch) von den Ärzten und »Physikern« untersuchten. Darüber hinaus vertraut die westliche Medizin der sich aufdrängenden und über ihre Auswirkungen entscheidenden Aktion – das hört man bereits an dem von uns gebrauchten Vokabular: Man »operiert« uns, es handelt sich um einen »Eingriff«. Nun weiß man, dass die chinesische Medizin weniger darauf aus ist, die Krankheit zu heilen als vielmehr die Gesundheit aufrechtzuerhalten. Auch hier geht es darum, strategisch im Voraus und auf der Ebene der Rahmenbedingungen tätig zu sein, also möglichst wenig »intervenieren« zu müssen. Dies macht man bereits in einem Stadium, in dem die Deregulierung gerade erst begonnen hat und deshalb leicht durch eine Behandlung zu korrigieren ist, die ebenfalls ein Verlauf ist, sich Zeit nimmt und daher sanft »operiert«. Denn nichts ist dümmer als zu sagen, man wurde von einer Krankheit »erwischt«, wie das oft zu hören ist. Die Krankheit »erwischt« einen nicht; stattdessen hat sich eine unmerkliche Abweichung (von dem regulierten Weg der Gesundheit wegführend) eingestellt, die, wenn man nicht aufpasst und aufhört, aufmerksam zu sein, weiter ihren Verlauf nimmt, bis sie eine ungehemmte Entwicklung erfährt und sich eines Tages ereignishaft ausbrechend (offiziell) als »Krankheit« deklariert.

— 4 —

In historischer Hinsicht und was die politische Führung anlangt, kann die Regulierung als Gegensatz zur Revolution aufgefasst werden. (Verbindet übrigens Offenbarung und Revolution nicht ein geheimes Band – derselbe Glaube an eine Zeitzäsur, eine analoge Erwartungshaltung hinsichtlich eines alles verändernden Ereignisses?) So lärmend und spektakulär die Revolution ist, so leise, diskret und ohne Ankündigung vollzieht sich die Regulierung. Denn die Revolution ist eine Radikalisierung (Hypertrophie?) sowohl der *Modellierung* als auch der *Aktion*: Ihrer »Theorie« entspricht eine »Praxis«; ein Sollzustand wird projiziert, den es dann mit aller Gewalt, wie man weiß, zu verwirklichen gilt. Das ist es, woran sich die Geschichte erinnert. Die Regulierung hingegen wird kaum wahrgenommen, denn da sie ständig das Gleichgewicht zwischen den zueinander in Spannung befindlichen Faktoren aufrechterhält, unterscheidet sie sich nicht vom kontinuierlichen Lauf der Dinge. Außerdem konstituiert sie sich nicht als Programm und kann ein solches daher auch nicht »umsetzen«. Während die Revolution von einem Ziel her (dem Ideal einer besseren Gesellschaft) ihre Dynamik bezieht, das politische Bewusstsein schärft und in zwei Lager spaltet (jenem der Anhänger von Vergangenem und jenem des Zukünftigen), ist die Regulierung ein nicht auf ein Endziel gerichteter Prozess, behauptet von sich nicht einmal, ein Fortschritt zu sein, und verursacht umso weniger einen Bruch, als man gar nicht bemerkt, dass sie erfolgt. Da sie prozessual ist, ist sie nicht einmal »konsensual«, denn man fügt sich ihr ein, ohne optiert zu haben: Sie kann sich nicht als Gegenstand konstituieren, über den man sich zu äußern hätte.

Nun sieht man, wie in der Geschichte Chinas im 20. Jahrhundert die beiden Stränge einander widerstreiten und sich zugleich abwechseln. Im Anschluss an den Zusammenbruch, den das imperialistische Europa verursachte, entlehnte China von diesem zunächst das revolutionäre *Modell*, das marxistisch-leninistische, und wandte es peinlich genau, ja dogmatisch an. Erst Mao passte dieses Modell den Verhältnissen an mit Änderungen, die sich als erfolgreich erwiesen. Unter der Hand setzte sich tatsächlich bereits eine Logik der Regulierung an seine Stelle, wie das immer der Fall ist, wenn der zwischen dem Modell und der Wirklichkeit sich auftuende Graben allzu eklatant wird und der eingeschlagene Kurs nicht mehr »durchführbar« ist (China war damals ein Land von Bauern, nur in Schanghai gab es Arbeitermassen). Der »Große Sprung nach vorn« und die Kulturrevolution, eine »kompromisslose« Revolution, kehrten lautstark zur Logik eines gewaltsamen Erzwingens zurück, was wiederum quasi von selbst zu einer kompensatorischen Umkehr führte. Seither dominiert ein Regime der Regulierung, dessen Verfechter Deng Xiaoping war, der kein Modell verfolgte, als er die stille, bruchlose Umwandlung Chinas ohne einschneidendes Ereignis von Sozialismus zu einem Superkapitalismus und einer Bulimie der Bereicherung vornahm: Die Machthaber liberalisierten zunächst, unterdrückten dann aber auch regelmäßig, beschleunigten einmal, um dann wieder zu bremsen, ließen und lassen einmal warme und dann wieder kalte Winde wehen, sie »öffnen« die Hand und »schließen« sie wieder (*fangshou* 放守). Wenn man auf die chinesische Sprechweise hört, so war das, was sich auf dem Tian'an Men-Platz 1989 zutrug, nicht einmal ein »Ereignis«, mit allem, was das an Ab- oder Hervorbrechendem beinhaltet (wie es das lateinische *e-venit* so gut ausdrückt), sondern nur ein peinlicher »Zwischenfall« (*shi-jian* 事件), der nach einer Korrektur verlangte. Deng Xiaoping, der »Kleine Steuermann«, hütete sich vor allem Theoretisieren: Um einen Fluss zu überqueren, genüge es, so meinte er, den Fuß Schritt für Schritt von einem Stein zum anderen zu setzen, und in dieser so radikalen Umwandlung, die China heute kennt, ist die Staatsmacht, statt einen Plan aufzustellen, in erster Linie *wachsam* hinsichtlich drohender Folgen von Deregulierungen und bereit, jede beginnende Spaltung zu verhindern, jeden beginnenden Brand zu löschen. Wenn nun China aber zu einer Hegemonialmacht, zur ersten sogar, aufrückte und seine Verantwortung vor der Weltgeschichte übernehmen müsste, könnte es sich dann noch mit einer Regulierung begnügen, würde es dann nicht Gefahr laufen, für eine stattdessen von ihm selbst zu erfindende *Modellierung* einen hohen Preis zu zahlen?

Es lässt sich festhalten, dass es zwei Arten gibt, Veränderungen zu bewirken: Man kann dies in der Weise der *Aktion* oder in der der *Verwandlung* tun; die eine spielt sich ganz offensichtlich zwischen Anfang und Ende ab, die andere sickert kaum merklich in einen Verlauf ein. *Regeln* und *regulieren* bilden somit eine Antinomie. Wir müssen lernen, sie genauestens voneinander zu unterscheiden, und zwar schon im elementaren Stadium, wie wir es häufig vor Augen haben. Man kann etwa den Verkehr normativ regeln, mit Fußgängerüberwegen, Verkehrsampeln, Straßenverkehrsordnung und sonstigen einzuhaltenden »Regeln«. Da gibt es Verbotenes und Erlaubtes: Wann man anhalten muss, wann man weiterfahren darf – das alles ist im Reglement vorgesehen. Wer aber jemals den Verkehrsfluss in einer fernöstlichen Großstadt gesehen hat (so wie ich zuletzt in Hanoi), wird verstehen, dass es noch ganz andere Möglichkeiten gibt. Die Aufgabe, mit dem Verkehrsfluss fertigzuwerden, kann einer Kunst entsprechen. An den Kreuzungen gibt es weder Ampeln noch andere Verkehrszeichen. In der ungeheuren Masse an Fahrrädern, Motorrollern und Fahrzeugen aller Art, die sich unaufhörlich in die Quere kommen, gibt es niemanden, der stehen bliebe. Alle kommen stetig voran, mit Vorsicht und Rücksicht. Hupend gibt man zu erkennen, dass man daherkommt, lässt aber auch den anderen passieren. Man vermeidet ständig den anderen, ohne sich aber forttreiben zu lassen. Man gibt zugleich nach und rückt vor. In diesem mobilen, in ständiger Anpassung befindlichen Gewühl, am Höhepunkt dieser massiven, unaufhaltsam dahinströmenden Koagulation, öffnet sich nach und nach ein Ausgang: In jedem Augenblick wird durch die ununterbrochene Bewertung des Möglichen eine Neuverteilung ersichtlich, in der (fast) ohne Zusammenstoß jeder seinen Weg verfolgt.

Ich frage mich, ob sich hier nicht, kaum merklich, aber doch global, ein Paradigmenwechsel zeigt: vom Modell der Offenbarungs-Revolution, von der Regel und ihrer Anwendung hin zum Modell des Nichtmodells der Regulierung. Handelt es sich hier nicht um eine große, stille Verwandlung der Weltideologie, in der die politische Staatskunst (Modelle bildend und applizierend) zu dem wird, was, nicht nur im Verhältnis zur Natur, die *Anpassung* an das Milieu ist? Wenn man so will, kann man von einer »ökologischen« Anpassung sprechen, die es den Prozessen durch Selbst-Regulierung ermöglicht, ihre »Lebensfähigkeit« zu sichern. Dieser Paradigmenwechsel, so es ihn gab, wurde und wird im Schatten belassen. Er hat sich niemals als ein Ereignis in der Gedankengeschichte präsentiert, noch weniger als eine Alternative, die eine Wahl ermöglicht. Dies lässt sich auch in der Entwicklung dieser Konzepte selbst und im Hinübergleiten von einem zum anderen feststellen. Man kann es selbst bei einem so innovativen Denker wie Freud erkennen, bei dem man sieht, wie der Terminus **Regulierung* seinen Lauf zu nehmen beginnt, und zwar in Beziehung zu der, im psychischen Apparat umtriebigen, »mobilen Quantität«[107] sowie der Verschiebung von Besetzungen[108]. Auch hier geht es darum, eine zu traumatischer »Fixierung« führende Blockade oder Verklemmung aufzuheben und wieder »passierbar« zu machen. Mir scheint aber, als wäre dieser so beiläufig eingeführte Begriff weder jemals gerechtfertigt noch da oder anderswo ausdrücklich gegen die bei Freud noch so präsente Herrschaft von Kausalität und Aktion verwendet worden. Wenn auch »regulieren« von »regeln«, dem lateinischen *regulare*, herkommt, so wendet es sich doch gegen dieses und verkehrt quasi unter der Oberfläche von dessen Logik, macht es doch die in Gang befindliche »stille Verwandlung« vernehmlich, von dem das Ereignis bloß ein Resultat ist.

XIII

Stille Verwandlung (vs. Lautstarkes Ereignis)

– 1 –

Ich nenne *stille Verwandlung* [*transformation silencieuse*] eine, die ohne Lärm stattfindet, von der man nicht spricht. Still im doppelten Sinn: Sie passiert ohne Vorwarnung, und man denkt gar nicht daran, von ihr zu sprechen. Ihre Nichtwahrnehmbarkeit heißt nicht, dass sie unsichtbar wäre, denn sie spielt sich, ganz im Gegenteil, in steter Ausbreitung ganz offen vor unseren Augen ab. Trotzdem lässt sie sich nur schwerlich orten, und zwar aus zweierlei Gründen: Sie ist nämlich umfassend und kontinuierlich, hebt sich nicht genügend von dem Üblichen in dieser oder jener Hinsicht oder von einem Moment zum anderen ab, um einen Bruch herbeizuführen, der unsere Aufmerksamkeit fixieren könnte. Sie profiliert sich, wenn ich so sagen darf, nie genug, um sich bemerkbar zu machen. Da alles an ihr davon betroffen ist und sie sich über eine Dauer hin erstreckt, hebt sich nichts genügend von ihr ab, das sie zum Vorschein bringen lässt. Und wenn sie endlich auftaucht, man von ihr hört, von ihr spricht, so ist sie schon zum Resultat geworden.

Diese Verwandlung muss also nicht eine unsichtbare, sondern eine »stille« genannt werden: Sie ist nicht isolierbar, lokalisierbar, sondern verschmilzt mit ihrem Verlauf. Das Sehvermögen ist der Sinn des Diskontinuierlichen und Lokalen: Die Augenlider öffnen und schließen sich wie ein Vorhang, der sich hebt und senkt, das Hörvermögen hingegen ist der Sinn des Kontinuierlichen. Man spricht zwar von »verschlossenen Ohren«, aber schließen kann man die Ohren eigentlich nicht. Man hört zwar noch, aber man hört nicht mehr zu. Ebenso schaut man notwendigerweise von der einen oder anderen Seite, aus diesem oder jenem Blickwinkel; man sieht immer nur einen Teil, stets lokal begrenzt – während man jedoch allseitig hört: Während der Blick, nach außen geworfen, sich für kurze Zeit auf den einen oder anderen Punkt richtet, wirkt das Gehör wie ein Trichter oder Horn, das die Welt von allen Seiten einsammelt. Eine derartige Verwandlung muss man auch deshalb still nennen, weil sie, mit dem *Auditiven*, als dem Sinn des Atmosphärischen und Aufeinanderfolgenden, verwandt, nichtsdestoweniger dazu neigt, unserer Aufmerksamkeit zu entgehen. Im Gegensatz zu dem von den Griechen eingeräumten Vorrecht des Sehens – das gilt auch für das »Auge der Seele«, das noch sieht, wenn unsere Augen nicht mehr genug erkennen können – ist es also unser *Gehör* – und es gibt auch ein »Gehör« des Geistes –, das wir ausbilden und zu gebrauchen lernen müssen, um Zugang zur *allseitigen* und *kontinuierlichen* Wahrnehmung des Prozesshaften zu erhalten. Wie richtig ist es doch, dass sich die Dinge des Nachts genauso weiterentwickeln wie am Tag: »hör, du mein Liebes, hör die sanfte Nacht, die voranschreitet!«[109]

Es gilt also auf das zu achten, was diese leise Abfolge und das, was ich im Gegensatz dazu das *sonore An-die-Oberfläche-Kommen* nennen würde, miteinander verbindet. Ich würde sogar sagen: Je leiser die Verwandlung in ihrem Verlauf ist, desto schallender und geräuschvoller ist ihr Ergebnis, wenn es abrupt zum Ausbruch kommt: Was man in seinem Werdegang nicht wahrgenommen hat, springt einem dann umso heftiger ins Auge. Oder umgekehrt gesagt: Das Ereignis ist umso dröhnender, je diskreter die zu ihm führende Verwandlung gewesen ist. Man muss sich dann die am Mythos rüttelnde Frage stellen: Existiert so ein »Ereignis« tatsächlich so isoliert, d. h. so zeitlich abgetrennt und plötzlich ausbrechend (*e-venit*)? Halten wir das nicht für ein plötzliches, zu einem bestimmten Zeitpunkt auftretendes Ereignis, was sich eigentlich so still – »nächtens«, könnte man sagen – vorbereitet hat und uns entgangen ist?

Ist nun in dem, was wir mit dem anscheinend völlig neutralen, aber so gewichtigen, so wenig subtilen, vielleicht etwas opaken

Terminus »Realität« bezeichnen, nicht alles eine *stille Verwandlung*? So nimmt man in der Natur weder wahr, wie die Flüsse ihr Bett graben, noch wie die Winde die Gipfel abtragen, denn ihre Vorgehensweise ist diffus und kontinuierlich. Trotzdem sind sie es, die nach und nach das Relief, das uns vor Augen liegt und die Landschaft bildet, hervorgebracht haben. Oder nehmen wir den Klimawandel her: In ihm kommen so viele verschiedene, miteinander korrelierende Faktoren ins Spiel, und das über eine längere Zeit hinweg; er ist als Phänomen so global, dass wir die Erderwärmung gar nicht wahrnehmen – im Nachhinein aber werden wir feststellen, dass die Gletscher geschmolzen und die Fischschwärme weiter hinauf nach Norden gezogen bzw. in tiefere Gewässerzonen abgetaucht sind. Oder betrachten wir die Geschichte: Die Revolutionen, auch sie, sind umso schallender und lärmender, als man die langsamen, allseitigen und kontinuierlichen Verwandlungen nicht zu hören imstande war, aus zunehmenden Abweichungen, gleichzeitigen Entwicklungen bestehend, deren laut donnerndes Ergebnis sie sind.

— 2 —

So sieht man auch seine Kinder nicht heranwachsen oder sich selbst. Da *alles* an uns altert, unablässig, bemerken wir nicht, dass wir *altern*. Daher hat man in Europa aus dem Prozess des Alterns eine Altersstufe, einen Zustand, ein Seiendes (das »Alter«) gemacht, wobei man auch hier Mühe hat, einen tatsächlichen Beginn festzulegen: Wann habe ich denn zu altern begonnen? Das Zellsterben hat schon begonnen, wenn wir auf die Welt kommen: Der Prozess ist einfach zu kontinuierlich, um ein Datum festlegen zu können, und da er alles an uns betrifft, lässt er sich auch an keinem »Ort« von uns selbst spezifizieren, lokalisieren. »Alles«, damit sind nicht nur die ergrauenden Haare gemeint, sondern auch die Ausstrahlung des Blicks, das Timbre der Stimme, die Gesichtsfarbe, die Hautstruktur … Und die Körperhaltung, die Gestik, das Auftreten … Und das Denken und der Schlaf …

Alles: Man kann gar nicht aufhören, dieses »Alles« auszusprechen. Da »alles« sich verwandelt, ein »Alles«, von dem man niemals den gesamten Umfang erfassen und dessen Inhalt man nicht bis zu Ende aufzählen kann, hebt sich nichts genügend vereinzelt ab, um sich bemerkbar zu machen – oder nur anekdotisch (wie das berühmte erste weiße Haar der Frauen in den Dreißigern vor ihrem Spiegel). Dann fällt einem eines Tages ein Foto aus der Jugendzeit in die Hände und man ruft erstaunt: »Ach, wie bin ich alt geworden!« Ein »laut schallendes« Ereignis, selbst wenn man es für sich behält: Diese Feststellung taucht ganz plötzlich auf, weil man sich selbst kaum noch erkannt hat. Man wird sich im plötzlichen Zweifel an seiner Identität fragen: Bin das dort »ich«, dasselbe »Subjekt«?

Wir erleben auch das Ende einer Liebesaffäre als ein Ereignis: Die Liebenden streiten sich eines Tages ganz laut und heftig. Plötzlich beschimpfen sie einander lauthals als »Subjekte«, als »Du« und »Ich«, ohne darauf zu achten, was sich *in der Situation* – heimlich, still und leise – verändert hat, sodass aus einem Kratzer ein kleiner Haarriss – ein Bruch – ein Spalt – eine Kluft und schließlich ein Abgrund – eine *gap* – wurde und sie dort gelandet sind, wo sie sich heute befinden, die Scherben betrachtend, das Ergebnis feststellend. Eine Stille, ein Zögern, ein »Nichts« oder sagen wir eine »Nuance«, die damals als nebensächlich durchging und höchstens ein »Zwischenfall« war, hat sich heimlich ihren Weg gebahnt oder ihr Bett gegraben, nach und nach alles verseucht und erfasst, bis sie eines Morgens bemerken, dass sie tatsächlich bis dahin gelangt und einander fremd geworden sind. Mögliches zog sich unmerklich zurück, Intimes löste sich über Nacht in Luft auf, Unausgesprochenes wurde bedeutungsschwer, eine Mauer der Gleichgültigkeit verhärtete sich im Verlauf von Stunden, Tagen, und sie wissen nicht, woher es kam, sie haben es nicht bemerkt. Dabei waren sie selbstverständlich immer »guten Willens« gewesen.

Eines schönen Tages aber steht die stumm aufgebaute Mauer ganz eindeutig vor ihnen, unüberwindlich, unübersehbar. Bis zu welchem Grad sind sie selbst durch ihre eigenen Entscheidungen als *Subjekte* von Initiativen dafür verantwortlich, und wie unausweichlich, unbeholfen beschuldigen sie einander dann dafür? War es nicht eher eine ganzheitliche Entwicklung, die ihre Beziehung nach und nach, mit der Zeit, untergrub, die umso gefährlicher war, als sie ihnen entging, die sie nicht kommen hörten, sodass sie auch niemals Grund genug hatten, um darüber zu reden? Diese, in der stillen Verwandlung implizierte, diskrete Macht ist so gewaltig, dass die Verwandlung, bis dahin unbemerkt, schließlich entschieden als komplette Umkehrung der bisherigen Verhältnisse endet: Aus Liebe wurde Indifferenz, ohne dass man es bemerkte. Jetzt, da sie uns als Resultat so sehr erstaunt – im rückblickenden Vergleich mit dem vergangenen Zustand –, ist die in Gang gesetzte Mächtigkeit umso größer, je mehr sie uns wie selbstverständlich aus der Situation hervorgegangen und vom Lauf der Dinge herbeigeführt zu sein scheint, und selbstverständlich, so verwirrend es auch sein mag. Das heißt, dass das, was wir früher noch für unmöglich oder sogar für unvorstellbar hielten, schließlich so gut aus dem stillen Verlauf hervorgegangen ist, dass wir letztlich nicht einmal einen Ansatzpunkt finden können, um uns ihm entgegenzustellen oder auch nur daran zu denken, uns darüber zu wundern.

— 3 —

Um diesen unmerklichen, stillen Verlauf wiederzugeben, von dem zu sprechen einem gar nicht in den Sinn kommt, dessen Resultat sich jedoch schließlich aufdrängt, spricht der Chinese Wang Fuzhi von »unterirdischer Verschiebung – stiller Verwandlung« (潛移 默化). Die erste daraus zu ziehende Lehre ist, dass es wachsam zu sein gilt, so wie zuvor im Hinblick auf die Gesundheit, um dieses *Diskrete* der Neigung zu vernehmen. Dazu schult uns das chinesische Denken, denn es nimmt, wie wir wissen, in jedem Zustand eine Verwandlung wahr, in jeder Situation eine Neigung. Es trachtet nicht so sehr danach, die Welt in Form einer physikalischen und einer metaphysischen zu verdoppeln, als vielmehr das Spiel von Einflüssen und Auswirkungen zu erfassen, das alle korrelierenden Faktoren aufeinander ausüben, wenn sie das Weltgeflecht erneuern. Dieses Denken lernt dabei, wahrzunehmen, wie eine zuerst *lokale* Neigung schrittweise in eine *allseitige* mündet, wie eine winzige Neigung in eine unendliche mündet.[110] Auch weckt es unsere Aufmerksamkeit für die Entdeckung selbst minimaler Hinweise hinsichtlich einer Verwandlung, die in ihrem Grund entschwindet (der »Himmel«), so »natürlich« sie auch immer ist. Statt sich auf den (platonischen) Gegensatz von Sichtbarem und Intelligiblem zu versteifen, tendiert es dazu, genauestens den Übergang zu untersuchen, der zu einem *Zutagetreten* führt, wenn das Phänomen gerade im Begriff ist, seine Nichtwahrnehmbarkeit zu verlassen, im Stadium des »Subtilen« (*wie* 微), des skizzenhaften Entwurfs sich befindet und inmitten des Sinnlichen kaum merklich aufzutauchen beginnt. Es lernt auf diese Weise, von der lauten, ausgebreiteten Manifestation zurück zu deren »Quelle« (*yuan* 源) zu gehen, zum »Beginn« (der Begriff des *ji* im *Buch der Wandlungen*), wenn sich die eintretende Evolution – kaum merklich – vernehmbar macht, man sie aber bereits in ihren Grundzügen vorhersagen kann.

Das chinesische Denken hilft uns auf diese Weise, die in der stillen Verwandlung implizierte Prozesshaftigkeit genauer zu erfassen, dasjenige besser zu verstehen, was »sich allmählich durchsetzt«. Denn es bleibt noch aufzuklären, wie die unserer Aufmerksamkeit sich entziehende stille Verwandlung einerseits und das Plötzliche ihres lauten Ans-Tageslicht-Kommens andererseits sich verbinden. Man würde gerne glauben, es wäre ein Bruch; jedenfalls nimmt man, von der einen wie von der anderen Seite her betrachtet, eine Diskontinuität wahr. Man sieht die Ähre nicht wachsen, und plötzlich, eines Morgens, stellt man fest, dass sie erntereif ist, oder man sieht während der Lehrzeit keinen sich anbahnenden Fortschritt, und plötzlich, eines Tages, stellt man fest, »realisiert« man, dass man es »geschafft« hat. Zwischen der geduldigen Erwartung und dem hervorsprudelnden Resultat entwischt die – in der Mitte liegende – präsente Zeit. »Wie durch einen Satz«, sagt Menzius lakonisch[111]: Eben weil das Voranschreiten still ist, bemerkt man es erst *im Nachhinein*, ist man erstaunt über den daraus sich ergebenden Gewinn, wenn das Resultat bereits vorliegt. Tatsächlich aber ist dieses sich ergebende Hervorsprudeln, das »sprunghaft« vor sich geht, nur scheinbar ein Zeichen von Diskontinuität.

—4—

Unsere Lektüre der Geschichte kann von dieser Denkweise profitieren. Wenn Braudel die Ereignisgeschichte anprangerte, jene, die man in der Schule lernte, vollgestopft mit Daten, Aktionen und großen Persönlichkeiten, die von Königen handelt, die den Thron besteigen oder sterben, die Kriege führen oder Verträge abschließen – eine Geschichte, mit einem Wort, von »lautstarken Ereignissen« –, so musste er zugleich einräumen, dass sich unter diesem fiebrigen Stakkato eine Schicht befindet, die er nur »Langzeit«, »lange Dauer« oder sogar die »quasi Immobilität« der Geschichte nennen konnte. Für einen Historiker scheint ein Ausdruck wie der letzte grenzwertig zu sein. Was aber ist zum Beispiel, so Braudel, der Übergang vom »Feudalismus« zum »Kapitalismus« in Europa, der sich vom 14. bis zum Ende des 18. Jahrhunderts, also über vier Jahrhunderte, erstreckte, anderes als eine »stille Verwandlung«? Es war eine sowohl globale wie kontinuierliche Mutation, in ökonomischer, finanzieller, sozialer ebenso wie in politischer und ideologischer Hinsicht, eine Mutation ohne Helden und Ereignisse, sogar ohne bestimmte Orte, ohne zu merkende Daten oder Namen.

Nun müsste man dieses Konzept einer *stillen Verwandlung* nicht nur als ein retrospektives, sondern auch als ein prospektives in Betracht ziehen. Man müsste es sich deskriptiv statt präskriptiv vorstellen, denken wir es doch an Stelle einer unmöglichen Methode oder einer scheiternden Modellierung. Wenn es aus den *stillen Verwandlungen* einen »Profit« (*li* 利) zu erzielen gibt, so deshalb, weil sie effizienter sind als die *Bravourstücke*, von denen man spricht und die Aufsehen erregen, die aber, lokal und kurzzeitig wie sie sind, auch abhängig vom Projekt eines Subjekts sind und mehr oder weniger nur einer (theatralischen) Vorstellung und einem Wunder ähneln (der *deus ex machina* der Geschichte). Ist es nun nicht auch fatal, dass dieser Gewinn, der als solcher eben erst *im Nachhinein*, also verzögert (wenn überhaupt), erkannt wird, uns nicht als Verdienst angerechnet wird? (Die großen Politiker waren sich darüber im Klaren.) Von einer induzierten Situation herbeigeführt, scheint sich ein solcher Gewinn im weiteren Verlauf ganz »natürlich« zu ergeben und kann einer Beachtung, noch weniger einer Honorierung für nicht würdig befunden werden. Das große Verdienst desjenigen, der es verstand, diese Verwandlungen zu initiieren, sie dann aber ihren Weg gehen ließ, wird nicht eigens sichtbar. Sondern verschmilzt mit seinem Erfolg. Aus diesem Grund gibt es nur den in der Situation aufgegangenen Erfolg und nicht dieses Erzwingen, das sich zwar sogleich bemerkbar macht, unweigerlich aber Widerstand und eine gegenteilige Wirkung hervorruft.

Bekanntlich verschreibt man im medizinischen Milieu psychiatrische »Handlungen«, die einen Anfang und ein Ende kennzeichnen, von einem verantwortlichen Akteur in der Weise entschieden und gerechtfertigt werden, dass man sie addieren und in Rechnung stellen und folglich auch bezahlen kann. Aber, so könnte man fragen, sind diese »Handlungen« auch wirklich die wirksamsten? Oder ist eine »Kur« in der Psychoanalyse etwas anderes als eine stille Verwandlung, die sich heimlich ihren Weg bahnt, bis sie das psychische Leben wieder lebbar macht? Kann man aber eine stille Verwandlung überhaupt für sich reklamieren, wo sie doch so überaus diffus ist, sich jeder Einflussnahme entzieht und nicht zuordenbar ist? Diese Frage ist, wie man sieht, nicht nur eine theoretische. Wenn, wie es das *Sunzi* sagt, am großen (wahren) General nichts zu loben ist, weil dieser es verstanden hat, den Sieg derart leise heranreifen zu lassen, dass man ihn »leicht errungen« glaubt (weshalb man nicht daran denkt, ihm dafür zu danken), so findet man dies ebenso in allen Leitungen von Prozessen, also auch in der Politik. Freilich verkündet man lieber lautstark bestimmte Maßnahmen und Glanzleistungen, für die man sich gleich im Voraus die Meriten zuschreibt, als diskrete Abweichungen anzubahnen, die in aller Stille, nächtens, ihren Weg nehmen und tatsächlich eine Tendenzumkehr bewirken könnten (so wie heute im Hinblick auf die Arbeitslosigkeit und den herbeizuführenden sozialen Wandel): Wann endlich können wir aus der »stillen Verwandlung« ein strategisches Konzept machen, das die »Reifung« erhellt?

In Europa ist unsere Auffassung von Effizienz mit der Hervorhebung der Aktion, mit dem Ereignishaften verbunden und folglich mit dem Spektakulären und Heroischen: Sie hat in unseren Augen immer etwas mehr oder weniger Episches, und das umso mehr unter dem Regime der Medien, die schon aufgrund ihrer Funktion und fixiert auf Einschaltquoten, wie sie nun einmal sind, etwas laut vernehmlich machen, statt sich mit dem Diskreten näher zu befassen. Durch die ausführlich kommentierten »kleinen Seitenhiebe« oder die ununterbrochen veröffentlichen Meinungsumfragen wird der Verwandlung keine Zeit mehr eingeräumt. Es muss um jeden Preis ein »Ereignis« geschaffen werden, über das dann gesprochen wird. Das demokratische Leben wird dadurch pervertiert, dass man keine Gelegenheit mehr hat, über stillen Verwandlungen, die doch das Wirkliche unserer Gesellschaft ausmachen, seine Meinung zu sagen und abzustimmen. So können wir auch kaum auf diese verdeckt angefangenen Verwandlungen zählen, die sich in aller Stille ihren Weg bahnen und schließlich zu Ergebnissen führen. Diese Verwandlungen haben diskreten Einfluss auf den Lauf der Dinge, weil sie, völlig von der Situation absorbiert, sich von ihm tragen lassen. Weil sie nicht laut trompetend daherkommen, sich nicht einmal lokalisieren lassen, könnte man sagen, dass sie »ausweichend« sind. Wir müssten also lernen, diesem *Ausweichenden*, das weder lokalisier- noch eingrenzbar ist, einen Status zu verleihen, denn das ist es, was uns auf radikalste Weise vom Denken des Seins und dem, wovon es in erster Linie abhängt, befreit. Wir müssten etwas anderes kennenlernen als den Willen, jedem »Ding« seinen Platz anzuzeigen und *zuzuweisen*.

XIV

Evasiv (vs. Bestimmendes Zuweisen)

— 1 —

Wenn es eine griechische, in der Ontologie verankerte Entscheidung oder, so würde ich sagen, eine »grundlegende Übereinstimmung« gibt, auf deren Basis die Griechen gedacht haben, so ist es die Annahme, dass etwas desto mehr »ist«, je mehr es bestimmt ist, also die Annahme, dass De-terminierung das »Sein« ausmacht. Der »Terminus« der Grenze (*peras* πέρας) rettet dadurch, dass er die Ränder markiert, vor der Inkonsistenz des Unbegrenzten, des *apeiron* ἄπειρον.[112] Daraus wird abgeleitet, dass das Unbestimmte zugleich und gleichbedeutend das Vage, Unentschiedene, Ungewisse ist und allmählich zu sein aufhört. Denn jedes Ding gewinnt Konsistenz nur zwischen markiertem Anfang und Ende (zwischen *arche-telos*), wodurch es sich als singuläres Seiendes abhebt, sich als Essenz-Präsenz, als *ousia* konstituiert. Das dem Griechischen Eigentümliche ist demnach das *bestimmende Zuweisen* [*assigner*], mit dem jedem Ding der ihm eigene theoretische Ort verliehen wird, der als »an sich« markiert ist, sein Privileg darstellt, von dem es seine Zutrefflichkeit bezieht und der seine »Beschaffenheit« bildet. Die Zuweisung führt dazu, dass jedes Ding ein »Selbst« sich selbst gegenüber sein kann, ein »An-und-für-sich« (*hauto kath'hauto*), das sich vom Rest des Seienden abhebt und durch seine Eigenschaft genügend beständig und umrissen ist. Wäre es auch noch so flüchtig und subtil, handelte es sich auch nur um einen Hauch, einen Luftzug oder Schaum, so eignet jedem Phänomen in den Augen der Griechen doch stets noch eine »Natur«, also eine feststehende Spezifität. Mag es noch so schwierig sein, es auszumachen und konkret zu erfassen, in welchem Zusammenhang, welcher Atmosphäre oder Einflusssphäre es auch immer eingetaucht ist, es bleibt doch stets ein »Etwas«, das seine Einheit besitzt, die ihm als Sockel seiner Wesenheit dient.

Sagen wir, dass die Griechen diese *Fixierung* (in den verschiedenen Bedeutungen des Wortes) geschaffen haben: Dem griechischen Denken zufolge ist nur nach Maßgabe einer *bestimmenden Zuweisung*, die zugleich eingrenzt und attribuiert und somit eine Prädikation ermöglicht, ein rigoroses Wissen als Wissen der *Identität* möglich. Der *logos* selbst, die Rede-Vernunft, legitimiert sich nur als ein durch Anfang und Ende bestimmtes Segment: zwischen dem, was zuerst, als »Prinzip«, und sei es axiomatisch, gesetzt werden muss und hinter das man nicht mehr zurückgehen kann, und dem, was als sein Ende, zugleich sein Ziel und sein Anschlag, gesetzt wird, über das man nicht hinausgehen kann und ohne das die Rede »vergeblich« wäre. Es sei notwendig, sagt Aristoteles, sich zwischen diesen beiden »aufzuhalten« und darin »stehenzubleiben« (*ananche stenai*: Die Formel ist in ihrer Nachdrücklichkeit symptomatisch – erklingt hier die griechische Angst vor dem *Uferlosen*?). Erkennen ist also zunächst Bestimmen, »Denken« und »Sein« sind zueinander koextensiv und überdecken sich entsprechend dem großen Ausspruch des Parmenides. Falls es einen unzuweisbaren bzw. unbestimmbaren Rest im Rahmen des griechischen Denkens gäbe, so muss man sich fragen, ob man diesen nicht auch noch fixieren müsste: an einem Ort, der kein Ort ist, sondern ein universeller Aufnahmebehälter quasi »dritter Art«, der sich zwischen dem intelligiblen Modell und seiner sinnlichen Kopie befindet, in jenem primären »Dies«, dieser unförmigen, weil unbestimmten Art, die es jedoch jedem »Ding« erlaubt, sich davon abzuheben und, sich bestimmend und seine Qualität unter Beweis stellend, dies oder jenes zu sein. (Man denke etwa an die *chora* im *Timaios.*[113]) Andernfalls verweist uns das Unzuweisbare an den anderen Rand zu einem Delirium, der *mania* oder dem göttlichen Pneuma, oder an ein Gutes »jenseits« des Wesens selbst, das alles Erfassen übersteigt.

Zwischen diesen beiden liegt die Zone der auf Identitätsdefinition beruhenden Zutrefflichkeit des »Seins« ebenso wie der »Erkenntnis«. Es gibt ebenso viel »Seiendes«, wie es mögliche Zuweisungen gibt: Die Ideen selbst haben ihren eigenen »Ort« (den *topos ton eidon* τόπος τῶν εἴδων), dieses »Dort« der »Ebene« der Wahrheit, die sich in himmlischer Ferne abzeichnet.

Nun müssen wir in Umkehrung, in Gegenbewegung zu unseren zu Anforderungen sedimentierten intellektuellen Gewohnheiten eine andere Art von »Wirklichkeit« oder besser von *Effektivität* denken, die nicht mehr eine »seiende«, sondern eine *verschwindende* und sich einem abgrenzenden Ergreifen entziehende, dafür aber unendlich wirkende Effektivität ist; oder, um es in Varianten und von diversen Schrägen her auszudrücken, und sei es nur, um den Satz (das Denken) dadurch geschmeidiger zu machen: Wirklichkeit oder Effektivität ist zugleich (sich) zerstreuend-beeinflussend, vergehend-invasiv, atmosphärisch-prägnant. Denn um ihr in unserer Sprache einen Platz einzuräumen, müssen wir uns ihr durch fortschreitende Verschiebungen nähern, ihr ein Register eröffnen, und zwar nicht mehr eines des Zuweisbaren [*assignable*], sondern eines, das ich im Gegensatz dazu das »Evasive« nennen würde. Wenn das französische *evasif* gewöhnlich negativ aufgefasst wird – ist es doch mit der vorherrschenden Forderung nach Bestimmtheit konfrontiert (eine ausweichende Antwort ist, wie wir wissen, eine Antwort, die flieht, sich entzieht, keine Verantwortung übernimmt) –, so müssten wir, um gewahr zu werden, was wir mit unserer Erfahrung nicht einfangen können, lernen, auch diese Wahlentscheidung umzustoßen, eine Wahlentscheidung, die, so würde Nietzsche sagen, nicht nur eine theoretische ist, sondern auch eine unserer Erkenntnismoral. Das Evasive ist das Nichteinschränkbare, demnach imstande, sich nicht eingrenzen zu lassen, sondern in Expansion zu verbleiben, es ist von einem aussparend-flüchtig-vagen »An-sich« und daher von der festgefahrenen Konsistenz dieses begrenzbaren-aneigenbaren An-sich (des »An-und-für-sich«) befreit. Wenn das dem Denken von Sein Eigentümliche das bestimmende Zuweisen ist, so wird das Verlassen dieses Seinsdenkens darin bestehen, zu denken, was diese nicht bestimmbare Unzuweisbarkeit des Evasiven an *Produktivem* an sich hat.

—2—

An welchem anderen Möglichen, das wir zwar *leben*, aber nicht *denken*, lässt uns das Denken von Sein vorbeigehen? Wenn man sich auf das chinesische Denken bezieht, so hört dieses jedenfalls nicht auf, uns zu denken zu geben – nur ist das eben nicht mehr ein »Etwas«. China gibt etwas nicht auf ontologische, sondern *»daoische«* Weise zu denken. Dass das chinesische Denken das »Sein« nicht konzipiert hat, macht tatsächlich seine Ressource aus: Es fällt ihm leicht, das Nichterfassbare des Nichtbestimmten zu erfassen und ihm seinen Platz einzuräumen, um daraus den undifferenzierten Grund der Dinge zu machen. Nicht, um die Essenz-Präsenz zu denken, deren Identität als Entität zu erfassen ist, sondern um zwischen »es gibt«/»es gibt nicht« (有无 之间) zu denken; nicht, um die Wahrheit herauszufinden, sondern um das einzufangen, was die Quelle aller Effektivität ist; nicht, um einzugrenzen und zu definieren, sondern um das zu »sondieren«, was durch sein Evasives kommunizierend bleibt und sich auf keine Eigenschaft oder Qualität reduzieren lässt, die durch Vereinzelung sich versteift und zusammenschrumpft und seine »Kapazität« (Begriff von *de* 德) verliert. Das *dao*, sagt das *Laozi*,[114] ist diese Wirksamkeit des Unzuweisbaren, die sich vor aller Bestimmung aufrechterhält und zugleich Negation ist: »zu fein, um sichtbar, zu subtil, um hörbar, zu zart, um ertastbar zu sein«, diese *Zartheit* lässt sich also nicht markieren. Seine Eigenschaft ist, nichts Eigenes zu haben und sich von keiner Seite her charakterisieren zu lassen: »oben ohne licht, unten ohne dunkelheit«. Ein Kontinuum, ohne Anfang und Ende, sodass es weder einzugrenzen noch benennbar ist: »entgegentretend sieht man nicht sein Gesicht / ihm folgend nicht den Rücken«.[115] Daher kann man es nur als »verschwommen«, »vage«, »unbestimmt« charakterisieren (*hu huang* 惚恍).

Diese Unbestimmbarkeit erlaubt es, sich auf nichts zu beschränken und an nichts festzuklammern, sondern ununterbrochen *weiterzuschreiten*: Genau darin besteht der nie beeinträchtigte »Weg« (*dao*) der *Gangbarkeit*. Wenn dieser der bestimmenden [*assignante*] Wahrnehmung entgeht, so nicht, weil er von anderer Art als das Sinnliche wäre, von einer anderen Welt, sodass er, vom Phänomenalen losgelöst, zum Intelligiblen der Ontologie gehörte. Er ist, so wird gesagt, sehr wohl eine »Konfiguration«, nur ist diese »ohne besondere Konfiguration«, die ihn einschränken würde (无状之状), weshalb er zu allen möglichen Konfigurationen bereit ist; er hat, oder besser noch: er ist sehr wohl seine »Phänomenalität« (andernfalls würde man in Metaphysik verfallen), doch ist diese Phänomenalität »ohne bestimmten Inhalt« (无物之象), weshalb dieses Vorausliegende der Bestimmung das ist, was den verschiedensten Bestimmungen erlaubt, sich zu entfalten. Seine ausweichende Unbestimmtheit [*évasivité*], die sich nicht aktualisieren lässt, bedeutet, dass er sich in der Fruchtbarkeit des Virtuellen erhält und sich nicht verdinglicht, nicht eingräbt. Diese Unbestimmbarkeit ist auch die Bedingung seiner Unerschöpflichkeit, seine »Aussparung« die Bedingung seines endlosen »Funktionierens«. Das Evasive, in ständigem Ausweichen vor einem »Selbst« begriffen, lässt sich nicht durch die Einschränkung irgendeines »Selbst« zum Versiegen bringen; und was es an Zartem in seinem Zutagetreten hat, bewahrt es in seinem Fundus oder seiner Reserve: »Es zu betrachten, ist nicht genug, um es zu sehen; ihm zu lauschen ist nicht genug, um es zu hören; aber um es wirken zu lassen, ist es auch nicht genug, es zu meistern.«[116] Weil es noch diesseits der Bestimmung bleibt, übersteigt es jegliche Begrenzung. Sein *Rückzug* macht seine *Ressource* aus.

Man muss das Evasive auf sinnliche Weise denken oder, wie es ihm entspricht, *an der Grenze* zum Sinnlichen: im Stadium des Merklich-Unmerklichen, dessen, was sich *kaum* wahrnehmen lässt, d. h. dessen Wahrnehmung sich weder fixieren noch zergliedern lässt. Von dieser ausweichenden Unbestimmtheit, die sich nicht eingrenzen lässt, deren Wirkungskraft aber umso größer ist, je diffuser, ungreifbarer und weniger einzukreisen sie ist, zeugt der Wind (*feng* 风),

eines der ältesten Motive des Denkens und der Poesie Chinas, dem wir bereits im Hinblick auf den *Einfluss* begegnet sind. Der Wind ist das, wovon man zwar rundum den Hauch spürt, den man aber selbst nicht wahrnimmt, der in seinem Verlauf unendlich weitergibt, von dem man aber nur das Resultat feststellt. Das Volk spürt die von der Persönlichkeit des Weisen ausstrahlende Sittlichkeit, aber nur durch diskrete Durchdringung – dies aber umso wirksamer als jedes Gebot, das, abstrakt wie es ist, nur Zwangscharakter hat. Der Wind, der in die kleinste Öffnung, in die kleinste Ritze eindringt, ist *erscheinungshaft*, bleibt zwar unabwägbar und inkonsistent, dafür aber umso *belebender*. Er ist die Modalität von Verbreitung schlechthin, beständig im alles durchdringenden Verlauf oder Zug, der in Verbindung setzt und verbreitet. Wenn man bedenkt, dass »Wind(e)« die älteste poetische Rubrik Chinas darstellt, versteht man sogleich, wie früh dieses Land dem Aufmerksamkeit geschenkt hat, was im Westen letztlich auf wenig Interesse gestoßen ist: einer Verbreitung, die umso durchdringender und erfassender ist, je weniger sie sich wahrnehmen lässt; die umso wirkungsvoller ist, je weniger sie sich beschränken lässt. Das Konzept des *Windes* bewirkt allein durch das, was es an Durchgang und Öffnung quer durch das Fühl- und Tastbare erzielt, eine Zerstörung oder Auflösung von jedem ontologischen Gedanken der Selbstkonsistenz oder des Eigenen, des Isolierbaren und Abgedichteten, des Wesens und des bestimmenden Zuweisens.

Auch hat dieses Motiv des »Windes«, als Macht der endlosen Verstreuung und Belebung, dessen Ausbreitung anspielend und zugleich diffus ist, in China dazu geführt, das zu denken, was das ontologische Register der zugleich bestimmenden wie attribuierenden Festlegung [*l'assignation*] in Europa nur in armseliger Weise anzustreifen erlaubt hat: den »Anschein« (eines Gesichts) oder die »Atmosphäre« (einer Gegend, eines Moments, einer Epoche) und alles, was durchströmend und damit zugleich *evasiv* ist. Das chinesische Denken hat davon einen breiten Fächer an Ausdrücken zusammengestellt, alle in Zusammensetzung mit Wind. »Wind-Unterweisung« (*feng-jiao*) besagt die moralische Atmosphäre eines Landes: nicht die dort im eigentlichen Sinn vorgenommene Erziehung, sondern die Sitten und Gebräuche, die durch langsames und dauerhaftes Durchsickern resultieren. »Wind-Einstellung« (oder »Wind-Haltung«, »Wind-Manier«, »Wind-Verhalten«, *feng-zi*, *feng-yi*, *feng-du*, *feng-cao*) meint die besondere Atmosphäre, die von einer Person ausgeht: nicht dieser oder jener Charakterzug, der als solcher analysierbar wäre, sondern das, was seine Persönlichkeit durchzieht und zugleich zum Ausdruck bringt. Auch spricht man von einem »Wind-Geist« (*feng-shen*), einem »Wind-Gefühl« (*feng-qing*), einer »Wind-Resonanz« (*feng-yun*), einer »Wind-Farbe« (*feng-cai*), einem »Wind-Geschmack« (*feng-wei*) usw. Auf diese oder jene Weise macht die durch den Wind konnotierte Nichtfestlegbarkeit ihn zum privilegierten Motiv für dieses *Durchdringend-Flüchtige*: für das, was sich nicht auf eine individualisierte und stabilisierte Essenz oder Eigenschaft reduzieren lässt, obwohl es unendlich von dieser *ausströmt*.

— 3 —

Kann man sich dem Denken einer Landschaft anders nähern, als sie als eine diffuse Macht des Ausströmens und Durchdringens zu begreifen? Das chinesische Denken sagt es ebenfalls mit einer Wind-Verbindung (»Wind-Licht«, *feng-jing* 风景). Wenn nämlich »Land« das Lokalisierbare benennt, das folglich physisch auffindbar und bestimmbar ist, so gibt es Landschaft erst dann, wenn die Phänomenalität der Dinge sich durch eine Spannung zwischen ihren Elementen entgrenzt, d. h. wenn die Phänomenalität sich aus ihrer Physikalität herauszuziehen und auszubreiten vermag; wenn sie also die Begrenzung des Sinnlichen überwindet und sich ausweitet, als *Aura* ihre greifbare Form verströmt: wenn sie sich als »Geist« [*esprit*] ausbreitet, ohne jedoch ihre Textur, ihre einzigartige Gliederung aus »Bergen« und »Gewässern« (*shan-shui* 山水), wie es im Chinesischen heißt, aufzugeben. Man spricht dann vom »Geist« einer Landschaft, wie von einem solchen des Weines oder eines Parfums. Das »Physische« und das »Geistige« werden dabei nicht für isolierbare Entitäten gehalten, sondern das Sinnliche »ausgeatmet«, »dekantiert« und »quintessenziert« – man muss diese alten Verben aus dem Dunkel hervorholen, in das sie durch den Triumph unserer Dualismen vergraben wurden, um sich ihrer für das Aussprechen dieses *Ausströmens* und *Evasiven* zu bedienen. So wie man den »Geschmack jenseits des Geschmacks« – das »Fade« – vorziehen solle, der, gerade weil nicht mehr festgelegt und bestimmt, reich an unbegrenzter Entfaltung ist, so preist man auch »die Landschaft jenseits der Landschaft« (*jing wai jing* 景外景), die von dieser ausströmt und dekantiert. Deshalb ist sie aber noch längst nicht von einer anderen Welt, längst nicht dem Sinnlichen fremd: »Die blauen Felder (unter) der lauen Sonne: aus der (vergrabenen) schönen Jade steigt feuchter Hauch. Man kann (es) betrachten, aber nicht wirklich genau vor Augen halten.«[117]

Den im trocken-klaren Licht des griechischen Himmels deutlich sich abzeichnenden Bergspitzen würde man gerne diese Gipfel gegenüberstellen, die, im Land der Monsune, von aus den Tälern emporsteigenden Nebeln umkränzt sind, deren Formen undeutlich zu einer *Aura* verschmelzen. Oder, so sagt der chinesische Schriftsteller Qian Wenshi: Statt die Sonne des Südens, die die Konturen der Dinge ganz scharf abhebt, würde man es vorziehen, den Abend zu malen, wenn die Formen in den Halbschatten zurückkehren, sich aufzulösen beginnen und »die Landschaft sich in Unklarheit verliert: eintauchend-auftauchend zwischen es gibt und es gibt nicht«. Dabei handelt es sich nicht nur um eine pittoreske Umkehrung. Das »Verschmelzen« (der Formen) hat hier nichts Anekdotisches: »Was sich in der physischen Aktualisierung einwurzelt, schmilzt Geistiges (in sich)«, sagt einer der ersten chinesischen Theoretiker der Malerei (Wang Wei, im 5. Jahrhundert).[118] *Schmelzen* (*rong* 容) bedeutet hier zugleich: sich verflüssigen, sich beimischen, amalgamieren). Das Wort spricht vom unteilbar verschwommen machenden Ineinander-Eindringen, vom flüssig werdenden Soliden; wir haben es hier mit dem Terminus zu tun, der, am weitesten entfernt vom platonischen »durchschneiden« (*temnein*), überhaupt nicht trennt und den Dualismus verhindert.

Sobald sie tatsächlich nicht mehr als »Sein« aufgefasst wird, erwächst auch Landschaft aus dem Strömen von Energie oder Atmung: einerseits bildet es, sich konzentrierend, die Konkretisierung von dem, was wir »Körper« nennen; andererseits verbreitet es sich, ausstrahlend, aber auch in »geistiger« Dimension. Insofern sie uns Zugang zur *Freisetzung* dieser Physikalität verschafft, die, während sie sich leicht öffnet, bereits wieder entschwindet, gilt eine derartige flüchtige Unbestimmtheit der Landschaft in den Augen der chinesischen Maler-Literaten sogar als einzig mögliche »Offenbarung«: Sie setzt ein »Jenseits« frei, ohne jedoch das Sinnliche und Unmittelbare aufzugeben (bei Zong Bing, dem ersten Landschaftstheoretiker im 5. Jahrhundert).[119]

Dieser Urbegriff des chinesischen Denkens, der von der sich in Landschaft kondensierenden Wirklichkeit der Welt spricht, oder besser: deren Effektivität ausdrückt, hat als elementares Schriftzeichen die Form einer Wolke, begreift sich dann (schreibt sich: *qi* 气) wie der Dampf über garendem Reis. Im Übergang vom Sichtbaren zum Unsichtbaren spricht der Terminus ebenso von der Konzentration dessen, was wir als »Materie« bezeichnen, wie von der Ausbreitung dessen, was wir »Geist« nennen, zugleich von dem, wovon alle Individuationen der Lebewesen und Dinge physisch herrühren, und von dem, was diesen an Fließendem innewohnt, was sie beseelt und in Schwung hält. Er spricht also nicht in Begriffen des »Seins«, sondern in denen des Durchziehend-Atmosphärischen oder des Ausströmend-Infiltrierenden, des Entschwindend-Invasiven. Man müsste also diese, anders als die Ontologie geartete, Modalität denken lernen, um die *Kapazität* des Flüchtigen zu erhellen: nicht des Seienden, sondern des *Vagen*; nicht der Erkenntnis, sondern des *Einflusses*; nicht der vorhergesagten Regel und des Gesetzes sowie der Kodifizierung, sondern der *Auswirkung* und des *Herbeiführens*.

Das chinesische Denken hat diese Modalität vor allem als den poetischen Modus schlechthin aufgegriffen, den ich den ausweichend-effektiven oder den inkonsistent-anregenden nennen würde – insbesondere diese, das Vage einfangende Anregung, mit der ein

Gedichtanfang anhebt und von dem das Gedicht seinen Schwung erhält (Begriff des *xing* 兴). Zart und zugleich prägnant: Diese Formulierung ist hier wieder einmal nicht paradox. In dem Moment, in dem »man es mit der Hand zu fassen kriegt, ist (es) bereits entwischt« (Sikong Tu). – Blitzartig bringt uns das in die Nähe Mallarmés (in *Crise des vers*) – aber um den Preis welch einer Revolution oder poetischen, theoretischen »Krise« in Europa, die einen Ausgang aus der Ontologie ermöglichte und der sich unsere Moderne verdankt: »wenn es nicht dies ist, aus einer Handvoll Staub oder Realität die flüchtige Streuung, ohne im Buch, selbst als Text, sie zu umschließen, die der Geist ist, zu befreien«.[120] Wenn Lacan auf die Funktion der »Zwischenwelt« oder der »Kluft« hinweist, worin das Auftauchende zugleich das Verschwindende ist, der diesem »Erfassten« einen Aspekt des »Vergehenden« verleiht; wenn er, Freud folgend, bezüglich des Primärvorgangs wiederholt, »dass das, was hier passiert, dem Widerspruch, der raum-zeitlichen Lokalisierung [...] unzugänglich bleibt«, sowohl »unzerstörbar« als auch vom Begehren, also »von der unbeständigsten aller Realitäten gestützt« ist, so ist auch Lacan dazu gezwungen, das *Ausweichende dieses Tatsächlichen* einzugestehen. Er lässt es bis zur Schlussfolgerung kommen: »In ontischer Hinsicht wäre das Unbewusste als das Ausweichende [*l'évasif*] zu bezeichnen.«[121] »Sein Seins-Status« sei »so vage« und »so unbeständig«. Während wir die Termini völlig bestätigen, stellt sich uns jedoch die Frage, weshalb man noch diesen »Status« (des Seins) einfordern soll, wie Lacan das hier macht, weshalb man es auf »ontischer Ebene« ansiedeln soll, wie er es immer wieder sagt, so als wäre das die einzige Weise, das Nichtangreifbare in Angriff zu nehmen oder das Unfassbare durch Loslassen zu erfassen. Anders gesagt: Weshalb muss man denken, dass das in dieser Weise so »Fragile« etwas »Vor-Ontologisches« wäre, insofern es von dieser Kategorie nicht wegkommt und folglich auf die »ethische« Ebene zu übertragen wäre, wohin Lacan später hinführt?

Nun frage ich mich, ob es nicht der Mühe wert wäre, mit der Dekonstruktion, sei es des »Metaphysischen« oder des »Psychologischen«, einen Schritt weiterzugehen und sich sowohl des »Status«

als auch der »Ebene« zu entledigen, die zwar bequeme Vorstellungen sind, aber, da sie verleihen und lozieren, den Zugang zu unserem Vorhaben behindern und blockieren, nämlich das zu erfassen, was kein »Etwas« ist – kein ein Objekt ausmachendes »Etwas«, das unsere Sprache in Europa nicht *nicht* aussprechen kann, außer sie erfindet sich poetisch, d. h. durch Auflösen der Sprache. Soweit es sich um unsere Sprache handelt, müsste es darum gehen, sich von dem zu lösen, was sie, ohne es zu wollen, nicht aufhört vorauszusetzen und herbeizuschaffen, indem sie aus allem, was sie berührt, ein »Sein« macht, gleich dem alles in Gold verwandelnden Midas. Sie tut dies einfach nur durch ein Zuweisen, selbst wenn sie vorgibt, sich davon befreit zu haben und von dem loszukommen, was sie unablässig artikuliert und als solches *konstituiert*, obwohl man es als »inkonsistent« bezeichnen will. Durch das Zuweisen lässt uns unsere Sprache das *Effektive-Evasive* verfehlen, das so grundlegend in der Welt wie auch im sogenannten psychischen Leben am Werk ist. Man müsste aus dem *Evasiven* endlich eine echte, eigenständige Modalität machen, die nicht im Schatten irgendeiner anderen steht, dem das *Anspielende* entspricht, und zwar auch in der Psychoanalyse hinsichtlich der Fähigkeit, es verbal zu evozieren.

XV

Allusiv (vs. Allegorisch)

1

Wir müssen noch einmal auf das zurückkommen, was sich in Europa als eine Evidenz verfestigt hat, dass nämlich die Bedeutung auf der Bestimmung des Seins beruht, dass »reden« notwendigerweise »etwas sagen« sei, wie Aristoteles dies gleich zu Beginn feststellt, und dass etwas sagen »etwas bedeuten« sei (*legein ti* λέγειν τι, *semainein ti* σημαίνειν τι[122]). Was Aristoteles als den ersten Eckstein der europäischen Vernunft gesetzt hat, ohne dabei die geringste Wahlmöglichkeit aufscheinen zu lassen, ist, dass unser Wort nur gerechtfertigt ist, wenn es sich einen Gegenstand (*ti* τι) gibt, der, so unbestimmt er auch sein mag, bereits eine Einheit als Entität erscheinen lässt; andernfalls ist das Wort vergebens: Wenn es sich auf »nichts« (*ouden* οὐδέν) bezieht, nichts »sagt«, »ist« es selbst nichts. So ist das Wort dazu berufen, das zu sagen, was die Dinge »sind«, ihre Essenz-Präsenz (als *ousia* οὐσία) zu fixieren, sie von Unterschied zu Unterschied zu spezifizieren und die Sprache für immer an das Sein zu binden. Das Prinzip des ausgeschlossenen Widerspruchs, gesetzt als erstes Axiom der Vernunft, ist selbst nur die Konsequenz aus diesem »onto-logischen« Pakt. Denn wer auch immer ihn ablehnen wollte, unterwirft sich ihm noch. Sobald er »etwas sagt«, setzt er ihn bereits voraus. Oder er zerstört durch seine Missachtung die Legitimität des Wortes und schließt sich dadurch gleich von der Gemeinschaft aus.

Wenn es nun kein (vom Wort gesagtes) »Etwas« mehr gibt, das ihm zugleich als Grundlage und Objekt dient und das es ins

Sein einschreibt; wenn es, einmal vom ontologischen Regime losgekommen, die am Werk befindliche, unbegrenzte Wirkungskraft ist, die man evozieren will, die aber eben kein mögliches »Etwas« ist, sondern die alles ununterbrochen »durchströmt«, ohne sich fragmentieren oder sedimentieren zu lassen (eine »pervasive« Kraft, wie es das Englische so passend sagt) – dann würde im Gegenzug das Wort dies nicht *namentlich* sagen können. Anders gesagt, dem *Evasiven* des »Grund-losen« und »Form-losen«, des Konsistenz-losen (*hu mo wu xing*[123]), sich in steter Veränderung und ohne Beständigkeit Befindlichen (*bian hua wu chang*) wird das *Allusive* des Ausdrucks entsprechen: die Anspielung. Das Allusive »sagt« nicht etwas, »ein« Etwas, sondern lässt *unbegrenzt passieren.* Man »sagt« nicht das *dao*, weil es nicht isolierbar-objektivierbar ist, aber alles kann durch ständigen Bezug auf es hin anspielen. Zhuangzi formalisiert es, indem er das Wort und seinen Bezug auseinanderfallen lässt: »Da, wo kein Bezug ist, da ist Bezug; da, wo Bezug erfolgt, ist kein Bezug.« Der Bezug ist kein gezielter, ausgerichteter, ausreichend umrissener, sondern ein vorherrschender, atmosphärischer, da von allen Seiten ausströmender. Es ist das, was das *Laozi* »reden ohne zu reden« (*yan wu yan*) nennt, ein »Reden«, ohne daraus ein »Sagen« zu machen. Da hier kein Gegenstand des Sagens vorliegt, kann man nicht namentlich sagen, gibt dafür aber unendlich zu verstehen. Behauptet man, »etwas« erfasst zu haben, das jedoch kein mögliches, isoliertes, »abgestütztes« »Etwas« ist, so hat man (es) freilich bereits verfehlt. Denn es gibt keinen bestimmten Ort, (wo) es aufzufinden ist, (dem) es *zuweisbar* wäre. Dagegen lässt sich alles, was man sagt, davon durchdringen. Deshalb sagt dieses, den nichtgegenständlichen Gegenstand ausdrückende Wort »kaum«[124], kann nur hinweisend auf den Weg bringen, »mit leeren und entfernten Worten«, mit »Ausdrücken ohne Rand und Ende«[125]; es ist nicht »betont«, lässt weder etwas hervorragen noch sich abheben. Es ist einfach »fade«.

In der von ihm aufgestellten Typologie der Worte[126] räumt Zhuangzi dem *disponiblen* Wort, das nicht zu sagen versucht, dafür aber unablässig passieren lässt, einen wichtigen Platz ein. Neben den »einquartierten« oder übertragenen (*yu yan*) Worten – das sind auf dem Umweg über ein anderes Wort ausgedrückte figurative Aussagen, die man nicht mehr der Parteilichkeit verdächtigen kann, da sie vermittelt und von dem abgehoben sind, der sie ausspricht – wie auch jenen Worten »von Gewicht« (*zhong yan*) – das sind die mit Autorität versehenen, von den Alten geäußerten Worte, bezüglich denen man sich allerdings fragen darf, ob sie nicht schon überholt sind – gleichen die Worte »nach Belieben« (*zhi yan*) jener antiken Vase, die sich neigt, wenn sie voll ist, und sich wieder aufrichtet, wenn sie sich leert: Worte, die sich Tag für Tag erneuern, ohne festen Bestand, die jedoch, während sie unaufhörlich abfließen und verströmen, allein in der Lage sind, durch *Ergießen* zu evozieren. Sie sind zugleich »frei von jeglicher Absicht« und »bleiben an keinen Standpunkt gebunden«: So kommen sie daher, ohne dass sie etwas erstarren lässt oder zurückhält. Denn weder lassen sie sich durch »den schon einigermaßen hartnäckig vertretenen Standpunkt« ihres Autors noch von der durch die Steifheit der Sprache und der Logik hinzugefügten Ordnung beherrschen. Zhuangzi sagt, sie seien auch durch ihre ausweichende Art am besten geeignet, jedes Mal bis an die Grenzen dessen zu gehen, was von dieser »Menge« in seinem ununterbrochenen, unendlichen Prozess »so von selbst daherkommt« (*jin qi ziran zhi fen*). Sie allein können sich mit der Immanenz in ihrem jeweiligen Hervorquellen und ihrer Unerschöpflichkeit verbinden. Diese Worte sind ständig anspielend, da sie auf nichts abzielen, nichts festhalten, nichts aufdrängen wollen – dieses »Nichts«, in dem sich für Aristoteles das Wort fatalerweise auflöst –, hören dabei jedoch nicht auf, in ihrer Hohlform zu erfassen und einzusammeln.

In der chinesischen Poesie (und die poetische Formulierung ist in China die vorherrschende) verliert ein gutes Gedicht kein Wort über ein empfundenes Gefühl (daher auch häufig der Abstand zwischen dem Gedicht und seinem Titel). Stattdessen lässt alles im Gedicht dieses Gefühl durchscheinen. Alles *spielt* darauf *an*, evoziert indirekt, auf Umwegen, das, was sofort begrenzt und erschöpft wäre, würde man es direkt beim Namen nennen. Angesichts einer verlassenen Frau (oder eines exilierten Beamten) ist keine »Rede« von Melancholie, doch vor ihrer Türe ist Gras gewachsen (da niemand sie besuchen kommt), oder ihr Gürtel hat sich gelockert (ihr ist der Appetit vergangen). In der chinesischen Malerei wiederum hat, wenn es darum ging, einen Tempel darzustellen, der von einer gebildeten Hand geführte Pinsel sich gehütet, die Bauweise, Gemäuer und Glockentürmchen nachzuziehen, weil die gegenständliche Darstellung sofort die von ihm ausgehende Atmosphäre, die seine Wirkungskraft ausmacht, sich aber nichts Bestimmtem zuordnen lässt, begrenzen würde. So aber skizziert der Künstler, wie immer, »Berge« und »Gewässer«, wobei die Landschaft von in Spannung befindlichen Gegensätzen belebt wird. Davor findet sich, kaum merklich abgehoben von dem auf einem Hang entlang oder im Schatten eines von Dickicht überwucherten Seitentals sich schlängelnden Pfad, die diskrete Gestalt eines Mönchleins, die »Äste schneidet« oder »Wasser trägt«: ein Indiz dafür, dass sich in der Nähe ein Tempel befindet. Zu behaupten, man könne diesen in »geeigneter« Weise erfassen und abbilden, wäre eitel und vergebens. Diese gerade noch erfasste Silhouette, in ihrer ganz alltäglichen Arbeit begriffen, verweist jedoch unbestimmt auf ihn, verweist, ohne zu verweisen, ohne (ihn) als »etwas« – bestimmt und mit klarer Bedeutung versehen – zu verfestigen, womit seine ganze Reichweite verloren ginge.

Derselbe Dichter, der die Flüchtigkeit des sich im Nebel als Landschaft öffnenden Landes evozierte, sagt über das poetische Wort: »Kein einziges Wort genau sagen / Winde und Fluten völlig erreichen« (aus dem Gedicht »Hanxu« von Sikong Tu). Man darf nicht den Anspruch erheben, etwas zu sagen, das »an (einem Objekt, *zhu* 著) klebt«, schon wird das Evasive in seinem Einflussbereich und seiner Durchdringlichkeit (nach der Art des »Windes«) dadurch sporadisch-global erfasst. Thematisch, so wird des Weiteren gesagt, »streift das Wort nicht das Selbst an«, aber das ist »wie der Schmerz, der unerträglich ist«, obwohl man nicht von ihm spricht. Das Wort verströmt »wie Alkohol, den man destilliert«, zieht sich zusammen oder verdichtet sich »wie eine Blüte im beginnenden Herbst«, es »weitet sich unendlich aus wie der sich in den Weiten verlierende Staub«, »vergänglich wie die Gischt der Fluten«. Denn es wandelt sich, je nach dem Unfassbaren, »gemeinsam eintauchend-auftauchend« (*yu zhi chen fu* 与之沉浮). – »Je nach« wird auch Mallarmé sagen, der in Europa endlich diese neue, seiner Meinung nach »zufällig gewählte Terminologie« lanciert, die sich jedoch gegen die Verschleierung der »flüchtigen Streuung« auflehnt, die mit »nichts etwas zu schaffen hat«. Seine Terminologie richtet sich also gegen eine *Verschleierung*, die durch die Beschreibung von dem, was »etwas« sein könnte, stattfindet: »Evokation also, ›Andeutung‹, ich weiß, ›Anspielung‹«.[127] Oder erinnern wir uns an Braque, der das Objekt zurücknimmt: »Schreiben ist nicht Beschreiben«, »Malen ist nicht Schildern«.[128]

— 2 —

Um die Reichweite des *Allusiven* richtig verstehen zu können, muss man diesen Terminus von seiner lateinischen Zusammensetzung her verstehen: *ad-ludere* heißt wörtlich, »sich spielend heranbewegen«. Wie Delfine, die sich einem Boot nähern und darum herum spielen, *accedunt atque adludunt*, oder, wie Cicero, der gewöhnlich überhaupt kein Dichter ist, so poetisch sagt: wie das Meer, das sich der Küste »spielend nähert«, *litoribus adludit*. »Eine Anspielung machen« birgt des Weiteren die Vorstellung in sich, dass sich das Wort desto freier entfalten kann, je weiter entfernt es auftaucht.

Bereits in unserer antiken Rhetorik besteht die Anspielung darin, dass das Gesagte, weil entfernt von dem, was man eigentlich sagen will, noch viel inniger den Bezug spürbar macht, da er nicht aufgezwungen wird. Die Anspielung beginnt mit einem Abstand, um durch die von ihm geforderte Überwindung besser zu dem hinzuführen – weil in dem Nicht-Gesagten enthalten –, was in dem Jenseits des Wortes zu suchen wäre. Da dieses Jenseits jedoch längst nicht abstrakt ist, könnte man sagen, dass die Allusion das Andere der Allegorie ist. Diese bedeutet »etwas anderes« als das verbal Ausgedrückte oder, wie Quintilian dies formuliert, *aliud verbis, aliud sensu ostendit.*[129] Die Allegorie will, während sie etwas sagt, etwas anderes analog zu verstehen geben, d. h. auf eine andere, ideelle und nicht mehr konkrete Ebene projiziert. So sind bereits die Griechen darangegangen, Homer zu allegorisieren, nachdem man begann, seine Erzählung als moralisch nicht akzeptabel zu beurteilen. Sobald man der Auffassung ist, dass die physischen Kämpfe, die die Götter gegeneinander austragen, widersprüchliche Seelenzustände oder das Toben von Naturgewalten darstellen, sind sie nicht mehr skandalös.

Das *Allusive* und das *Allegorische* sind, da sie das Wort in seine beiden Dimensionen, in das Implizite *oder* das Figurative, strecken, die bevorzugten Weisen des Indirekten. Sie stehen in einem alternativen Verhältnis zueinander, obgleich es auch so etwas wie »anspielende Allegorien« gibt, wo sich das Allegorische in den Dienst des Allusiven stellt und in dessen »Spiel« tritt. Es gilt, aus dieser Spaltung allgemeinen Nutzen zu ziehen, um zu sehen, wie sich das Wort fast unmerklich spreizt. Die alten Abhandlungen über Rhetorik machen den Gegensatz durch klassifizierende Einstufung sichtbar, auch wenn sie ihn nicht weiter vertiefen. Je nach Definition unterscheiden sie Figuren der *Fiktion* von jenen der *Reflexion.* Die Allegorie, die an der Spitze der »Fiktions«-Figuren steht, präsentiert entsprechend einer damals konventionellen Definition einen Gedanken *hinter dem Bild* eines anderen Gedankens, um Ersteren »spürbarer« und »frappierender« zu machen. Die Allusion hingegen, als ein Bestandteil der »Reflexions«-Figuren, fordert den ausgesprochenen Gedanken auf, sich in einem noch unausgedrückten Gedanken »zu reflektieren«, um eine Idee von ihm wachzurufen, wie dies Fontanier[130] so elegant sagt: Also nicht, um das Intelligible im sinnlichen Gewand fasslicher zu machen, sondern um das Gesagte auf der Suche nach dem von ihm nur durch Hinweise Angedeutete über sich hinausgehen zu lassen.

So gesehen erscheint die von der Romantik in dramatischer Weise in Szene gesetzte Kluft zwischen *Allegorie* und *Symbol* nur eine Unterteilung der ersten Gruppe zu sein, da beide der gleichen Gesamtlogik, der gleichen Orientierung des Denkens unterliegen. Symbol und Allegorie führen gleichermaßen von einer Ebene zur anderen: vom Bildhaften zum Imaginierten, oder anders gesagt, vom Konkreten zum Abstrakten, vom Besonderen zum Allgemeinen. Zwar schaut man bei der Allegorie gleichsam sofort durch die Gestalt des Zeichenträgers hindurch auf den Zeicheninhalt, während beim Symbol Ersterer seinen Eigenwert und seine Undurchsichtigkeit behält; zwar löst sich die völlig transitive und funktionelle Allegorie ohne Restbestände in ihrem Bedeutungsinhalt auf, während das Symbol nur in sekundärer Weise bedeutet oder, wie die Romantiker sagen: »ist«, während es zugleich bedeutet und auf Unsagbares hindeutet. Bei beiden jedoch stützt sich das Indirekte auf ein Verhältnis der Ähnlichkeit, wobei dieses zugegebenermaßen beim Symbol bis zur Mitbeteiligung führt. Im Kontrast dazu können wir jedoch beim *Allusiven* ein impliziertes Verhältnis der *Bezugnahme* feststellen oder eher noch eine *ausweichende* Bezugnahme – einen sich nicht beziehenden Bezug –, wobei das, worauf Bezug genommen wird, erst gesucht werden muss.

Das *Allegorische* ist zweideutig und verlangt eine Interpretation; das *Allusive* verweist auf Entferntes, das nach Annäherung verlangt: Die Distanz, die sie herstellt, ist ein Aufruf zu genauerer Identifikation – sie misst sich an ihrer *Verweisungs*mächtigkeit. Was die beiden definitiv voneinander unterscheidet, ist, dass das Allegorische (ebenso wie das Symbolische) eine *Aufspaltung* impliziert: zwischen Vorstellendem und Vorgestelltem (der Materie und der Idee), zwischen, wie Platon das konstruiert, der wohltuenden Klarheit, welche die Sonne auf dem Zenit des Sinnlichen verbreitet, und jener anderen Klarheit, welche die Idee des Guten, die »jenseitige Essenz«, vom Gipfel des Intelligiblen verströmt. Das Allegorische ist daher auch die bevorzugte Figur der Metaphysik, die mit platonischem Gestus das Seiende in zwei Teile teilt und den einen (das Konkrete) als schwindendes Abbild des anderen (des *eidolon* εἴδωλον) konzipiert, zu dessen »Sein« unter Zurücklassung des Sinnlichen unser Geist aufzusteigen hat. Nun ist das Allusive aber einem Verhältnis des Bezugs und nicht der Ähnlichkeit zuzuordnen, es verlangt auch nicht, etwas »anderes« (auf einer anderen Ebene: das *allos* ἄλλος des Allegorischen) ins Auge zu fassen, sondern das Nicht-Gesagte in Erwägung zu ziehen. Die Anspielung beruht auf einer Logik des *Umwegs* und nicht auf einer der *Aufspaltung*. Mit ihr präsentieren wir den Gedanken nur über einen gewissen Umweg, so Fontanier. Sie setzt keinen Bruch zwischen den Ebenen voraus, wie zwischen dem wörtlichen und übertragenen Sinn, auch keinen bildlichen Bezug, sondern geht vom Expliziten zum Impliziten. Es gibt auch keinen »Schleier« des Sinnlichen, der zu durchqueren ist, um der Idee ansichtig zu werden, wie im Allegorischen, sondern ein Unmittelbares (das Gesagte), das zu umgehen ist, um weiter weg den Bezug zu finden. Das Allusive legt eine Wegstrecke fest, um sich dem zu »nähern«, was tatsächlich auf dem »Spiel« steht, ohne sich direkt bestimmen zu lassen.

— 3 —

Um der Anspielung ihre wahre Dimension zu verleihen, wäre es angebracht, über das Figurative oder die »Trope« hinauszugehen, sind beide doch zu schulisch – sektoriell – auf das Historische, Moralische und Mythologische eingeschränkt. Man muss sie als *Spannung* anerkennen, die das Wort anzieht und über einen *Umweg* einen *Zugang* ermöglicht. Die deutsche Romantik hat angesichts der Dominanz des Symbols dies flüchtig zu tun begonnen, indem sie die **Anspielung* in dem Sinn erweiterte, dass dem Sprechen (oder Lesen), von allem Gegenständlichen befreit, der Bezug zum »Unendlichen« möglich wurde. Friedrich Schlegel: »Jedes Kunstwerk ist eine Anspielung auf das Unendliche«[131]; oder besser noch, um jede Versuchung eines metaphysischen Bruchs, der das Absolute ins Jenseits befördert, zu verhindern: *»Der Schein des Endlichen und die Anspielung aufs Unendliche fließen ineinander«[132]. Ist nun diese Ressource oder allusive Potenz nicht viel allgemeiner anzuwenden, und zwar als Berufung des Wortes, um dem Evasiven dessen, was sich weder eingrenzen und fixieren noch unterscheiden und bestimmen lässt, zu entsprechen? Das moderne Kunstwerk, sei dies nun ein literarisches oder ein malerisches, wird gerne als eine kontinuierliche Anspielung auf das, was sich nicht darstellen lässt, konzipiert: Die »indirekte, fast unangreifbare Anspielung«, so Lyotard, sei vielleicht eine Ausdrucksweise, um dieses *Undarstellbare* zu evozieren.[133] Ist die »indirekte« Ausdrucksweise aber ausreichend? Was hat es mit diesem Indirekten – diesem Umweg – auf sich?

Das chinesische Denken wird uns (ebenso wie die Kunst) in dieser Hinsicht umso besser belehren können, als es keine Ontologie entwickelt hat, in der das Wort im Sein gegründet ist. Da es auch keine zu isolierende und zu unterscheidende Gegenwart angestrebt hat, kennt das chinesische Denken keine andere Möglichkeit als das Umwegige und miteinander Verflochtene. Wenn das *dao*, »das man benennen kann, nicht das beständige *dao* ist«,[134] so wird dagegen, und zwar auf die gängigste und banalste Weise, anerkannt, dass jedes Wort – und sei es das geringste – auf das *dao* anspielen kann. Gleich den gewöhnlichsten Gesten, wie z. B. »Holz hacken« oder »Wasser tragen«, verweist jedwede Äußerung, die einem durch den Kopf geht, so primitiv, lapidar, unpassend, ja sogar verrückt sie auch scheinen mag, auf den »Weg«. Der *Chan*-Buddhismus (*Zen* in Japan) hat daraus sogar seine »Erweckungspädagogik« gemacht: Das Anspielende »weist«, indem es von Weitem auf anekdotische, zufällige, ungewöhnliche und sogar absurde Weise ein Zeichen gibt, umso eindringlicher *hin*, insofern es völlig beiläufig, ungekünstelt und ohne Abstraktion ist und dies in jedem Augenblick.

Eine derartige Ressource des Wortes werde ich Anspielungswert oder *Allusivität* nennen. Wir stellen fest, dass China das Allegorische kaum entwickelt hat (nur einige Gedichte im *Shijing*), da es wenig Wert auf eine Aufspaltung der Welt gelegt hat und keine Kluft zwischen dem Sein und der Erscheinung entstehen ließ; und das Symbolische, statt sich als Sondierungsfigur des Unaussprechlichen zu entfalten, wird nur allzu häufig zu einem Klischee mit sinnbildlicher Funktion samt kodierter Bedeutung (bereits bei Qu Yuan[135]). Dagegen hat es ganz bewusst diese Kapazität der Anspielung, die nur ansatzweise, »kaum« und in vagen Umrissen sagt, ausgenutzt. Der Pinsel, so sagt man, sei »schräg« (*ce bi*) zu halten. Man malt dort nicht die helle »Sonne«, um, wie bei Platon, auf einer anderen Ebene die Transzendenz der Idee zu evozieren (denn bei Platon gibt es zwischen dem Sinnlichen und dem Intelligiblen sowohl »Trennung« als auch »Verwandtschaft«, *chorismos* χωρισμός und *suggeneia* συγγένεια), sondern – wie ein chinesischer Ausdruck besagt, der sowohl für die Sprache als auch die Malerei gilt – man malt »Wolken[, um] den Mond zu evozieren« (*hong yun tuo yue*). Denn Wolken und Mond gehören sehr wohl zur gleichen Landschaft, zur gleichen Realitätsebene und stehen nicht in einer Aufspaltung zueinander. Indem die Wolken, die man malt, den Mondschein ertränken, bringt man seine *Aura* zum Vorschein: Sie werden nicht um ihrer selbst willen gemalt, sondern um *beiläufig* und zur Stimmung gehörig den Mond »auftauchen« zu lassen. Denn, so gestehen die Literaten (etwa Jin Shengtan), man kann den »Mond« nicht malen. Wenn die Wolken aber mithilfe unterschiedlicher Befeuchtung des Pinsels so subtil gemalt werden, dass sowohl zu düstere Schwere als auch zu große Leichtigkeit vermieden werden und nicht die leiseste Spur von Intransparenz übrigbleibt, dann sieht man in ihrer Nähe den Mond in Erscheinung treten, der mit ihnen spielt und sich in diesem Lichtkreis unserer Aufmerksamkeit aufdrängt. Eigentlich sieht man dann von allen Seiten her nur noch seine, die gesamte Landschaft durchdringende Helligkeit.

Einzig die *Allusivität* kann dieses *Evasive* einfangen. Zum Beweis dafür sei nochmals angeführt, was die Psychoanalyse davon zum Vorschein brachte und womit sie den europäischen Diskurs in eine Krise führte. Denn wenn man sich daran erinnert, dass Freud, noch bevor Lacan auf diesen Status des Evasiven hinwies, dem Analysanden einzig die Bedingung stellt, im Verlauf der Kur »alles zu sagen, was ihm durch den Kopf gehe, auch wenn es ihm *unangenehm* sei, auch wenn es ihm *unwichtig, nicht dazugehörig* oder *unsinnig* erscheine«,[136] dann versteht man die Ressource, die in der Anspielung bzw. der Anspielungskapazität steckt, besser, auf die angesichts des ausweichenden Charakters des Unbewussten rekurriert wird. Vor allem wird man besser verstehen, wie sehr diese einzige Vorbedingung für eine

Kur im Gegensatz zu dem steht, was spätestens seit Aristoteles das Fundament der europäischen Vernunft bildete: dass nämlich Sprechen notwendigerweise »etwas« sagen heißt, »ein« Ding besagen, andernfalls wäre es vergebens. Dagegen sagt der Psychoanalytiker zu seinem Patienten: »Reden Sie, reden Sie, so viel und *worüber Sie wollen*«, »erzählen Sie«, »versuchen Sie aber ja nicht, etwas zu sagen!« ... Denn von seinem Verdrängten kann der Analysand nichts wirklich »sagen«. Seine Worte aber hören nicht auf, es zu »umspielen« und sich ihm zu nähern, lassen es unbestimmt passieren, *»nach Art einer Anspielung«,[137] wie Freud selbst sagt.

Sobald sich ein Begehren nicht mehr direkt äußern kann, ist es in der Tat gezwungen, dies auf Symptomebene, nur mehr auf Umwegen, auszudrücken. Wenn ein Ambivalenzkonflikt mit ein und derselben Person nicht gelöst werden kann, wird das Begehren zum Objekt eines **Umgangs* über einen Ersatzgegenstand (aus dem Vater wird beim kleinen Hans ein Pferd).[138] Die ganze Sprechweise des Symptoms, so wie Freud sie uns schildert, ist eine vorsichtige und strategische Art, sich vom zensurierten Objekt der Begierde zu entfernen, um dann andauernd darum herumzustreichen und in seiner Nähe »spielen« zu können: *ad-lusio*. Man kann dies umso freier und der Kontrolle entzogen tun, als sich dieses Symptom zunächst offensichtlich von dem Objekt entfernt, d. h. vor der Wachsamkeit durch Distanznahme in Deckung geht. Indem sie sich disponibel machen, um dieses ausweichende Verdrängte passieren (hörbar werden) zu lassen, erlauben die Worte des Analysanden dabei umso eher, das wahrzunehmen, worauf sie ständig und sogar unausweichlich »anspielen« (was aber, weil zu einer unbewussten Figuration geworden, nicht mehr als ein »Was« auszumachen ist). Weil es das Prinzip des ausgeschlossenen Widerspruchs aufhebt, das darauf beruht, »etwas zu sagen«, könnte man von diesem Unbewussten auch sagen, dass es die ursprüngliche *Ambiguität* zum Vorschein bringt.

XVI

Ambigue (vs. Äquivok)

1

Wenn man ständig eine scharfe Trennung der Sprachtermini vornimmt, um einen Abstand zwischen ihnen zu öffnen, der es erlaubt, sich im Gegenüber zu reflektieren, wird man hier einen gewissen Verdacht nicht los. Versteckt sich hinter den eng verwandten Bedeutungen nicht etwa ein winziger Haarriss, der dazu führt, sie einander entgegenzusetzen? Als Beweis dafür nehme man das Äquivoke und das Ambigue, die als Synonyme gelten und gewöhnlich dazu verwendet werden, einander zu glossieren, ohne weitere Gedanken darauf zu verschwenden. Nun bin ich der Ansicht, dass es angebracht wäre, diese Synonyme in Antonyme zu verkehren, um eben das Äquivoke dabei aufzulösen. »Äqui-vokes« liegt vor, wenn ich in meinem »Wort« zwei Bedeutungen »gleichberechtigt« aufrechterhalte, die voneinander unterschieden werden müssten, um ein Quiproquo zu beenden und eine das Denken bestrafende Verwirrung aufzuheben. Das Ambigue hingegen zeigt das Phänomen genau umgekehrt: Hinter der von der Sprache festgelegten Trennung bringt es eine grundlegende Untrennbarkeit zum Vorschein, welche die Unterscheidung unserer Termini tendenziell verschleiert. Das Äquivoke bezeichnet also einen schlechten Gebrauch, von dem das Wort durch vorzunehmende Trennungen im Terminus selbst gereinigt werden muss, während das Ambigue im Gegenteil eine gegebene Untrennbarkeit benennt (im Sein, in der »Wirklichkeit«, genauer: im *Effektiven*), die unsere sprachlichen Abgrenzungen zugedeckt haben und die uns seitdem entgeht. Ich werde mich daher erdreisten, zu resümieren, was Denken eigentlich besagt, indem ich die zwei Termini Rücken an Rücken stelle. Denken heißt, das eine und das andere machen, *das Äquivoke vertreiben* und zugleich *das Ambigue erkunden*, sogar umso besser das eine, je mehr man das andere macht.

Ich sah mich gezwungen, diesen Gegensatz herauszuarbeiten, als ich Liebe und Intimes auseinanderhalten musste: Die Liebe ist »äquivok«, das Intime »ambigue«. Die Liebe ist äquivok, insofern sie das eine wie auch das andere besagt, beide aber miteinander nichts zu tun haben. Sie spricht vom griechischen *eros,* der, selbst wenn er zum göttlichen Absolutum erhoben wird, stets bloß eine Erfahrung der Sehnsucht und Eroberung bleiben wird, an den Mangel gekettet, aus Entbehrung entstanden und auf Befriedigung abzielend. Sie meint aber auch die christliche *agape*, die Liebe Gottes, der seinen Sohn entsendet, am Kreuz zu sterben, um die Menschen zu retten; eine Liebe nicht des Mangels, sondern der Hingabe, die ohne Gegenleistung, ohne Berechnung, ohne Absicht gewährt; eine Liebe, die nicht aus einer Leere oder einem Mangel erwächst, sondern aus einer Fülle und ihrem Überquellen. Nun hält unser Terminus »Liebe« ein Quiproquo zwischen den beiden aufrecht, beinhaltet gleichermaßen das eine und das andere und trennt sie nicht. Mehr noch, er macht sich eine derartige Verwirrung zunutze: Weil sie zwischen diesen beiden Ebenen, auf diesen beiden Tableaus zugleich spielt, hat die Liebe ihre Mythologie im Westen etablieren und zu einem allbekannten banalen, geschwätzigen Thema – zum »lärmenden« Thema schlechthin – werden können. Das Äquivoke macht aus »Liebe« **ein »falsches« Wort*, wie Wittgenstein sagen würde, ein Wort, von dem man letztlich nicht weiß, was man sagt, wenn man es sagt, ein Äquivokes, dem die Liebe verdankt, dass sie sich endlos darüber verbal unterhält.

Es bleibt eine mögliche doppelte Bedeutung vorhanden, die nicht klar entschieden ist. **Zweideutigkeit* ist, ganz allgemein betrachtet, das, was das Spiel der Worte in einem gewöhnlichen Austausch beflügelt und verlängert: Jeder versteht denselben Terminus auf seine Weise in der ihm passenden Bedeutung, von der er glauben will, sie mit dem anderen zu teilen, und schon bringt die Verwirrung ganz von allein das Gespräch wieder in Schwung, und zwar um dieser Illusion zu entkommen, die, weil nicht aufgezeigt, auch nicht hinter sich gelassen werden kann und sich folglich in einem fort wiederholt. So gedeiht in diesem trüben Gewässer das zum Geschwätz gewordene Wort, statt dass die Eliminierung des Äquivoken es ganz von allein eingrenzt, indem es abgrenzt. Denn weil das Äquivoke nicht aufgehoben, nicht entschieden wurde, erhält es das Wort in ständiger Ausschau nach »Neuem«. *Neugier, sagt Heidegger, mache, dass es stets weitergeführt werde, »da, wo alltäglich alles und im Grunde nichts geschieht«. Dass tatsächlich nichts geschieht, überdeckt dabei das Äquivoke: »Diese Zweideutigkeit spielt der Neugier immer das zu, was sie sucht, und gibt dem Gerede den Schein, als würde in ihm alles entschieden.«[139] Nun liegt es nicht nur an der »Liebe« und ihrem wortreichen Diskurs, ihr Prestige durch diese Zweideutigkeit aufrechtzuerhalten. Ich glaube, man kann auch feststellen, dass die geheime Strategie speziell der Mediensprache heute darin besteht, durch das Erhalten dieser Spannung des seinen Ausgang dauernd hinausschiebenden Äquivoken ihre Einschaltquoten zu bewahren.

Dass das Intime hingegen *ambigue* ist, bedeutet, die durch die Sprechweise hergestellten Gegensätze aufzulösen und auf diese bequemen Trennungen verzichten zu müssen. Indem es sich dem Dualismus verweigert und sich im Übergang von einem zum anderen aufrechterhält, lässt das Intime das, was man nur allzu gerne auseinandergehalten hat, wieder bis zum Punkt des Untrennbaren zurückkehren. Einzig diese Nichtdemarkation ist in seinen Augen real, oder sagen wir: effektiv. Das Intime ist ambigue, weil es diese klassischen Dichotomien wie die von »Seele« und »Körper«, »sinnlich« und »geistig« oder »physisch« und »metaphysisch« nicht kennen muss, ja nicht einmal vorzustellen veranlasst. Wenn sich eine sogenannte sexuelle »Penetration« dem Intimen öffnet, beendet sie von selbst diese Trennungen und löst sie auf. Denn es legt im Zentrum des Sinnlichen Unendliches frei; vom Schoß dieses fokussierenden und kurzzeitigen Ineinander-Eindringens der Körper ausgehend ruft es ein unfassbares

Überborden hervor, das etwas von der Ewigkeit erahnen lässt. Intimität ist untrennbar »physisch« und »metaphysisch«, »fleischlich« (im wahrsten Sinn) und »Jenseitiges« entdeckend – derartige Gegensätze werden irreführend und heben sich auf. In diesem Innen – »dem Innerlichsten« (*intimus*) –, das sie öffnet, erweist sich der »Besitz« zugleich im höchsten Maß als Teilung; oder sagen wir, das Selbst bringt die Grenze des Anderen zum Einsturz, aber nur, um sich seiner selbst zu entgeben. Ein noch Grundlegenderes taucht plötzlich auf, der Taumel, der diese Ausgrenzungen zu Fall bringt.

Weil das Äquivoke das Quiproquo im Wort aufrechterhält, muss ich mich damit befassen, diese schädliche Äquivozität zu reduzieren, und zwar um zu einer strengen Eindeutigkeit zu gelangen, sodass ein Wort, eine Aussage nur mehr eine Bedeutung hat. Das ist die Vorbedingung für die Klarheit sowohl eines Wortes als auch eines Gedankens und des richtigen Verständnisses einer Aussage. *Andererseits*, weil die eingebürgerte Sprechweise uns dazu führt, das in unseren Worten, was zutiefst eins und untrennbar ist (das *Ambigue)*, künstlich zu zerstückeln und zu zerlegen, sollten wir lernen, hinter derartige Trennungen, die nur Bequemlichkeiten sprachlicher Repräsentation darstellen, zurückzugehen, um den einheitlichen, undifferenzierten, ununterscheidbaren Grundstock, den uns diese Worte maskieren, zum Vorschein zu bringen – oder eher noch: deutlich werden zu *lassen*. Die Aufgabe, die sich uns demnach stellt, und sie nimmt die Gestalt einer Alternative an, wenn wir uns diesen eher unbeleuchteten, gefährlicheren Zonen des Denkens nähern, ist, in ständiger Aufmerksamkeit uns in jedem einzelnen Fall zu fragen, ob es sich bei einem fragwürdig gewordenen Wort um etwas Äquivokes handelt, das, durch meine Worte, meine Gedanken verschuldet, nachlässig das vermischt, was eigentlich zu unterscheiden wäre, *oder* um eine Ambiguität, die man sich nicht verheimlichen darf, da sie schlussendlich genau auf das hinweist, was, jenseits der etablierten Unterscheidungen, in dem sich plötzlich öffnenden Einschnitt die Tatsächlichkeit selbst ist, noch vor aller Unterscheidbarkeit, noch vor aller Aufteilung in Seinsebenen und Wesenheiten, und die als solche zu *erforschen* ist. Das ist es, was zu denken wir uns beeilen müssen, noch bevor unsere kategorialen Gegensätze, die sich sogleich aufdrängen und das Kommando übernehmen, sie unweigerlich auseinandernehmen.

— 2 —

Denken heißt folglich, in zweierlei Hinsicht auf der Hut, in Alarmbereitschaft und wachsam zu bleiben: Es gilt, stets aufmerksam *das Äquivoke zu tilgen* und zugleich, parallel dazu, darauf zu achten, dass das *Ambigue nicht verborgen* wird. Hat die Philosophie in ihrer Geschichte sich nicht nacheinander diesen beiden Aufgaben gewidmet, zwischen denen sich das abgespielt hat, was ihre Modernität ausmacht? In ihrer griechischen Erfindung und ihrer Beförderung des *logos* hat sie zunächst die *Reduktion des Äquivoken* als Bedingung ihrer Möglichkeit definiert. Aristoteles, der erste Lehrer der Philosophie, hat meisterlich gelehrt, woran der klassische Unterricht festgehalten hat, als er klar und deutlich unterschiedene Ideen als erste Regel ihrer Methode anpries. Als Spinoza »Gott oder auch die Natur«, *Deus sive natura*, sagte, öffnete er nicht die Türe zum Äquivoken, sondern gründete, im Gegenteil, mit einer wahren Meisterleistung sein Denken auf diesem allerhöchsten Univoken: dass nämlich »Gott« und »Natur« nur ein und dieselbe Sache bezeichnen bzw. dass diese Termini, die man so sehr zueinander in Gegensatz gebracht hatte, tatsächlich dieselbe Bedeutung haben. *Von da an*, so könnte man sagen, bestand die Modernität des europäischen Denkens vielleicht vor allem darin, sich nicht mehr durch ein akkurat univokes Sprechen (Denken) angesichts dessen, was sich vielleicht als unergründliche Ambiguität erweisen könnte, seiner selbst zu vergewissern. Man versuchte seitdem, die Ambiguität oder »Duplizität« des Seins zu denken, noch bevor sie durch die sprachliche Klärung überdeckt, ja kaschiert werden kann. Vielleicht muss noch radikaler sogar nach einer Ambiguität von »leben« gefragt werden, womit sich die Frage plötzlich verschieben würde. So gefährlich »vielleicht«, sagt Nietzsche:

Seit Nietzsche jedenfalls besteht das moderne Denken darin, es zu wagen, sich dieser Frage zu stellen.

In seiner Auseinandersetzung mit den Sophisten und den von ihm kritisierten gefährlichen Fehlschlüssen, die darin bestanden, im Laufe einer Argumentation demselben Wort verschiedene Bedeutungen zu geben, legte Aristoteles die erste und sogar einzige Aufgabe für ein richtiges Sprechen-Denken wie folgt fest: Da es das dem Wort Eigentümliche ist, »etwas« zu sagen, »ein« Etwas (*ti* τι), daher etwas von »Einem«, besteht die Aufgabe darin, sich der Eindeutigkeit seines Wortes zu vergewissern, wenn man spricht. Sie sollen die verschiedenen Bedeutungen ein und desselben Wortes unterscheiden, anderenfalls könnte es sein, dass der Antwortende und der Fragende »ihre Gedanken nicht auf dieselbe Sache richten«. Durch seine Vorbedingung weicht der strenge *Dialog*, mit anderen ebenso wie mit sich selbst, von dem gewöhnlichen Spiel eines weder abgebrochenen noch bis zum Überdruss geführten Gesprächs ab. Denn wenn es normal ist, dass ein und dasselbe Wort eine »mehrfache Bedeutung« hat – gibt es doch unendlich viele Dinge, aber nur eine endliche Zahl von Worten –, so führt die Tatsache, dass dasselbe Wort »Mehrfaches« (*pollachos* πολλαχῶς) bedeutet, zu einer Gefahr, vor der man sich nur durch die Bestimmung-Unterscheidung jeder dieser Bedeutungen schützen kann. »Denn eine Sache nicht als eine zu bedeuten, heißt überhaupt nichts bedeuten.«[140] Diese Einheit der Bedeutung gründet selbst auf einer Einheit des Wesens; die »Logik« gründet auf der Ontologie und das »Sein« ist dafür der Garant. Denn da die Wörter ebenso Bestimmungen des Seins sind, ist man auch berechtigt, ihre Äquivozität oder das, was Aristoteles ihre »Homonymie« nennt, zu tilgen.

Nun würde diese Regel von nur »einer« Bedeutung, welche die Legitimität des Wortes und auch des Gedankens sichert und im Sein gründet, tatsächlich allen Schwierigkeiten ein Ende setzen, fände sie sich nicht selbst eben von diesem Wort »sein« bedroht, das allen unseren Wörtern unterliegt, wie man angesichts seiner »geschichtlichen« Bedeutung im Westen gesagt hat (Heidegger), und auf dem dieses logische Gebäude der Eindeutigkeit aufgesetzt ist. Offenbar wird auch »sein« selbst »mehrfach bedeutend« (»homonym«) gesagt, da es nicht nur verschiedene Dinge bedeutet (weil es allgemein ist, die Dinge aber singulär sind), sondern sie auch verschieden bedeutet. Denn es liegt eine Äquivozität des Wortes »sein« vor, wenn ich sage: Er ist Mensch, oder er ist von dieser oder jener Größe, oder er ist weiß, oder er ist größer als, oder er ist hier, oder er ist sitzend, oder er ist beschuht, oder er ist beliebt, oder einfach er »ist«. Da das griechische Denken auf dem Sein gründet, konnte Aristoteles keiner größeren Gefahr begegnen: Was, wenn das wichtigste Werkzeug und zugleich der Garant des Denkens sich als der schwächste Punkt herausstellte? Wenn es sich selbst als das erwiese, dem es am meisten an jener Eindeutigkeit mangelt, für die es eigentlich Grundlage sein sollte?

Die große theoretische Anstrengung von Aristoteles, oder sagen wir: seine Meisterleistung, aus dieser Rhapsodie und Verwirrung herauszufinden, in die uns das Verb »sein« stürzt, hat ihren Wert – dies sowohl, um den Grundstock des Seins zu sichern, als auch den strengen Gebrauch des Wortes zu garantieren, jenes *logos*, auf dem die Möglichkeit dessen, was wir in Europa die Wissenschaft nennen, gründet. Denn wenn die gewöhnliche Sprache durch ihre Ungenauigkeit auch äquivok sein mag, so muss im Gegensatz dazu in der Sprache der »Wissenschaft« jeder Terminus im gleichen Sinn verwendet und ausdrücklich definiert werden (wie das Galilei neben vielen anderen bekräftigt hat, wobei er dies zur Vorbedingung für wissenschaftliche Genauigkeit machte).

Indem man die ursprüngliche Äquivozität dadurch zum Verschwinden bringt, dass man die verschiedenen Bedeutungen des »Seins« als »Modi« oder »Formen« der Aussage, *schemata tes categorias*, unterscheidet, aufteilt und katalogisiert, kann man zur Erkenntnis des Seins und durch sie zur Wissenschaft gelangen. Man unterscheidet und trennt im Sein den Gesichtspunkt, die Quantität, die Qualität, die Relation, den Ort, die Zeit, die Disposition, das Haben, das Handeln oder Erleiden der Essenz (der Quiddität). Durch diese Kategorientafel werden die mehrfachen Bedeutungen des »Seins« in heilsamer Weise aufgeteilt. Die aristotelische Logik der Kategorie hatte es scheinbar verstanden, diese Äquivozität, die den *logos* zutiefst bedrohte, zu vertreiben.

Während man sich solcherart anstrengt, sorgfältig jede Äquivozität im Gebrauch des Verbs »sein« durch eine die Prädikation legitimierende Kategorisierung aus dem Weg zu räumen – taucht dahinter nicht eine noch grundsätzlichere, sogar weit breiter werdende Ambiguität des *Seins selbst* auf? Führte das nicht dazu, das Problem des Logischen in das Ontologische kippen zu lassen, nur um es damit hinauszuschieben und zu verschärfen? Aristoteles scheint die Frage gelöst zu haben, indem er versichert, dass, wenn das Seiende auf verschiedene Weise gesagt wird, es in Bezug zu »etwas Einem« (*pros hen* πρὸς ἕν) steht, zu einer als Prinzip vorausgesetzten »gewissen einzigen Natur«.[141] Wenn aber dieses einzige Prinzip das »Wesen« (*ousia*) ist, wie kann es dann unter den anderen Kategorien aufscheinen, und mag es auch als die erste von ihnen gesetzt werden? Anders gesagt: Wie kann ich zu diesem grundlegenden oder zumindest eine Bezugsgemeinschaft begründenden »Einen« gelangen, wenn ich nicht einmal ansatzweise einen Begriff davon herausarbeiten kann? Hier stieß Aristoteles auf eine Schwierigkeit, die, wie Pierre Aubenque[142] bemerkt, vom Gebrauch der Wörter und ihrer fehlerhaften *Ä*quivozität ausgeschlossen, als Ambiguität des Seins wieder auftauchte und sogar die Möglichkeit der Ontologie, die er begründen wollte, gefährdete. So hielt er vor dieser allergrößten Gefahr inne. Er beschränkte sich darauf, das Denken des Seins vorsichtig in diese angenommene und als »Essenz« erfasste Einheit zurückzuholen, wobei er mit ihr den eigentlichen Gegenstand der Philosophie als »Wissenschaft vom Sein als Seienden« definiert, statt zu wagen, sich dieser Ambiguität zu stellen.

— 3 —

Ein derartiger Verzicht hat die Philosophie in ihrem Aufschwung geprägt oder, besser vielleicht: Sie hat in dem, was dieser Verzicht der Logik des *logos* einräumte, den Aufschwung gefunden. Denn Platon hatte bereits das Schwindelgefühl der Ambiguität des Seins gekannt, sich aber vorsichtig – genial – davon abgewandt. Denn nachdem der »Vater«, Parmenides, die erste Trennung vollzogen hatte, indem er die Wege des »Seins« und »Nichtseins« unterschied, fand sich Platon, der zur Untersuchung nach der ausweichenden Natur der Sophisten aufgebrochen war, dazu veranlasst, im Schoß des griechischen Denkens das bekannte große Beben auszulösen: den »Vatermord« zu wagen, nämlich anzuerkennen, dass »sowohl das Nichtseiende in gewisser Hinsicht ist, als auch das Seiende wiederum irgendwie nicht ist«.[143] Das war wohl die »kühnste« Aussage, sicher jedenfalls die beunruhigendste: Statt zu sagen, dass das Sein und das Nichtsein völlig voneinander geschieden sind, behauptete Platon, dass das Eine in gewisser Hinsicht *auch das Andere ist*. Hinter dem von den Termini gekennzeichneten Gegensatz, der zu überwinden ist, taucht eine tiefere Untrennbarkeit auf: Erweist sich das Sein, insofern es sich nicht ausreichend von seinem Gegenteil unterscheidet, nicht als eigentlich ambigue? Doch angesichts dieser großen Bedrohung, die die Möglichkeit eines Wissens des Seins und daher der Wahrheit zerstören würde, begann bereits Platon mit der Aufstellung von Inventaren und der Aufteilung von Gattungen, aus denen die Kategorien von Aristoteles hervorgehen sollten: Das »Sein« sollte nur mehr eine Gattung unter anderen sein, an der alle anderen, insofern sie »sind«, teilhaben. Daher wird das »Nichtsein« nicht mehr das Gegenteil des »Seins«, sondern sein »Anderes«, das sich in es einmischen kann; die anderen Gattungen können in der Art, wie es der Dialektiker bestimmt, miteinander kommunizieren, wie die Buchstaben des Alphabets, die sich entsprechend den vom Grammatiker diktierten Regeln aufeinander abstimmen und miteinander vermischen.

Platon ist also der bedrohlichen Zweideutigkeit durch den Gedanken der *Vermengung* und »Verflechtung« (*meixis* μεῖξις, *symploké* συμπλοκή) entronnen. Denn in der Vermengung behält jeder der Gegensätze sein Wesen, bleibt in seiner Eigenheit aufrecht. Obwohl mit dem anderen verbunden, unterscheidet er sich weiter von ihm. Die platonische Lösung von Vermengung oder »Zusammenziehung«, die jene des klassischen Denkens bleiben sollte und ein Leckerbissen für deren Psychologie, ermöglicht, dass die zwei Gegensätze zugleich koexistieren, ohne ihr jeweiliges »An-sich« und somit ihren Status als erkennbar »Seiendes« als ontologische Bestimmung aufzugeben. Wenn ich durst habend trinke, sagt Platon, verspüre ich (durst habend) Unlust und (ihn löschend) Lust.[144] Es liegt demnach hier ein Widerspruch (im Subjekt selbst) vor, doch die Lust und die Unlust werden in ihrer Essenz und Definition nicht infrage gestellt. Es gibt da eine *Mixtur;* sie kann sogar zu gleichen Teilen bestehen und zwischen diesen gegensätzlichen Gefühlen ein, wie Spinoza sagen würde, Schwanken der Seele (*fluctuatio animi*) hervorrufen, aber jeder Gegensatz bleibt für sich ein solcher. Einer ist da *mit* dem Anderen, *ist* aber *nicht auch der Andere*, jeder verbleibt gegenüber dem Anderen in seiner Identität, und die »Analyse« – man weiß, zu welcher Zukunft ausersehen – wird sie auseinanderhalten können.

Ganz anders verhält es sich mit der Ambiguität, die auftaucht, wenn die Grenzen zwischen dem Einen und dem Anderen verschwinden, sodass sich ihr Gegensatz auflöst, die durch unsere Wörter hervorgebrachte Trennung nicht mehr zutrifft und in sich zusammenbricht, um ein Tieferes zum Vorschein zu bringen, das noch zu erforschen ist, da es mit unseren begrifflichen Differenzierungen nicht mehr unterscheidbar und identifizierbar ist, sondern, ganz im Gegenteil, ihnen entgeht. Ich habe mich schon einmal gefragt, ob es sich nicht so z. B. mit etwas Gefühlsmäßigem verhält, das von einer Landschaft hervorgerufen wird und ein (von ihr herrührendes) noch Ursprünglicheres aufdeckt: Dieses Affektive lässt sich nicht mehr als »Freude« *oder* »Schmerz« unterscheiden-identifizieren oder gar beide als subtil ineinander verwoben wahrnehmen, sondern quillt *noch diesseits* dieser Trennung, die sie willkürlich spaltet, hervor. Denn es ist dann nicht so, dass ich zur selben Zeit – und zueinander im Widerspruch – Freude und Schmerz fühle. Vielmehr kann diese Unterscheidung nichts aussagen bzw. verfehlt sie bereits dieses effektiv *Affektive* als ein tieferliegendes Vermögen, gefühlsmäßig berührt zu werden. Genauso wenig wie es sich vom Perzeptiven trennen lässt, wird dieses tiefere Affektive, hervorgegangen aus meiner noch ursprünglicheren Involviertheit in die Welt – sie, die die Landschaft zutage treten lässt –, nicht in verschiedene Gefühle aufteilbar sein, von denen man in weiterer Folge annimmt, sie wären »vermengt«.

Die von Platon ins Spiel gebrachte Dialektik ist also die mächtige logische Maschinerie, dazu ausersehen, *mit der Ambiguität fertigzuwerden.* Jede Gattung stehe weder mit allen noch mit keinen anderen Gattungen in gleicher Weise in Verbindung, sondern nur mit einigen, und zwar in einer zu beschreibenden rigorosen Weise. Genauso, schließt Platon, könne man von jeder Sache, statt sich von einer sterilen Tautologie aufhalten zu lassen (womit die Möglichkeit einer Rede ihre Berechtigung verlöre), legitimerweise auch etwas anderes sagen, allerdings nicht irgendetwas (wodurch eine mögliche Wahrheit verloren ginge). Ebenso verhält es sich am anderen Ende der Geschichte der sich als System begreifenden Philosophie mit der Dialektik Hegels: Das eine und das andere zu unterscheiden ist nicht nur Bedingung der Möglichkeit der Rede und der *Prädikation* wie bei Platon, sondern auch eine solche des *Werdens* als der Wahrheit sowohl des Seins als auch des Nichts, und in der Folge der Einheit von beiden, aus der die Geschichte zu verstehen sei. Denn dass das Eine »genauso das Andere« sei, hieße ja, dass *»jedes in seinem Gegenteil verschwindet«*, statt bei sich zu bleiben.[145] Unterscheidet man das »Eine« und das »Andere«, hören sie, statt auf die je eigene Seite zu fallen und in der Entwicklung blockiert zu sein, nicht auf, untereinander ihre Bestimmungen in einem Über-sich-Hinausgehen auszutauschen und sich in ihr Gegenteil zu verkehren. Daraus entsteht die *Bewegung*, die durch ihre innere Arbeit der Negation die nicht mehr in ihre Eigenschaften eingesperrte Substanz zu einem Subjekt werden lässt, das nicht mehr mit sich zusammenfällt, sondern zum »Werden« gelangt. Es ist eine Bewegung, die dazu veranlasst, nicht mehr an die Unveränderlichkeit der Wesen zu glauben, und das »Fließen« des Weltprozesses oder das unaufhörlich in sein Anderes übergehende Leben zu denken erlaubt. Tatsächlich lässt diese »Identität der Identität und Nichtidentität« das Konzept von Identität aber keineswegs so weit hinter sich, dass es überholt wäre.

Man kann also die Ambiguität nur aufgreifen, wenn man die Dialektik verlässt. Die Kehrseite der Dialektik, die trennt, entgegensetzt und vermittelt, ist die Ambiguität, die trennt, um zu vermitteln. Die Dialektik glaubt mit einer Trennung beginnen zu können, um sie dann überbrücken zu müssen und sich einen Verlauf zu gönnen (entsprechend dem *dia* der »Dialektik«), ob das nun der Verlauf einer Rede oder einer des Werdens ist; ein Verlauf, der damit beginnt, vom Einen und vom Anderen zu bestimmen, auch wenn sie diese Termini dann verschiebt und über sie hinausgeht, ja sich sogar von ihnen lossagt.

Ambiguität denken heißt hingegen so viel, wie nicht mehr zu wissen, wo man mit einer Unterscheidung anfangen kann, heißt, auf die Bequemlichkeit zu verzichten, *eine Entscheidung zu treffen*, um überhaupt anfangen zu können. Es heißt auch, keine Trennung vorzunehmen, um diese dann zu überwinden und der Rede (Platon) oder der Geschichte (Hegel) eine Zukunft zu verschaffen, sondern sich diesseits jeder möglichen Trennung zurückzunehmen, weil dieser eine Willkür unterstellt werden kann, die nicht mehr korrigierbar ist, mag man sich noch so sehr bemühen, das jeweils »Andere« zu integrieren und eine angenommene Identität zu rekonfigurieren. Nietzsche sieht in dieser zur Ambiguität führenden Aufhebung der Trennung zu Recht den einzig möglichen Ausweg aus der Ontologie als einem metaphysischen Unterfangen, war es doch die allererste Geste der Ontologie, die Gegensätze auseinanderzuhalten, indem sie die Sprechweise in ihren Ausschließungen bestätigte. Die Ontologie kann danach, soviel sie will, zwischen ihnen vermittelnd arbeiten – eine zunächst vorgenommene Kennzeichnung ist allemal erfolgt, die den Glauben sowohl in die Moral als auch in die Erkenntnis bestärkt, wobei die beiden von nun an unzertrennlich sind.

—4—

Selbst wenn er noch von Metaphern wie »verwandt, verknüpft, verhäkelt«[146], also überkommenen Vorstellungen einer Vermengung, abhängig ist, zieht Nietzsche in der Tat eine Wesensgleichheit der Gegensätze in Betracht, wobei deren Untrennbarkeit den sanften, aber stetigen Übergang sowohl der Verhaltensweisen als auch der Dinge einsichtig machen kann. Ähnliches gilt für die Psychoanalyse, in deren Register die Ambivalenz zwar noch an der Unterscheidung im selben Subjekt koexistierender und miteinander oszillierender Gegensätze festhält, wo das Unbewusste jedoch die Nichtabgrenzbarkeit dessen deutlich werden lässt, was auf der Ebene des Bewusstseins als gegensätzlich festgelegt wurde. So schreibt Freud etwa: »Gerade dieses Verhältnis von schärfstem Gegensatze zwischen der ›Mutter‹ und der ›Dirne‹ wird uns aber anregen, die Entwicklungsgeschichte und das unbewußte Verhältnis dieser beiden Komplexe zu erforschen, wenn wir längst erfahren haben, daß im Unbewußten häufig in Eines zusammenfällt, was im Bewußtsein in zwei Gegensätze gespalten vorliegt.«[147] Oder auch: »In demselben Zusammenhang ist auch zu begreifen, daß die bevorzugten Objekte der Menschen, ihre Ideale, aus denselben Wahrnehmungen und Erlebnissen stammen wie die von ihnen am meisten verabscheuten, und sich ursprünglich nur durch geringe Modifikationen voneinander unterscheiden.«[148] In der Traumdeutung kann ein und derselbe »Blütenzweig« die sexuelle Unschuld darstellen, wie man sie vorzustellen liebt, aber auch ihr Gegenteil.

Es ist faszinierend zu sehen, wie sehr die europäische Philosophie durch den heftig vorgebrachten Argwohn (Nietzsches, Freuds) angeregt, sich in schärfster Weise gegen ihr, auf der Zweiteilung (dem platonischen *temnein* τεμνεῖν) gegründetes ontologisches Unterfangen wandte, um schließlich diese *ursprüngliche Unabgrenzbarkeit* noch vor jeder Abgrenzung zum Vorschein zu bringen. Einzig Heraklit, den man deshalb auch den »Dunklen« nannte, hatte dies schon erfasst (»Gott ist Tag-Nacht, Winter-Sommer, Krieg-Friede«[149], aber seine Lehre, von Aristoteles vergraben, hat sich seither verloren. Welch großer Anstrengungen und theoretischer Überarbeitung hat es in der Folge bedurft, um diesen »grundlosen Grundstock« heraufzuholen, der »in seinem unbestimmten Schatten die Unterschiede und die Differenzen in Reserve hält, von dem die Diskriminierung sich etwas abschneiden kommt« (und die Derrida in »Platons Pharmazie« zu Unrecht, so scheint mir, hier noch »Ambivalenz« statt »Ambiguität« nennt, oder aber diese miteinander vermischt[150]). Angesichts dessen ist es umso erstaunlicher, dass diese ursprüngliche Ununterscheidbarkeit das ist, was das chinesische Denken, das am Sein und damit auch an der ontologischen Bestimmung vorbeiging, nicht aufhört zu bedenken. Nicht etwa als ein Rätsel, einen Taumel, nicht einmal als eine Wahrheit, sondern als etwas Evidentes, oder besser noch: als unaussprechlicher Grundstock des Offensichtlichen, als Grundstock oder Quelle aller Prozesse, ebenso aller Dinge wie Gedanken, den man aber hinter allen Gegensätzen und sprachlichen Abgrenzungen zum Vorschein kommen lassen muss.

Dieser undifferenzierte Quellgrund aller Unterschiede, dieser *Grundstock* der *Nichtausschließung* ist das, was das chinesische Denken gemeinhin *dao* nennt, den Weg der Gangbarkeit, der in seinem Fundus der Nichtaktualisierung (dem *wu* 无, das nicht nichts ist) alle Unterschiede kommunizieren lässt, die – nur daraus hervorkommend, um dorthin »zurückzukehren« – unaufhörlich vorübergehend zutage treten und sich aktualisieren. Das *dao* ist das, was »die Gegensätze als ein Eines (*dao tong wei yi* 道通为一) kommunizieren« lässt, wie das *Zhuangzi* dies kurz und bündig sagt (»Über die Gleichwertigkeit der Dinge und der Reden«).[151] So ist die »höchste Erkenntnis« jene, wo sich noch nichts aktualisiert hat; eine Stufe darunter ist jene, wo noch keine Grenze markiert ist; in der nächsten darunter gibt es noch keine Disjunktion. Denn »durch das Ausleuchten der Disjunktionen ging das *dao* verloren […] und mit dem Verlust des *dao* sind die Präferenzen aufgekommen«. Daher kann das *dao*, ganz im Gegensatz zur Forderung nach Klarheit und Unterschiedenheit, nur als

»verschwommen«, »vage«, »ununterschieden« und *evasiv* gekennzeichnet werden, weshalb man auch eine Sprechweise erreichen sollte, die »kaum besagt« (*xi yan* 稀言), sich jeder Bestimmtheit enthält, am Rand einer Formulierung und *allusiv* bleibt, um dieser grundlegenden Ununterschiedenheit nahe zu kommen. Jetzt erklärt sich auch, weshalb das *dao* »fad« genannt wird (*dan hu qu wu wei* 淡乎其无味).[152] Denn das *Fade*, insofern es als unausgeprägt sich nicht in gegenteilige Geschmacksrichtungen aufspalten lässt, ist nicht so sehr das Fade des Neutralen, was eine negative Qualifikation wäre, als vielmehr ein solches, das an der Schwelle zur Bestimmtheit, also noch diesseits jeglicher Abgrenzung, in einem unbegrenzten *Zwischen* Genuss bietet.

So zu denken, hieße nicht mehr, sich von gegenüberliegenden Extremen einfangen zu lassen, von Endpunkten, die sich abheben und herauskristallisieren; nicht mehr, sich durch die Trennung in Gegenteile faszinieren zu lassen; nicht mehr, wieder und wieder zu unterscheiden, in der Hoffnung, von Unterschied zu Unterschied fortschreitend, das letztendliche Wesen und dessen Definition zu erreichen: unablässig zu trennen, aber auch, diese Trennungen überwinden zu müssen und, dem Hang des *logos* folgend, in eine Aneinanderreihung von Bestimmung und deren Überwindung zu geraten, die endlos ist (die dialektische Erschöpfung, die einzig der willkürliche Halt des absoluten Wissens zum Abschluss bringen kann). Umgekehrt wäre mit ihm aber auch nicht ein Verzicht auf das Wort verbunden, eine Flucht in das Unaussprechliche unter dem Vorwand, die Sprache würde hinter ihren trügerischen Unterscheidungen eine unvordenkliche und – wie in jedem Paradies – bereits verlorene Einheit verbergen (die Seligkeit des mystischen Komforts). Denken hieße vielmehr, sich *zwischen* und im Spannungsfeld dieser beiden Erfordernisse aufzuhalten: Während man darauf achtet, das Äquivoke durch die erforderlichen Dissoziierungen aus der eigenen Rede zu eliminieren, wird man zugleich umso mehr das zum Vorschein bringen, was, ihr vorausliegend, *effektiv* – zutiefst – ambigue ist und sich nicht auseinandernehmen lässt. Zwischen den durch meine Rede vorzunehmenden Unterscheidungen und jenen, die in der Sprache rückgängig zu machen sind, bleibt Denken-Reden hin- und herpendelnd in Arbeit und Bewegung, lässt sich weder von den Worten noch von dem Schweigen in die Falle locken: Es bleibt weder ein Spielzeug von Worten, die das Denkbare entstellen, noch weicht es vor dem Schweigen zurück, das nicht mehr denkt.

XVII

Zwischen (vs. Jenseits)

1

Wenn das Ambigue das ist, was sich nicht auseinanderhalten lässt, nicht weil, wie im »Gemisch«, Gegensätze in ihm bestehen, sondern weil die Gegensätze in ihm nicht ausreichend gekennzeichnet sind, um einen vom anderen losgelöst zu halten, so könnte man sagen, dass Ambiguität auf das »Zwischen« [*l'entre*] ihrer Nichttrennung verweist bzw. ihr Ort das Zwischen-Beiden ist. *Zwischen* »Freude« und »Traurigkeit«: Der ursprünglichere und daher umso tiefere Affekt, wie er von der Landschaft hervorgerufen wird, lässt sich nicht zwischen diesen gegenteiligen Gefühlen aufspalten. Dabei geht es nicht darum, dass er etwa das eine mit dem anderen vermischt oder dass er zwischen dem einen und dem anderen oszilliert, sondern darum, dass er noch nicht zu ihrer Unterscheidung Anlass gibt. Damit gesteht man zugleich ein, dass dieser Ort des *Zwischen* für sich ein Nichtort ist, dass er sich nur durch das Andere begreifbar macht, das Andere, von dem er das Zwischen ist, dass er kein »An-sich« hat und er also ohne ihm zukommende Bestimmung ist, ihm nichts als Eigenes gehört, er kein Wesen und keine »Eigenschaft« hat. Anders gesagt: dass er folglich *flüchtigerweise* [*évasivement*] dem Zugriff der Ontologie entwischt. Genau genommen »ist« das Zwischen nicht. Wie kann man von ihm »etwas« sagen, ohne nur in Negationen zu sprechen?

Das ist der Grund, weshalb die Griechen – deren Augen auf die Gegensätze (*antikeimena*) gerichtet waren, da einzig diese bestimmt und durch ihre ausgeprägten Züge in Termini des »Seins« definiert werden konnten – die Kapazität des »Zwischen«, inkonsistent wie es zu sein scheint, nicht anerkannt und folglich auch nicht gedacht haben. Sie haben es nur entsprechend dem, *wovon es das Zwischen ist* und was es einzig charakterisiert, in Betracht gezogen. So haben sie auch Anwesenheit *oder* Abwesenheit gedacht, wobei das eine die Alternative des anderen bildet und ihm widerspricht. Sie haben auch das Leere und das Volle gedacht, den Mangel und die Befriedigung etc. Das Zwischen-Beiden oder den *Median*, der sich einer Charakterisierung entzieht, haben sie vernachlässigt. Was ist nun die ethische Konsequenz daraus, die von vornherein vom Tragischen gekennzeichnet ist, wenn man *»leben«* in dieses Dilemma einklemmt? Entweder, so sagt Sokrates,[153] werde das Leben als ein leckes Fass angesehen, das nicht auszurinnen aufhöre und das man stets nachzufüllen gezwungen sei, um diesen nicht korrigierbaren Mangel zu beheben: Man lebt unter dem ständigen Druck der Begierde, ohne sie jemals befriedigen zu können. Oder aber man wisse das Leck der Begierde zu stopfen, und das Fass werde dann immer voll sein, ohne dass man es nachfüllen müsste: Wir würden endlich in Frieden leben, befreit, ohne weitere Bedürfnisse und befriedigt. In letzterem Zustand, in diesem vollendeten Ruhezustand, wäre man nicht mehr am Leben, wendet Kallikles empört ein, fehlte es doch an der Lust, aufzustehen, sich zu begeistern, und wir wären auf den Zustand von »Steinen« reduziert, ohne uns nach etwas zu sehnen. Im anderen Zustand, so entgegnet daraufhin Sokrates, wo immer nachgefüllt und nichts behalten werde, wo man niemals satt werde, lebte man nur das läppische Leben eines »Regenpfeifers«, eines Vogels, der defäkiere, sobald er etwas zu sich nehme …

In der logischen Konsequenz der Ontologie haben die Griechen nur diese Gegensätze gedacht: entweder das Entleeren oder das Anfüllen. Das *Zwischen* von Verlangen und Sättigung haben sie nicht gedacht; sie haben nicht die mittlere Zeit – die Zeit zu *leben* – aufgefaltet, zwischen jener des schreienden Hohlen und jener anderen des Vollen und Satten. Sie und die Kirchenväter in ihrem Gefolge haben unsere Existenzen in diesen sich grausam zusammenziehenden

Schraubstock von Verlangen eingeklemmt, das, einmal erfüllt, zum Überdruss wird: Entweder lässt uns das Verlangen aus Mangel leiden oder wir werden der Befriedigung überdrüssig und sie wird zur Enttäuschung. Von der Schwierigkeit, diesem Widerspruch zu entkommen, wird Pascal später denken, sie wäre unsere »Lage« [*condition*] schlechthin, der zufolge wir entweder weiterhin nach etwas verlangen, also weiterhin leiden werden, oder unser Verlangen befriedigen, was aber dann Langeweile nach sich zieht. Ähnliches hatte auch Augustinus schon vermerkt: »Wenn ich sage, du wirst nicht satt sein, so heißt das so viel wie, du wirst Hunger haben; wenn ich sage, du wirst satt sein, muss ich deine Abscheu befürchten.«[154] Da die Griechen keinen Ausweg aus diesem Dilemma denken konnten und nicht wussten, wie diesem Teufelskreis aus Mangel und Mangel aus mangelndem Mangel zu entkommen sei, haben sie, zumindest die »Platoniker«, keine Konsistenz in diesem Leben in Betracht ziehen können und das »Leben« in ein »anderes« Leben verschieben müssen. – Entgeht jedoch der Gedanke von einem Paradies, für sich genommen, der Aporie?

Ich glaube kaum, dass Platon, der schöne und stolze Aristokrat, aufgrund von Askese und Verzicht, die sein Begehren verdorben haben – wie es der Nietzscheanismus glauben wollte –, sein Denken auf das »Jenseits« [*là-bas*] (*ekei*) verlegte, die Welt also verdoppelte und dem Hier und Jetzt entfloh. Er tat dies vielmehr deshalb, weil es ihm am nötigen Werkzeug fehlte: Das Denken des *Zwischen* hatte seiner Ansicht nach nichts, woran man sich wirklich hätte festhalten können, es konnte sich nur um eine Mischung oder »Gemischtes« handeln, die Identitäten durcheinanderbrachte, verworren und zu entwirren – etwas, wovor man sich »retten« musste. Es ist klar, wohin es führte, dass die Griechen das »Zwischen-Beiden«, das *Evasive*, den sich Zuschreibungen entziehenden Übergang vernachlässigen mussten: Da sie diesem *Zwischen* des Lebens keine Konsistenz zu geben vermochten (wussten), konnten sie nur in einem »Jenseits« (*meta*) das ansiedeln, was Platon bereits im *Theaitetos* das »wahre Leben« (*alethes bios* ἀληθὴς βίος)[155] – bei Augustinus später: *vera vita* – genannt hat, das im Sein gründet und vom *Werden* sowie von jeglicher *Ambiguität* befreit ist. Da sie das »Zwischen« (*metaxu*) nicht zu denken wussten, mussten sie das *meta* der »Meta-Physik« denken. Dort fühlten sie sich wohl, da konnte man konstruieren. Hat alles Sonstige, inklusive der berühmten, so sehr verschrienen »asketischen« Werte, nicht bloß als Folge davon Geltung?

Eine Formulierung aus dem *Zhuangzi* genügt, um uns vor diesem Trugbild des im »Jenseits« erlangten Ruhezustands als eines kennzeichnenden Endpunkts zu bewahren. Sie schützt uns vor dem allzu grellen Licht, das die Antipoden ausstrahlen. Ganz diskret lässt sie uns von diesem ausgetretenen Pfad abweichen und erhält uns in einem *Zwischen*, das kein Ende hat. »Einfüllen, ohne je anzufüllen, schöpfen ohne je zu erschöpfen«, sagt eine Konzeptfigur zur anderen, die »Dunkle Authentizität« – soweit man diese grundlegende Flüchtigkeit [*évasivité*] überhaupt übersetzen kann – zu dem »Fruchtbaren Wind«.[156] Denn da das *dao* »ohne Abgrenzung« ist, wird das, was sich abhebt, was auftaucht und »glänzt«, nicht das *dao* sein; ebenso »trifft das Wort, das unterscheidet, nicht«. Das am meisten Charakterisierbare ist demnach auch das Willkürlichste. Das *dao*, der »Weg«, besagt hingegen dieses *Zwischen*, das sich von keiner Seite her bestimmen lässt, aber nicht aufhört, passieren zu lassen: wo man also ungezwungen »umherwandeln« [*évoluer*] kann. Es ist ein Zwischen, wo man nicht bis zum Rand anfüllt und auch nicht bis zum Versiegen schöpft, sich nicht völlig sättigt, sich aber auch nicht alles entgehen lässt; wo sich somit diese extremen, dramatischen Stadien des (schmerzhaften) Mangels und der (langweiligen) Erfüllung zurücknehmen. *Umherwandeln* (*you* 遊) bedeutet genau genommen, durch das Tilgen der Endpunkte und ohne weitere Unterstellung von Anfang und Ende, von Start und Ziel, die *Variation im Zwischen* ohne Fixierung und Fokussierung, die sich durch Abwechslung erneuert und niemals erschöpft. Der Weise, so wird gesagt, »wandelt« im *dao* »wie der Fisch im Wasser«.

Wenn wir nun diesen Austausch zu dritt fortsetzten, also in diesem so angespannten, zu keinem Abschluss gekommenen Dialog zwischen Sokrates und Kallikles, einem der heftigsten der griechischen Szene, diese andere Stimme hinzufügten, so würde der daoistische Denker einzig durch das Geschaukel seiner Formulierung die Alternative lockern und jenen Antagonismus auflösen oder besser *entspannen*, nämlich den zwischen dem bis zum Rand gefüllten Fass, das uns endgültig vom Verlangen befreit, *oder* dem lecken, das jenes Verlangen immer neu aufkommen lässt. Einfüllen, ohne je anzufüllen, schöpfen, ohne zu erschöpfen: Schon die ausgewogene Abwechslung, die diese Formulierung hervorbringt – ein Verb, das einem anderen entspricht, das eine wie das andere fern von einem extremen Endpunkt – reicht aus, um die Logik des Übergangs vernehmbar zu machen. Ist diese Logik nicht einfach, noch ursprünglicher, jene der *Atmung*, sie, die am Leben erhält? Denn ist es nicht die Atmung, die in diesem kontinuierlichen Austausch, in dem ein Stadium bereits das andere herbeiruft, wobei es sich vor unhaltbaren, disjunktiven Zuständen des komplett Leeren und Vollen fernhält, im *Zwischen* einer Aktivität eine regenerierende Spannung aufrechterhält? Die Atmung, die das chinesische Denken vorrangig gedacht hat, ist das beste Argument gegen die Blockade durch die jeweils entgegengesetzten Positionen, der aufzehrenden, verzehrenden Getriebenheit bzw. der starren Ruhe. Tatsächlich hat die griechische Philosophie, wie man mit einigem Abstand feststellen kann, zuvorderst die unterscheidend-zuschreibende, das Objekt konstruierende visuelle Wahrnehmung gedacht, nicht jedoch die Atmung. (War diese etwa zu sehr im Vitalen und zu wenig im Zerebralen verankert?)

Überlassen wir uns nicht der Faszination des Äußersten, sagt der Daoist, so als könnten wir die Wahrheit letztlich nur dadurch herausfinden (oder, wenn sie gar mit dem Extremen verbunden wäre, dann sollten wir der Wahrheit misstrauen). Anders gesagt, seien wir doch nicht so naiv zu glauben, wir würden dadurch erkennen, dass wir *den Endpunkt berühren*. Vermeiden wir das kritische Stadium des einen oder des anderen Endes und bewahren wir beiden Seiten gegenüber »Reserviertheit« oder Zurückhaltung: den grundlosen Grund des *dao*. Indem man sich diesseits des Limits aufhält, sich hütet, in die eine oder andere Bestimmtheit zu kippen, weder »verlässt« noch »klebt« (*bu ji bu li* 不即不离), wie das Chinesische so wunderbar und einfach sagt, dafür aber dieses *Zwischen* der Aktivität erhellt, vermeidet man die Hypostasierung des einen oder anderen als Alternative: des gierigen Hungers nach Lustgewinn (Kallikles) ebenso wie des Gesättigten der Ruhe (Sokrates). Man wird dem Leiden des Mangels ebenso wie dem Überdruss der Erfüllung entgehen.

–2–

Man sollte sich keinesfalls davor fürchten, endlich die Perspektive aufgrund dieser aus der Schräge kommenden Anregung (Einladung) umzukehren. Eher sollte man sich davor fürchten, zu den vielleicht zu hastig von der Philosophie verfestigten parteilichen Urteilen zurückzukehren. Glauben wir nicht, dass das begriffslos gelassene und sich auf die Trennung der Extreme beschränkende *Zwischen* nur als Intervall zu gebrauchen wäre, das man gedanklich leicht überspringen könnte, weil es von vornherein als weniger intensiv gilt. Sehen wir es nicht mehr als dieses Relative an, das wegen seiner Unbestimmtheit weniger zu »sein« scheint, während die zwei Extremitäten, einzig bestimmt (als *eidé*), uns angeblich mit dem Absoluten in Berührung brächten. Nehmen wir eher diese zwei Seiten, die sich zwar ins Ungewisse verlieren, deren Radikalität sich aber, wie wir wissen, ohne Schwierigkeit akzentuieren lässt, einzig als Unterstützung dieses *Zwischen*, in dem schlussendlich alles passiert, vor allem dieser kontinuierliche Übergang, wie es die Atmung des Lebens ist. Geburt und Tod, die uns als Ereignis frappieren, »sind« in Wahrheit nur, um dieses präsente und randlose, aber *allein existierende Zwischen* zum Vorschein zu bringen. – Wäre es allzu gewagt, anzunehmen, dass diese Umkehrung, die das diskrete *Zwischen* auf Kosten der lautstarken Dramatik der Extremitäten aufwertet, uns geräuschlos einen der großen ideologischen Umbrüche der Gegenwart ankündigt: einen neuen Wert des »Zwischenhaltens« oder des Unter-haltens[157] (im Sinne einer Erhaltung der Welt, des Wortes, der Gesundheit …)? Zusammenfassend könnte man sagen, dass nun nicht mehr der Weg über die Grenzpunkte zur Klarheit führt (oder dass diese »auszulöschen« ist, wie das der *Laozi,* § 4, rät); dass die Wahrheit nicht mehr im Extremen – am Endpunkt – einzementiert ist, so als müsste man sie dort an ihrer Zufluchtsstätte aufstöbern. Und zweifellos ist es das, was uns zunächst von der Metaphysik und ihrem »Jenseits«, dem *meta*, Abstand gewinnen lässt, das durch den Überstieg zur Betonung führt.

Es ist wohl richtig, dass dieses »Jenseits« durch die Ausfaltung einer operativen Denkebene seine theoretische Fruchtbarkeit gehabt hat. Indem es jenseits der Vielfalt des Sinnlichen die Einheit des Intelligiblen bzw. des Begriffs (*kata mian idean* κατὰ μίαν ἰδέαν heißt es bei Platon) beförderte oder jenseits des experimentierenden Herumtastens die Perfektion eines im Absoluten konzipierten Modells, hat es diese andere, über die Welt hinaus (*ektos tou kosmou* ἐκτὸς τοῦ κόσμου) projizierte Ebene erlaubt, eine Abstraktionskapazität zu aktivieren, die dem Geist seine Initiative sichert, wobei dessen Einfluss auf die Beherrschung der Welt durch die Wissenschaft sich umgekehrt als ungeheuer groß erwiesen hat: Daraus ist in Europa ein Wissen hervorgegangen, das über den Umweg der Technik in einigen Jahrhunderten den Planeten verändert hat. Mehr noch (noch implizierter): Platon hat es verstanden, aus dem jenseitigen Ideellen, indem er es an die machtvolle Energie des *eros* anschloss, ein *Ideal* zu machen, das in den tiefsten Gründen des Begehrens wurzelt und unsere Willenskräfte mobilisiert. Genauso wie dieses Ideelle der Motor für die Wissenschaft (die klassische Physik) sein konnte, war es auch ein solcher für die Ethik und Politik. Vor allem hat es den Gedanken der Revolution, Gipfel des Theoretischen, und den des Fortschritts ermöglicht. Man müsste also blind sein, um nicht zu erkennen, was dieser Schnitt, der ein »Jenseitiges« von dem trennt, was damit in ein »Diesseitiges« zurückfällt, an *Möglichem* freizulegen und hochzuziehen vermochte, was also die *Fruchtbarkeit* dieses Dualismus gewesen ist. Dass dieser Schnitt einen Kraftakt darstellte, ja für das *Leben* derart teuer zu stehen kam, dass man die Kosten gerade erst zu ermessen begonnen hat, nimmt ihm nichts von seiner Gültigkeit. Diese »Gültigkeit« lässt ihre Wahrheit hier allerdings partiell werden. Denn es ist an der Zeit zu erkennen, dass so eine Verdoppelung der Welt, so einfallsreich sie auch sein mag, weit davon entfernt ist, eine banale Notwendigkeit zu sein, die jedem Geist in seiner Entwicklung begegnet, und dass sie notwendigerweise etwas Willkürliches mit sich führt, und dass man von nun an seine Ressource mit anderen, die in Europa nicht wahrgenommen wurden, kreuzen kann (muss). Der Gedanke des *Zwischen* scheint mir dabei als verbindender Terminus dienlich zu sein, insofern er sich als Spiegel anbietet, in dem der Gedanke des *Jenseits* sein Ungedachtes reflektieren kann.

»Zwischen«, »jenseits« – man sollte die begriffliche Stärke von Präpositionen nicht ungenutzt lassen. Den resultativen und stabilisierend wirkenden Begriffen vorausliegend, sind sie es, die gedanklich *konstruieren*. Im Griechischen wird das Ziel »im Hinblick auf was hin« oder der Grund »durch was« genannt. Dies strukturiert in funktioneller Weise die Gedanken, noch bevor abstrakte Termini eine gleichbleibende Repräsentation von ihnen geben. Wenn nun das Arsenal an Präpositionen im Chinesischen auch viel kleiner ist als in unseren Sprachen – von daher kommt es auch, dass das chinesische Sprechen-Denken weniger konstruiert –, so spielt das »Zwischen« dort eine privilegierte Rolle, was seine Schreibweise belegt: die zwei einander gegenüberstehenden Türflügel, die eine Polarität bilden 門, zwischen die sich der Strahl des Mondes 月 schiebt (bzw. in einer späteren Schreibweise jener der Sonne 日).

Das ist es, was das Schriftzeichen *jian* 閒 zu sehen (zu denken) gibt: Statt einer Türe, die undurchsichtig ist und blockiert, bleibt ein Zwischen-Beiden bestehen, das unendlich passieren lässt – den Wind, das Leben, das Licht. Wäre selbst das, was wir vielleicht zu massiv als »Welt« bezeichnen, nicht eher das »zwischen Himmel und Erde« (*tian di zhi jian* 天地之閒), wie das Buch *Laozi*[158] sagt, »vergleichbar einem großen Blasebalg«? »Hohl und doch unversiegbar, ist er nicht ganz platt«: Dieses Hohle ist kein Mangel, es ist »bewegt und immer mehr zeugend«: das *Zwischen* (der Wände des Blasebalgs) ist das des Aktiven. Und wie wir wissen, malt der chinesische Maler auch nicht einen gegebenen Zustand, sondern »zwischen es gibt/es gibt nicht«.

Man muss aber auch erkennen, dass dieses Vorwort »zwischen«, wenn es ein Vorschlag für das Denken wird, Verschiedenes zum Ausdruck bringen und folglich auch Unterschiedliches bedeuten kann. Denn wenn so ein »Zwischen« (*metaxu*) sich im Rahmen des griechischen Denkens einschiebt, so in erster Linie, um als Vermittler zu dienen: Zwischen Unwissenheit und Wissen liegt das »Zwischen« der »Meinung« (*doxa*) bei Platon; zwischen den Menschen und den Göttern, da liegt die vermittelnde Funktion der Liebe (*eros*), die, im *Symposion*, als ein dämonisches Wesen die einen mit den anderen verbindet;[159] dergleichen auch das »Zwischen« der Hypostasen, wobei bei Plotin die Seele als Vermittlerin dient, um zu Gott aufzusteigen. Aus logischer Sicht ist, so legt Aristoteles fest, dieses »Zwischen« als dritter und mittlerer Terminus zwischen den Gegensätzen von Rechts wegen ausgeschlossen. Er mauert auf diese Weise die Gegensätze in ihre ontologische Trennung ein und verbietet damit prinzipiell jegliche Ambiguität. Wenn dieses »Zwischen« trotzdem eine Rolle zu spielen hat, um das Denken der Veränderung in der unvollkommenen Welt der »Physik« zu ermöglichen, so ist dieses Intermediäre notwendigerweise nur aus seinen Widersprüchen zusammengesetzt: Es hat nie ein »An-sich«, ein Sein oder eine ihm eigene Natur.

Als Beweis dient dafür die Tatsache, dass Aristoteles nicht den Mittelton in der Musik oder das Grau bei den Farben zu denken vermag. Dieser Mittelton sei lediglich »hoch im Verhältnis zum Grundton und tief im Verhältnis zu Oberton«, ein »Zwischen« des Übergangs und der Passage kann er nicht auf den Begriff bringen; ebenso sei das Grau nur »weiß im Verhältnis zu Schwarz und schwarz im Verhältnis zu Weiß«.[160] Wenn also die Veränderung auch im »Zwischen« oder Intermediären seinen Ursprung hat, so setzt dieses für sich selbst nichtsdestoweniger, allerdings auf eine weichere Art, den Status des Extremen fort, indem es erneut dem einen oder anderen Gegensatz als Widerspruch dient. Wie das Aristoteles resümiert, ist

»das Zwischen in gewisser Weise die Extreme« (*to metaxu ta akra*), es ist ebenfalls eingrenzend und an die Stelle des einen oder anderen tretend. Das »Grau« ist demnach in den Augen von Aristoteles nicht grau, d. h. eine Farbe, wo das Eine ins Andere übergehend weder das Eine noch das Andere ist, eine Farbe, wo Weiß und Schwarz sich vermischend ihre Abgrenzung verlieren, die weder aufteilbar noch charakterisierbar ist – »unentschlossen«, wie Verlaine einmal gesagt hat –, sondern es ist abwechselnd – und zwar unbeirrbar – »weiß im Verhältnis zu Schwarz und schwarz im Verhältnis zu Weiß«. Das Intermediäre ist ein mittlerer Terminus, also auch ein *Terminus*, eine Endstation. Er unterbricht auf halbem Weg die Veränderung und zerlegt sie, indem er sich zugleich als Punkt der Ankunft wie der Abfahrt eben dieser konstituiert, macht aber keineswegs besser begreiflich, wie die Passage durch ihn hindurch vor sich geht.

— 3 —

Man müsste also diese andere Berufung des *Zwischen* erkunden, wenn es nicht mehr auf den Status eines Intermediären oder Graduellen zwischen dem Meisten und dem Wenigsten reduziert ist, sondern sich als das, *wodurch hindurch passierbar* wird, entfaltet. Da im chinesischen Denken das, was wir verdinglichend das »Reale« nennen, unter dem Blickwinkel des Hauchs, des Fließens und der Atmung betrachtet wird (*qi* 气, mit »Energie« zu übersetzen, wäre noch zu griechisch), ist oder eher noch »dient« oder »taugt« das »Zwischen« als das, wodurch, wo hindurch/aus dem jedes Ereignis hervorgeht und sich entfaltet. Es ist wie das, *wo hindurch* in der berühmten Szene des *Zhuangzi* das Messer des Fleischhauers Ting »im Zwischen der Gelenke« (节者有閒) sich bewegt, um das zu zerlegende Fleisch des Ochsen auseinanderzunehmen, wobei er in diesem »Zwischen« auf kein Hindernis, also auf keinen Widerstand stößt.[161] Das Messer ohne nennenswerte Stärke stumpft also nicht ab und bleibt immer so scharf, als wäre es soeben geschliffen worden. Ebenso verhält es sich, so wird gesagt, mit unserem Vermögen, in uns das Leben zu »nähren« (wobei »nähren« sich nicht auf den Körper beschränkt, aber auch nicht idealisierend auf die Seele). Erhält sich eine derartige fließende Bewegung durchgehend im »Zwischen« unserer physischen Aktualisierung (*xing* 形), diese von innen her bewässernd, ohne dass sie einem Hindernis begegnet oder ihre Passage sich verlegt – ein Prozess, der mit der Atmung beginnt (»der gemeine Mann atmet vom Hals beginnend, der Weise von den Fersen ausgehend«, liest man im *Zhuangzi*) –, so bleibt unsere Vitalität alert und wird sich nicht erschöpfen. In China kennt man an Stelle von »Unsterblichkeit« die Thematik der »Langlebigkeit«.

Vom Messer zum Pinsel: Ist die Technik des Malers nicht der des Fleischhauers verwandt, wenn er die Vitalität quer durch das Physische zum Ausdruck zu bringen versucht? »Die Malerei der Literaten betrachten«, sagte Su Dongpo[162], »ist wie ein erstklassiges Pferd in Augenschein nehmen.« Was aber hat es mit dem Malen oder aufmerksamen Betrachten auf sich? Was sucht man denn von diesem Fließen und diesem Elan, die die Malerei und das Pferd in sich bergen, zu erlangen? Die Kunsthandwerker des Pinsels erreichen nur die äußeren Attribute und machen daraus eine pittoreske Szene »mit der Reitgerte, dem Fellhaar, einer Krippe und dem Futter«. Der ganze Schwung des Pferdes ist verloren und man bekommt es bald satt, schließlich besteht es *effektiv* »nicht aus Peitsche und Fell« und Attributen ähnlicher Art. Zugleich aber gilt, »wenn es keine Gerte und kein Fell gibt, dann gibt es überhaupt kein Pferd«. Es braucht also sehr wohl etwas Greifbares, Physisches, Konkretes, damit dies von dem, was die Heißblütigkeit des Streitrosses ausmacht, durchdrungen und beseelt wird. Eine derartige Darstellung von Ungestümem erreicht man weder *im* Sinnlichen, das in seiner Konkretion begrenzt ist, noch in irgendeinem »Jenseits«, das die Sichtbarkeit zum Verschwinden bringt. Was soll man also malen? – Oder besser gefragt, sollte man nicht, wieder einmal, dieses allzu verdinglichende »Was« zurücknehmen und mit einem »Quer hindurch« ersetzen? Zur Beantwortung braucht man (so wie Fang Xun) nur zu de-ontologisieren: Das, was man unter dem das Streitross beflügelnden wilden Elan versteht, »befindet sich zur Gänze im Zwischen«,

zwischen diesen äußerlichen Attributen, »inklusive dem Fell und der Reitgerte«. Nun sei daran erinnert, dass in Europa die Maler unserer Moderne weit früher als die Philosophen diese De-Ontologisierung praktiziert haben. Nochmals Braque: »Auch was zwischen dem Apfel und dem Teller ist, gehört gemalt«, ja, »dieses ›Zwischen beiden scheint mir ebenso wichtig wie das, was sie ›Objekt‹ nennen«.[163]

Die Wirkungsweise des »Zwischen« und des »Quer hindurch« ist, dass sie nicht wie das *Jenseits* verschiebt, auch nicht beinhaltet oder begrenzt, wie das jede konkrete Zuordnung macht. Sie besteht darin, *Evasives* zu erhalten und damit in unendlicher Entfaltung, ohne dabei das Sinnliche zu verlassen oder auf die Phänomenalität der Dinge zu verzichten. Indem sie das Physische und Sinnliche enteignet und von ihren engen Begrenzungen befreit, bringt sie wieder Bewegung in sie hinein und lässt sie verströmen, statt zuzulassen, dass sie sich festfahren. In einem Überschreiten, das kein Verlassen ist, öffnet sie sie. In China zeigten sich die Maler von Landschaft besonders dafür empfänglich. Wenn sie bereits tausend Jahre vor der europäischen Malerei die Landschaftsmalerei hervorgebracht und daraus eine Lebenskunst entwickelt haben, so deshalb, weil sie Landschaft nicht entsprechend der gängigen Definition, zumindest jener des Wörterbuchs, als »Teil des Landes« auffassten, den die Natur einem »Betrachtenden« darbietet, der als Subjekt diesen Teil als »Ob-jekt« sich gegenübersetzt, sondern als besonderen Ort der Aktivierung jenes *Zwischen*, der durch sein Vermögen, passieren und durch sich hindurch entfalten zu lassen, die lokale Begrenzung aufhebt und »Welt« wird, in der man, ohne Fesseln und disponibel, endlos »umherwandeln« kann.

Denn, so sagt uns der chinesische Maler, eine Landschaft »ist« nicht *in* diesem oder jenem Element, wie es sich als solches dem Blick zeigt, sondern »dazwischen«, wodurch es sich dem Monopol des Visuellen, und sei es das eines Panoramas, entzieht und zu einem Ort *des Lebens* aufsteigt. Das der Landschaft Eigentümliche ist, anders gesagt, dass sie *das Zwischen* unter den Elementen öffnet, die nicht bloß Bestandteile bleiben, sondern zu *Korrelaten* werden. Dies geschieht gemäß der Logik der Korrelation, wie sie das durch Paarbildung vorgehende Denken Chinas so ausführlich entwickelt hat: Es liegt Landschaft vor und nicht bloß ein topografisch sich aufteilendes »Land«, wenn sich darin eine *Inter*-Aktion ereignet, welche Faktoren zueinander in Spannung versetzt, die durch die verschiedenen Spiele ihrer Polarität zu Vektoren von Intensität werden. Indem sie das, was wir Landschaft nennen, mit »Berg(e)-Gewässer« (*shan-shui* 山水) bezeichnen, denken die Chinesen das, was Landschaft ausmacht in diesem *faktoriellen* (vektoriellen) *Zwischen* von »Berg« und »Gewässer«: *zwischen* dem Hohen des Berges und dem Niederen des Wassers, dem festigenden Effekt des einen und dem fließenden des anderen; oder auch *zwischen* der kompakten Form des einen und der formlosen Transparenz des anderen; *zwischen* dem, was man massiv aufragend vor sich sieht (den »Berg«), und dem, was man von allen Seiten her rauschen hört (das »Gewässer«). Aus dem, was sich zwischen diesen sich im Gegeneinander aktivierenden Vermögen öffnet und abspielt, entströmt flüchtig »Unergründliches« bzw. das, was man – ohne dabei ein derartiges »Entströmen« in den Dualismus abgleiten zu lassen – den »Geist« der Landschaft nennen könnte, der aus der Materialität des Sinnlichen sich absetzend ausbreitet, ohne diese deswegen aber zu verlassen.

Dass das »Zwischen« vielleicht die einzige Quelle von Unerschöpflichem ist – wenn man nicht versucht ist, sie auch in einem »Jenseits« *anzusiedeln*; dass dieses passieren lassende *Zwischen* am Beginn einer nicht endenden Entfaltung steht, das zeigt zumal die Ressource des sich *zwischen* zwei Personen entwickelnden *Intimen*. Denn man muss sich fragen, weshalb das *zwischen* zwei Subjekten sich öffnende *Zwischen* einzig das *bei ihnen* ist, was nicht versiegt. Weshalb kann allein das Intime die Logik der Leidenschaft durch Aufhebung des von mir zu Beginn aufgeworfenen Widerspruchs durchkreuzen – Leidenschaft, die zugrunde geht im Besitzen oder als zu Enttäuschung gewordenes Begehren, wenn dieses einmal erfüllt ist? Im Unterschied zur Liebe – von der man weiß, wie sehr sie sich darin gefällt, den Anderen zu verherrlichen, ihn mit so vielen guten Eigenschaften zu behängen, dass diese, an ihr Limit gelangt, von selbst dazu neigen, sich in ihr Gegenteil zu verkehren, und diese »Liebe«, einmal gesättigt, in Gleichgültigkeit oder Ablehnung kippen lassen – ist das Intime, das sich zwischen den Subjekten öffnet, nicht dem einen oder anderen zuzuschreiben, ist also nicht schicksalhaft an die Eigenschaft des einen oder anderen gebunden, eine Eigenschaft, die stets davon bedroht wird, wenn sie ihren Endpunkt erreicht, unübertrefflich zu werden, folglich zu enttäuschen und sich zu entwerten. Denn man weiß nicht mehr, wem von beiden dieses Intime, das sich zwischen ihnen eröffnet hat, zu verdanken ist – diese Frage verliert als solche ihren Sinn. Zugleich aber erneuert sich das Intime im Lauf der Zeit ständig durch sich selbst und *erhält sich* [*s'entre-tient*] aufrecht, wie ein bodenloser Quellgrund, durch diese »nichtssagenden« Worte, die nichts mehr zu »sagen« versuchen, ebenso wie durch das, was die Stille unendlich passieren lässt.

Wie passiert, wie nimmt dieses »Zwischen« des Intimen Gestalt an, bevor es sich noch als Intimität eingrenzen lässt oder – schlimmer noch – sich in Intimismus verkehrt? Welche Existenz könnte es haben, wo es doch von vornherein ohne Essenz ist? Was hat es zu bedeuten, dass sich ein »Zwischen« zwischen uns auftut, das bei jedem von uns seine Eigenheit und »Privatheit« als Subjekt zum Verschwinden bringt? Dieses *Zwischen*, das sich durch meine, an ihren Nacken gelegte Hand entspinnt – oder durch die erinnerten gemeinsamen Augenblicke, das Projekt eines gemeinsamen Hauses und aller naiv von uns erfundenen Mythologie zwischen uns, welche das vertraute Einvernehmen rituell festigt –, dieses aktive *Zwischen* versetzt in Spannung: Indem es den Anderen von einem atonisch anderen herauslöst, erhebt es ihn zu einem Pol des Relationalen – dieses *Zwischen* ist ein Intensiv. Statt jeden auf seiner Seite in dem zu belassen, was sich als sein Charakter oder seine Eigenschaft bestimmen lässt, eröffnet dieses *Zwischen* des Intimen, indem es die zwischen ihnen bestehenden Grenzen fallenlässt, ein Feld geteilter Intentionalität. Und da dieses Zwischen genauso wenig meines wie deines ist, vertrocknet es auch nicht durch die Begrenztheit der Subjekte, seine Ressource versiegt nicht. »Jenseitiges« erweist sich dabei *von innen her*. Statt die Beziehung zu einem Stillstand kommen zu lassen, wie das das Los all derer ist, die, einmal befriedigt, nicht mehr unter Entzugserscheinungen leiden, hält dieses *Zwischen* des Intimen die Beziehung in Schwung. Sie aktiviert sich in oder besser *aus* diesem Zwischen, das sich von keiner der Seiten vereinnahmen lässt und die Inbesitznahme – die Übereinstimmung – vereitelt, welche sterilisierend wirkt.

XVIII

Aufschwung (vs. Stillstand)

– 1 –

Wenn der Gedanke des Seins etwas von unserer Erfahrung verfehlt, so deshalb, weil er durch das Bestimmen, Zuschreiben und Übertragen von Eigenschaften eine Übereinstimmung voraussetzt oder, genauer gesagt, weil er voraussetzt, dass dieses »Selbst« mit sich selbst zusammenfällt, woraus ihm seine Essenz und sein Charakter zukommen. Widerspricht nun diese Übereinstimmung nicht dem, was *Leben* im eigentlichen Sinn ist, nämlich, nicht zu »sein«? Anders gesagt: Wenn die Dinge völlig mit sich selbst übereinstimmen und somit in ihrem Zustand als »Dinge« belassen werden, so ist es dem Lebendigen eigen, dass es andauernd nicht mit sich übereinstimmt, folglich im Spannungsbogen des Lebens hält. Wenn man etwa sagt (sicherlich auf triviale Weise und ohne weiter darüber nachzudenken): »Das Fest beginnt bereits vor dem Fest« – worauf deutet das hin? Dieses *Triviale*, das man einfach nur so zur Kenntnis nimmt, rührt es nicht von etwas her – legt es nicht offen –, was der Gedanke von Sein zugedeckt und uns zu denken gehindert hat? Denn dass das Fest vor dem Fest stattfindet, bedeutet nicht nur, dass die Antizipation schöner ist als die Realität oder dass wir mehr durch das Vorgestellte erleben, als wenn es wirklich wird, und dass jedes Fest im Verhältnis zu den Erwartungen enttäuschend ist. Mit dieser »psychologisierenden« Erklärung wird man sich gewiss nicht abfinden können. Wenn wir an dem Faden, der sich hier so ganz banal zeigt, ein wenig ziehen, entdecken wir da nicht ein viel radikaleres *Nichtübereinstimmen*, das die entscheidende

Grundlage der Ontologie ins Wanken bringt? In der Tat können wir nur, wenn wir von diesem Nichtübereinstimmen ausgehen, das denken, was *Leben* im Grundsätzlichen, oder besser: in seinem »Aufschwung« [*essor*] ist.

Das Fest stimmt tatsächlich nicht mit dem »Fest« überein und verliert sich, wenn es sich hinzieht. Sagt man: »Das ist wahrlich ein Fest«, so ist dem schon nicht mehr ganz so. Im Großen und Ganzen mag sich bewahrheiten, was der Satz besagt, aber nichtsdestoweniger entzieht er sich der Logik, jedenfalls jener der Onto-logie. Nicht dass ich etwa persönlich derjenige bin, der am Fest nicht anwesend zu sein versteht; es ist eher das Fest, das, während es getreulich alle charakteristischen Anzeichen eines Festes zeigt, in seinem Hervorsprudeln nicht gleichzeitig bei sich selbst anwesend ist. Wenn also das »Fest« seine Bestätigung findet, als solches anerkannt und gepriesen wird, wenn man nicht zu sagen aufhört: »Welch ein Fest«, dann ist das *Fest* bereits nicht mehr. Das Fest hört auf, voll und ganz ein Fest zu sein, wenn die **Merkmale* – so nennen das die Logiker –, mit denen man ein »Fest« definiert, sich realisieren, positiv werden. Nicht in seinem »Wesen«, aber in dem, was ich gerade seinen *Aufschwung* nannte – wobei die beiden Termini sich als zueinander in Widerspruch stehend herausstellen –, entgeht das Fest der Positivität. Das, was es an Effektivem, an Schwungvollem ebenso wie an Aktivem mit sich bringt, entzieht sich dieser Positivität und verliert sich in der Folge in der eigenen Definition. Von diesen greifbaren Merkmalen, in denen es *zum Stillstand kommt* [*s'étale*] und die es bestimmen, hat sich das Fest bereits zurückgezogen.

Bleiben wir noch ein wenig bei diesem Trivialen stehen, verschmähen wir nicht diese Banalität. Wenn man von jemandem sagt, er sei »tugendhaft«, man werde ihn von nun an als einen solchen Menschen (an-)erkennen und bezeichnen – hat man da nicht bereits den Verdacht, dass er es in gewisser Weise nicht mehr ist? Dass er, obwohl er alle Anforderungen der Tugend erfüllt, oder eher: aufgrund eben dieser Tatsache, der Tugend nicht mehr Genüge tut? Als Beweis können die vorsichtigerweise gesetzten Anführungszeichen dienen, die sich dieses Qualifikativs bemächtigen, indem sie es ganz offensichtlich vom Sprecher absetzen und damit genügend zum Ausdruck bringen, dass man nicht gewillt ist, sich von dieser Aussage täuschen zu lassen. Indem sich »Tugend« abgrenzt und zuschreibt, was sie erkennbar macht und wodurch man sie definiert, wird sie zugleich bestimmt, und damit eingegrenzt, einzementiert, verhärtet, abgestempelt und ist auf dem Weg, ein Stereotyp zu werden: und schon ist sie *konventionell vereinbart.* Die fruchtbare, überbordende, begeisternd-unkonventionelle Großzügigkeit, die *in Wirklichkeit* Tugend ausmacht, hat sich von dem Eifrigen, das sie in jedem Akt penibel zu beweisen sucht, zurückgezogen. Derjenige, von dem man sagt, er sei »tugendhaft« (von dem man zu sagen gedenkt, er sei »tugendhaft«), ist nur mehr ein für die Tugend hart Arbeitender, alle wissen das, außer ihm: Dieses Zuschreibbare, ja Ettikettierbare büßt sein Vermögen ein.

Entsprechend dem, was heute von den ausgegrabenen Texten als am ehesten authentisch erscheint, beginnt das Buch *Laozi* mit diesen Worten: »Die höhere Tugend ist nicht tugendhaft, / daher hat sie Tugend; / die geringere Tugend lässt nicht ab von der Tugend, / daher ist sie ohne Tugend.«[164] Wenn eine solche Formulierung uns auch sogleich an den Rand des Widerspruchs führt und sich ganz offen über das Prinzip des ausgeschlossenen Widerspruchs hinweggesetzt, da sich das Prädikat gleich zweimal gegen das Subjekt richtet, so ist sie doch keineswegs ein Paradoxon, ein schwer verständlicher oder mystischer Gedanke. Das wirkende Vermögen, so wird uns gleich zu Beginn beschieden, ist als eines anzusehen, das sich auf Abstand hält, sogar so weit wie möglich entfernt von seinen greifbaren Merkmalen: Es lässt sich nicht auf die Charakteristika oder Eigenschaften reduzieren, die seiner Definition dienen, sein Wesen bilden und durch die man sieht, wie es sich darstellt. Nicht dass der Gegensatz zwischen Sein und Schein es wäre, was den Zweifel an »Tugend« aufkommen ließe, oder gar etwas, was man als Heuchelei einstufen könnte: Die erwartete Verdoppelung ist nicht stichhaltig. Weit davon entfernt, den »tugendhaften« Menschen zu verdächtigen, dass er es nur dem Anschein nach wäre, ist es eher umgekehrt die Tatsache, dass er zu eng, zu beflissen an der Tugend haftet, an sie gefesselt ist und so gewissenhaft dem anhängt, was man als ein Ideal der Tugend definieren könnte, die Tatsache, dass er nur allzu leicht als tugendhaft identifizierbare und demnach lobenswerte Handlungen vollzieht, was dazu führt, dass er in Wirklichkeit das verfehlt, was aus der Tugend ein unerschöpfliches Hervorquellen macht.

Wenn ein Land ganz offen seine Macht vor Augen führt, sogar als das mächtigste bezeichnet, jedenfalls als auf dem Gipfel seiner Macht stehend anerkannt wird, so ist diese Machtfülle bekanntlich *bereits* im Sinken begriffen, der Prozess des Niedergangs hat eingesetzt. Die Geschichte zeugt ständig davon. Es herrscht eine Ungleichzeitigkeit zwischen dem, was die Anzeichen als Wirkung bestätigen, und dem, was die eigentliche Quelle (die »Mutter«, sagt das *Laozi*) davon ist. Die Manifestation an sich ist resultativ, daher bereits überholt. Das Effektive liegt in der *Neigung* – während das, was sich als solches erkennen und identifizieren lässt (das von der Definition ausgesagte »Sosein« des Wesens), in seinem zum Stillstand gekommenen, markierten und etikettierten Stadium diskret begonnen hat, sich umzukehren. In diesem Sinn verstehe ich eine andere berühmte Formulierung im *Laozi*: »Jeder kennt das Schöne als Schönes, / und schon ist es das Hässliche / jeder kennt das Gute als Gutes, / und schon ist es das Nicht-Gute.«[165] Nicht nur ist das, was als »schön«, oder das, was als »gut« anerkannt wird und ihrer Definition dient, bereits auf dem Weg zu entschwinden, sondern gegen das identifizierte Schöne und Gute sind bereits neue Werte, noch gar nicht ganz aussprechbar, identifizierbar, im Begriff, sich zu erfinden. Alle, die an der Erneuerung der Kunst oder des Denkens teilnehmen, wissen das. Dem haben sie es zu verdanken, dass sie noch einige Zeit verkannt oder angefochten bleiben.

Daraus muss man auch den folgenden Schluss ziehen: Wenn das Stadium des manifesten Höhepunkts – regungslos ausgebreitet – bereits eines der Verkümmerung ist, dann ist die effektive Erfüllung von ihrem Ursprung her logisch mangelhaft. Die »höhere Tugend« bietet (ihrer Herkunft nach) noch nicht die Merkmale der Tugend, scheint ihrer »zu bedürfen«, wie es folgerichtig das Buch *Laozi* bekennt: Sie wird als ausgehöhlt »wie eine Talmulde« bezeichnet.[166] Außerdem heißt es: »Die große Vollendung ist wie fehlerhaft«, »die große Erfüllung ist wie leer«. Oder: »die große Eloquenz ist wie stotternd«.[167] Bleiben wir nochmals bei diesem »wie«: Weit davon entfernt, eine absichtliche Illusion oder ein täuschender Anschein zu sein, zeigt dieses *Wie* die Art, wie dieses grundlegende Vermögen notwendigerweise in umgekehrter Form (»in Hohlform« oder indirekt) an die sinnlich wahrnehmbare Oberfläche kommt. »Daher«, so wird hinzugefügt, »erschöpft es sich nicht im Gebrauch«: Da sich dieses Vermögen davor hütet, sich auszubreiten und sich aufzudrängen, bleibt es im Hintergrund und lässt sich nicht verbrauchen. Das beweist z. B. der Wert einer Skizze in der Malerei, der in Europa so lange nicht erkannt wurde. Nach einem Ausspruch Baudelaires gibt es Gemälde, die »gemacht«, aber nicht »fertig« sind (während es leider viele gibt, die »fertig«, aber nicht »gemacht« wurden ...). Im Gegensatz zur ontologischen Tradition, deren Devise lautet, je determinierter etwas ist, desto mehr »ist« es, lässt die Skizze erkennen, dass ein Werk umso wirksamer ist, je mehr es sich zu entziehen und in Bewegung zu erhalten versteht, dass es vor Fertigstellung Abschied nimmt, um *am Werk* zu bleiben, dass es Vollendung meidet, um sich nicht *regungslos breitzumachen* [*s'étaler*]. Ein Gemälde zu »vollenden«, sagte einmal Picasso, sei wie einen Stier fertigzumachen, heißt: ihn zu töten.

– 2 –

Ich nenne also Stillstand [*étale*][169] den umgekehrten Moment von Aufschwung, wenn alles an das Ende seiner Entwicklung gekommen, offenkundig geworden ist und übereinstimmt. Es ist ein Moment der Definition und der Aussage (*logos*) – doch ist dieser auch jener der Wahrheit? Stillstand meint den Moment, wenn alles völlig angeboten, offensichtlich und gesättigt ist, aus diesem Grund nicht mehr »arbeitet«, in der Folge, wie auf dem Gemälde, zwar sicherlich zu sehen ist, aber nicht mehr erscheint. Diese bewegungslose Gegenüberstellung, die keinen Zugang aus der Schräge bietet, keinen Angriffspunkt offenlässt, sich keimfrei macht. Es geht um das »fertige« Gemälde, das nicht mehr im Entstehen ist, oder um das Meer zwischen den Gezeiten, ein Meer, das zu steigen aufgehört und noch nicht begonnen hat, zu sinken – da liegt es flach ausgebreitet vor uns, regt sich nicht mehr, strömt nicht mehr. Von einem Schiff sagt man auch, es »dümpelt« vor sich hin, wenn es sich weder vorwärts noch rückwärts bewegt; es bleibt, wo es ist, bewegt sich nicht, es passiert nichts mehr. Alles bleibt bei seinem »An-sich«, in seine Bestimmung eingekapselt, völlig offen erkennbar – es ist unproduktiv geworden. So muss ich letztlich von dieser beeindruckenden Herrschaft des Bestimmten (der Ontologie) das loslösen, was ich im Gegensatz dazu begonnen habe, das Effektive zu nennen; des Weiteren muss ich das ausdehnen, was wir allzu einfach und einheitlich die »Realität« zwischen dem einen und dem anderen nennen. Zwischen dem einerseits dermaßen wirkenden Vermögen in seinem Aufschwung, wo es überbordet und jegliche Bestimmung auflöst, und andererseits dem Vermögen im Stillstand der Bestimmung, der seine Möglichkeiten einschränkt und kodifiziert, sodass sie nun als solche einer Definition dienen, da sie völlig erfassbar und dementsprechend spezifizierbar-identifizierbar sind. In diesem Stadium der Zuschreibung von Eigenschaften bleibt nur mehr eine Aufteilung in völlig »ausgebreitete« [*étalées*], besondere Bestimmtheiten übrig, die aber mit all ihrer sorgfältigen Etikettierung von ihrem regen Ursprung abgeschnitten, von ihrem Hervorquellen getrennt sind.

Wenn es das Eigentümliche des *logos* – und hier zuvorderst des Prinzips des Nichtwiderspruchs als seines ersten Axioms – ist, einem Objekt die zugehörigen Charakteristika zu attribuieren, d. h. ihm jene Bestimmungen, die ihm »als solchem« zugehören, als Eigenschaften, die sein »Sein« ausmachen, zu unterstellen, um so den Weg zur Erkenntnis auf bequeme Weise freizubekommen, mehr noch, den Königsweg der Wissenschaft zu eröffnen, so wird man sogleich sehen, in welcher Weise ein Denken wie jenes des *Laozi* genau das Gegenteil macht. Welcher andere Weg wird damit aber freigelegt? Denn es ist nicht so sehr der »fließende« Charakter der Dinge, der (nach dem alten griechischen »herakliteischen« Argument der »Beweglichkeit«) im Gegensatz zur Definition steht, die das Individuelle und das Veränderliche verfehlt, da es unter der Dominanz von zugleich auftretender Allgemeinheit und Beständigkeit unaussprechlich wird. Letzteres hat dazu geführt, dass die Sprache sich über die Dinge stülpt, aus ihnen eigentlich erst »Dinge« macht. Vielmehr ist es diese viel tiefer liegende Tatsache, dass die Bestimmung – jede Bestimmung – den *Stillstand* und nicht den *Aufschwung* erfasst; dass sich jede Bestimmung als abgeleitet und nicht als ursprünglich erweist, sich bereits im Zustand des Ausgewalzten, Sterilen, Unfruchtbaren befindet, im Stadium dessen, was bereits vollständig entwickelt, ausgebracht, also bereits dabei ist, zu verkümmern – bereits nicht mehr ist. Die wahre Tugend mokiert sich über die »Tugend«, genauso wie die wahre Eloquenz sich über »Eloquenz« erhebt. Die Definition (Kodierung) erfasst das Vermögen der Dinge, wenn dieses bereits im *Schwinden* ist. Vom Lebendigen lassen sich analytisch Eigenschaften oder Qualitäten nur deshalb wahrnehmen oder loslösen, weil sie *bereits* dabei sind, sich zu isolieren und zu schrumpfen. Die Definition erfasst sehr wohl das »Sein« in seiner Koinzidenz, aber nicht den Prozess, aus dem dieses Vermögen hervorgeht. Daraus ergibt sich, so lehrt das Buch *Laozi*, dass die Quelle des Aufschwungs immer *im Hintergrund* bleibt.

— 3 —

Der modernen europäischen Philosophie, insbesondere der sich gegen die Ontologie richtenden Phänomenologie, ist diese Spannung zwischen dem noch nicht bestimmbaren *Aufschwung* und dem *Stillstand* der Bestimmung nicht unbekannt. Sie kannte auch jene zwischen dem fruchtbaren Ursprünglicheren des Undefinierbaren und der Kodifizierung der Definition, eine Spannung, die in den Augen des europäischen Rationalismus sogar bis zum Widerspruch reichte. Ich glaube, dass sie sich entlang dieser Spaltung sogar zerrissen hat. Denn entweder hat sie das Denken als Erkenntnis gedacht, das auf der Koinzidenz (der Bestimmung) beruht, oder sie hat die Evidenz zum Prüfstein für das *Zusammenfallen* gemacht. Die *Evidenz* ist wohl die einzige Art, das Ding dem Bewusstsein in völliger Koinzidenz und nicht bloß »vermutlich« oder »vermeintlich« zu vergegenwärtigen, denn sie entspricht der vollständigen Überlappung des einen durch das andere: Der »Blick des Geistes« erreicht »die ›Sachen selbst‹«[170], so Husserl, nochmals vom cartesianischen *cogito* ausgehend, um das Apodiktische der Wissenschaft zu begründen. »Evident« heißt bei ihm: in Summe, das Maximum an »Eigentümlichem« und Bestimmung, ein Terminus, hinter den man nicht zurückgehen kann, demnach ohne mögliche Herleitung. Doch wie kann man sicher sein, auf diese Weise Gegenwärtiges in perfekter, weil in völlig isolierbarer Übereinstimmung in seinem Geist einzuschließen? Selbst wenn sich das Denken, in Gegenrichtung, als *dieses Eigene aufschließend*, gedacht hat, wie es Heidegger in *Was ist Metaphysik?*[171], wo sein Bruch mit Husserl seinen Anfang nimmt, ausführt, ergibt sich die genannte Spaltung: Wenn es stimmt, dass die Wissenschaft selbst in der ihr »eigenen« Bestimmung nur an dem Seienden selbst interessiert ist, um mit ihm übereinzustimmen, vom »Nichts« aber nichts wissen will, so erweist sie sich eben dadurch trotzdem als von dem »Nichts«, von dem sie sich abwendet, abhängig – bereits mit ihm verknüpft. Sie wird daher, um sich selbst zu erfassen, notwendigerweise über sich hinaus in Richtung ihres Ursprungs verwiesen, dazu geführt, sich zu enteignen [*se désapproprier*].

Daraus wird deutlich, dass selbst die Wissenschaft nicht in genügender Entsprechung zu sich selbst ist oder *nicht mit sich selbst übereinstimmt* (dass sie **zwiespältig* ist); dass sie sich nur dann auf das ihr Eigene (ihr »Seiendes«) beziehen kann, wenn sie über sich hinausgeht; dass der Grund also niemals der Grund ist, sondern sich zu einem bodenlosen Grund, einem **Abgrund*, hin öffnet, in dem, ohne es zu bemerken, der cartesianische Baum der Philosophie wurzelt.

So erwiese es sich auch als unmöglich, einen radikalen Ausgangspunkt sowohl für das Sein als auch für das Denken festzulegen. Man wäre gezwungen, immer weiter zu einem Ursprung zurückzugehen, zu eben jenem Vorausliegenden, das sich jedoch dem Verstand entzieht und wo die Gegensätze es sind, die *effektiv* übereinstimmen; wo, wenn wir, wie Heidegger sagt, das Nichts verbannen, wir uns eben deshalb noch auf es berufen; wo es also das Sein selbst ist, das zugleich und widersprüchlich »entbergend-bergend« ist, »sich gleicht und sich entzieht«;[172] wo das Sein sich also nur in der Ausbreitung des Seienden offenbaren kann, indem es sich als Sein »entzieht« usw. Muss man nun in dieser wahrgenommenen Alternative tatsächlich zwischen der (von der Wissenschaft beanspruchten) Übereinstimmung und der *Nichtübereinstimmung* (von der das »Geheimnis« herrührt) oder zwischen der *Evidenz* der Übereinstimmung und dem *Entzug* in Richtung auf ein Ursprünglicheres hin (**Evidenz/*Entzug*) wählen? Anders gefragt: Sollte man diesen Widerspruch »lösen« wollen?

Ich würde eher glauben, dass man den Abstand zwischen ihnen halten und sich an ihn *halten* muss. Denn was ist »Denken« eigentlich anderes, als in dieser Spannung *zwischen* dem einen und dem anderen zu arbeiten? Man muss also einerseits eine Logik der notwendigen Entsprechung bzw. des Zusammenfallens entwickeln, die berechtigterweise an der Evidenz festhält, ohne die das Denken, mangels Beziehung zum Erkennen, seine Strenge verlöre, wie man andererseits nicht bei dem stehen bleiben darf, was man nur allzu bequem als »Fundus« annimmt, als eine, weil auf völliger Übereinstimmung beruhende, beruhigende Grundlage der Erkenntnis. Man muss sich der *bodenlosen* Tiefe öffnen, die diesen Grundstock stets übersteigt und der vorausliegenden De-Koinzidenz [*dé-coïncidence*] zur »Reflexion« verhilft. Gerade dieser De-Koinzidenz verdankt sich das Denken von *Leben*. (Hat Husserl, als er die Fruchtbarkeit des cartesianischen *cogito* erneut zu verwerten suchte, dessen Ressource nicht übermäßig strapaziert, als er in ihr die **lebendige* Evidenz des »Ich bin« sah?) Ohne aber nun – eben weil man zugleich die andere Erfordernis für wichtig hält, oder eher noch, weil man sich an der Evidenz festhält – in einen gewissen Hang zu dem unverständlich gewordenen »Geheimnis« und dem, was er eine Weissagung nennt, zu verfallen, ist Heidegger dem nicht immer entkommen. »Denken« heißt, zwischen den im

Einvernehmen miteinander (in Widerspruch zueinander) stehenden beiden zu werken: *zwischen* der Bestimmung des je Eigenen und seinem eigenen Aufruf zum für sich selbst Anderswerden; *zwischen* der Evidenz der Übereinstimmung und der Sorge, dass diese bereits deren Verlust ist. Daher ist es legitim, die Strenge des Nichtwiderspruchs zu denken, aber auch die Tiefsinnigkeit der Ambiguität, an der Berufung der Wissenschaft, das *Seiende* zu bestimmen, festzuhalten, aber auch das zu sondieren, was ihr logischerweise vom *Leben* entgeht.

Das heißt nichts anderes, als dass man endlich die Logik von *Leben* von jener des »Seins« oder der Ontologie lösen muss. Ich sehe keinen anderen Zugang zum Denken von Leben, wenn man nicht zunächst von diesem Argwohn erfasst wird, wenn man nicht primär dieser Forderung Rechnung trägt. Die eine Logik schließt die andere aus, selbst wenn ich *zwischen* den beiden denke. Das Denken von *Leben* und die Frage des Seins, d. h. die Bedachtnahme des *Aufschwungs* und jene des *Wesens* oder auch das Nichtübereinstimmen und die Bestimmung, stehen zueinander in Konkurrenz. Die Griechen haben uns in dem Augenblick, als sie die Hegemonie der einen Logik, der »Frage des Seins«, dachten, uns die andere verfehlen lassen. Denn während das »Seiende« durch das Übereinstimmen erkennbar wird, weil es der *Stillstand* und sein bestimmter Charakter ist, der es als solches der wissenschaftlichen Definition ausliefert, so verlangt *Leben*, das sich nur durch *Nichtübereinstimmen* erfassen lässt, um sich den effektiven *Aufschwung* anzueignen, für sein Denken eine völlig neue Logik.

—4—

Ohne auch nur den Schimmer eines Risses darin zu sehen, einen möglichen Konfliktpunkt darin zu ahnen, erhellt das Buch *Laozi* diesen der Bestimmung vorausliegenden Grund ohne Grund des Entzugs, aus dem das *Effektive* seinen Aufschwung nimmt, indem es aus ihm das eigentümlich *Enteignende* des Weges, *dao*, macht: »Der Weg entzieht sich: ohne Namen, / einzig der Weg ist imstande zu gewähren und geschehen zu lassen«.[173] Dieser daoistische Gedanke des *Nichtübereinstimmens*, der den *Aufschwung* vom *Stillstand* dadurch loslöst, dass er (unwissentlich) eine Bresche in die Bestimmung des Seins schlägt, bietet gleichzeitig einen Kunstgriff, um das Leben zu denken, oder besser noch: um zu denken, was *Leben* [*vivre*] *in* seinem Aufschwung, eher noch als in seinem Prinzip, ist, denn der Begriff von »Leben« [*vie*] ist bereits ein bewegungslos hingebreiteter. Leben in seinem Aufschwung, Leben, das nicht mit sich übereinstimmt, ist nichts anderes als für sich un-eigentlich zu werden oder sich selbst zu verlassen, um selbst zu werden. Das dem *Leben* in seiner Intensität Eigene besteht darin, dass es sich in keinerlei Eigenschaft einsperren lässt oder, anders gesagt, dass es sich in einem ständigen Über-sich-Hinauswachsen befindet. Man muss es sich klarmachen: Wenn man völlig mit sich selbst übereinstimmt, ist man tot – der Terminus des *Stillstands*. Nun ist es genau das, was jedes Denken von *Leben* gedacht haben muss, also auch das Christentum als ein Denken des »lebendigen« Gottes. Dies ließ sich nicht mehr ruhig und gelassen denken, sondern nur dramatisch, weil es einen direkten Bruch mit der von der Ontologie gepriesenen Übereinstimmung des Wissens eröffnet. Seine theoretische Wucht, sein »Wahnsinn« (*moria*, angesichts der *sophia*) bestand darin, *auf Griechisch* in einem *anti-logischen logos* die grundlegende Uneigenheit [*impropriété*] auszusprechen, die es macht, dass das Leben dazu berufen ist, sich von sich selbst loszusagen [*désolidariser*], um sich in seinem anderen erneut zu qualifizieren und nicht aufzuhören, am Leben zu bleiben: Wer an seinem Leben »hängt«, der »verliert« es;[174] anders gesagt: Man muss auf das Leben verzichten, um das Leben (ewig) entfalten zu können.

Um das »Leben als Prozess«, d. h. in seiner **Unruhe*, zu denken, meditierte schon Hegel, dass im Westen im Gegenzug zur Philosophie die grundlegende *Uneigenheit*, das Nichtübereinstimmen von sich mit sich, mit der allein der Begriff von »Leben« belebt werden kann, in der christlichen Gestalt Gottes am radikalsten gedacht wird. Allein in ihr kann das Konzept von Leben, statt mit sich in eins zu fallen, sich in sich einzuschließen, zu verfestigen und aus sich ein unbewegliches »Selbst« zu machen, selbst *leben*; einzig von ihr ausgehend, über die Identität des Wesens triumphierend, die es auf sich selbst fixieren würde, kann das Leben sein Konzept finden. Gott entsendet sich als Sohn (er, der Vater), macht sich zum Knecht (er, der Herr), macht sich sterblich (er, der Ewige). Gott muss sich selbst verlassen und auf sich verzichten, wird zu seinem Anderen und geht so weit, sich als das Gegenteil seiner selbst zu erleiden, um der »lebendige Gott« (als »Geist«) zu werden. Das läuft darauf hinaus, in einer nicht mehr figurativen, sondern begrifflichen Form anzuerkennen, dass, wenn die Nichtübereinstimmung als *»Ungleichheit des Ichs zum Gegenstande erscheint, so ist es ebenso sehr die Ungleichheit der Substanz zu sich selbst«[175]. Sie ist es, die als Selbst-Negation eines »Selbst« zugleich die Vermittlung von sich mit sich ist, das Selbst hervorbringt, indem es sich selbst fremd wird und aus dieser ansonsten unbeweglichen »Substanz« das »Subjekt« eines Werdens macht.

Wäre das Vermögen des *Aufschwungs*, aus dem das *Effektive* herkommt, indem es, von der Bestimmungslastigkeit der Sache oder der »Substanz« sich lösend, diese aktiv im Werden, d. h. in ihrem Hervorkommen, erhält, damit nicht der Quell aller Wertgebung? (Das *Laozi* hat dies, glaube ich, auf seine Weise darzustellen begonnen.) Wäre es folglich nicht auch die Ausgangsbasis sowohl der Moral als auch der Ästhetik? Wäre die Kapazität des Aufschwungs – insofern sie vom *Stillstand* ablässt und sogar in Konflikt zu ihm gerät, da sie die Moral von dem befreit, was sie an Präskriptivem und Kodifizierendem, Eingefasstem und Steifem an sich hat – nicht jenes fruchtbare »Vorausgehende« [*l'amont*], aus dem alles Aufstrebende hervorkommt? Das *Vorausgehende* (des Aufschwungs) würde vorteilhaft die Stelle des (hierarchisch) »Übergeordneten« der gewöhnlichen Moral ersetzen. Ich werde deshalb auch von einem »Vordringen« (zur Ressource von *Leben*) sprechen, was keinerlei metaphysischen und asketischen Dualismus zur Voraussetzung hat, und nicht von einem »Sicherheben« (wie das jeder Spiritualismus so gerne macht, wo man sich »zum Guten«, »Himmlischen«, »Göttlichen« usw. erhebt). Selbst wenn es sich um »das Gute« oder »das Schöne« handelte, um bei diesen bereits zu sehr *gewordenen* (»zum Stillstand gekommenen«) Kategorien zu bleiben, gäbe es da in Wirklichkeit eine andere Alternative als jene zwischen den rivalisierenden Möglichkeiten: entweder zum Aufschwung *vorzudringen* oder in den Stillstand *zurückzufallen*? Gäbe es eine andere Alternative als die von (sich ereignendem) noch nicht erkanntem Aufschwung, der sich in Anspannung befindet, oder Stillstand, der, sich aufdrängend, bereits im Vergehen ist?

Da gibt es ein im Aufschwung begriffenes Leben [*vie*], Leben [*vivre*] im eigentlichen Sinn, das, noch nicht in Tugenden und Fähigkeiten eingefasst, sich dem Möglichen öffnet, und ein zum Stillstand gekommenes Leben, das, weil in Übereinstimmung mit sich und in seiner Qualität anerkannt, sich im eigenen Komfort breitmacht, zugleich aber in seiner Selbstbezogenheit verdinglicht, indem es einschrumpft. Das »Leben zu zweit« ist Stillstand (hat Stendhal das bedauert?), im abgesicherten und gefestigten »Stand« der Ehe, der »lieben Gewohnheit« ergeben, worin man zunächst mit dem andern verbleibt, um nicht allein zu sein, wo man einander Gesellschaft leistet und sogar gut miteinander auskommt, wobei »gut« nichts weiter als Übereinstimmung und Befriedigung meint und wo, ohne dass man es weiter analysiert, das Intime zur Intimität verkommt, in das zurückfällt, was nur mehr eine Eigenschaft ist. *Zu zweit leben* dagegen ist im Aufschwung begriffen: Da ist ständig erneutes Begegnen, das niemals als ein für alle Mal geschehen betrachtet, niemals als gesichert angenommen werden kann, wobei das Intime des Teilens sich mit dem Extimen des Enteignens kreuzt und das, um dem anderen seine radikale Fremdheit zurückzugeben. Zu zweit leben meint die Endlosigkeit der Komplizenschaft auf sich zu nehmen, die wie eine Quelle hervorsprudelt und erfahrbar ist. Leben ist somit in seiner Emergenz weitaus zu intensiv, auch zu ambigue, um nur für einen »guten« Augenblick beurteilt zu werden. Ein »guter Augenblick« (ein »schönes Bild«) ist bereits im Abfallen begriffen.

Es gibt Dichter, die im eigentlichen Sinn die Herolde des *Aufschwungs* sind oder die man die »Frühaufsteher« [*matinaux*] nennen könnte. Wenn Rimbaud schreibt: »Ich lachte hin zum blonden

»Wasserfall«[176], dann fällt »blond« nicht in seine Farbe zurück. Dann gibt es aber auch all jene, die die hingebreitete Beschreibung der Dinge in Alexandriner gegossen haben, wobei sich jede genau zuordnen und, ganz wie es sich gehört, sinnvoll darlegen lässt. Es gibt die Maler des Aufschwungs – die wahren, die einzigen –, selbstverständlich auch solche aus der Epoche, in der die Kunst der Repräsentation dominierte. Denn bei aller »Repräsentation« verstößt der Maler bereits dagegen; bei aller schildernden Malweise »malt« er ganz einfach, löst auf, was das Gemälde an »Geschildertem« an sich hat (er *ent*-schildert), indem er zu dem *Aufkommenden* zurückgreift, was noch nicht »Gegenstand« geworden ist. *Stillleben* von Chardin[177] mag ein Beispiel dafür sein. Die sogenannte moderne Malerei ist dann der erklärte Anspruch eines solchen *Aufschwungs*, der sich zum Kampf gegen den *Stillstand* erhoben hat: Die Äpfel von Cézanne lassen sich nicht als »Äpfel« einordnen, als Dinge, auch nicht der Tisch; sie haben eine frühere Zeitphase erfasst, eine ethische ebenso wie ästhetische, eine vorausliegende Zeit, jene vor dem »Abfallen«. Man denke auch an Kandinsky, der ganz bewusst die von allem Stillstand befreite Bildsprache des Aufschwungs sucht. Wir wissen, dass die *Landschaft*, wenn sie sich aus dem *Stillstand* des »Landes«, wo alles da ist, platterdings *da*, an seinem Platz und mit sich übereinstimmend, folglich trübselig und duster ist, den Aufschwung hervorhebt und fördert, indem sie aus diesem Stück Natur ein Weltganzes zum Vorschein bringt. Diesem Aufschwung muss man sich stellen und ihm die Stirn bieten, ohne zu verschieben muss man völlig gegenwärtig sein.

XIX

Nichtverschieben (vs. Aufzuschieben wissen)

– 1 –

Sich dem *Aufschwung*, wenn ich so sagen darf, auf gleicher Ebene zu stellen, d. h. das abrupte Auftauchen nicht zu verlieren, das ist so viel, wie ihn nicht *zum Stillstand* kommen zu lassen. Entspricht man seiner Anforderung – und ist nicht das die einzige ethische Forderung, weil alles andere daraus folgt? –, so reagiert man auf das, was dieser *Aufschwung* an noch nicht Eingeordnetem, Spezifiziertem, in Konvention Eingetauchtem an sich hat; man verdünnt ihn dann nicht in einem *Verschieben*, was ihn zähmen würde; man gönnt sich dann nicht die Zeit, an ihm spezifische, typische Züge wiederzuerkennen, die ihn integrieren und beruhigen, da sie ihm das Kantige und Bedrängende nehmen und ihn wieder »herunterkommen« lassen. Diese Strategien des Vermeidens eines Zusammenpralls mit einem Aufschwung, alle diese Unterfangen zur Reduktion seiner Intensität, sind heute so üblich geworden, dass man sie kaum noch wahrnimmt. Sie verbergen sich besonders gut hinter technischer Bequemlichkeit. Die Touristen, die dem Bus entsteigen, ein Foto aufnehmen und erleichtert wieder einsteigen, wenden diese Strategien an. Indem sie das, was da plötzlich vor ihnen auftaucht, in »den Kasten stecken« und mit dem üblichen »Ist das schön!« etikettieren, haben sie es sich tatsächlich vom Hals geschafft. Statt sich von dem, worüber sie gestolpert sind und was in jeder Hinsicht plötzlich ihre Fassungskraft übersteigt, ergreifen zu lassen und hilflos zu werden, schützen sie sich hastig vor diesem Ausblick oder bloß diesem Baum, vor diesem schimmernden Stück

Dach. Unter dem Vorwand, es aufzubewahren, haben sie sich selbst überlistet.

Die Fotografie war für sie das geeignete Werkzeug, um mit diesem *Nichtaneigenbaren* des Aufschwungs fertigzuwerden, das sie unerwartet, brutal getroffen hat – sie wissen nicht einmal wovon: Sie erlaubt ihnen, es auf Distanz, »auf Respektabstand« zu halten, vorsichtig daran vorbeizugehen. Ein Foto »aufzunehmen« (man muss dieses »Aufnehmen« im elementaren Sinn des hastigen, sogar flinken Ergreifens verstehen), das ist, als ob sie eine Stütze, einen Halt suchten, um nicht »erschüttert« zu werden. Dies, um zu vermeiden, hier und jetzt, *effektiv*, angesichts dieses Fleckens Erde oder Daches, präsent zu sein. Dieses vermittelnde Element dient der Abschirmung, erlaubt, in Deckung zu gehen, etwas dazwischenzuschalten. Ahnen sie das überhaupt? Statt sich dem zu stellen, was ihnen unerwartet an Aufschwung begegnen könnte, haben sie sich mithilfe der fotografischen Reproduktion rechtzeitig davor geschützt, indem sie es in einen zeitlichen Stillstand, der durch seine Aufteilung egalisierend wirkt, zurückfallen lassen. All das geschieht selbstverständlich in gutem Glauben. Denn die zur Debatte stehende List drängt sich zu sehr auf, hat zu sehr die Rolle eines Rettungsrings, als dass sie sie analysieren oder einer Doppelzüngigkeit zeihen könnten. Sie sagen, sie nähmen das Foto auf, um sich zu erinnern, um zu behalten, um erneut, später einmal, Gelegenheit zu haben, es »zu betrachten«. Aber behalten und aufbewahren wollen, das ist entfliehen. Sie versuchen, dem zu entfliehen, was, Gegenwärtiges aufdeckend, an Aufschwung hervorgetreten ist und demgegenüber sich dieses beiläufig ausgerufene »schön!« bereits wie ein Paravent aufrichtet.

So müsste man auch den Zuhörern, wenn sie auf dem Tisch ihr Tonbandgerät einschalten, sagen: Sie machen das, um sich der Verpflichtung zu entheben, *anwesend zu sein* und zuzuhören. Sie glauben vielleicht, mehr von diesem Vortrag profitieren zu können, wenn Sie ihn später, in aller Ruhe, nochmals anhören. Tatsächlich aber treffen Sie bereits alle Vorkehrungen, um ihn in Wahrheit niemals wirklich anzuhören, sodass Sie also niemals effektiv *zuhörend* sind. Weder jetzt, denn Sie wissen doch, dass Sie ihn in aller Ruhe, wann immer und so oft Sie wollen, anhören können. Sie können also jetzt ohne Gewissensbisse weniger aufmerksam sein und ein wenig abschweifen, Sie haben sich ja abgesichert. Noch später, denn wenn Sie den Vortrag von Neuem hören, dann als etwas, was bereits seine Spur eingefräst hat, *zum Stillstand gekommen* ist, dem gegenüber Sie, bereits vorgewarnt, ein wenig abgebrüht und abgeschirmt sind, an das Sie bereits gewöhnt sind, dessen Wirkung Sie durch Vorkehrungen abgeschwächt haben. Die Worte »fliegen«, *verba volant*, so sagt man, sie wiederholen sich nicht, steigern aber ihre Bedeutung durch diesen angekündigten Tod. Nun sind Sie dem nicht begegnet, haben nicht ertragen, was diese Worte eben an *Augenblicklichem*, an »Insistierendem«, an nachdrücklich Auffordernden mit sich führen, ohne dass man es reproduzieren kann, das, was nie mehr geschehen wird, schon gar nicht in Ihnen, um ein »Sie selbst« zu aktivieren – all das, was sie zunächst und zumeist so wertvoll macht.

Seien Sie unbesorgt. Es geht hier nicht darum, vom anderen Ende her der Technik wieder einmal den Prozess zu machen, sondern einfach bei dem zu verweilen, was alle Welt weiß: dass die Technik die Präsenz verkümmern lässt, indem sie sie vervielfacht. Indem sie ihre Apparaturen nach allen Seiten hin ausweitet, beschützt sie und beugt vor. Sie schützt vor dem Ansturm des Gegenwärtigen oder vor dem, was ich, weniger am Ergebnis orientiert (»abfallend«), ihr ständiges »Hereinbrechen« nennen würde. Die Technik erhebt den Anspruch, uns eine immer bessere Beherrschung der »Zeit« zu ermöglichen, so als würde die Zeit nicht in ihrem »Vergehen«, das man ihr vorwirft, die eigentliche Bedingung ihres Anbrechens finden. Sie erlaubt uns nicht nur, viel schneller voranzukommen, sondern auch viel präziser die Zukunft vorzuprogrammieren und viel umfangreicher die Vergangenheit zu konservieren, vor allem aber, die Knappheit der Gegenwart durch die entwickelte Simultaneität zu kompensieren. Allerdings wissen wir alle, dass es sich hier um keine echte Herrschaft handelt: Indem die Technik uns ermöglicht, viele Dinge zur gleichen Zeit zu machen (beim Spazierengehen Musik zu hören, einen Anruf auf dem

Mobiltelefon zu beantworten usw.), entkoppelt sie uns klammheimlich von der fordernden Gegenwart. Sie hält uns in einem schemenhaften Kompositum von gleichzeitig Möglichem, das keine wirkliche Begegnung mehr erlaubt: *Zappen*, das Kennwort für diesen angekündigten Sieg, arbeitet gegen jene Disponibilität, auch wenn es angeblich sein Ziel ist. Tatsächlich setzt sich das Gegenwärtige nur durch das durch, erlangt Besonderheit nur durch das, was an ihr exklusiv ist – das ist eben der Unterschied zwischen dem Anhören einer Tonkonserve und einem Konzert, dem man beiwohnt. Diese banale Feststellung sollte eigentlich beunruhigen. Man sollte sie nicht als Binsenweisheit stehen lassen, sondern genauer untersuchen. Denn diese *Präsenz* des Aufschwungs müssen wir, obgleich sie uns unmittelbar geschenkt wird – und ist sie denn nicht das einzig Unmittelbare? –, nichtsdestoweniger erst erobern. Wir müssen *Zugang* zu ihr finden.

— 2 —

Heraklit: »Die ohne Verständnis hören, gleichen Tauben; das Sprichwort bezeugt es ihnen: ›Anwesend sind sie abwesend‹.«[178] Es ist nicht so, dass sie ohne Verständnis zugehört hätten, aber »zuhörend« gleichen sie trotz alledem »Tauben« und sind insofern »verständnislos«. Abwesend dort, wo sie anwesend sind, *begegnen* sie nicht. Sie sind wohl da, physisch anwesend, in Gedanken aber, wie man sagt, anderswo, d. h. eigentlich nirgends: zerstreut, verzettelt, müßig, nicht wach.[179] Denn, so sagte Heraklit auch, diese »Vielen«, »Schlafenden« »verstehen die Dinge nicht, die ihnen begegnen«, sondern »beharren auf ihren privaten Einsichten«.[180] »Auf etwas stoßen« oder »begegnen« (*enkurein*): Da gibt es etwas, worauf ich stoße, was ich aber versucht bin, nicht in mein »Denken« (*phroenein*) aufzunehmen, etwas, bei dem ich Gefahr laufe, es nicht in seinem bloßliegenden, mich ratlos machenden, weil plötzlich auftauchenden »So-wie-es-ist« [*tel quel*] des *Aufschwungs* wahrzunehmen. Ich lege es ab im Stillstand erworbener Festschreibungen (Kodifizierungen), indem ich passende

Bilder, die sich im Geist sedimentiert haben, auf es projiziere, ohne diesen Aufschwung des Präsenten hereinbrechen zu lassen. Heraklit sagt ganz richtig: Sie »muten (es) sich selbst an« (*heautoisi dokeousin*). Von daher kommt auch diese Anwesenheit-Abwesenheit, zu der man sich verdammt, diese in Absenz aufgelöste Präsenz, von der *Leben* bedroht wird.

Wenn man nun in irgendeiner Gegend mit Landschaft »zusammenprallt«, statt sich damit zu begnügen, sie zu fotografieren, um sie zu neutralisieren; wenn man an einer Wegkrümmung drei Bäumen begegnet und, statt ihnen automatisch auszuweichen, sich mit ihnen auseinandersetzt – dann öffnet sich sogleich eine Präsenz des *Aufschwungs*. Man lässt durch seinen eigenen Entschluss diese Präsenz passieren oder, wie Heraklit sagte, in diesem »*Sosein*« der Begegnung geschieht ein »Erwachen«. Die »Präsenz« des Aufschwungs ist eine *Entscheidung* und die Entscheidung besteht darin, *nicht zu verschieben* [*reporter*]. Es ist einzig diese Entscheidung, nicht (auf ein ausweichendes Später) zu verschieben, die eine effektive Präsenz erschließt. Ob es sich nun um die an einer Wegkrümmung in der Abendsonne entdeckten zwei Kirchtürme von Martinville handelt oder bloß um »drei Bäume« am Anfang einer Allee,[181] die Entdeckung oder der Zusammenprall sind dieselben. Aus dem, was plötzlich präsent wird, sagt uns Proust, erwächst »jenes besondere Glücksgefühl«, das alle anderen in eine gleichmäßige Gefühlskälte, eine »Blässe« taucht und uns ratlos macht. In einem »*So-wie-es-ist*« der Begegnung »ersetzen« wir schließlich nicht mehr einen effektiven Eindruck »in unserem Geist durch einen konventionellen Typ, den wir aus einer Art Querschnitt durch die [verschiedenen] Gesichter gewinnen, die uns gefallen, den Genüssen, die wir an uns erfahren haben«.

Normalerweise stricken wir im Lauf der Jahre eine persönliche *Meinung*, die wir über alles ausbreiten, oder, wie Heraklit sagte, ein parasitäres »Dafürhalten«, in dessen Deckung wir den singulären Aufschwung von *Leben* abfedern, von diesem einen Mal, das immer nur einmal sein wird und niemals wiederkehrt. In Summe ist das die Kehrseite von Nietzsches Ewiger Wiederkehr, also auch sein Äquivalent, abzüglich der Mythologie, denn auch sie fordert auf, auf sich genommen zu werden, auch sie erfordert dieselbe »Konfrontation«.

Denn selbst wenn Proust, in Wiederholung der alten Geste der Metaphysik, auch noch »bis ans Ende« dieses plötzlichen Eindrucks gehen will – die Offenbarung wird stets vom »Ende« her kommen –, etwas »Dahinterliegendes«, *jenseits* dieses Verlaufs der Straße und dieser Klarheit suchen will, etwas, das sich »entzieht« und dessen »Hülle« aufzureißen ist, so schließt er dennoch in allen diesen Szenen auf das Wesentliche: auf die zu leistende Anstrengung, um *Zugang* zu dieser Präsenz des Aufschwungs zu erhalten und damit auch dessen »Rausch« zur Entfaltung zu bringen. Damit entspreche er einer »peniblen Pflicht«, gesteht er, um »einer Begeisterung zu gehorchen«. Es besteht sehr wohl die Versuchung, diesen hereindrängenden Augenblick noch einmal entwischen zu lassen, ihn sogleich auf derselben Ebene wie die anderen zu integrieren und sich nicht an das zu halten, was er zum Vorschein gebracht hat: die Versuchung, diese beiden Kirchtürme »zu den zahllosen Bäumen, Dächern, Düften, Klängen« stoßen zu lassen, »die mir vor anderen aufgefallen waren wegen dieser unbestimmten Lust, die sie mir verschafft haben, der ich jedoch nie nachgegangen bin«. Ein Wort bei ihm an anderer Stelle (Saint-Loup in den Mund gelegt) benennt übrigens diese Verschiebung des Präsentseins auf einen späteren Zeitpunkt, anders gesagt, die Art des Vermeidens, das anzugehen, was, plötzlich auftauchend, einem zu tun obliegt: »Prokrastination«. Man verschiebt »auf morgen« … Die Auseinandersetzung mit der Begegnung *zu verschieben* heißt offensichtlich so viel, wie endgültig die dargebotene Möglichkeit des Präsenten zu verpassen. *Présent* versteht sich glücklicherweise im Französischen auf zweierlei Weise: als gegenwärtiger Augenblick und als Geschenk.

Diese Gefahr ist dermaßen bekannt, dass sie einem entgeht. Denn das Ausweichen vor dem Präsenten gibt es bei jeder Vorgehensweise und jeder Gelegenheit – auch jetzt, da ich lese: Wenn ich lese, besteht die Versuchung des *Verschiebens* darin, dass ich nochmals lesen kann. Ebenso ist es, wenn ich schreibe: Ich kann mich später noch korrigieren (das Übel des Computers, der die Sache so sehr erleichtert).

Ich verlasse mich darauf, dass ich den Satz, kaum ist er fertig, gleich wieder neu formulieren kann, was mir eine verminderte, geschwächte Präsenz hinsichtlich dem, was ich tue, erlaubt – ich bin weniger aufmerksam. Oder, um dieses Aufeinanderprallen der Gegenteile nochmals ins Spiel zu bringen: Wenn ich in diesem Augenblick lese, dabei aber schon mit dem Wiederlesen rechne, bin ich »anwesend-abwesend«. Ich rechne damit, dass ich nochmals tun kann, um nicht zu tun, dass ich nochmals lesen kann, um nicht zu lesen. Das sich abzeichnende zweite Mal erlaubt, das erste Mal zu überspringen, und so passiert kein einziges »Mal«. Schon erwarte ich den folgenden Satz, damit mir der vorangegangene leichter fällt, und setze in einem fortwährenden Darüberhinweggleiten und Ausweichen vor dem, womit ich mich auseinandersetzen sollte, meine Lektüre fort. Ich weiche so dem Zusammenprall mit der Begegnung eines auftauchenden Sinns und seiner Anforderung aus: Indem ich *verschiebe*, schütze ich mich vor allzu großer Ratlosigkeit und beginne, *Regungslosigkeit auszubreiten*. Genau genommen heißt das, dass ich der aktuellen Anstrengung, der es bedarf, um mich dem auftauchenden Präsenten zu widmen, durch die mir gegebene Versicherung ausweiche, dass ich später, in einem zweiten Anlauf, besser dazu imstande wäre, es auf mich zu nehmen. Inwieweit kann ich mich aber wirklich davon täuschen lassen? Es ist die Trägheit des »Ich komme darauf zurück«.

— 3 —

Über welches Vermögen muss man also verfügen – wobei man sich fragen kann, ob es sich da überhaupt um ein »Vermögen« handelt –, um den Anforderungen des sich darbietenden Präsenten zu entsprechen und den *Aufschwung* in den Griff zu bekommen? Handelt es sich etwa nur um die »Aufmerksamkeit«, wie Augustinus behauptete, als er die Frage der Zeit neu stellte?[182] Er ging von der Disposition des Ich-Subjekts aus, die sich zwischen dem Erwarten des Zukünftigen, dem Erinnern des Vergangenen und der sich zwischen beiden einschiebenden, dem Präsenten entgegengebrachten *attentio* »in die Länge zerrt« (entsprechend seiner *distentio animi*). Wie kann man diesem Präsenten aber Aufmerksamkeit schenken, wenn es nur ein – ausdehnungsloser – Durchgangspunkt dessen ist, was von der Zukunft herkommt, um in die Vergangenheit zu versinken? Die *Aufmerksamkeit*, die uns eigen ist, wenn wir einer Melodie lauschen – und die, wie Husserl, von Augustinus ausgehend, es analysiert,[183] sich wie von selbst zwischen einer auf die unmittelbar bevorstehenden Klänge zugewandten »Gerichtetheit« [*protension*] und der »Zurückbehaltung« [*rétention*] der unmittelbar verklungenen Töne erstreckt (ohne das es keine »Melodie« gäbe) –, erhält sehr wohl eine Ausdehnung, die über das punktuell Präsente hinausgeht; aber sie bleibt von einem **Zeitobjekt* (von der Melodie) abhängig, das allein ihr etwas zum Anhalten gibt, indem es Anfang und Ende auseinanderzieht. Ohne diese »objektive« Stütze verliert unsere Aufmerksamkeit das, worauf sie sich beziehen kann, anders gesagt ihr Zutreffen, und daher das Präsente seine Konsistenz. Als Beweis dafür möge das Scheitern Bergsons dienen: Weil er die Kapazität der Aufmerksamkeit unendlich verlängern wollte, erwog er, sie als eine »dem gesamten Leben in seiner Dauer geltende« Aufmerksamkeit zu betrachten. Mangels eines Zeitobjekts als Stütze glitt er dabei unweigerlich in eine schlechte Lyrik ab – man erinnere sich nur an die letzten Seiten von *Denken und schöpferisches Werden*[184] –, eine des sich in Freilauf bergab sausenden Subjektivismus (»alles« »belebt sich« in uns usw.), der nichts mehr hat, an das er sich *effektiv* klammern kann.

Auch scheint es mir zwecklos, ein durch *Ausdehnung* gegebenes Präsentes einzufordern, wie eine atavistische Konzeption von Philosophie das wollte. Vielmehr sollte man es als etwas in Betracht ziehen, das aktiv aus einer Entscheidung hervorgeht, die es zu etwas *Intensivem* macht: Ich öffne Präsentes und lasse es hervortreten, sobald ich mich aufgrund einer Entscheidung der Versuchung widersetze, *zu verschieben*. Sobald ich nicht mehr damit rechne, dass sich das, was passiert, wiederholt, befasse ich mich einzig mit dem »vorliegenden Fall«, mit dem, »was gerade passiert« – *occurrence* war Montaignes

Wort dafür –, ohne nach einem Dahinter oder Danach zu suchen. Dies tue ich nicht wegen seiner etwaigen Seltenheit, als vielmehr um des von ihm zum Vorschein gebrachten möglichen einzigartigen Aufschwungs willen – jedenfalls nicht, um ihn zum Stillstand zu bringen. Schließlich hängt *das Nichtverschieben* einzig von mir ab, d. h. von meiner Fähigkeit, eine Entscheidung zu treffen, und von meinem »Willen«. Sogleich stellt es einen Anschlag her: Nichtverschieben errichtet einen Damm (gegen den unaufhaltsamen Ablauf der Zeit), hinter dem sich Präsentes aufstauen kann. Präsent Werdendes kann, wie man schon oft genug gesagt hat, von sich aus keine Konsistenz haben, sondern konstituiert sich nur – und vollständig – durch diesen *Akt* (durch diesen Entschluss), der es mit dieser kräftigenden Akzentuierung »aktuell« macht. Ich spreche von »Präsent Werdendem« – dies bringt eine Förderbewegung zum Ausdruck, drückt die Art des Hervortretens oder Auftauchens, also den *Aufschwung* aus – und nicht vom »Präsens« als einer besonderen Zeitform, die man, gemäß den Regeln der Konjugation, von den zwei anderen trennen könnte (woraus dann die bekannten unentwirrbaren Schwierigkeiten entstehen). Sagen wir, dass ich *Präsentes* verankere, sobald ich es nicht verschiebe. Dieses Präsente hat nur durch seine *Qualität als Aufschwung* gegenüber dem Stillstand etwas Quantitatives. Es erhält sich oder hat ein »Jetzt« nur in dem *So-wie-es-ist tel quel* der Begegnung und »Auseinandersetzung«, entsprechend dem kostbaren Wort des Heraklit, oder sagen wir, dass in dem endlosen Ablauf von Dauer (*aion* αἰών), einzig eine solche Auseinandersetzung zum Vorschein dringt.

— 4 —

Kann man sich damit aber zufriedengeben? Oder ruft dieses kompromisslose Lob willentlicher Entschlossenheit nicht etwa umgekehrt einen Appell an sein Gegenteil hervor, an das, was wir *Disponibilität* genannt haben? Diese Forderung nach einem »Nichtverschieben« provoziert eine andere, die ihr Entgegengesetztes zu sein scheint, aber ebenso sehr ihre Ergänzung ist. Dabei handelt es sich sogar um eine notwendige Ergänzung: Denn aus diesem Abstand, der sich zwischen ihnen öffnet, also in dem Hohl- oder Spielraum, der sich zwischen ihnen bildet und das auflöst, was man sonst allzu übereilt für ein Paradoxon halten mag, können wir die Ressource von *Leben* erschließen. Einerseits weigere ich mich, zu verschieben, wobei ich nicht behaupte, dem hochtrabenden Begehren des Poeten entsprechend, die Zeit in ihrem »Flug« »anhalten« zu können, sondern darauf abziele, Gegenwärtiges auftauchen zu lassen: Diese Weigerung eines Verschiebens, das durch Antizipation kaschiert und mit der weiteren Folge rechnet, erlaubt es, das gerade »sich Ereignende«, »Passierende« oder den Moment Aufnehmende zu *besetzen* [*investir*], statt es ständig entwischen zu lassen. Andererseits aber akzeptiere ich »Aufgeschobenes« [*différé*][185], und das schlägt bereits ins Gegenteil um, ist ein Gegengewicht zu dieser Weigerung und öffnet eine Bresche zum *Leben*. Ich wage sogar mehr, als es bloß zu akzeptieren: Mit Aufgeschobenem zu rechnen bedeutet, dass ich mich nicht auf mein Blickfeld beschränke, sondern »der Zeit Zeit zu geben« und ein Ergebnis abzuwarten verstehe. Ein solches Ergebnis wäre dann die Frucht eines Ablaufs, der nicht mehr mir gehört. Die entschlossene Weigerung, *zu verschieben,* geht einher mit einer Disponibilität, *kommen zu lassen.* Ich entledige mich meiner Ungeduld, mit der ich der Ernte entgegensehe, muss man doch, um »ernten« zu können – entsprechend dem berühmten *carpe diem*, das ein frommer Wunsch bliebe, bahnte man seiner Möglichkeit nicht den Weg –, diesem auch irgendwo Zeit zum »Reifen« lassen.

Sich *Aufgeschobenes* zuzugestehen bedeutet also, dass ich den präsenten Augenblick als eine Investition betrachte (im Sinne einer nicht bloß strategischen Bedeutung eines »Einsatzes«, einer »Besetzung«, sondern auch einer finanziellen, wenn man z. B. von »Investitionsrendite«, *return of investment* spricht). Besser noch würde man von einer Rendite der Immanenz sprechen: Noch während ich mich mit diesem einen Mal auseinandersetze, diesem Mal, von dem ich will, dass es das einzige Mal ist, bin ich, ohne es zu bemerken, bereits dabei, in eine Folge zu investieren, die ich noch nicht kenne, und dabei Kapital zu akkumulieren. Eines Tages dann »kommt es ganz von alleine«, als Resultat, *sponte sua.* »Es« erfährt seinen Durchbruch, entfaltet von sich aus seine Wirkung: die »Begegnung«. Das Subjekt davon bin nicht mehr »Ich«, inbegriffen für mich selbst, sondern der eingeleitete Prozess. »Es kommt«, aber was ist dieses »Es« und was dieses »Kommen«? Ich übe jedes Mal, so als wäre es das einzige Mal, ich spiele die Tonleitern, ich strenge mich an – doch mit wie wenig Erfolg? Die tastenden Anstrengungen und das Unbeholfene machen sich noch bemerkbar. Einige Zeit vergeht, ich denke nicht mehr daran. Und dann, eines Morgens, öffne ich das Klavier und entdecke, mit welcher Leichtigkeit ich diese Sonate spielen kann, so als wäre sie mir in die Wiege gelegt worden. Welche unterirdische Arbeit, deren »Präsenz« plötzlich da ist, hat hier im Verlauf vieler Tage stattgefunden, ohne dass ich einen Gedanken daran verloren habe? Ähnlich ist es, wenn ich abends mühsam meine Worte und Ideen suche und nicht mehr weiterweiß, am nächsten Morgen aber beim Aufwachen die Seite einfach geschrieben ist, auftaucht, sich mir aufzwingt, als wäre ich ihr begegnet – so, als wäre sie mir diktiert (»geistig eingeflößt«) worden.

Nehmen wir uns nochmals das Beispiel der Lektüre vor, oder besser: Räumen wir ein, dass es *zwei* Arten erneuter Lektüre gibt. Um diese »Anwesenheit-Abwesenheit« einer zerstreuten Aufmerksamkeit zu korrigieren, kann man sich beim Lesen weigern, die Präsenz der Lektüre aus Trägheit zu verschieben, indem man sofort nochmals liest. Wenn aber einige Zeit verstrichen ist, man das Buch beiseitegelegt, ja sogar vergessen hat, und es dann nochmals liest, frischt man nicht nur die vergangene Lektüre auf, ruft sie sich nicht nur in Erinnerung. Das *neuerliche Lesen* hat im Untergrund unendlich von den mir zuvor entgangenen Verästelungen profitiert, sich zugleich abgeklärt und bringt mir nun endlich deutlich und ohne Störung das vor Augen, was ich vorher nur mühsam unterscheiden konnte. So, als wäre seine Lektüre in aller Stille weitergelaufen, zeigt dieser Text, befreit von allem, was den Zugang zu ihm versperrte oder sich störend einmischte, endlich seine ganze Tragweite. Nach einiger Zeit des Vergessens – eines falschen Vergessens: Das Gedächtnis hat unterschwellig vor sich hingearbeitet – entdecke ich ihn diesmal unmittelbarer, gründlicher als beim ersten Mal, erfasse ich ihn in seiner Grundlegung und wundere mich selbst über all das, was ich zuvor nicht gelesen hatte. Erneute Lektüre ist dann nicht mehr ein Zeichen von Trägheit, sondern enthüllt einen ebenso unverhofften wie unbemerkten Fortschritt.

Subtiler noch als die Kunst des unmittelbaren und anstrengenden Machens ist jene des sich auf eine Reifung verlassenden *Machen-Lassens* [*Laisser-faire*]. Das Subjekt stellt seine Initiative hintan, um den in Gang befindlichen Prozess mitwirken und für längere Zeit sich weiterentwickeln zu lassen. Es nimmt sich zurück, ohne dass dies einen Verzicht darstellt, in Unverantwortlichkeit kippt oder zu einer in Passivität ausartenden Untätigkeit wird. Die erforderlichen Fähigkeiten werden minimiert, damit, oder besser, weil weniger intentional: in einer Weise, in der die implizierten Faktoren und Bedingungen noch umfangreicher mobilisiert werden und partnerschaftlich in und durch ihre Entwicklung die aufgetauchte Schwierigkeit überwinden können, jene Schwierigkeit, deren direkte und unmittelbare Beseitigung vielleicht heroisch, aber weniger wirksam wäre. Die Dauer führt von allein zur Entwirrung. Das impliziert, dass man der Wirksamkeit des Ablaufs vertraut, und vielleicht ist das der Grund, weshalb die gegenwärtige Gesellschaft dazu neigt, die Bedeutung des *Aufgeschobenen* zu vernachlässigen: Da sie immer mehr und mehr antizipiert und sich sodann auf die Erreichung ihrer gesteckten Ziele stürzt und der Faszination der »Echtzeit« erliegt – die Kommunikationstechnologie sorgt schon dafür –, unterschätzt sie den ergiebigen Beitrag des Aufschiebens. Versteht sie es noch, diskret, still und leise seinen Lauf gehen zu lassen?

Wenn ich also gesagt habe, dass die Verweigerung des Verschiebens und die Zustimmung zum Aufgeschobenen einen Spielraum öffnet; dass *Aufschieben* und *Verschieben*, weit davon entfernt, völlig synonym zu sein, eher einen Abstand zueinander herstellen, von dem ausgehend man zu denken imstande ist, wie zu leben wäre, so ging es vor allem darum, Folgendes hervorzuheben: dass Leben in dem

Sinn »strategisch« ist, als sich in ihm eine operationelle Kapazität Freiheit verschafft, die, je nach der angetroffenen Situation, sich sowohl das eine als auch das andere zunutze machen kann. Es geht darum, dem begegneten Präsenten nicht auszuweichen und es zugleich reifen zu lassen. Das führt dazu, dass man an beidem festhält: Einerseits kommt man der *Instanz* des Präsenten nach, diesem passierenden »Augenblicklichen«, verstanden als Anforderung, die eine Wiederholung-Konservierung verwirft, andererseits aber lässt man die begonnene Immanenz weiterwirken und ihre produktive Kapazität so zum Tragen kommen. Leben entfaltet sich zusammen – kontradiktorisch – *zwischen* diesen beiden. Daraus folgt eine sich als Alternative stellende Frage, die es jedes Mal zu beantworten gilt: Bin ich gerade dabei, der Auseinandersetzung mit dem Begegneten auszuweichen, *oder* warte ich einmal ab? Bin ich im Begriff, der Auseinandersetzung mit dem Begegneten auszuweichen und damit das *Hervorkommen (Auftauchen)* des Präsenten und seine von ihm dargebotene Fülle zu verpassen? Oder verschiebe ich nicht, erzwinge aber auch nicht, sodass ich nicht ausweiche, vielmehr ruhen lasse und dafür sorge, dass sich in aller Stille so etwas wie ein unterirdischer See bildet, aus dem eine »lebendige« gegenwärtige Wirklichkeit [*présent*] – »das unberührte, lebendige und schöne Heute …« – unverhofft hervorquellen kann?

Da das Chinesische keine Konjugation kennt, um die verschiedenen Zeiten zu markieren, auch nicht zwischen passiver und aktiver Form unterscheidet und die Verbfunktion nur in der Art eines von uns so bezeichneten Infinitivs darstellt; da es gerne darauf verzichtet, ein grammatikalisches Subjekt ausdrücklich zu formulieren, und es stattdessen indirekt in den Satz einbettet; da des Weiteren ihre wichtigsten Kategorien jene des »Verlaufs« und der investierten »Kapazität« sind (*dao* und *de*), und folglich in ihr weniger das Verhältnis von Mittel und Zweck bzw. »Absicht« (dem *skopos* σκοπός der Griechen) ausgedrückt wird als vielmehr jenes von Bedingung und Folge (die »Wurzel« und die »Zweige«, *ben – mo)*, so war es, wie zu erwarten, für das chinesische Denken ein Leichtes, dieses in aller Stille sich einen Weg bahnende Geschehnishafte [*opérativité*], das sich von selbst entwickelt, zur Sprache zu bringen. Mit ihm lernt man umzugehen, indem man es wie eine »Quelle« einfasst, über die man aber nicht verfügt, die man also auch nicht zum Versiegen bringen kann. *Dao*, der »Weg«, besagt sowohl die Selbstentfaltung dieser Immanenz als auch die Kunst, sie zu benutzen, meint also den Prozess und die Prozedur – das *dao* der Welt und »mein« *dao*. Es wird empfohlen – und zwar quer durch alle Denkschulen, im Vertrauen in die eingeschlagene Neigungsrichtung und in »weiser« Einwilligung zu diesem Aufgeschobenen – *die Wirkung kommen zu lassen*, statt die Welt mit seiner Begierde und Ungeduld in Unruhe zu versetzen.

Ein Text wie das *Laozi* denkt das, was wir Moral zu nennen pflegen, ohne Schwierigkeiten in Begriffen der Strategie: »So stellt der Weise sein Selbst zurück« und ist damit »den anderen voraus«, nicht aus Bescheidenheit oder wegen eines Demutgelübdes, sondern weil er durch eigene Zurückhaltung die Wirkung von selbst voll zur Geltung kommen lässt.[186] Das *Aufgeschobene* ist von selbst Träger der Wirkung. Statt sofort durch seine Handlung ein Ergebnis erzielen zu wollen, ist es besser, diskret einen Prozess in die Wege zu leiten, der *von sich aus* dorthin gelangt – genau das ist die Kunst des »Nichthandelns« (*wu wei* 无为). Statt »bis zum Schluss an der Hand zu halten«, ist es besser, so bald wie möglich mit dem Eingreifen aufzuhören, um ein Feld für das spontane Aufkommen der Wirkung vorzubereiten, welche, da sie sich eigener Reifung verdankt und von verschiedenen Bedingungen herbeigeführt wird, umso besser einwurzelt und folglich auch lange anhalten wird. Im Verlauf der sich entwickelnden Situation wird sie immer mehr von dieser eingebunden und ist nicht mehr aufgezwungen. Was man gewöhnlich (subjektiv) der Geduld als Verdienst zuschreibt, ist letztlich nur der Vorteil, den man erzielt, wenn man *Aufgeschobenes* arbeiten lässt und als »Ressource« verwertet. So wie das Nichtverschieben das ist, was ganz entschieden die Ressource des Präsenten in seinem *Aufschwung* zutage fördert, genauso ist das Aufgeschobene eine Ressource, aber eine umgekehrte, die es der *stillen Verwandlung* überlässt, das sich darbietende Präsente fruchtbar zu machen. Eine Ressource befindet sich auf beiden Seiten und erlaubt es, zu wählen und zu überkreuzen. Denn im Unterschied zum exklusiven Charakter der Wahrheit können *Ressourcen* zueinander in Konkurrenz stehen und einer gegenteiligen Logik unterliegen. Trotzdem aber können Wahrheit und Ressource gleichberechtigt koexistieren und man kann sich ihrer gleichzeitig bedienen.

XX

Ressource (vs. Wahrheit)

– 1 –

Solange man innerhalb der (europäischen) Philosophie geblieben ist, hat das Konzept von Wahrheit seine Gültigkeit gefunden und auch erwiesen. In ihr ist es sowohl stichhaltig und als auch ausreichend. Es ist geeignet, sowohl den Bereich des Denkens zu artikulieren als auch die Philosophie in ihrer Entwicklung zu fördern. Einerseits erlaubt die Wahrheitsproblematik, verschiedene Positionen zu konfigurieren und eine diesbezügliche Entscheidung herbeizuführen. Durch die Arbeit von Für und Wider, von These und Antithese, von Argument und Gegenargument verschafft sie der Philosophie ihre Bühne und organisiert sie in Form einer Debatte. Das »Kriterium« der Wahrheit reicht aus, um ein Auseinanderklaffen der Behauptungen, die sich durch ihren Antagonismus zu erkennen geben, festzustellen. Dessen »Schärfe« holt das Denken aus dem Dunkel, umreißt aber auch einen Anhaltspunkt, um sich seiner zu bemächtigen. Da andererseits die *Suche* nach Wahrheit niemals zu ihrem Ziel gelangen kann – und zwar aus Prinzip, da jede Behauptung von Wahrheit aufgrund der Tatsache, dass sie eine Aussage ist, infrage gestellt werden kann –, treibt sie die Philosophie immer weiter voran. Ganz gleich, ob die nachfolgende Gestalt von Wahrheit die vorangegangene nun vom Podest stürzt oder, sie übertreffend, integriert – die Philosophie ist dank dieses Antriebs der Wahrheit in eine Geschichte verwickelt. Während sie sich dauernd zu sich selbst in Gegensatz bringt, sich auch immer wieder von sich selbst desolidarisiert, da die Wahrheit sie in dieser Spannung erhält, die ihre Leidenschaft, zugleich ihr Leiden und ihre Beglückung ausmacht, ist die »Weisheit«, da sie sich nicht durch die Wahrheit strukturieren lässt, im Kontrast dazu »ohne Geschichte«.

Es gab da also mit der Wahrheit etwas, was im Denken »gut funktionierte«. Vielleicht zu gut »funktionierte«? Denn stoßen wir heute nicht an die Grenzen dieser Arbeit von Wahrheit? In dem Augenblick, wo man die europäische Philosophie und ihre Geschichte, wo man »das Europa der alten Brüstungen« verlässt, wird dieser Wahrheitsthematik nicht etwa widersprochen, sondern sie löst sich in Luft auf: Wir können doch nicht behaupten, dass das chinesische Denken »wahrer« oder »weniger wahr« als das europäische ist. Wenn dieser Weg der Wahrheit, den wir bisher als den legitimen Weg des Denkens beschritten haben, sich plötzlich verliert oder uns gar versperrt ist, sobald wir die Geschichte der Philosophie verlassen, so als würden wir hier von einer familieninternen Geschichte reden, was gibt, oder besser: zwingt uns diese Tatsache zu denken? Ich frage mich erst gar nicht, ob diese oder jene Aussage wahr ist, sondern, ob sie noch Sinn ergibt: Ist es überhaupt relevant, Gedanken einzig im Hinblick auf ihre Wahrheit zu sehen? Was berühren wir da bezüglich der Wahrheit, was wie ihr Rand auftaucht, als Horizont, den wir nicht vermuteten, der aber die Parteilichkeit hinter der angeblichen Universalität ihres Konzepts erkennen lässt? In welche Hilflosigkeit versetzt uns das, wenn wir uns nicht mehr *auf die Wahrheit verlassen können*? Wenn man für sie einen Ersatz finden will, welcher der Vielfalt der Kulturen entspricht, die nun einmal die Welt ausmacht, dann darf das kein trüber Aufguss des Bisherigen oder gar die Bildung eines Kompromisses sein, sondern muss zu einer umfassenderen Ansicht führen, in der die Wahrheit neben anderem ihren Platz findet.

Ich werde also an die Stelle des Konzeptes von Wahrheit das von »Ressource« setzen, das jenes von Wahrheit integrieren wird, ohne es ungültig zu machen. Wir werden sagen, dass es eine *Ressource* des chinesischen Sprechens und Denkens gibt, wie zum Beispiel die sich aus seiner parataktischen Struktur ergebende Kapazität, Korrelate oder Paarkombinationen zu bilden, die es ihm erlaubt, das »Eine«

vom »Anderen«, was immer es auch sei (*yin* und *yang*), nicht zu trennen, sondern funktionell angekoppelt zu belassen. »Richtig« (*dui* 对) bedeutet auf Chinesisch, wie schon gesagt, »zusammenpassend«, »ein Paar bildend«. Bereits im Denken von Landschaft haben wir die Ergiebigkeit der sehr weitreichenden Polarität von »Berge und Gewässer« festgestellt.

Parallel dazu gibt es dann eine Ressource des europäischen Sprechen-Denkens, und hier zunächst seine strukturierende Kapazität mit seinem Arsenal an Präpositionen und Konjunktionen, seinem morphologischen System der Deklination und Konjugation, seinem komplexen System von Modalformen, seiner Syntax von Haupt- und Nebensatz, diesem Instrument, das es ihm erlaubt, im Denken zu *konstruieren*, vor allem in Form von Hypothese und Deduktion. Im europäischen Sprechen-Denken konstatiert man eine Ergiebigkeit auf dem Gebiet der logischen Ausarbeitung sowie in der Unterstützung, welche es der Geometrisierung der Wissenschaft zu geben versteht – man weiß, mit welcher Leistungsfähigkeit.

— 2 —

Was wiegt dieser Terminus der »Ressource« jedoch im Hinblick auf die Wahrheit? Was ist er wert? – Man könnte sich fragen, ob diese Konzepte überhaupt auf derselben Ebene, von gleichem Rang sind. Die Wahrheit glänzt in all ihrer Würde, drängt sich auf in ihrer Majestät. Das Denken in Termini von Ressourcen zu denken führt seinerseits dazu, es entsprechend dem, was es an Gebrauchswert und möglicher Wirksamkeit mit sich trägt, einzuschätzen, d. h. entsprechend der »Beute« an Denkbarem, das es zutage fördert, oder ganz prosaisch gesagt: entsprechend der Rentabilität, die es vorweisen kann. Der Begriff der Ressource schmückt sich mit keinerlei Prestige. Das Denken im Hinblick auf seine Ressourcen zu denken heißt, auszuloten, was es erhellt und konfiguriert, zum Denken bringt, zugleich mit derselben Geste aber alles, was außerhalb seines Kielwassers an

Nichtkonfiguriertem und *Umgedachtem* dahintreibt, beiseitezulassen. Wenn dieses Denken aufgrund von parteilichen Vorentscheidungen bestimmte Kohärenzen ausfindig macht, die es arbeiten lässt, so lässt es andere im Dunkeln, verdrängt sie oder zieht sie nicht in Betracht. Jeder Gedanke verfolgt seine Spur, seine (Gold-)Ader, die er zu erforschen, auszubeuten sucht; was er an Fruchtbarem aufdeckt und entdeckt, verdeckt zugleich andere Dinge, die er vernachlässigt, einfach aus dem Grund, weil die von ihm verfolgte Kohärenz diese Ausschließung verlangt, um sich auszudrücken.

Ich glaube, da hätten wir bereits genug, um uns noch einmal in nützlicher Weise die Geschichte der Philosophie vorzunehmen, für die die Wahrheit der wichtigste Antrieb gewesen zu sein scheint, um sie aus einer anderen Perspektive, weniger polemisch und daher vielleicht auch weniger übertrieben und theatral, zu erhellen. Gehen wir zurück zu ihrer ersten Weggabelung, jedenfalls zu der, wie sie als solche kommentiert und uns im Sinne eines ursprünglichen »Schauplatzes« serviert wird: Ich bin nicht gezwungen, den Gegensatz von Platon und Aristoteles im Hinblick auf ihre jeweilige Wahrheit in Erwägung zu ziehen, wobei die eine die andere quasi vertreibt, sondern kann ihn auch im Hinblick auf das reflektieren, was Aristoteles durch den *Abstand*, den er zu Platon herstellt, an neuen fruchtbaren Einsichten gewinnt und zur Geltung bringt. Deshalb kann ich »immer noch« – und dieses »Immer noch« versiegt nie – aus den Sätzen und Gedanken Platons als einer Quelle schöpfen, das ausnutzen, was an gestaltender Kraft und Modellierung von ihm herrührt, und hier vor allem die Verdoppelung der Ebenen (die er für den berühmten Status der »Ideen« braucht), auf deren Grundlage allein seine Geste der Radikalisierung durch Abstraktion möglich war, was wiederum seine theoretische Kühnheit förderte. Zugleich kann ich *auch* aus der von Aristoteles erschlossenen Ressource schöpfen, jener der ausdifferenzierenden Analyse der Erfahrung, die sich nicht vom Regime der Meinung loslöst, also den Bruch des Abstrakten mit dem Sinnlichen vermindert sowie die Inventarisierung und logische Formalisierung der verschiedenen zu unterscheidenden Fälle vornimmt.

Das Konzept der *Ressource* an die Stelle des Konzepts der *Wahrheit* zu setzen, heißt keineswegs, auf es zu verzichten, sondern im Gegenteil, auch dieses als eine Ressource zu betrachten, und zwar als eine der außerordentlichsten, als eine äußerst fruchtbare, die die Philosophie so richtig gedeihen ließ. Man weiß genau, dass man sich vor der einen Partei genauso wie vor der anderen in Acht nehmen muss. Man sollte nicht annehmen, dass wenn Aristoteles Recht hat und das Wahre sagt, Platon sofort im Unrecht ist, und dass Aristoteles, »mehr mit der Wahrheit als mit Platon befreundet«, diesen »überholt« – ihn ausgeschlossen oder miteingeschlossen hätte. Genauso sollte man sich aber auch vor dem Umgekehrten hüten, nämlich anzunehmen, dass beiden Wahrheit zukommt, dass jeder auf seine Weise Recht hat, wobei man allerdings auf das »Entscheidende« der Wahrheit verzichtet und einem entgeht, was jedes Denken – oder handelt es sich hier vielleicht nur um jenes der Philosophie? – stets an Einmaligem implizieren muss, um weiterzukommen, dass es Widerlegung braucht, um sich zu motivieren, denn andernfalls würde das zu Synkretismus oder Eklektizismus führen. Ich würde eher dafür plädieren, sich genauer anzusehen, wie ein jeder, in der Art, wie er das »Rationale« oder »Wahre« durch die offensive Entwicklung seines *logos* konfiguriert, neues Denkmögliches aufschließt oder erschließt. Dies degradiert das Konzept von Wahrheit nicht, sondern rechtfertigt es im Gegenteil als eine Ressource, als ein effizientes, sogar erschreckend mächtiges Mittel zur Erweiterung des Denkbaren.

Einerseits bleibt die Thematik der Wahrheit eine relevante, und die Kritik, die eine Philosophie gegen die andere vorbringt, muss in ihrem Neuerungen herbeibringenden Verlauf verfolgt werden, wobei sie nichts von ihrer Schärfe verliert. (Zugleich wissen wir aber auch, dass jeder nachkommende Philosoph *niemals* vollkommen den vorangegangenen Philosophen *versteht* – was allein schon deshalb für ihn notwendig ist, um durch seine Abweichung selbst zum Philosophen zu werden.) Andererseits findet diese Widerspruchsarbeit der Wahrheit mit all ihrer Anstrengung der Widerlegung ihre volle Berufung nur insofern, als sie es erlaubt, andere, bisher nicht bemerkte

Kohärenzen oder, wie ich gerade sagte, anderes *Denkmögliche* zum Vorschein zu bringen.

— 3 —

Man müsste, um diese sich zu *Ressourcen* entwickelnden »Möglichen« des Geistes zu verstehen, den Begriff des »Möglichen« durch einen weiteren Gebrauch erweitern. Wir müssen uns fragen, mit welchen Möglichen dieses vorgebrachte »Mögliche« ausgestattet ist. Man müsste insbesondere von der Fähigkeit des »Möglichen«, starre Gegensätze aufzubrechen, Gebrauch machen, wie man das bereits bei Aristoteles den Megarikern gegenüber sehen kann, nunmehr aber, um sie hinsichtlich der Vielfalt der Kulturen ins Spiel zu bringen. Es wäre also die Tatsache auszunutzen, dass das Mögliche sich auf der logischen Ebene zwischen das Wahre und das Falsche schiebt, insofern es sich vom Falschen dadurch unterscheidet, dass es nicht widersprüchlich ist, ebenso auf der ontologischen Ebene zwischen das Sein und das Nichtsein, insofern es die Zufälligkeit des nur Eventuellen, dem der Status des bloß »Potenziellen« innewohnt, aufbewahrt. Wenn man das *Denkmögliche* in den verschiedenen Kulturen einmal durchgeht, wird das ein *ideologisches Aufbrechen* zur Folge haben, genau das, was der aufzunehmende »Dialog« für sich beansprucht, allerdings vorausgesetzt, dass man für dieses *Mögliche* den Charakter des sowohl Nichtexklusiven als auch Nichtnotwendigen beibehält. Diese geistigen Möglichen stehen in Konkurrenz zueinander, insofern sie diese oder jene Kohärenz einer anderen vorziehen, jedoch nicht exklusiv, da sie nur innerhalb der Perspektive der einen oder anderen Kultur im Widerspruch zueinander stehen. (Ein »behändes, wendiges« Subjekt, das ich mir hier von ganzem Herzen wünsche, weiß sie miteinander zu kreuzen.) Man wäre darum besser imstande, die Bedingung ihrer *Koexistenz* ins Auge zu fassen, ohne sie weiterhin in eine einheitliche Geschichte einbetten zu wollen – wie jene einer »notwendigen Entwicklung des menschlichen Geistes«, auf deren Basis das Europa der Aufklärung, als es sich noch für den einzigen Maßstab hielt, seine letzte große Erzählung aufbaute. Indem man nun bei diesem »Möglichen« das fördert, was es an Eventuellem und folglich Erfinderischem an sich hat, wird man besser verstehen, dass jedes Denkmögliche aufgrund der Tatsache, dass es ebenso gut nicht sein könnte, einen Durchbruch, einen Vorstoß, ein Vordringen (im Hinblick auf das Ungedachte) darstellt, von dem man erst im Nachhinein ermisst, wie viel sich das Denken da zugetraut und was es gewagt hat, bis wohin es vorgestoßen ist. Indem es seine Bedingtheit akzeptiert, erwacht das Denken aus seiner Banalität, entkommt es der falschen Notwendigkeit sowohl seiner Evidenzen als auch seiner Langeweile – was mir nunmehr unter der Herrschaft globaler Standardisierung die Voraussetzung seines Überlebens zu sein scheint.

Daraus ergibt sich, dass man auch den Gebrauch des »Möglichen«, wie ihn die klassische Philosophie entwickelt hat, in Erinnerung rufen und benutzen muss, jenen der *Bedingung der Möglichkeit*, diesmal zunächst retrospektiv und dann prospektiv: etwa im Sinn der Frage Kants, wie die Mathematik »möglich« geworden ist, als sie eines Tages in Griechenland durch eine theoretische Revolution einen Weg gefunden hat, der es ihr erlaubte, sich von der einfachen Wahrnehmung, ja selbst von der Gestaltkonzeption abzukoppeln, um diese *a priori* im Denken zu konstruieren, oder im Sinne der Frage, wie zu Beginn der Neuzeit die Physik »möglich« geworden ist, indem sie die Natur Experimenten unterwarf, die sich der Initiative des Geistes verdanken und die allein es erlauben, die nötigen Gesetze abzuleiten. Es ist tatsächlich dieselbe Frage, die man sich hinsichtlich des Aufschwungs der Kulturen zu stellen hat: Welche entscheidenden Kohärenzen wurden bei ihnen in einer Weise entdeckt und »möglich« gemacht, dass jedes Mal ein lokaler Einfallsreichtum erkennbar wird, der eine neue Quelle des Intelligiblen erschließt? Auch wenn es dieselbe Frage ist, muss man sich nicht von nun an auf das Werden der sich eng daran anschließenden und mit ihr verbundenen Disziplinen beschränken, wie das bei Kant der Fall war, als er von der überkommenen Mathematik und Physik gleich zur noch zu erwartenden

Metaphysik überging. Denn diese nun im Weltmaßstab betrachteten Möglichkeiten des Geistes repräsentieren Parallelentwicklungen, die sich nicht mehr durch gleiche Zugehörigkeit unter dieselbe Rationalität subsumieren lassen. Sie geben, wie man sieht, nicht einmal notwendigerweise eine Antwort auf die Frage nach der »Wahrheit«.

Um diese Denkmöglichen zu denken, müsste man also die mehrzählige Kapazität ihres Substantivs propagieren, die der Unbestimmtheit ihres Gebrauchs entspricht (»ein« Mögliches/»unbestimmt viel« Mögliches) und diese unbestimmt vielen Möglichen von vornherein auf dieselbe Stufe stellt. Man begreift dann sogleich, dass jede Kultur, jede Denkungsart, nur eine unter anderen ist – die europäische ebenso. Zugleich aber wird es notwendig sein, diese Möglichen auf das hin in Erwägung zu ziehen, was sie an Kohärentem und in der Folge an Produktivem oder Erfinderischem freilegen, d. h. sie entsprechend ihrer Kapazität, sowohl Abstände herzustellen als auch fruchtbar zu sein, einzuschätzen – denn gerade darin erweisen sie sich als »Ressourcen«. Ich nenne daher *Mögliches des Denkens* all das, worin sich das Denkbare der Menschheit im Laufe ihrer Entwicklung verteilt und für sie eine Option darstellt, da »jedes Mögliche [...] je nach der Vollkommenheit, die es einhüllt, auf die Existenz Anspruch erheben« kann,[187] wie Leibniz das so streng formuliert, wobei das Mögliche nach seiner »Geeignetheit« oder dem, was ich zuvor *Kohärenz* nannte, eingestuft wird. Statt aber das Unendliche des Möglichen einzig auf das Existierende zu reduzieren, wie das der Geist Gottes tat, als er die Welt schuf, geht es nun vielmehr darum, durch das Entdecken und Ausfalten der Abstände begegneter Gedanken allen diesen Möglichen Gelegenheit zu geben, parallel und in Konkurrenz zueinander zu laufen, indem man nicht nur bis zur Einzigartigkeit ihres Ursprungs zurückgeht, sondern auch die logische Vielfalt deutlich macht, sodass diese nicht unter einer erzwungenen Assimilation – einer ziemlich leichten – verloren geht, wie das die globale Uniformisierung gegenwärtig herbeiführt.

Ist *Mögliches* gleichzusetzen mit *Ressource,* oder bis zu welchen Grad überdecken die beiden Termini einander? Wenn das Mögliche der Ressource ihr einen logischen Status verschafft, was besagt »Ressource« dann darüber hinaus? Wenn man diese Ressource der Ressource nicht verfehlen will, genügt es nicht, nur anthropologische Untersuchungen über die Vielfalt der Kulturen anzustellen, von Neuem, Europa verlassend, den Fächer weiter ausgefaltet, die Vielfalt ihrer Möglichen und Positionen in Erwägung zu ziehen – die philosophische Problematik ist eine andere. Wenn man diese Vielfalt nicht als »Unterschiede« einstuft, wie das die Anthropologie mit der Aufstellung von Typologien macht, sondern vielmehr als von Erfindungsreichtum zeugende *Abstände* ansieht, wird man in ihnen nur dann *Ressourcen* wahrnehmen, falls diese für die gesamte Menschheit Gültigkeit haben, also für jedes denkende Subjekt auf transkultureller und transhistorischer Ebene. Man muss sie also nicht nur auf kontextueller, sondern auch auf begrifflicher Ebene verarbeiten und dabei ihre Universalität freilegen – was ja das Eigentliche der philosophischen Perspektive und ihre Berufung ausmacht. Um es noch elementarer zu sagen: Es liegt dann eine »Ressource« vor, wenn *jedes* Subjekt von heute aus diesem Denkmöglichen für seine Intelligenz und seine Erfahrung Nutzen ziehen kann. Rückwirkend ließen sich damit auch interne Gewinne für die Philosophie selbst erreichen. Denn sobald man auf diese Weise Abstände im Denken thematisiert, diese Möglichen als Ressourcen betrachtet, statt sich damit zu begnügen, ihre Unterschiede auszubreiten, gerät das Denken wieder in Spannung. Es sieht, wie der Konformismus (Atavismus), von dem es stets bedroht wird, ins Wanken gerät, selbst wenn traditionellerweise anerkannt wird, dass sich die Philosophie gegen sich selbst zu wenden und sich selbst zu kritisieren pflegt. Selbst wenn die Philosophie sich selbst verneint, ist nicht sicher, dass sie dabei den *Faltungen* entkommt, die ihr Ungedachtes darstellen und an denen entlang sie sich geformt und in denen sie sich vielleicht – weiß man wo und wie? – auch festgefahren hat. Ganz besonders gilt das von dieser »Faltung« der Wahrheit, von der sie, von ihrem Inneren her gesehen, gar nicht ahnt, dass bereits ihre Definition kulturell bedingt ist.

—4—

Ist die »Wahrheit«, um auf sie zurückzukommen, etwa sich selbst gegenüber blind, ignoriert sie ihre eigenen Voraussetzungen? Wenn ihre grundlegende Definition die »Übereinstimmung von dem Ding und dem Geist« ist, die *adequatio rei et intellectus* der Scholastiker – eine seither unablässig kritisierte und trotzdem so weitreichende Formulierung –, so setzt man die beiden Termini als zulässig voraus, noch bevor man ihre Beziehung zueinander in Erwägung zieht. Nun gibt es zunächst einmal kein »Ding« und ihm gegenüber auch keinen »Intellekt«, wobei die Überlappung des einen durch den anderen *dann* die Wahrheit ergibt. Das »Ding« existiert als solches nicht, *a parte rei*, wie Descartes das in den *Regulae* behauptet hat,[188] sondern *wird bereits* durch die impliziten Wahlentscheidungen, die Vorurteile des Geistes sind, *konstituiert*. Es gibt auch keinen »Geist« auf der anderen Seite, *a parte intellectus*, als souveränes Vermögen, als rein formelle Aktivität, wie es noch der Kantsche Verstand samt seiner Tafel der »Kategorien« war. Tatsächlich gibt es wohl keine »Grundbegriffe« jeglichen menschlichen Geistes, als solche transkulturell und transhistorisch, wie Kant es, Aristoteles übertreffend, wollte. Kant hat genauso wenig wie Aristoteles den Verdacht geschöpft, dass diese Grundbegriffe zunächst ein Produkt der Sprache, und zwar *einer* Sprache, und damit verborgene Wahlentscheidungen des Denkens sein könnten. Das beweist bei ihm die Kategorie der »Substanz« (der »Inhärenz«), die sich ganz klar, da sie ein *darunterliegendes* Substrat voraussetzt (ein Sup-port, ein Sub-jekt usw.), von der Entscheidung zum »Sein« und zur Ontologie herleitet; oder die »Kausalität«, die einer physikalischen Erklärung dient, aber den, anderes implizierenden, Gesichtspunkt der *Neigung* vernachlässigt; oder sogar die »Existenz« im Gegensatz zur »Nichtexistenz«, was die Möglichkeit des *Evasiven* verkennt, usw.

Alle unsere Begriffe »sind geworden«, wie Nietzsche gesehen hat (*»das Erkenntnisvermögen [ist] geworden«[189]), und man kann nicht ignorieren, dass sie das »Ding« unter der Hand in-formieren, dass sie ihm, wenn ich so sagen darf, im Voraus »einflüstern«, was es zu sein hat, noch bevor der es zu erfassen suchende Geist mit ihm übereinstimmt und so die »Wahrheit« herstellt. Statt einer »Übereinstimmung« von »Ding« und »Geist«, die in ihrer Allgemeinheit als voraussetzungslose Termini mit absoluter Gültigkeit gesetzt sind, gibt es nur eine »Übereinstimmung« von einem gewissen »Ding« und einem gewissen »Geist«, die beide kulturell konstituiert sind, wobei das Ding bereits den Geist widerspiegelt, noch bevor sie sich miteinander in Verbindung setzen und übereinstimmen können. Das beinhaltet bereits dieses Konzept von einem »Ding«, an dem zu zweifeln wir uns gar nicht vorstellen können und von dem wir glauben, wir hätten es fest in der Hand, auch wenn wir gar nicht wissen, was es ist. Sobald wir nach China gelangen, gleitet es uns ganz unmerklich – auf seltsame Weise – aus den Fingern, wenn das Chinesische es »Ost-West« (*dong-xi* 东西) nennt, d. h. wie einen Spannungsbogen zwischen Gegensätzen. Das Dispositiv der Gegenüberstellung von dem »Ding« auf der einen, dem »Geist« auf der anderen Seite, verstanden als zwei autonome Entitäten, hat zwar seine Effizienz, also seine Ressource in der Hervorbringung von Erkenntnis erwiesen, von der man sagt, sie sei »objektiv«, und in die auch die klassische Wissenschaft in Europa eingebettet ist. Trotzdem lässt sich nicht leugnen, dass es auf einer besonderen Wahlentscheidung beruht, die umso faszinierender ist, als diese nicht, wie man gewöhnlich meint, »entdeckt«, sondern vielmehr *erfunden* wurde.

Heidegger hat sehr wohl ein derartiges Dispositiv, das das Ding und die Aussage über es in Übereinstimmung bringt, hinterfragt. Indem er zu einem »Entdecken« des Seins aufruft,[190] hat er dessen Bedingtheit, die *»Offenheit des Daseins«, erhellt und auf diese Weise mit der Abgeschlossenheit oder »Einkapselung«, die eine solche Gegenüberstellung voraussetzt, gebrochen. Er hat gezeigt, wie diese Wahrheit der Aussage im Verhältnis zum »Erscheinen« des Seienden eigentlich sekundär ist. In weiterer Folge hat er dann an die **Freiheit* des Verhaltens als Grundlage der inhärenten Möglichkeit dieser Konformität appelliert, jene, die einlädt, denn »Seinlassen – das Seiende nämlich als das Seiende, das es ist – bedeutet, sich einlassen auf das Offene und dessen Offenheit«.[191] Wie wir gesehen haben, steht dies sehr gut mit dem chinesischen Gedanken von der *Disponibilität* im Einklang, der es noch besser auszudrücken vermag, als wenn wir unseren Begriff von »Freiheit« forcieren. Gelingt es ihm aber überhaupt, das zum Verschwinden zu bringen, was diese »offene« Gegenüberstellung noch an Parteilichkeit in der *internen* Konstitution der einen und anderen Seite voraussetzt, selbst wenn diese selbst als »Seiten« verschwunden sind? Sich aus der Beziehung, in die man eingebunden ist, zurückzuziehen, macht nichts anderes, als von der zu Recht kritisierten intellektuellen Voraussetzung (jener der * *Vor-stellung*, die das Ding als Ob-jekt gegenüber stehen lässt) in das zu kippen, was wiederum eine Voraussetzung ist, aber eine verborgenere. Wie man weiß, vertieft Heidegger den eingebundenen kulturellen Gehalt noch, statt ihn aufzulösen, macht ihn noch ideologischer (von mystischem Imaginären erfasst) und konnte ihn nur mehr als die »Ekstase« des »Existierens« evozieren.

Befreite man sich von dieser Gegenüberstellung mit dem »Ding«, würde man den »Geist« auf sich selbst zurückbeziehen, um allein in ihm die Kriterien der Wahrheit zu finden. Man würde, wie Spinoza das versuchte, die Wahrheit einzig nach der Fähigkeit des Geistes, *mit sich selbst übereinzustimmen*, begreifen und nicht mehr entsprechend der Übereinstimmung mit seinem Objekt. Nichtsdestotrotz wäre es doch aussichtslos zu glauben, dass der Geist in der Übereinstimmung mit sich selbst die gesicherte Gewissheit der Wahrheit finden kann. Eine derartige »Adäquatheit«[192] entspricht nur oberflächlich ihrer Bedingung, adäquat zu sein; ein derartiger Geist, solch ein spinozistischer Intellekt, wird nicht allein von der Evidenz *alias* dem natürlichen Licht angeleitet, sondern immer auch kulturell geschaffen: Er ist das Produkt einer besonderen Geschichte der Intelligenz, das Sediment einer erfundenen Logik, das den ganzen Apparat des europäischen Sprechen-Denkens für selbstverständlich nimmt – vor allem den seiner Grammatik. Genauso verhält es sich mit den Begriffen wie »Essenz«, »Existenz«, »Ursache« und »Wirkung«, einem »An-sich«,

»Außerhalb seiner selbst«, dem »Subjekt« und dem »Prädikat« usw. Wer daraus den Schluss zieht, es gibt keine Wahrheit, von der man gewiss ist, dass »sie sich von selbst zeigt« bzw. die ein *index sui* ist und die man so bequem für das »natürliche Licht« nehmen kann, das jedem Geist aus Prinzip innewohnt, läuft immer in Gefahr, einiges kulturell Ungedachte zu kaschieren, das zu erahnen man unfähig ist. Man urteilt stets *vom Inneren* einer Logik aus, von einem bestimmten Möglichen des Geistes, das sich in dem Augenblick, in dem man sich ihm entzieht, nicht mehr aufzwingt. Genauso verhält es sich *bereits*, und zwar beispielhaft, mit dem, woran der klassischen Vernunft am meisten gelegen war und das auch Spinoza keineswegs infrage zu stellen dachte, nämlich mit dem Prinzip des ausgeschlossenen Widerspruchs, das von ihr als erstes Axiom gesetzt wurde und das nur unter der Perspektive, die sie selbst erarbeitet hat, stichhaltig ist.

So wird man auch nicht auf die »Wahrheit« verzichten, sondern ihr Konzept abändern, um ihre Ressource, die über ihre ursprüngliche Enge hinausreicht, zur Entfaltung zu bringen. »Wahr« wird somit bedeuten: »was Kohärenzeffekte produziert« oder »eine Quelle von Intelligenz ist«, wobei unter Intelligenz zweierlei zu verstehen ist, nämlich sowohl ein Vermögen, Intelligibles hervorzubringen (das als solches damit niemals aufhört), als auch eine effektive, stets besondere, weil lokalspezifische Fähigkeit des Erfassens oder Begreifens (wenn man etwa sagt: die Intelligenz zu besitzen, um …). Ich würde als »wahr« das bezeichnen, was aufgrund seiner Vorentscheidungen sowohl etwas zu entdecken als auch herbeizuführen erlaubt. Das Negativ davon wäre dann nicht das Falsche, sondern das Nichterfasste oder Unvorhergesehene, das Sterile (Wirkungslose) und Ungedachte. Das Wahre wird also nicht mehr in der Weise einer Bezugnahme konzipiert – denn es steht immer zu befürchten, dass diese unwissentlich einen Selbstbezug darstellt –, sondern hinsichtlich seiner *Einsatzfähigkeit*: Wahr ist, was Denkbares konfiguriert und es erfassbar macht, oder anders gesagt: wahr ist, was das Intelligible fördert, es dienlich macht und arbeiten lässt. Wie das, was ich ein »Mögliches« des Denkens nannte, erhellt das Wahre durch den Abstand zu anderen Möglichen nicht nur die Bedingung seiner Möglichkeit, sondern gibt ihm auch einen Nutzeffekt. Es bemisst sich an seiner Ergiebigkeit, d. h. an seiner heuristischen wie auch pragmatischen Tauglichkeit. In diesem Sinne lässt sich das Wahre sehr wohl als *Ressource* auffassen. Statt auf einer Wahrheit zu beruhen, die allen Vorgängern widerspricht, sind die großen Philosophien, selbst wenn sie mit diesem Widerspruch arbeiten mussten und nur so das Licht der Welt erblickten, doch eher umfassende Operationen oder Ressourcen des Denkens – und sogar umso großartiger, ja heroischer, als sie eine bestimmte »mögliche« Konzeption der Dinge festigen, die andere davon überzeugt, ihr anzuhängen, und als sie dabei zugleich Werkzeuge schmieden, die bereits wieder Ansätze bieten, um von ihnen abzuweichen (was die Größe Kants in dieser Hinsicht ausmacht).

— 5 —

Wir sollten jedoch nicht vergessen, was dieses Reich des Wahren in der europäischen Philosophie, diese hegemoniale »Suche« nach Wahrheit, an Folgen, an mit seinem Gewinn verbundenen Kosten, mit sich brachte. Die Philosophie hat dadurch, dass sie ihre Konsistenz in Bezug auf die Erkenntnis erlangte, indem sie die Wahrheit »stur verfolgte«, zugleich das vernachlässigt, was ich unterwegs auf meinem Weg und in Opposition dazu, *Leben* [*vivre*] zu nennen begonnen habe – oder was ich gezwungen war, fallen zu lassen. »So denke ich einmal, dann lebe ich wieder«, sagte noch Valéry, der beides trennte. Schon Sokrates gab, als Erster, die Antwort, dass die Weisheit »das Wissen« ist (oder »dass dies einerlei ist, Wissen und Weisheit«[193], wobei *sophia* (σοφία) von nun an der *episteme* (ἐπιστήμη) gleichgesetzt wird, was der Philosophie eine Richtung gab, von der sie später nicht mehr abwich. Sie kümmert sich um die Frage von Leben nur in zweiter Linie, als einer Folge und auf dem Weg der »Moral«, oder aber sie verschiebt sie auf das Religiöse, sei es, weil es der einzige Ort ist, um ihre Last loszuwerden, sei es, indem sie sich selbst einen religiösen Anschein gibt, um sie aufzugreifen (man findet beides bei Platon). Mit dem Erschlaffen des Religiösen im gegenwärtigen Europa konnte die Frage von *Leben*, da sie diese Unterstützung verlor, nur in die Inkonsistenz dessen versinken, was man heute »Persönlichkeitsentwicklung« nennt, oder in das, was ich den Glücksmarkt bezeichne. Ich sage, es ist ein »Markt«, denn hier geht es darum, Ermahnungen wie »sei glücklich« (»sei positiv«), bei gleichzeitigem naiven Vergessen alles Negativen – was ich *neg-aktiv* nennen würde –, zu verkaufen, und um seine Macht, dies auch noch zu propagieren. All jenen, die keinen Halt mehr haben, preist man ganz einfach das »Loslassen« an (in der Art von: »Seien Sie *zen*«). Was die Philosophie anlangt, so muss sie die Bedingungen von *Leben* bedenken, dabei aber auf begrifflicher Ebene bleiben: Sie bildet Modelle und stellt Ideale auf, doch »predigt« sie nicht.

Ein *Ressource-Denken* zu entwickeln, erlaubt nun, die Frage von *Leben* der Albernheit dieser Pseudo-Philosophie zu entziehen – albern nenne ich sie, weil sie nicht imstande ist, Fragen und Begriffe auszuarbeiten, ohne sie dem Religiösen auszuliefern (in der Art von: »Was darf ich zu Recht erhoffen?«). *Ressource* ergibt Sinn sowohl von dem Standpunkt des Lebens aus als auch von dem des Denkmöglichen, inklusive jenem der Wahrheit. Genauer: Sie bringt beide, gewöhnlich in sterilem Abstand auseinandergehalten, endlich in Übereinstimmung und versöhnt sie miteinander. »Ressource« bedeutet dann, dass *Leben* zu seiner Fähigkeit *des Aufschwungs* zurückfindet, und zwar nicht in irgendeinem Anderswo oder Jenseits, das davon ablenkt oder darüber hinausragt, sondern in dem, was sich darin von selbst als eine *Möglichkeit* entfaltet, die man erkunden, für sich erschließen oder aber nicht beachten und verfehlen kann. Dies geschieht etwa durch die Öffnung zu einem Anderen, den man von anonymen anderen herauslöst (so wie man im »Intimen« die unendliche Suche nach ihm fortsetzen kann), oder auch, wenn man diesen oder jenen Ort, dem man begegnet, durch seine in Spannung versetzten Polaritäten zu einem Ganzen von Welt entfaltet, wenn ein Land zur »Landschaft« wird. Es geht also darum, jedes Mal eine verborgene *Unendlichkeit*, eine unerschöpfliche *interne* Unendlichkeit zu entdecken: Eine *Ressource* kann, resümierend gesagt, als *ein lokales Erfassen von Immanenz* verstanden werden, und durch solche Ressourcen löst »Leben« [*vivre*] sich von einem Stillstand des »Lebens« [*vie*], es wird gefördert und *intensiv*.

Aufgrund dieser Tatsache privilegiert »Ressource« keinen Bereich und ist für keine Qualität voreingenommen. Indem sich diese Ressourcen vom *Stillstand* dessen lösen, was auf einem »An-sich« beruht oder ganz banal (steril) mit »sich« zusammenfällt (gleich, ob man das nun ontologisch als »Wesen« oder als »Eigenschaft« versteht), lassen sie sich als Durchbrüche, besser noch als sich selbst öffnende *Dehiszenzen* beschreiben – aus dem Unterhalb der Oberfläche oder dem enttäuschend Glatten des dahinplätschernden »Lebens« sowie der trübseligen Gedanken –, die ihre Fruchtbarkeit dem anvertrauen, der den Spalt, aus dem der *Aufschwung* hervorbrechen kann, zu entdecken vermag. Ich könnte die Ressourcen auch als bodenlose Taschen oder Aushöhlungen beschreiben, in denen sich unerschöpflich Leben oder Denken ansammelt, das endlich, plötzlich, diese unergründliche »Bodenlosigkeit« wahrnehmen lässt, statt dass ein langsam verblutendes Leben so dahinverläuft oder ängstliches Denken in Langeweile verharrt. Tatsächlich kann die eine Aktivität aus der anderen schöpfen: Sie offenbaren sich als Ressourcen des »Nichtverschiebens« wie des »Aufschiebens«. Dabei sind beide Ressourcen dem angemessen, der es wagt, Nutzen aus der einen oder anderen Möglichkeit zu ziehen. Anders gesagt: Wenn die Ressource sich auch weder einem besonderen Bereich unterstellen noch nach einem besonderen Kriterium bemessen lässt, so entspringt sie doch ein und derselben Forderung oder Ethik, der einzigen, nämlich jener, *nicht daran vorbeizugehen*, oder positiv formuliert, es zu wagen, sich einen *Zugang* zu verschaffen.

Man darf die Ressource des *Intimen* nicht verpassen (verfehlen): Wenn ich nochmals auf das »Intime« zurückkomme, wenn diese Thematik unaufhörlich in diesen Seiten herumschweift und ich mich nicht von dem, was es an unerschöpflichem Aufschwung beinhaltet, trennen kann, so liegt das daran, dass das Intime eine ganz exemplarische Ressource darstellt – und ist sie nicht, was Leben anlangt, die entscheidende? Man muss es eines Tages wagen, die Grenze zu durchbrechen, hinter der sich das mit sich selbst übereinstimmende »Selbst« verkrochen hat, in das, was seine »Privatsphäre« oder seinen sogenannten »Eigenbereich« ausmacht; es wagen, diese Mauer niederzureißen, die aus Habitus und Konvention, aus Bedachtsamkeit und Vorkehrung, aus Scham und Abschirmung besteht, hinter die sich gewöhnlich jeder zurückzieht und die man für sich vorbehält. Da wird dann implizit ein Pakt zwischen dem Einen und dem Anderen geschlossen, der ein neues *Mögliches* offenlegt, eines, das man sich noch nie vorgestellt hat: Die »Qualität« des Einen oder des Anderen von beiden, welche die Liebe so bereitwillig zelebriert, wird dann weniger wichtig als die Fähigkeit, die sich *zu zweit* findet, »Intimes« zwischen einander zu riskieren. Die Ressource des Intimen entdeckt man erst, wenn die begonnene Beziehung das vergleichende Kräftespiel mit dem Anderen hinter sich lässt, wenn man auf jegliches absichtsvolle Handeln ihm gegenüber verzichtet. Das Intime beglückt das Subjekt mit dem, was sich an diesem in seiner Position als Subjekt loslöst. Wenn die Liebe durch ihre Leidenschaft auch intensiv sein mag, so ist sie trotzdem keine Ressource, denn sie reduziert den Anderen von vornherein auf ein »Objekt« (der Wahl und des Engagements: »Ich liebe dich«), und zwar zu einem idealen. Dabei wird man je nachdem, wie groß dieses Engagement ist, wie exklusiv es ist, mehr oder weniger »verliebt« sein, aber diese Intensität der Liebe verlässt nicht die vom Selbst umrissene Sphäre und versiegt daher wegen seiner Begrenzung. Das Intime dagegen ist eine Ressource, weil es – indem es den »Anderen« »im Tiefsten seiner selbst« (*intimus*) erfahrbar macht (erfahren lässt), ja sogar »noch inniger« als einen selbst (*interior intimo meo*), und in der Folge dieses ungeteilte *Zwischen* der Beziehung aktiviert – aus dem bodenlosen Fundus dessen schöpft, was Isolation durchbricht und verbindet: jenes, in dem *Leben* sich seiner Einzäunung entledigen und sich erfinden kann, wobei es sich in dem entdeckt, was nicht mehr der Komfort eines »Selbst«, auch nicht die Übertragung in irgendein »Jenseits«, sondern das Unendliche des *Miteinanders* (mit einem »Du«), des *Bei*-Seins ist.

Auch wenn ich des Gedankens von Landschaft nicht überdrüssig werde, wenn ich dazu geführt wurde, immer wieder mir anzuschauen, was sich dort an Aufschwung hervortut, wobei ich mit der Auffassung breche, Landschaft sei nur die Ausbreitung von »Land«, ja wenn ich sogar dazu gebracht wurde, der Sprache ein wenig Gewalt anzutun, indem ich dieses »Von« zu verwenden wagte,[194] da eben dieses »Von« von einer Ressource spricht. Was kann denn dieses »Von« noch mehr bedeuten als die Art und Weise oder das Mittel, das über sie hinausgehend auf Ursprünglicheres hinweist? Man lebt »von« – nur von Luft und Liebe, so sagt man, aber ebenso von der Arbeit oder von der Hoffnung: Dieses »Von« der Ressource besagt sowohl Konkretes als auch Abstraktes, gehört sowohl zum Bereich des Denkens als auch zu dem der Physik. Es besagt im Fall von Landschaft, dass von ihrer physischen Materialität eine »geistige« Dimension ausströmt, ohne diese physische Materialität zu verlassen und vergessen zu machen oder, wie das die Philosophie nur allzu leichtfertig verkündet, diese zu »übersteigen«. Vielmehr baut es den Gegensatz zwischen beiden ab, und genau dadurch lässt es die »Ressource« tatsächlich zum Vorschein kommen. *Ressource* ist ein Konzept der *Aufhebung von Ausschließung* [*désexclusion*], vielleicht das geeignetste, um von den Gegensätzen der Ontologie loszukommen, ohne deren Vorteile zu verlieren. Das der Ressource Eigentümliche ist in der Tat, dass sie die Dualismen auflöst und zugleich von den Konflikten, die sie angerichtet haben, lernt – genauso wie sie die Frage der *Wahrheit* integriert, dies aber, ohne sie weiter gegen das *Leben* gerichtet aufzustellen. Die *Ressource* ist sowohl eine Ressource von Leben als auch eine von Denken, sie trennt diese nicht mehr. So wird man auch von dieser Ressource der Ressource neu anfangen können, sich auf sie stützen, um sowohl zu leben als auch zu denken.

Subjekt/Situation

VON EINER GABELUNG IM DENKEN
Anmerkung zum Seminar 2013–2014

– 1 –

Wenn es, um anzufangen, einen legitimen Ausgangspunkt gibt; wenn es eine Aussage gibt, die, sich ausreichend auf sich selbst zurückbeziehend, eine definitive Grundlage für das Denken auftauchen lässt; einen, der, weil er schließlich weder etwas Vorausliegendes noch eine Rechtfertigung verlangt, einzig durch seine Gewissheit als unbestrittene Grundlage und Stütze für alle möglichen Aussagen dienen kann; der einen festen, unbestreitbaren Fixpunkt konstituiert, da er direkt aus seinem Gegenteil hervorgeholt wurde, jenem eines Zweifels, der so weit vorangetrieben wurde, wie man es vernünftigerweise oder gar unvernünftigerweise wollen kann – dann wird es sicherlich das »Ich denke, ich bin« von Descartes sein, und das auf einzigartige Weise: In der Tatsache, dass ich zweifle, finde ich impliziert, dass ich denke; in der Tatsache, dass ich denke, finde ich impliziert, dass ich bin – der Rest folgt daraus. Das Denken geht nicht mehr von den »Dingen« oder der »Welt« oder von »Gott« aus, sondern nimmt sich selbst, da nur von sich selbst abhängig, als absoluten Ausgangspunkt der Existenz. Mit dem *cogito* hat die Philosophie definitiv den Boden oder, noch deutlich herausragender, den Sockel gefunden, auf dem sie ein Subjekt errichten kann: *ego*. Von diesem als alles beginnenden Anfang gesetzten »Ich denke« wird man in weiterer Folge nicht mehr aufhören, auszugehen. Dieses »Ich denke« wird, in operativer Hinsicht, zum Akt der reinen, einheitlichen, ursprünglichen »Apperzeption«, die alle meine Vorstellungen begleitet und sie untereinander verbindet, woraus das Selbstbewusstsein und die Möglichkeit der Erkenntnis hervorgeht (Kant); wie es auch, da es die Möglichkeit einer Geschichte eröffnet, das ist, von dem ausgehend dieses Selbstbewusstsein sich durch die, von seiner Negation hervorgerufene, interne Bewegung von der Substanz zum Subjekt erheben kann und zum Werden gelangt (Hegel).

Wenn man das einmal, dem markierten Weg der Philosophie folgend, wiederholt hat, wundert man sich. Was haben wir dabei verpasst? Man wundert sich ebenso sehr darüber, dass man dem *cogito* eine absolute Legitimität zuerkannt hat, wie darüber, dass man daraus einen großen Anfang gemacht hat. Descartes sei der *»wahrhafte Anfänger«, sagt Hegel.[195] Man wundert sich zunächst, wie sehr dieses cartesianische *cogito*, während es sich in legitimer Weise aus dem Inneren seiner Sprache und seines Denkens heraus als eine universelle Evidenz entdeckt, zugleich selbst den Abstand zu einem ihm äußerlichen Sprechen-Denken, wie es das Chinesische ist, herstellt und sich ihm gegenüber als äußerst eigenartig und zu ihm in Widerspruch stehend erweist. Was ist, wenn ich auf Chinesisch nicht »ich bin« (im absoluten Sinn der Existenz) sagen kann? Wenn ich im Chinesischen kein reines »Denken« semantisch isoliert habe (wenigstens nicht, bevor es die Verwestlichung eingeführt hat)? Noch heute kann man feststellen, dass der Anfang der *Meditationen* in China ungelesen bleibt, vielleicht sogar insgesamt unlesbar bleibt, jedenfalls kaum interessiert. Zugleich jedoch sieht man von China aus besser, dass das cartesianische *cogito*, so wie es sich präsentiert, weit davon entfernt, ein radikaler Neubeginn zu sein, ein neuer Szenenauftakt auf der Bühne des Geistes, jener, von dem die moderne Philosophie ihren Ausgang genommen hat, viel eher die Vollendung eines langen Entwicklungswegs »des Westens« ist, dessen Erbe sich nicht auf einige, nicht getilgte Reste der Scholastik beschränkt: Wie sehr war es doch in seinen Bedingungen der Möglichkeit von ihm abhängig und diente ihm tatsächlich als großes Relais. Von der Ferne gesehen ist es nur ein glorreicher Gipfelpunkt jener von den Griechen eingeschlagenen und seither von der europäischen Philosophie entwickelten Weggabelung.

Tatsächlich bleibt in der Faltung des *cogito* nicht nur die gemeinsame Herkunft [*co-originarité*] des Anderen und des Selbst unbeachtet, jene, die die zeitgenössische Philosophie inzwischen lautstark reklamiert hat und ohne die dem Anderen nur im Nachhinein, in sekundärer Weise, ein Platz in der Welt und ihren Spielen wechselseitiger Abhängigkeit eingeräumt werden kann; auch ein Bewusstsein/Gewissen[196] kann ihm nur durch Schlussfolgerung zugeschrieben werden. Ohne diese gemeinsame Herkunft kann daher der andere nicht als »Anderer« anerkannt werden. Auch das cartesianische *cogito* symbolisiert von Anfang an das, worüber man sich nie Gedanken gemacht hat, nämlich eine Evakuierung von etwas, das ich nicht einmal benennen kann, von etwas, dem ich mich in unserer Sprache nur ansatzweise nähern kann, indem ich es »Situation« nenne – ein Terminus des Aufbruchs, einer ersten Annäherung, den es zu öffnen, zu korrigieren gilt, den man aus seinen Angeln heben und seiner Parteilichkeit entledigen, zu fördern und auszubreiten versuchen müsste. Besteht aber nicht, wenigstens anfänglich, eine theoretische Unvereinbarkeit zwischen den beiden? Dergestalt, dass Subjekt/Situation sich als grundsätzlichere Alternative konstituieren, deren begriffliche Abstände, die ich in weiterer Folge aufzeigen werde, in dieser oder jener Weise ein Baumdiagramm darstellen; dieses wird als Leitfaden, diesmal als historischer, dienen, an dem das vorangegangene Netz aufgehängt ist.

— 2 —

Auf das cartesianische *cogito* zurückkommend, hat uns bereits Nietzsche vor dem Missbrauch gewarnt, ein als Ursprung und Prinzip gesetztes »Ich denke« aus dem zu folgern, wovon ich nur die faktische Erfahrung habe: von der Feststellung einer Wahrnehmung, »dass ›ich‹ es bin«, dem »ein Gedanke kommt«.[197] Er hat uns vor der Illusion gewarnt, die darin besteht, dieses reine **Alles was geschieht* für ein *»Thun« zu halten, d. h. diese Tatsache als eine »Thätigkeit« zu interpretieren, des Weiteren diese Tätigkeit als »Wirkung« einer »Ursache« zu denken und ihr den Status eines »Schöpfers« zu verleihen, ja diesen sogar mit einer Intentionalität zu versehen, woraus ein Schöpfergott hervorgeht. Das heißt, diese bloße Tatsache, dass mir ein Gedanke kommt, so wie er kommt, auftauchend-verschwindend, sich hervorhebend und verknüpfend, für einige Zeit und zufällig, in ein stabiles, isolierbares, definitives »Ich denke« zu verwandeln, ist ebenso grandios wie übertrieben und überflüssig, und naiv. Diese atavistische Geste, die darin besteht, hinter dem rein Phänomenalen unmerklich ein Wesen einzuführen, hinter dem Verbalen ein für sich bestehendes, also substanzialisiertes Substantiv zu setzen, das, vermeintlich darunter-liegend und zum Sub-jekt erhoben, »Denken« als ein »*Ich* denke« ausgibt, ist nun – und Nietzsche zielt genau darauf ab – eben jene der Metaphysik. Darin erahnt der Philologe Nietzsche aus dem Inneren des europäischen Sprechen-Denkens selbst in genialer Weise die Konsequenz seiner Grammatik, die am Werk ist, ohne dass jene, die sie anwenden, davon wissen: Eine derartige Beförderung des Subjekts hat ihren Ursprung in der prädikativen Struktur unserer Sprachen, die zu einer Verdoppelung führt, und zwar zunächst zur strukturellen Verdoppelung von Subjekt und Attribut nach dem Vorbild von Ursache und Wirkung – ein derartiges »Subjekt« sei nur das Produkt unserer Syntax. Eine derartige, nun nicht genau zu bestimmende Wirkungsweise, wie er sie vermutet, die sich aktualisiert, aber trotzdem nicht als »Tätigkeit« durchgeführt wird, die sich aufteilen, gliedern und zuordnen lässt, in der sich also das »Subjekt« situationsbezogen auflöst, wird uns zugleich dem chinesischen Sprechen-Denken und der Schwierigkeit, auf die man trifft, wenn man es in eine europäische Sprache übersetzt, näherbringen. War aber ein solcher Geistesblitz nicht selbst dazu verdammt, im Schoß des europäischen Denkens isoliert zu bleiben, da man, ihm folgend, doch von seiner eigenen Sprache abrücken müsste?

Da es in Sprache, in seiner eigenen Sprache denkt, hat das moderne und zeitgenössische Denken in Europa noch immer keine größeren Vorbehalte, vom cartesianischen »Ich denke« auszugehen, das ein primäres Subjekt zugrunde legt. Es empfindet auch immer noch keine Besorgnis, auf das zurückzugreifen, was es als die Radikalität des Anfangs des *cogito* annimmt, zögert auch nicht, auf **absolute Einsichten* zurückzukommen, »Einsichten, hinter die nicht zurückgegangen werden kann«, dadurch eine vorprädikative »Evidenz« festzusetzen, wo das Subjekt sich selbst unmittelbar als reines, transzendentales *ego* begreift, wobei es sich in einer vollkommenen, immanenten Gegenwart seiner selbst und insofern als einzig mögliche Grundlage der Wissenschaft erfasst[198]. Selbst wenn das Denken schließlich von einer Situation ausgeht – einer »›offenen‹ Situation«, sagt Merleau-Ponty –, die immer schon gegeben ist und die, um sich nicht in den Solipsismus Descartes' einsperren zu lassen, die Zugehörigkeit des Subjekts zu seiner Welt eingesteht, so zögert es trotzdem nicht weniger, vom »Realismus« der Dinge zum »Denken« der Dinge oder von der Transzendenz des einen zur Autonomie des anderen zurückzugehen, denn die Affirmation ihrer Existenz »wird stets nur von meinem Denken aus gesetzt«; es geht also von einem Bewusstsein des in seiner Welt einbezogenen Subjekts zu einem Bewusstsein zurück, das es von seiner eigenen Existenz hat, »nicht durch Feststellung oder Schlussfolgerung«, sondern durch einen »direkten Kontakt mit ihm selbst« (d. i. das *cogito* in der *Phänomenologie der Wahrnehmung*[199]). Wie Sartre das in einigen pointierten Formulierungen zusammenfassend sagen wird: Es gibt keinerlei Wahrheit, wenn am Anfang nicht eine absolute Wahrheit steht, die mir einzig das *cogito* gibt, das es mir erlaubt, mich selbst ohne Vermittlung zu erfassen, da das Bewusstsein auf sich selbst trifft, zugleich aber nun auch den Anderen erreicht.[200]

Selbst wenn sie nicht mehr wagt, die Erfahrung des *cogito* für einen Fels »ewiger« Wahrheit zu halten, wie Husserl das getan hat, so macht die zeitgenössische Philosophie weiterhin aus dem »Ich denke« eine »Evidenz«, die ein erstes Subjekt einführt – und nun ist es dieses »Erste«, das zählt. »Erstes« zu sein bedeutet, dass selbst wenn das Subjekt anerkennt, dass es in einer Welt »angesiedelt«, also ursprünglich darin miteinbegriffen ist, es sich doch an den Anfang seines Denkens setzt und für dieses seine Initiative bekräftigt: Es ist im Wesentlichen diese Fähigkeit, anzufangen, ein *initium*, ein absoluter Anfangspunkt für das Bewusstsein zu sein, noch bevor seine Autonomie behauptet wird, die nunmehr leicht abzustreiten ist. Auf das *cogito* zurückzugehen, hieße zugleich, auf diese mögliche Ausnahmeposition zurückzugreifen, die aller getroffenen Bestimmung vorausliegt, auf die einzige tatsächlich ursprüngliche in einem den Gegensätzen jenseitigen Gemeinsamen. Im Rahmen seiner Polemik mit Foucault gesteht Derrida dem *cogito* eine Wahrheit zu,[201] und zwar noch vor der Disjunktion von Vernunft und Unvernunft, die noch gilt, »selbst wenn ich verrückt bin«: Diese Wahrheit wird in ihrem Rückzug erreicht, vor dem Zurückfallen in das Sagen und Räsonnement, sie ist der Punkt – die »Spitze« – der unangreifbaren Gewissheit, die sich von aller Totalisierung des Denkbaren ausnimmt, indem es diese übersteigt und folglich jeglicher Einkapselung in eine bestimmte historische Struktur entgeht. Selbst wenn dieser erste Gedanke für unbewusst gehalten wird, selbst wenn das Subjekt, wie wir nun wissen, nur im Bereich des Unbewussten »bei sich« ist, so ist die Freud'sche Vorgehensweise nicht weniger cartesianisch, da sie auf eine derartige Begründung des Subjekts der Gewissheit zurückgeht; dieses Subjekt, wird auch Lacan sagen, wäre das des Signifikanten, insofern es aus dem Zweifel selbst, aus seiner »Stütze«, immer noch ein »Ich bin« bezieht – diesmal aus einem »Es denkt«, das nicht mehr »Ich« ist.[202]

— 3 —

Es hätte tatsächlich keinen Sinn, diese Positionen hastig abzustecken, wenn man nicht erkennen müsste, wie sich das *cogito* unermüdlich darin einwurzelt, wenn man in ihnen nicht ebenso viele Wurzelschösslinge von ihm sehen könnte, oder anders gesagt: in seinem »Offensichtlichen« [*évidence*] eine Anhängerschaft [*adhérence*]. Dies gilt, was auch immer der pedantische Prozess sein möge, dem dieses *cogito* in weiterer Folge unterzogen wird, welche Sorgfalt auch immer man darauf verwendet, damit das eigene Denken, indem es sich essenzialisieren lässt, nicht wieder dorthin zurückfällt, oder welche Schläge, je nach verfügbarer Munition, man dann versetzt, um noch besser die Berufung dieser Statur-Positur des Subjekts zu definieren. Die Unmöglichkeit, wenn es eine solche überhaupt gibt, wäre demnach nicht so sehr, »anders zu denken« (entsprechend dem bis zum Überdruss wiederholten Wunsch der Philosophen in Europa), wobei dieses »Denken« bereits resultativ ist, als vielmehr, würde ich sagen, *es anders anzustellen*. Wie anders also kann man im Denken *beginnen*? Wie aus dieser *Faltung* des *cogito* und dem, was es in seinem »Ich denke« zugleich ungedacht belässt, herauskommen? Oder man könnte vielleicht ganz einfach gar nicht »anfangen«, gar nicht damit anfangen, sich zu fragen, wie anzufangen sei, aus dem Anfangen keine Fragestellung machen oder im Anfang kein Absolutes suchen. Nun hat, so stellen wir fest, das chinesische Sprechen-Denken das *cogito* niemals gedacht oder imaginiert, hat nicht nach der Möglichkeit eines Anfangens gefragt, nicht einen Anfang ohne Vorangehendes gedacht. Es hat nicht damit angefangen, das »Denken« als eine reine Aktivität von unserem Leben zu abstrahieren, ebenso wenig, diesen Punkt der Emanzipation eines »Subjekts« von der Welt abzutrennen und abzuziehen. So führt es uns auch nicht auf das *cogito* selbst zurück, sondern zu dem, was dem *cogito* vorausliegt, dem Vorausliegenden vorausgeht, dem Anfang vorausliegt: Es führt dazu, uns zu fragen, welcher Abzweigung es entsprungen ist, worauf sein Aufschwung beruht, dessen Einflusskraft in der Folge dermaßen ist, dass man, in dem Augenblick, wo sie sich bemerkbar macht, sich ihr nicht mehr entziehen kann. Dies führt auch dazu, dass von nun an, aus einer derartigen Sicht von außen, eine »Archäologie des Subjekts« nicht mehr genau in derselben Weise in Betracht gezogen werden kann, wie das bisher der Fall war, entsprechend der vom Anfang seiner Ära und vom Inneren seiner Geschichte ausgehenden Perspektive: Seine ebenso kulturellen wie theoretischen Bedingungen der Möglichkeit sind durch den Abstand zu dem zu reflektieren, was man in dieser Hinsicht *seine Bedingungen der Unmöglichkeit* auf chinesischer Seite nennen könnte.

Man könnte jedoch glauben, dass die Griechen und Chinesen am Anfang dasselbe denken: dass man in das Denken der Welt und ihrer Veränderungen nur von ihren Gegensätzen ausgehend eintreten kann – also mit dem Warmen und dem Kalten, dem Hohen und dem Niedrigen. Ist man nicht hier im Elementaren? Aristoteles sieht darin einen gemeinsamen Nenner mit dem Denken vor ihm, und man würde die Chinesen gerne daran teilhaben lassen, wenn die Abzweigung nicht bereits vorher begonnen hätte. Denn in China sind diese Gegensätze Faktoren und Vektoren von Atem-Energie (von *qi* 气), die eine Polarität bilden (das berühmte *yin* und *yang*) und sich in ihrer bloßen Interaktion genügen, woraus durch Korrelation der Verlauf der Dinge erwächst, während bei Aristoteles diese Gegensätze Modifikationen des »Seins« im Sinne von Zuständen oder extremen Endpunkten darstellen, in deren Dazwischen die Veränderung vor sich geht. Das bringt Aristoteles dazu, zusätzlich zu diesen Gegensätzen einen »dritten Terminus« einzuführen, der das bezeichnet, was der Veränderung »unter-liegt«, ihr zugrunde-liegt, also von einem Zustand in einen anderen übergeht, nämlich das »Subjekt« (*hypokeimenon* ὑποκείμενον). Dieses »Sub-jekt«, Sub-strat, das die Veränderung Unter-stützende, ist das, was »unter ihr verbleibt« (*hypo-menōn* ὑπὸ-μένων) und sich nicht verändert.[203] Dies ist der Nullpunkt des europäischen Subjekts, könnte man sagen, da auf die Physik beschränkt, noch ohne den geringsten Verdacht auf Subjektivität. Dessen Schicksal ist aber bereits besiegelt, denn es erweist sich, aus der Sicht des *logos*, also auf »logischer« Ebene, dem Subjekt des Satzes homolog – oder ist es nicht vielmehr dieses, das dazu führt, das andere anzunehmen? Das Subjekt ist das, von dem alles Übrige als Prädikat ausgesagt wird, das aber selbst nicht als etwas anderes behauptet wird, nicht Prädikat eines anderen Subjekts ist.[204] Nun hat die chinesische Sprache, die nicht konjugiert, es auch nicht nötig gehabt, ein derartiges syntaktisches Subjekt herauszustellen und einzufassen.

Man könnte auch anführen, dass das chinesische und das stoische Denken in vielen Punkten übereinstimmen: in der Verabsolutierung der Rolle des Weisen, im Verantwortungsbewusstsein für gesellschaftliche Pflichten oder in dem Aufruf, sich der Weltordnung entsprechend anzupassen, und, was der Frage des Subjekts noch näher kommt, in der von beiden Seiten eingeführten moralischen Unterscheidung zwischen dem, was von einem selbst abhängt und wofür man verantwortlich ist, und dem, was nicht davon abhängt. Gewiss schlägt der Stoizismus eine Brücke zum chinesischen Denken, wenn er – vom Denken des Seins abweichend – predigt, man solle sich ganz der jeweiligen Gelegenheit hingeben, die sich als solche von selbst ergibt, der *physis*, d. h. sich eine Transzendenz gestattet, die nur eine Summierung der Immanenz ist – die erste vielleicht. Jedenfalls haben sich die Missionare in China, als sie mit der Bekehrung zum Evangelium gescheitert waren, strategisch auf diese stoischen Positionen zurückgezogen. Der Stoizismus entfernt sich allerdings vom chinesischen Denken genau dort, wo er eine völlige Außenständigkeit der Dinge im Hinblick auf ein »Selbst« festlegt, das sich vor diesen verbarrikadiert hat: »Die Dinge berühren die Seele nicht« (*ouk haptetai tes psyches*)[205], nicht etwa, weil sie nicht die Ursache unserer Vorstellungen wären, sondern weil sie »keinen Zugang« zu dem höheren Teil der Seele haben, zu ihrem dirigierenden Teil (*to hegemonikon*), der in seinem »inneren Diskurs« dazu fähig ist, sich jeder Annahme (der *hypolepsis* ὑπολήψις) zu entziehen, sich also davon zu befreien; der sich somit, weil er sich »zu beschränken« und selbst abzugrenzen versteht, als eine uneinnehmbare »Akropole« konstituiert, als einbruchsicherer Verschlag, dem nichts auf der Welt etwas anhaben kann. Wenn man nun von diesem Außen, wie das chinesische Denken eines ist, diese Instanz, wie sie diese Insel der persönlichen Freiheit inmitten der Zusammenhänge, die die Welt bilden, betrachtet, so wird eine derartige Einforderung von Autonomie nicht mehr als integrierender und notwendiger Bestandteil von Moral angesehen werden. Man findet in China ein überaus moralisches Denken vor, das sich aber damit nicht lange beschäftigt; sie erscheint hingegen wieder, und das ist ein einschneidender Moment, selbst wenn sie sich nicht namentlich zu erkennen gibt, im Zusammenhang mit unserer Produktion und Beförderung des Subjekts.

Was in der Tat eine derartige *Sicht von außen* [*exoptique*] – wie man sie, den »Westen« von China aus erneut betrachtend, einführen kann, sei es nun bei Aristoteles oder bei den Stoikern –, hervorheben wird, ist, dass das Subjekt *sich* dadurch *herausbildet*, dass es *sich* (von seiner Situation) *loslöst*: Das *Situative* ist dasjenige, von dessen Hintergrund es sich abhebt, inklusive dessen in seiner eigenen Person, von dem ausgehend es sich errichtet, indem es sich von ihm befreit. Im Gegensatz zu den Sophisten, für die, nach Aussage von Aristoteles, nichts darüber hinaus existiert als das, was sich »zufällig« (*to symbebekos*) ereignet, und die, da sie sich an das rein Phänomenale halten, der Unterscheidung von Subjekt und Attribut keinerlei Beachtung schenken, fordert Aristoteles einen besonderen Status für das Subjekt, insofern es sich wesentlich von dem unterscheidet, was ihm eben als situationsbezogen oder »akzidentiell« attribuiert wird. Sokrates reduziert sich nicht auf – identifiziert sich nicht mit – den »sitzenden Sokrates«[206]. Sonst würde Kleinias belehren heißen, ihn zu töten, denn den unwissenden Kleinias zu eliminieren hieße auch, Kleinias abzuschaffen. Man kommt daher nicht umhin, ein diesem Situativen zugrunde liegendes Subjekt anzunehmen, das aus der Veränderung alles ihm Zustoßenden besteht, die ihm in der Aussage prädikativ zugeschrieben wird. Unter-liegend, aber als solches kategorial unabhängig: Indem es sich vollständig von diesem, es affizierenden Situativen abgrenzt, bestätigt es sich in dieser wie in jener Hinsicht, in logischer und zugleich physischer, in seinem Status als ontologisch getrennt, als Kern des »Seins« oder als »Wesen«, als *ousia*.

Man könnte auch diese konzentrischen Kreise legen, wie sie von den Stoikern beschrieben werden und die den einzig zu bewahrenden, hegemonialen Teil der Seele umgeben[207]: Der am weitesten außen liegende Kreis ist jener, den andere zeichnen; dann kommt jener des Vergangenen und der Zukunft, der die Gegenwart umkränzt; sodann jener der unwillkürlichen Emotionen; schließlich, ganz nahe, jener der umherwirbelnden Flut der Ereignisse, die das Schicksal bilden. Aus diesem gesamten situativen Gewebe isoliert sich nun das Prinzip oder das »seelische Leitvermögen«, das sich ganz auf sich selbst zurückzieht und, wie die Sphäre des Empedokles, so poliert und glatt ist, dass nichts Äußerliches an ihm hängen zu bleiben vermag. Ich ziehe mich systematisch aus dem Situationsbezogenen zurück, um in mir meine Initiative zu entdecken, um das, in welcher Situation auch immer, zu bekräftigen und unter Beweis zu stellen, was sich in ihr als meine Autonomie erweist. Weit davon entfernt, dass es sich hier bloß um eine banale Loslösung von der Welt handelt, die als ein wenig korrumpierend angesehen wird, ist man doch bereit, an ihr teilzunehmen, in ihr genauestens seine Pflichten zu erfüllen, zielt eine derartige Zurückgezogenheit vielmehr darauf ab, zu dem zu gelangen, was »einzig« in »selbstbestimmter Weise dein« (*monon kuriōs son*) ist. Wenn hier das Subjekt auch noch nicht explizit seinen Begriff gefunden hat, so musste es zunächst doch auf diese Weise von allem, was es nicht selbst ist, geleert werden und außerdem dieser periphere Graben, der es einsäumt, angelegt werden, damit schlussendlich seine Möglichkeit in voller Größe zur Erscheinung kommt.

—4—

Auch das, was Augustinus für den Aufstieg des Subjekts zu einem entscheidenden Moment macht, hängt nicht so sehr von der Tatsache ab, dass er der Erste war, der das *cogito* formulierte. Wenn jemand »zweifelt, so lebt er« (*si dubitat, vivit*); er kann an allem anderen zweifeln, aber nicht an der Aktivität seines Geistes.[208] Oder auch: »Wenn ich mich irre, so weil ich bin«; ich bin mir aufgrund dieser Tatsache völlig »gewiss«, dass ich »bin«.[209] Bewiesen wird, wenn es dessen überhaupt noch bedurfte, dass selbst dieser großartige cartesianische Anfang kein Anfang ist oder dass es keinen ersten Anfang im Denken gibt. Viel wichtiger, entscheidend, bereits cartesianischer als dieses einzige Argument, ist, dass unter dem unproblematischen Deckmantel der Askese, der Ermahnung, sich vor dem Sinnlichen retten zu müssen, der »Geist« (*mens*) auf der Suche nach sich selbst sich findet. Das, was vor allem zum Vorboten und richtungsweisend für den Aufstieg des

Subjekts wird, ist, dass Augustinus den Geist dazu aufruft, allein »sich zu denken« (*se cogitare*) und sich in seinem Denken zu isolieren; in weiterer Folge, dass sich der Geist selbst als »gewiss« erkennt, indem er allein in seiner Aktivität seine Gewissheit findet und beweist; dass er, weil er sich von dem unterscheidet, von dem er weiß, es nicht selbst zu sein, sich als unmittelbar für sich gegenwärtig erfährt – das Bett des Subjekts ist damit bereits gemacht.

Nun steht hinter dieser Gewissheit, die man von sich selbst hat, was ganz offensichtlich den Aufstieg des Subjekts kräftig gefördert hat, das Neuartige seiner Beziehung zu Gott – China markiert das deutlich genug, indem es daran vorbeigeht. Ein Subjekt – ein *Ich* – hat seine Grundlage in Europa darin gefunden, dass es »Du« sagen konnte: »Groß bist du, Herr …« (*Magnus es, domine*), lauten die ersten Worte der *Bekenntnisse.*[210] Aus dem, was er angesichts dieses allmächtigen Du errichtet, taucht es als ständiges »Ich« eines Dialogs auf. Aus diesem Dispositiv entwickelt sich ein Vis-à-vis, das sofort alles Situative vom Tisch wischt und davon nur diese Gegenüberstellung von Angesicht zu Angesicht beibehält sowie das Subjekt und Personalpronomen, indem es dieses mit seinem »Ich« anspricht, sich somit als Partner des Absoluten etabliert. Selbstverständlich, der Mensch ist »erbärmlich« und Gott übertrifft ihn unendlich in seiner »Barmherzigkeit«. Nichtsdestoweniger kann der eine zum anderen gleich von Anfang an »Du« sagen, und indem er unter dem Deckmantel seiner eigenen Unwürdigkeit, so wie zuvor der Askese, einen Dialog mit Gott allein eröffnet, etabliert er sich in einem Gespräch mit ihm unter vier Augen oder von Geist zu Geist: Durch dieses (in diesem) »Du« findet sich sein »Ich« verankert. Die Transzendenz Gottes konzediert, verleiht oder überträgt seine Konsistenz diesem »Ich«, das ihn anruft. Das heißt, dass sich das Subjekt durch das qualifiziert – auf das stützt –, was ihm durch Gott im Sinn dieses *in-vocare* zukommt, wie auch umgekehrt, und damit die beiden gleichstellend, dass es sich bereits in Gott wiedererkennt, damit es ihn auf diese Weise an-rufen kann. »Gott« erweist sich als die tragende Stütze dieses Subjekts (das in ihm »ruht«), während dieses Subjekt, das »ich« sagt, Gott bei sich aufnehmend zugleich entdeckt, dass er in ihm innewohnt (das »Haus meiner Seele«). Durch diese sich überkreuzende Struktur (»Was bist du mir?«/»Was bin ich dir?«) wird jeder dem anderen gegenübergestellt. Man sieht sich durch Gott zum Subjekt seines eigenen Lebens hochstilisiert. Aus dieser Struktur bezieht das Subjekt die Bedingung der Möglichkeit eines »Selbst«, das ihm selbst gegenübergestellt ist. Indem er mich meine Wahrheit sehen lässt, ist Gott derjenige, der macht, dass es von diesem Ich eine mögliche Wahrheit gibt.

So wird man jedoch auch von dem, was man dann von dieser obskuren Geschichte erfährt, die aber geduldig von großen Historikern geklärt wurde – von dieser spannenden Geschichte, die nicht weniger komplex ist als ihr Gegenüber, jene der Heraufkunft des »Objekts«, von dieser Geschichte der Art und Weise, wie das augustinische Denken von der Selbstgewissheit dem aristotelischen Dispositiv des Subjekts (der Substanz) und des Akzidenz (des Prädikats) begegnet ist, sodass unsere Handlungen als Attribute eines Subjekts angesehen werden können und die Selbstgewissheit zur »subjektiven Gewissheit« (*certitudo subjectiva*) wird –, nicht das vergessen können, was Augustinus, hinter dieser technischen Geschichte der Philosophie, an Entscheidendem im Subjektdenken eröffnet hat: die Entdeckung eines Inneren des Selbst, das noch innerlicher oder »das Innerlichste« (*intimus*) ist oder, anders gesagt, das Aufkommen des »Intimen«. Dass Gott »noch inniger als mein Innerstes« (*interior intimo meo*) genannt wird, lässt erkennen, dass das Selbst, indem es sich in sich versenkt, sich in das Tiefste, in das Innerste seiner selbst zurückzieht, einen Anderen hervorruft und, indem es sich ihm öffnet, sich in der Inauguration und Anbahnung einer Existenz in ihm entdeckt. Mit einem Mal hat sich das physische und logische Dispositiv in ein Abenteuer der Subjektivität verwandelt, das sich nicht mehr auf eine Sache von Gefühlen oder Affekten oder gar des Selbstbewusstseins beschränkt, sondern aus dem Subjekt das Zusammenfassende einer Dauer macht, jener Dauer eines einzigartigen Voranschreitens im Existieren, dessen Schlüssel die Erzählung ist (und dessen Offenbarung die *Bekenntnisse* sind): Ich bin Subjekt, weil ich eine mögliche *Erzählung* habe oder, besser noch, weil ich eine solche bin, von einem Leben, das sich macht. Daraus folgt, dass dieses Subjekt, das in seinem Zwiegespräch mit Gott »ich« sagt, sich als Subjekt seiner eigenen Geschichte, als Subjekt des Gedächtnisses begreift, das Beschämendste und Geheimste von sich preisgeben kann: »Dank dir kann ich mich erzählen …«

— 5 —

Nun liefert das chinesische Sprechen-Denken keinerlei ähnliche Geschichte von der Heraufkunft des Subjekts. Das liegt zunächst an der Dürftigkeit oder Nichtentwickeltheit seines pronominalen Systems: Nicht nur, dass es nicht konjugiert und dass das Subjekt des Verbs diesem impliziert sein kann (wie bei den europäischen Sprachen im Fall des Infinitivs), auch die Angabe eines Selbst bleibt elementar, denn es dekliniert sich nicht entsprechend den Personen. »In der Art sich zu benehmen (*xing ji* 行己) Respekt bezeugen«, sagt Konfuzius, oder »sich selbst überwinden (um zu den Riten zurückzukehren)« sind grundlegende Formulierungen seiner Unterweisungen. Oft versteht sich dieses »Selbst« im Gegensatz zu anderen: »Für sich selbst studieren, nicht für die anderen«; oder in einem dichteren Gebrauch: »sich zusammenraffen« (sich beherrschen, *zong ji*), sich nicht gehen lassen (anlässlich des Todes des Fürsten).[211] Ansonsten sagt man, um den reflexiven Charakter einer verbalen Handlung zu betonen (wobei statt *ji* 己 *zi* 自 verwendet wird): »sich selbst im Inneren prüfen« (*nei zi xing* 内自省) oder »sich selbst anklagen« (*zi song* 自讼), »von sich selbst viel verlangen und wenig von den anderen« oder, interessanter: »sich selbst entfalten« (*zi zhi* 自致).[212] So übersetzt das Chinesische das vom Westen kommende Wort »Freiheit« mit »von selbst« (*zi you* 自由). Nun sind diese Anwendungen die am meisten entwickelten, das chinesische Sprechen-Denken geht kaum darüber hinaus. Es kennt sehr wohl die Kategorie des *Individuellen* (*ge* 个, *si* 私) – die Individuation wird hier, im Unterschied zu Indien, für effektiv gehalten – oder der *Person* (*shen* 身), deren Begriff einen stark moralischen

Einschlag hat (»seine Person kultivieren«, *xiu shen* 修身, »seine Person verbessern«, *san shen* 善身 usw.). Es wird sogar angemahnt, man solle »achtsam mit sich selbst sein«, wenn man »allein« ist, in der Zurückgezogenheit seines Inneren, zu dem die anderen keinen Zutritt haben (*shen qi du*).[213] Solche Vorstellungen sind aber nicht von der Stütze der Funktion des Subjekts losgelöst, sei sie nun »physischen« oder »logisch«. Der Terminus selbst existiert nicht, er wird später aus dem Westen übertragen, genauso wie jener des »Objekts«.

Daraus folgt, dass das ethische Streben nicht der »Autonomie« gilt, dem »(für) sich sein (eigenes) Gesetz sein«, wie bei den Stoikern, auch nicht der »Freiheit«, die im klassischen europäischen Denken als die grundlegendste Eigenschaft eines Subjekts gedacht wurde, sondern dem Umgekehrten, dem Widersprechenden, nämlich dem, was *Disponibilität* besagt. Das Eigentümliche der Freiheit besteht darin, dass sie die Situation, jede Situation, transzendiert, während die Disponibilität eine Öffnung zur Situation hin ist, ohne etwas auf sie zu projizieren, was sie einengen würde – derart, dass sich die Konsistenz eines »Subjekts« darin auflöst. Die Kernaussage der Lehre des Konfuzius ist: »Wenn es angemessen ist, ein Amt zu übernehmen, dann übernimmt er es; wenn es angemessen ist, es aufzugeben, so gibt er es auf.« Alles hängt von der angetroffenen Situation ab: Sich an sie anzupassen, d. h. im Hinblick auf sie auf jedwede grundsätzliche Position zu verzichten, ist das, was der Moral bei jeder Gelegenheit förderlich ist. Die Weisheit besteht darin, sich entsprechend zu verhalten; ihre Ethik entspringt keinen Regeln, sondern einer andauernden Regulierung. Wenn man daher vom Meister sagt, er habe keine Idee (die er vorbrächte) – keine »Notwendigkeit« (an der er von vornherein festhielte), keine Position (auf der er beharrte), schließlich auch kein »Ich« (in das er sich, um sich rotierend, eingraben würde) –, so genügt diese negative Formulierung, um zu sagen, welches Hindernis die Einsetzung eines Subjekts angesichts des Wandels der Situation darstellen würde. Wenn nun alle Markierungen oder erwarteten Orientierungspunkte, die eine Identität untermauern, verschwinden, so besteht die Moral darin, auf alles Mögliche der Situation zu reagieren, ohne irgendetwas aus dem Auge zu verlieren, d. h. sich deren Gesamtheit völlig anzupassen, um zu vermeiden, dass man nicht etwa einen »Irrtum« begeht (die Schreckensvorstellung schlechthin der Philosophie), sondern dass man in *Parteilichkeit* versinkt.

Von dem, was hinsichtlich einiger Denker der Antike, die »einen Wind von *dao*« hatten, gesagt wird, werde ich diese Formulierungen gerade deshalb übersetzen, weil sie sich einer Übertragung widersetzen. Sie sind an der Grenze des Übersetzbaren, nicht etwa, weil ihre Begriffe abstrus oder ihre Bedeutung verworren wären, sondern einfach, weil sie sich nicht an einem Subjekt festmachen lassen, mehr noch, weil sie systematisch diese Möglichkeit zerstören:

»Unparteiisch und nicht Parteigänger, / vermögend und ohne etwas Besonderes, / auf entschiedene Weise ohne [etwas] Anleitendes / streben zu den Dingen ohne Zwiespalt, / nicht daran festhalten zu grübeln, / sich nicht bemühen zu erkennen, / von den Dingen nichts auswählen, / stets mit ihnen gehen ...«[214]

Ohne dass ein grammatikalisches Subjekt ausgesprochen wird, ohne dass sie also eine Funktion als Attribut hätten, heben derartig formelhafte Ausdrücke die Verankerung in einem Selbst auf, zerstören dessen Konsistenz, ja sogar und vor allem, seine Stichhaltigkeit. Alles besagt hier das Nichtabbrechen mit der Welt, den Nichtrückzug ins Denken, die Nichtauswahl zwischen den Möglichen, den Nichtrückzug vom Zusammensetzbaren durch ein fortwährend anstreifendes Gleiten. Der Terminus, den ich mit »anleitend« [*directeur*] übersetzt habe – der aber hier zurückgenommen wird –, ist genau jener, der dazu diente, den vom Westen kommenden Terminus »Subjekt« ins zeitgenössische Chinesisch zu übersetzen (*zhu ti* 主体): das was »anleitend«, »hauptsächlich« ist, aber auch als Gastgeber »aufnehmend«, wobei das »Objekt« das »Aufgenommene« (*ke ti* 客体) ist. »Aufnehmend«/»aufgenommen«: Man sieht zur Genüge, wie sich das chinesische Sprechen-Denken nur ungern dazu hergegeben hat, die prinzipielle Trennung zwischen dem »Subjekt« und dem »Objekt«, die Grundlage der Neutralität der Erkenntnis, wiederzugeben.

Das Prinzip, wenn es überhaupt eines gibt, ist es, »alle Dinge gleich zu behandeln«. So sehr trifft es zu, dass das eine nicht das kann, was das andere kann, und umgekehrt: »Der Himmel kann bedecken, aber nicht tragen; die Erde kann tragen, aber nicht bedecken; der weiträumige Weg kann umfassen, aber er kann nicht unterscheiden.« Wenn man sich darüber im Klaren ist, dass alle Dinge, alle Lebewesen ihre je eigenen Möglichkeiten haben, aber auch ihre Unmöglichkeiten, dann versteht man, dass »auswählen« nicht »alles beinhalten« kann, also fehlerhaft ist, oder dass »anschaffen« nicht »es schaffen« bedeutet, und der Weg darin besteht, »nichts zu vernachlässigen«. Es wird daher von Shen Dao gesagt, dass er »sich von der Erkenntnis entbindet« und »auf das Ich verzichtet« (*qu ji* 去己); dass er sich »frisch«, »leicht«, »munter« (disponibel) zeigt, wie das Wasser oder der Wind im Hinblick auf die Dinge (*ling tai*), sodass er sich konform zur regulierenden Kohärenz des Wegs verhält; dass er, im dauernden »Wechsel« begriffen, keine Verantwortung übernimmt, sich über die angeblichen Weisen mokiert und sich nach Gutdünken gehen lässt, ganz locker, ohne sich der Moral zu unterwerfen. Er passt sich eng an die verschiedensten Situationen »in ihren Windungen und Wendungen« an, indem er sich disjunktiver Trennungen entledigt. So kann er, verlegene Befangenheit vermeidend, überleben. »Wird er angeschoben, geht er weiter«, »wird er gezogen, so folgt er hinterher«; »wie der Wind wirbelt er«; »wie die Feder kreiselt er«; da er sich in der »Vollständigkeit« aufhält, ist er »ohne Ablehnung« und ohne Bedauern; vom »Etablieren eines Selbst« kennt er nicht die verheerenden Folgen. Zusammenfassend kann man sagen, er hält sich im *Situativen* über Wasser, ohne sich zu verankern. Konnte man in der Nichtkonstitution eines Subjekts, hinsichtlich der Nichtkonstruktion, Nichtvorschreibung, hinsichtlich des Bildes, hinsichtlich des sich abspulenden Satzes, überhaupt noch weitergehen?

So wird überliefert, dass ebenderselbe Denker, Zhuangzi, beim Tod seiner Frau in einer dem Ritual Hohn sprechenden Art, nämlich mit gespreizten Beinen dasitzend, auf den Essnapf schlägt und dazu singt. Er rechtfertigt sich gegenüber dem, der sich ob solch einer Haltung empört, mit folgendem Satz, der uns ebenfalls an die Grenze des

Übersetzbaren bringt und den ich so wörtlich wie möglich wiedergeben möchte (d. h. indem ich so wenig wie möglich das, was eine europäische Satzstruktur *erwartet*, hinzufüge: »Vermischt-undeutlich: zwischen (*jian* 间), / verändern (Veränderung), von daher gibt es Atem-Energie (*qi* 气) / Atem-Energie verändern (sich), von daher gibt es sich-aktualisierende-Form (*xing* 形), / sich-aktualisierende-Form, von daher gibt es Leben [*vivre*] (*sheng* 生), / heute, neuerliche Veränderung, von daher münden in Sterben (*si* 死)«.[215]

Ein erster Übersetzer (Liou Kia-hwai) hat das so übertragen: »Etwas Flüchtiges und Nichterfassbares verwandelt sich in Atem, der Atem in Form, die Form in Leben [*vie*], und nun soeben verwandelt sich Leben in Tod.« Man sieht, dass der Übersetzer sich gezwungen sah – gezwungen glaubte –, ein Subjekt, ein noch so unbestimmtes, ein »Etwas« (*ti*) hinzuzufügen: ein aristotelisches Subjekt im eigentlichen Sinn, »physisch« als Unterlage für eine Veränderung und zugleich »logisch« als Subjekt des Satzes, dem das Übrige – lauter Veränderungen – in Form von Prädikat und »Akzidenz« passiert. Aus dem ersteht (für uns) sofort die metaphysische Frage *par excellence*, die zu stellen sich das chinesische Sprechen-Denken aber befreit sah, blieb dieses doch bei einer rein phänomenalen Beschreibung, der es, wenn ich so sagen darf, »kein Subjekt beigegeben hat«: Woher kommt dieses »Etwas«? Was war da am Anfang? – Wir sind zurück bei unserer unvermeidlichen Frage nach dem Anfang oder Ersten Beginn (*genesis, big bang*: Braucht es einen Schöpfergott als großes Subjekt? usw.). Ein späterer Übersetzer (Jean Lévi) rekonstruiert diese Aussage noch europäischer, indem er als Subjekt des Satzes ein persönliches Subjekt einführt bzw. unterstellt, nämlich Zhuangzis eigene Frau: »Und dann plötzlich, pfft!, dank eines nicht erfassbaren Keims, hatte sie das unerhörte Glück, vom Nichtsein zum Sein zu wechseln; und dann plötzlich, pfft!, nachdem sie der Atemhauch verließ, hat sie nun das unerhörte Glück, zu ihrer ursprünglichen Heimstätte zurückzukehren.« Indem die Übersetzung auch hier ein Subjekt einführt, führt sie zugleich, ohne dass davon etwas im chinesischen Text zu finden wäre, eine Theorie der Kausalität ein (an Stelle und statt der dem Prozess innewohnenden

Neigung: »dank eines nicht erfassbaren Keims«), des Weiteren einen Schauplatz (die »ursprüngliche Heimstätte«) und eine Annahme (das »unerhörte Glück«) und im Zwischenbereich die spezifischen Termini der Ontologie von »Sein« und »Nichtsein«. Es schiebt sich hinein, ja mehr noch, es etabliert und installiert sich hier der ganze europäische syntaktisch-theoretische Apparat, der solch eine Rückkehr des Subjekts gebietet – anscheinend ohne den geringsten Verdacht hinsichtlich dessen, was hier an Eindringen begangen wird.

Es stimmt wohl – seit Michel Foucault in seinen letzten Vorlesungen eine neue Genealogie für die Hermeneutik des Subjekts eröffnet hat,[216] insbesondere seit er die Wichtigkeit des antiken Ratschlags der »Sorge um sich selbst« (der *epimeleia heautou)* in Gegenüberstellung zum »Erkenne dich selbst« hervorgehoben hat; und vor allem, seit er damit die cartesianische Evidenz, die direkten Zugang zur Gewissheit seiner selbst und in der Folge zur philosophischen Wahrheit gewährte, von den griechischen Techniken der sogenannten »Verwandlungen des Selbst« geschieden hat –, dass man in der Rückbesinnung auf diese »spirituellen« Übungen eine neue Brücke zum Denken des Fernen Ostens gesehen hat. In der Tat, die chinesischen Denker sind sehr wohl der Ansicht, dass es einer »Verwandlung« (*hua* 化) bedarf, um sich bis zur Weisheit zu erheben. Doch handelt es sich hier um eine Verwandlung »des Selbst«? Oder gibt es, sobald es zu einer tatsächlichen Verwandlung kommt, überhaupt noch ein »Selbst«? Eine Formulierung des *Menzius*, die eine derartige progressive, etappenweise Verwandlung anführt, endet so: »Groß und das verwandelnd ist, was man ›weise‹ nennt« (*da er hua zhi zhi wei sheng*).[217] Das besagt, dass derjenige, der sich von einem Stadium zum nächsten hocharbeitet, nicht im höchsten Stadium der »Großartigkeit«, das immer noch parteiisch ist, verharrt, sondern, »das verwandelnd«, es noch übersteigt. Das undefiniert belassene »Das« erhält das Verb aktiv, reduziert sich aber nicht auf ein »Selbst«, das, um einen stoischen Terminus aufzugreifen, zu »scharf umrissen« und umgrenzend wäre. Denn der Weise »lässt zugleich mit sich selbst«, untrennbar, so sagt man gewöhnlich, »die anderen zum Vorschein kommen« und erreicht auf diese Weise die Dimension des »Unergründlichen«. Diese lässt ihn mit (in) dem Unendlichen des Prozesses der Welt (*shen* 神) verschmelzen: Das »Selbst« eines Subjekts löst sich in diesem Aufstieg auf.

Es gibt nichtsdestoweniger eine Seite, in der diese zwei Denkweisen der ethischen Verwandlung miteinander kommunizieren, und zwar ist das die angestrengte Arbeit, der geduldige und tägliche Fleiß, die Disziplin und wiederholten Übungen, die die Griechen *askesis* nannten und die die Chinesen mit *gongfu* (功夫) bezeichneten. Es stimmt, dass die Chinesen sich auch mit einer »natürlichen« Erkenntnis befassten, die dem Geist immanent ist und sich von sich aus wie eine Art Evidenz des Bewusstseins/Gewissens entfaltet. Einerseits aber ist diese Evidenz eine moralische, sie wird nicht als ein Kriterium der Wahrheit im theoretischen, cartesianischen Sinn, wie wir das in Europa mit ihr gemacht haben, dienen können; andererseits offenbart sich diese unmittelbare Intuition der natürlichen Regulierung (*tian li* 天理) selbst bei Wang Yangming, einem Denker aus dem 16. Jahrhundert, der in diesem Punkt mit Descartes verglichen wurde, nur im Zusammenhang mit der Vielfalt von Situationen. Denn was »Kindespietät« ist, weiß man spontan nur »in Gegenwart seines Vaters«; was »der Respekt gegenüber dem Älteren ist, erst in Gegenwart seines älteren Bruders«; oder noch allgemeiner, »was die humane Reaktion angesichts des anderen zustoßenden Unerträglichen ist, erst in Gegenwart eines Kindes, das in Gefahr läuft, in einen Brunnen zu fallen«, usw.[218] Da dies besondere Situationen sind und sich nicht unter eine gemeinsame Kategorie subsumieren lassen und andererseits eine derartige moralische Intuition sich unmittelbar, als ein angeborenes Wissen (*liang zhi* 良知), immer nur im Hinblick auf eine gegebene Situation zeigt, versteht man, dass diese Art, Moral zu denken, sich vor allen diese Vielfalt abdeckenden Regeln und Vorschriften hütet: Es gibt kein verallgemeinerndes und kodifizierendes Vermittelndes, das sich im Geist zwischen die unmittelbare Apprehension der natürlichen Regulierung und die Vielfalt der begegneten Fälle schieben kann, die jene aufruft, sich *hic et nunc* zu manifestieren. So wurde in China auch (bereits bei Menzius) von einer derartigen *Typologie der Situationen* ausgehend, und nicht von dem, was die Qualitäten oder Eigenschaften eines Subjekts wären, die Typologie der Tugenden konzipiert.

— 6 —

Man stelle nur *Subjekt* und *Situation* als zwei rivalisierende Konzepte auf, wie ich das zu tun geneigt bin, und man wird verstehen, wie unter dem aufsteigenden Regime des Subjekts das Konzept der Situation in Europa unterentwickelt geblieben ist; man kann einsehen, weshalb die Situation nicht autonom wurde, da sie unter der Vormundschaft und in der Umlaufbahn dieses Anderen in dessen Abhängigkeit geblieben ist. Man komme einmal auf den Terminus selbst zurück, und schon wird man ermessen, was er zwingend impliziert. Im Grunde ist er nur lokativ und zugleich immer schon attributiv: Die Situation versteht sich nur in Bezug auf das Subjekt, *das sich darin situiert*, und das sie in souveräner Weise transzendiert. Als sich der Sinn (im 17. Jahrhundert) davon abstrahiert, verlässt der Terminus, der ihn kommentiert, nämlich »Umstand« [*circonstance*], die Zentrierung durch das Subjekt keineswegs, sondern akzentuiert im Gegenteil den reinen Umgebungscharakter (von *circum*: rundherum), zu dem sich das Subjekt selbst undurchlässig getrennt verhält. Einzig eine bestimmte besondere Redewendung, nämlich »In der Lage zu etwas sein« (zum Beispiel abzulehnen), öffnet eine Bresche in dieser Zitadelle des Subjekts, indem sie bewirkt, dass unter ihrem Deckmantel die Situation das Kommando übernimmt und eine andere Möglichkeit des Begriffs sichtbar werden lässt, in der die Situation selbst zur Quelle einer Wirkung wird und ein *Potenzial* von sich offenbart. An solch einem Faden wird man ziehen müssen, um zu der chinesischen Konzeption dessen zu gelangen, was ich bisher nur (allzu eng) als »Situation« bezeichnen konnte.

»Um-Stand« [*circon-stance*]: bleiben wir ein wenig bei diesem Terminus stehen, denn die Situation ist, so stellt das Wörterbuch fest, »eine Gesamtheit von Umständen«, also, entsprechend der

Zusammensetzung des Wortes, etwas, das »sich rundherum aufhält« oder »umgibt«. Nun ist das ein europäischer Terminus: *peri-stasis* (περί-στασις) auf Griechisch; **Um-stand* auf Deutsch. Worum aber »herum« hält es sich auf, wenn nicht rund um die Perspektive, die ein Subjekt von sich aus auf die Welt projiziert und um die »herum« eine »Situation« betrachtet wird? Genau das ist der letzte Fall im Lateinischen, der Ablativ: Dahinein, in ein und denselben und letzten Sack, wird in einem Durcheinander das gestopft, was sich in der Aussage nicht in einer bestimmten Relation und Rektion zu einem Objekt, zu Besitz oder Zuschreibung konstruiert hat. Nun denkt die Sprache tatsächlich – sie denkt, artikuliert und »faltet« das Denken, noch bevor wir etwas denken: Ist die hier implizierte Vorstellung nicht jene stoische von einer Inselhaftigkeit des Subjekts inmitten der Welt, verschanzt wie es ist in seiner Autonomie, »um die herum« die turbulenten Wirbel der »Um-Stände« »bestehen«, die sich wie fortwährend sich erneuernde Wogen an einem Felsen brechen? Diesen gegenüber muss sich das Subjekt selbst scharf abgrenzen, um sich zu besitzen; mit ihnen muss es sich auch messen und kann es sich beweisen. Oder hat etwa der Stoizismus sich diese bildhafte Vorstellung nur zunutze gemacht, die allerdings viel mehr ist als ein Bild, da sie die Art ist, wie die Sprache ihre Morphologie konstruiert hat? Man stelle sich nun eine Sprache wie das Chinesische vor, die keine Morphologie, also keine Deklination, kennt und dessen Präpositionssystem rudimentär geblieben ist: Was kann da von diesem Dispositiv eines Subjekts übrig bleiben, das sich auf Anhieb gegen eine Situation durchsetzt und sie mit seiner Initiative dominiert, selbst wenn es tragisch daran scheitern sollte?

Ist nun das europäische Denken von dieser Unterwerfung der Situation durch ein Subjekt jemals losgekommen? Sartre, der der Erste, jedenfalls der Bekannteste, in Europa war, der das Konzept von *Situation* vorschlug, hat, weit davon entfernt, die in dieser Vorstellung implizierte kulturelle Voreingenommenheit infrage zu stellen, sie im Gegenteil bekräftigt und gutgeheißen. Zunächst betont er den attributiven Charakter der in Abhängigkeit vom Subjekt betrachteten

Situation entsprechend der einzigen Perspektive seines *Für-sich*, und zwar im Sinne einer Hilfe oder eines Hindernisses: »Meine Position inmitten der Welt, definiert durch die Beziehung einer Zuhandenheit oder Widrigkeit der mich umgebenden Realitäten [...], das nennen wir Situation.«[219] Indem er auf seine Weise die konzentrischen Kreise des Stoizismus wieder aufnimmt (bei ihm: »mein Platz«, »meine Vergangenheit«, »meine Umgebung«, »mein Nächster«, »mein Tod«), verlässt er nicht diese Vorstellung des »Um-Standes«. Umso weniger zieht er in Erwägung, dass, so sagt er, eine Situation »von außen her betrachtet werden könnte« – diese Formulierung wird nicht näher erklärt, lässt aber sofort erkennen, wogegen sich das Denken abblockt und verschließt. Wenn dann in weiterer Folge das Konzept von Situation in seinen Augen auf entscheidende Weise wichtig wird, so deshalb, weil diesem die Aufgabe zukommt, zwischen dem *Subjekt* (*alias* seiner Freiheit) und dem *Gegebenen* bzw. seiner Faktizität (oder zwischen dem »Für-sich« des Subjekts und der Notwendigkeit des »In-der-Welt-Seins« usw.) zu vermitteln. Die Situation ist das stets einzigartige Gesicht, das die Kontingenz der Dinge meinem Projekt darbietet, damit es diese überwindet, sich das als sein »Ziel« setzt, was wiederum genau das ist, wodurch ich mich zu einem Subjekt befördere. Daraus ergibt sich, dass die »Situation« durch ihre Konkretisierung ihre »Grenzen« kennzeichnet, von denen ausgehend das Subjekt seine Entscheidungen trifft und mit denen es sich auseinanderzusetzen hat. Man hat also die große westliche Dramaturgie eines Subjekts, mit der alles beginnt, nicht verlassen, oder es ist vielmehr die »Situation«, die ihm nun als Inszenierung und Theaterbühne dient. Dass Sartre das Konzept von Situation sogleich in Betracht zieht, nachdem er zunächst die »absolute Wahrheit« des *cogito* als einzig möglicher Grundlage des Denkens bekräftigt hat, zeigt ausreichend, dass, von einem zum anderen, die Logik tatsächlich wie aus einem Stück gegossen und der Gedanke ein kontinuierlicher ist.[220]

— 7 —

Das älteste Buch Chinas und grundlegend für sein Denken, das *Buch der Wandlungen*, das zunächst einmal kein Buch, sondern ein operatives, oder, wenn man so will, manipulatives Dispositiv ist, das aus einer Kombination von übereinander angeordneten, sich zu Figuren zusammensetzenden Linien besteht, bietet unserem Denken eine neue Chance. Dieses System von (insgesamt 64) Figuren erlaubt die genaue Untersuchung einer ebenso großen Anzahl dinglicher Prozesse, woraus eine *Typologie von Situationen* hervorgeht, die in der ihnen eigenen Struktur betrachtet werden und nicht in Abhängigkeit von einem Subjekt. So handeln z. B. die Figuren des Aufschwungs und des Abklingens[221] nicht von einem Subjekt, das die Erfahrung eines Aufschwungs oder Schwindens macht, sondern von dem, was die Logik des Aufschwungs und Abklingens selbst konstituiert, indem es deren Kohärenz erhellt. Wenn yin und yang, die gegensätzlichen und zugleich komplementären Faktoren, miteinander »kommunizieren« und kooperieren, resultiert daraus der *Aufschwung* (䷊). Drei Linien *yang* (☰ unten), drei Linien *yin* (☷ darüber) konfigurieren symbolisch die Situation, die zu Prosperität führt: Da die Neigung von *yang*, dem »Himmel«, darin besteht, hochzusteigen, jene des *yin*, der »Erde«, aber darin, hinabzusteigen, begegnen die beiden einander gegenübergestellten Faktoren und Vektoren der Energie sich in ihrem Maximum an Intensität, die eine Aktivierung hervorruft. Ein derartiger Aufschwung erweist sich ebenso in der Natur – der Frühlingsaufschwung: wenn die Säfte wieder in Interaktion treten – wie in der Politik, wenn der Fürst (*yang*) und das Volk (*yin*), statt dass jeder auf seiner Seite verharrt, aufeinander zustreben und zusammenarbeiten. Das Gegenteil ist die Figur des Abklingens (䷋): Das *yang* im oberen Teil der Figur wird dazu geführt, sich in seine Höhe zurückzuziehen, das *yin* im unteren Teil dazu, sich in seine Niederungen zurückzuziehen, und die beiden Faktoren trennen sich voneinander. Die Säfte ziehen sich zusammen, um zu überwintern, oder der Fürst zieht sich in seinen Palast zurück, das Volk in sein Elend. Es ist diese Aufspaltung der Energien, deretwegen alles Wirkliche allmählich verkümmert.

Aus dem chinesischen *Klassiker* lässt sich noch eine zweite Abweichung von unserer Konzeption einer aus der Perspektive des Subjekts wahrgenommenen Situation folgern. Das, was wir »Situation« nennen, wird dort nicht im Sinne von das Subjekt »umgebenden« *Umständen*, sondern ausgehend von einem internen *In-Spannung-Versetzen* dieser Faktoren erwogen, die in Korrelation zueinander treten. Es ist einzig dieses In-Spannung-Versetzen, das von selbst eine Situation hervorbringt, oder, umgekehrt gesagt, man muss bei diesem Phänomenalen stehen bleiben und darüber meditieren. Eine Situation zeichnet sich ab, sobald sich ein In-Spannung-Versetzen organisiert. Noch einmal anders gesagt: Eine Situation erwächst und konfiguriert sich aufgrund des *Auftretens einer Polarität*, was immer auch das Register sein mag: Polarität zwischen den Energien von *yin* und *yang* in der Natur, oder im Schoß der Gesellschaft zwischen männlich und weiblich, zwischen Regierenden und Regierten, zwischen Eltern und Kind, zwischen Gegner und Verbündetem usw. Das chinesische Denken geht das, was wir Situation nennen, auf diese Weise an, weil es alles Wirkliche in der Art von Gegensätzlich-Komplementärem betrachtet (unter dem Titel von *yin* und *yang*), das eine Interaktion oder, genauer gesagt: einen gegenseitigen Impuls (*xiang gan* 相感) in die Wege leitet: Es gibt keinen Himmel und keine Erde für sich als isolierte Instanzen, sondern es sind ihre Beziehung und der Austausch, der sich zwischen ihnen anbahnt, aus denen alle dinglichen Prozesse hervorgehen.

Die dritte Abweichung schließlich ergibt sich aus den vorhergehenden: Eine Situation befindet sich zunächst und stets *im Wandel* – weshalb dieses Buch auch der *Klassiker der Wandlungen* (*yi-jing*) heißt: »klassisch«, nicht weil perennierend, sondern weil stets sich im Wandlungsprozess befindend. Im Gegensatz zu dem, was die andere semantische Komponente von »Um-stand« – das »stehen« (*stare*) – unterstellt, kann ein In-Spannung-Versetzen nicht feststehen und beschleunigt von sich aus eine Entwicklung. Eine Situation gehört nicht zum Register des Seins, auch nicht zu jenem des immer auf das

Sein bezogenen »Werdens« – man müsste lernen, zwischen Werden und Prozesshaftigkeit zu unterscheiden –, weshalb es schwierig ist, sie in europäischen Termini zu erfassen, denn sie befindet sich stets in »Veränderung« (*bian* 变). Daher liest sich jede, eine Situation global benennende Figur des *Klassikers* genauer besehen in ihrer Abfolge von unten nach oben oder von einer Etappe zur nächsten, von ihrer ersten bis zu ihrer sechsten Linie. So haben z. B. die Figuren des Aufschwungs und des Abklingens denselben Ausgangspunkt (ein zusammengeknüpftes Gewirr, wie die »ineinander verwachsenen Wurzeln«); die zweite Linie bringt einen soliden »Anbau« zum Vorschein, von dem ausgehend man »breit umfangen« kann; und die dritte warnt davor, dass der Aufschwung bedroht wird, bevor er noch seinen Kulminationspunkt erreicht (»es gibt kein flaches Terrain, dem nicht ein Hang folgt«). Während die fünfte Linie endlich den Kulminationspunkt kennzeichnet (die Heirat der »jüngsten Tochter«), markiert die sechste und letzte die Erschöpfung des Aufschwungs und seine Einebnung (»das Gemäuer fällt in die Grube zurück«). In Umkehrung dazu markieren die oberen Linien des Abklingens dessen progressives Verlassen: Eine »Erhellung« zeigt sich (vierte Linie); dann findet man wieder etwas, um »sich daran festzuhalten« (fünfte Linie); schließlich sieht man, wie man von der Obstruktion des Abklingens in die »Freude« des Prosperierens übergeht (sechste Linie). Sich gegenüberstehend, reihen sich diese beiden Figuren zugleich aneinander, indem sie sich verwandeln: Man muss daher zur Zeit des Aufschwungs lernen, ausfindig zu machen, wie das Abklingen bereits am Werk ist; zur Zeit des Abklingens, wie sich im Halbschatten die Faktoren eines Wiederauflebens bereits neu bilden.

Man könnte auf diese Weise aus diesem begrifflichen Dreieck bereits eine neue Definition der Situation folgern, die aus ihr nicht bloß einen »Ort« macht: eine Situation, die nicht mehr dem Subjekt unterworfen ist (1), sich auch nicht auf das Umstandsbedingte reduzieren (2), sich ebenso wenig ruhigstellen und zum Erstarren bringen lässt (3). Um diesem abhängigen Konzept, in dem in Europa die Situation befangen geblieben ist, zu entkommen, wird man eine Situation in der Weise denken, dass sie selbst eine Implikation von Faktoren oder Instanzen ist, die in Korrelation zueinander treten (1), woraus ein In-Spannung-Versetzen entsteht (2), aus dem sich wiederum eine Evolution ergibt (3). Es ist dieses In-Spannung-Versetzen, das eine Situation entstehen lässt und das ihr ihre »Einheit« (als »eine« Situation) verleiht. Zugleich ist jede Situation durch ihre eigene Neigung ausgerichtet, deren günstige oder ungünstige (»Glück« oder »Unheil« bringende) Richtung es ausfindig zu machen gilt. Aus all dem ergibt sich, dass das *Buch der Wandlungen* einen Begriff, nämlich »Moment-Position« (*shi-wei* 时位) vorschlägt, den zu einem Konzept zu machen sich auszahlen würde, um Situatives zu begreifen, das eines von Prozessen selbst ist: Jede Linie in jeder Figur besetzt eine »Position« im Rahmen der Figur und markiert zugleich einen »Moment« ihrer Entwicklung. Es gibt im Gewebe der Welt nur *Moment-Situationen*. Anders gesagt: Die Welt ist sehr wohl dieses »alles«, was passiert und »Fall« bildet, oder *»*alles, was der Fall ist*«.[222] Indem das Buch der Wandlungen das Situative von aller Aneignung durch das Subjekt befreit, entspricht es in dieser Hinsicht seiner operativen Berufung: Es stellt die Aufgabe, genau zu prüfen, aufzuspüren, wie es zu Rate zu ziehen ist, indem es gehandhabt wird. Es kann im Rahmen dieses Spiels von Faktoren mitmischen, mit ihm zusammenarbeiten und davon profitieren. Daraus resultiert eine sowohl ethische als auch strategische Funktion, die die Situation nicht mehr als *Begrenzung* für die Initiative meiner Freiheit erscheinen lässt, entsprechend der Sartre'schen Konfrontation, sondern als die *Ressource* eines Potenzials, wobei es zu lernen gilt, damit umzugehen, indem man sich zu seinem Partner macht: An die Stelle des »Engagements« (des Subjekts) tritt die Kunst, *effizient* (durch einen und in einem Prozess) vorzugehen. So gesehen ist keine Situation tatsächlich negativ: In der Zeit des Aufschwungs bleibe ich gegenüber dem wachsam, was ihn bereits bedroht; in der Zeit des Abklingens bleibe ich zuversichtlich, indem ich genau prüfe, was das Abklingen dazu bringt, sich zu wandeln, also von selbst abzuklingen, um in einen neuen Aufschwung zu mutieren. Ich kann aber – und das ist die wichtigste Lehre daraus (wie sie insbesondere von

Wang Fuzhi hervorgehoben wird) – derartige Hinweise der Erneuerung nicht aufgrund meiner überholten Lektüre dechiffrieren – die Erneuerung wäre dann ja gar keine. Über diese Lehre gilt es nachzudenken: Ich muss ein neues Schema der Lektüre ausarbeiten, um Neues wahrzunehmen. Ebenso wenig wie eine Situation sich verfestigen kann, darf ich meine Lektüre der Situation nicht erstarren lassen. Wenn die vorletzte Figur des Buches (䷾), wo alle Linien auf ihrem Platz sind, wo alles in Ordnung ist (ungerade Linien auf ungeraden Plätzen, gerade Linien auf geraden Plätzen usw.), diejenige »nach der Durchquerung« ist, so ist die letzte Figur des *Buchs der Wandlungen* die umgekehrte Figur (䷿), wo keine Linie auf ihrem Platz ist, diejenige »vor der Durchquerung«. Die Geschichte ist niemals beendet, und ich muss die noch nie dagewesene Kohärenz dessen, was auf diese Weise kontinuierlich seinen Weg von Neuem beginnt, erfassen.

— 8 —

Die Situation als *Moment-Position* muss also nicht als ein, sei es auch nur halbwegs »stabiles«, »Rundherum« des »Um-Stands« gedacht werden, sondern als eine *Konjunktion* (d. h. als ein Zusammentreffen von einen wechselseitigen »Impuls« aufeinander ausübenden Instanzen oder Faktoren), die sich ununterbrochen erneuert und aus der ständig eine Entwicklung hervorgeht. Daraus folgt auch, dass das *Buch der Wandlungen*, das ursprünglich der Weissagung diente, sich nicht der Prognostik verschreibt, indem es auf die Zukunft projizierte Hypothesen entwirft, sondern der Diagnostik als einer Untersuchung des aktuellen Kräfteverhältnisses, in dem die kommende Wandlung stets bereits »in Gang gesetzt« ist (Begriff des *ji* 幾). Dasselbe gilt für die im eigentlichen Sinn strategische Literatur der »Kunst des Krieges«: Die erste empfohlene Operation ist bekanntlich nicht die einer *Projektion* (das Aufstellen eines Plans vorherzusehender Operationen), sondern die einer *Detektion*, die sowohl eine Auswertung als auch eine Einschätzung (alte Bedeutung von *ji* 计) ist. Es geht darum, die

Stärken und Schwächen, und seien sie bloß im Anfangsstadium, die »Hohlräume« und das »Volle« zwischen sich und dem Gegner herauszufinden. Entsprechend den fünf Grundfaktoren (dem »Weg« oder der Kampfmoral, dem »Himmel« oder den klimatischen Bedingungen, der »Erde« oder den topografischen Verhältnissen, der Qualität des Kommandos und schließlich der des Managements und der Organisation) muss man »auswertend vergleichen, um die Disposition eingehend zu untersuchen« (*xiao zhi yi ji er suo qi qing* 校之以计而索其情). *Disposition* (eine Möglichkeit, um 情 zu übersetzen) gilt dabei sowohl von einem subjektiven als auch von einem objektiven Standpunkt aus, betrifft also sowohl die affektive Disposition als auch die des Terrains (*gang-qing* 感情 und *qing-kuang* 情况). Dies ist der Terminus, der bevorzugt zu verwenden ist, um zu denken, wie aus dieser internen Konstellation der aufeinandertreffenden Faktoren und Kräfte, sowohl militärischer als auch moralischer, psychologischer oder physischer, die Wirkung resultiert, und nicht nur im Krieg, wobei von Anfang an jeder subjektive Standpunkt integriert wird. Ein anderer Grundbegriff dieser *Kunst des Krieges (xing* 形)[223] besagt so viel wie *Konfiguration*, insofern sie sich aktualisiert (das Wort ist sowohl verbal als auch nominal zu gebrauchen) und in die eingeschrieben – investiert – sich das ausfindig zu machende »Potenzial« befindet.

Das, was ich schließlich mit »Situationspotenzial« (*shi* 势) übersetzt habe, erweist sich somit als der genau umgekehrte, oder besser: gegenteilige Begriff von »Um-Stand«. Man ersieht das bei Clausewitz, dem ersten, aber späten großen Denker des Krieges in Europa, der, wie zu erwarten, die Strategie nicht auf der Basis der antagonistischen Disposition, sondern aus der Position des Subjekts in Erwägung zog, also in Form einer projizierten Modellierung (ein »absoluter« Modellkrieg, dem wirklichen Krieg gegenübergestellt). Genau von diesem Standpunkt aus stellte er das Scheitern jeder Strategie fest, da der Krieg nie so auf dem Feld stattfindet, wie man ihn vorbereitet hat. Er begreift dabei den Umstand genau als das, was den im Voraus erstellten und sei es auch nur in geringer Weise festgelegten Plan zum Scheitern zu bringen droht. Der Umstand, nicht vorhersehbar und nicht modellierbar, wie etwa der »Nebel« von Austerlitz, ist das, was zwischen dem Plan und seiner Realisierung eingreifend diesen abweichen lässt und ihn dazu bringt, auf der Stelle zu rotieren. Derart ist die »Reibung« (der Umstände), die seine Anwendung behindern. Nun ist das *Situationspotenzial* die genaue Umkehrung dieses Negativen. Durch die Tatsache, dass ich nicht modelliere, also auch nicht projiziere, d. h. die Situation nicht entsprechend einem konzipierten Plan erwäge, der sich der Initiative eines Ich-Subjekts verdankt, bin ich umso besser in der Lage, ständig das ausfindig zu machen, was in der sich fortentwickelnden Konstellation immer vorteilhafter ausgenützt werden kann. Dieser Satz des *Sunzi* verdient, genauer gelesen zu werden: »Den Vorteil in der Weise einschätzend, dass ich ihn mir zu eigen mache, schaffe ich daraus ein Situationspotenzial, das so die äußeren Bedingungen unterstützt« (计利以听, 乃为之势, 以佐其外).[224] Das Situationspotenzial, so wird des Weiteren gesagt, ergibt sich daraus, dass »man sich auf das, was nützlich ist, stützt«, um die Veränderung zu bestimmen. Indem ich so günstige Bedingungen, so gering sie auch sein mögen, in der angetroffenen Situation entdecke, und zwar nicht so, wie ich sie mir modellartig vorgestellt haben könnte, bin ich imstande, mich von diesen aussichtsreichen Faktoren tragen zu lassen, wobei diese die antagonistische Disposition nach und nach in einen günstig geneigten Hang wandeln, von dem dann die Wirkungskräfte hinunterstürzen können.[225]

Es ist also nicht zufällig, dass China bereits seit der Antike ein strategisches Denken konzipiert hat, für das wir in Europa kein Äquivalent haben. Clausewitz konnte nur eingestehen, was die Strategie zum Scheitern bringt: Der Krieg ist ein Phänomen, das *lebt* und *reagiert*. Den Krieg ficht man ursprünglich zu zweit aus, zwischen Partner-Gegnern: Der Gegner ist aber nicht an zweiter Stelle im Verhältnis zur Initiative eines Subjekts. Der Krieg ist immer nur die nicht abweichende Resultante der am Werk befindlichen Korrelation der in Gang gesetzten Konfiguration. Wenn ich nun einen auf die Situation zu projizierenden Plan konstruierte, statt diese in einem kontinuierlichen Prozess zu einem *Hang* zu biegen, von dem die Wirkungskraft hinunterstürzen wird, so würde ich immer nur mit Verzögerung auf die Entwicklung der gegnerischen Position reagieren können, dazu verurteilt, sie nicht anders als »von Umständen abhängig« zu berücksichtigen. China hat aus dem Grund ein strategisches Denken entwickelt, das einmalig in der Welt ist, weil der Krieg sich nur in einer Polarität denken lässt und China alles in Form von Polaritäten konzipiert hat, wobei ein Terminus dem anderen nicht nachsteht, sondern sich von diesem ausgehend begreift. Es fällt China daher leicht, das Phänomen zu denken, ohne sich mit einem Standpunkt von einem entwerfenden und wollenden Subjekt zu belasten, wie das seinen klassischen Bestimmungen in Europa entspricht. Das Subjekt entwirft »im Hinblick auf Besseres« (das vom Verstand projizierte Seinsollende) und kämpft dann, durch Willensanstrengung und trotz der von den Umständen hervorgerufenen »Reibungsverluste«, verbissen darum, dieses Ideal in die Wirklichkeit eintreten zu lassen. Es kämpft mit dem, was dieses »Eintretenlassen« an heroischem Zwang unterstellt, und kann es nicht vermeiden, dass der Ausgang, trotz der Verfeinerungen der Wahrscheinlichkeitsrechnung, letztlich doch stets von Glück und Zufall abhängt, also von dem, was Sunzi ausschloss und was fasziniert wie beim »Kartenspiel« (eine Analogie von Clausewitz). Wenn die Kriegsführung in exemplarischer Weise die Vorstellung von einem »Subjekt« und den ihm korrelierenden »Umständen« auseinanderlegt, wenn sie das Abstrakte und Willkürliche an ihr aufdeckt, so deshalb, weil sie uns dazu bringt, die Bedingungen einer Beherrschung, die von anderer Art ist, zu denken. Es geht um eine Beherrschung, bei der es die Aufgabe des Selbst ist, sich mit dem in Einklang zu setzen, was nicht es selbst ist, statt sich davor zu verstecken. Besser gesagt: Das Subjekt hält sich mitten in der Konfiguration der Dinge auf und schmiegt sich ihr geschickt an, statt sich von allem Anfang an aufzuzwingen.

– 9 –

Würde man tatsächlich nichts dabei gewinnen, wenn man das »Subjekt« von diesem kontinuierlichen Spiel der Interaktionen loslöst, das die in ständiger Erneuerung befindliche Konfiguration bildet, die wir Welt nennen, und dies, um es als einen Anfang, als Ausgangspunkt einzusetzen: als ersten Terminus? Oder was ist, angesichts der Ressource dessen, was wir in Europa so armselig »Situation« nennen, jene andere Situation, die das Subjekt zutage fördert? Man darf ein derartiges *Subjekt* nicht mit der Forderung nach dem »Individuellen« gegenüber dem Kollektiv verwechseln, wobei der Grad an *Individuation* je nach Zeit und Ort mehr oder weniger markant ist, heute aber dazu führt, immer erbitterter einen Platz für das Individuum unter dem Banner seiner Befreiung zu fordern, sodass es dazu kommt, dass es sich selbst seiner Möglichkeiten beraubt, indem es den Anderen verkennt (der edle Anspruch Kierkegaards oder Nietzsches, der so bedauerlich in den Individualismus verfallen ist). Auch darf man dieses Ich-Subjekt nicht mit dem Status der »Person« verwechseln, einem juristischen, ethischen oder politischen, wobei die *Person* sich als Quelle unveräußerlicher Rechte und zugleich definierter Pflichten darstellt, aus denen sich eine große Anzahl von Verantwortlichkeiten ableiten, die ebenso anzuerkennen wie zu übernehmen sind. Die Förderung des Subjekts kommt einer anderen Forderung nach und muss getrennt davon überdacht werden, ja sogar in einem gewissen Bruch mit seiner bisherigen Ausarbeitung. Sie hängt nicht so sehr von der Aneignung und Umgrenzung eines »Selbst« ab, wie es der Stoizismus wollte, auch nicht von der Affirmation einer Identität, die diesem »Selbst« eine gewisse Permanenz unterstellt, »unter« der Veränderung gelegen, wie das Aristoteles reklamiert hat. Sie legt nicht einmal großen Wert darauf, dass man in einem Selbstbewusstsein den selbst-gerechtfertigten Anfang des Denkens gründen kann, wie in der großen Geste des *cogito*. Dass sie so kontinuierlich das »Subjekt« mit der »Situation« konfrontiert hat – oder das »Ich« mit seiner Implikation in der »Welt« –, macht deutlich, dass ihre Legitimierung von anderer Art ist: von der einer Ex-istenz, die sich durch ihre Fähigkeit entdeckt, sich aus ihr auszunehmen, und die in dieser Konfrontationskraft eine Möglichkeit findet, sich zum Ausdruck zu bringen.

Was die europäische Sprache besonders hörbar macht, ist, dass das Subjekt ursprünglich seine Legitimität nur aus dem »Fall« bezieht, den die Sprache aus ihm errichtet hat – dem »Subjekt-Fall« – und den das gesprochene Wort jedes Mal als *Position* auftauchen lässt. Es braucht sich ein »Ich« nur einem »Du« (dem Anderen) gegenüber oder in Bezug auf ein »Sie« (der Welt) zu äußern, und schon verströmt – entfaltet – sich »Subjektartiges«, und jede Konfiguration wird in dieser Hinsicht sekundär. Das Subjekt, obwohl es sich nicht autorisiert, von irgendeinem Anderswo herzukommen, gehört doch nicht vollständig zur Welt. In diesem Spiel der Dispositionen oder Konfigurationen, das die Welt ausmacht, stellt es ein Loch dar. Endlich hat man verstanden, was unsere Modernität ausmacht (denn eine solche gibt es): dass dieses »Außerhalb der Welt« der Metaphysik (*ektos tou kosmou*) nicht ein »Jenseits« oder ein Jenseitiges ist, wo sie es überstürzt und aus Bequemlichkeit oder vielleicht nur auf symbolische Weise einquartiert hat. Es gibt keine Transzendenz des Anderswo. Das Subjekt, das sich ausspricht, öffnet die einzig legitime Transzendenz, weil sie allein effektiv, sie allein aktiv im Hier und Jetzt ist. Kaum sagt ein Subjekt »ich«, schon öffnet es einen Spalt, schafft einen Abstand in dem ganzen unbegrenzten Spiel der Welt. (Der Tod ist dagegen das Aufhören dieses »Ichs«, seine Auflösung in die Stille; eine Position als Subjekt ist für immer verschwunden.) Jedes Mal, wenn in der Welt wieder ein »Ich« ausgesprochen wird, ohne dass es ein solches des »Ich denke« sein müsste oder dieses auf Erkenntnis abzielt, wird eine Initiative ergriffen, eröffnet sich eine neue Perspektive, bahnt sich ein neues Voranschreiten seinen Weg im Existieren. Die Erzählung »eines Lebens« (der Gattungstitel des modernen Romans) kann beginnen.

Nachwort

Vom Abstand zum Gemeinsamen

PHILOSOPHIEREN HEISST, ABSTAND NEHMEN

Abstand nehmen [*s'écarter*], das heißt nicht nur verlassen, sich trennen, sich ein Rückzugsgebiet [*retrait*] verschaffen, die üblichen Umgangsformen und Themen der allgemeinen Konversation hinter sich lassen und gar ein Dissident werden, sondern auch sich anderswo herumtreiben und sich dort hineinwagen, wo die Wege nicht markiert sind, wo das Terrain unsicher geworden ist und wo das gleichmäßig ausgebreitete, allen wohlbekannte Licht nicht mehr so wie früher eindringt. Wird man von diesem Sich-Zurücknehmen [*retrait*], diesem Zurückweichen, einem immer noch wirkenden Kindheitstraum folgend, erhoffen können, etwas anderes wahrzunehmen oder, wenigstens, anders wahrzunehmen? »Und manchmal sah mein Auge, was Menschenauge träumt…«[226] – es ist jedenfalls gewiss, dass man es dort mit einer Einsamkeit zu tun bekommt, der man nicht ausweichen kann. Keine zufällige oder mehr oder weniger beiläufige Einsamkeit, sondern eine prinzipielle und schicksalhafte, grundlegende, die darauf zurückzuführen ist, dass man eines Tages begonnen hat, sich durch das Denken und in ihm abzusondern, und das auf unauslöschliche Weise. Vielleicht hat man einfach wegen dieses Abstandnehmens begonnen, sich unhörbar zu machen, und musste sich dann umso mehr bemühen, wieder an die übliche Sprechweise heranzukommen, um an das Übliche und Konventionelle anzuknüpfen, in der Hoffnung, sich wieder vernehmbar machen zu können, um durch wiederholte Hinterlegung seines guten Willens als Pfand glaubhaft zu machen, dass man sich von seiner Fremdartigkeit einigermaßen reingewaschen hat.

Ist das das *Faktum* und vielleicht sogar das *Fatum* jedes Denkweges oder gilt das nur für die Philosophie? Was gewiss zu sein scheint, ist, dass die Philosophie dies zu ihrer ersten Geste gemacht, als ihr Eingangstor aufgestellt hat und ihre Willenskraft aus diesem Entschluss speist. Hier ist ihre Schwelle. Der Vater der Philosophie, jedenfalls der erste, den man zu einem »Vater« gemacht hat, um dann an ihm den »Vatermord« begehen zu können und von ihm Abstand nehmen zu müssen, er, Parmenides, macht das ausdrücklich zur Bedingung für den Aufbruch und den Zugang. Von diesem gesuchten Weg, »göttliche Fügung und Recht«, den zu gehen riskant ist, wird warnend gesagt, dass er »weitab vom üblichen Pfad der Menschen liegt« (*ap' anthrōpon ektos patou*).[227] Die Formulierung insistiert mit ihrer Verdoppelung sogar: Sie besagt, dass man sich nicht nur von den anderen trennen müsse, sondern die ausgetretenen Pfade, die bereits gebahnten Wege (*patos*) verlassen solle. Nur wenn man das nicht vertrauenswürdige Feld der »Meinungen« (*doxai*) verlässt, kann man »zum nicht mehr bebenden Herzen der Wahrheit« aufstreben. Oder müsste man vielleicht diese Genealogie des Abweichens, von dem das Philosophieren herrührte, noch weiter zurückverfolgen? Vielleicht ist der erste Philosoph gar Odysseus, der Odysseus der *Odyssee*, der in seinem Abdriften von einem unbekannten Ort zum anderen irrt, von einer Abweichung zur anderen, bevor er »heimkehrt«. Er entfernt sich sogar aus der Mitte seiner Gefährten, auch wenn er ihnen nahe bleibt, trägt ihnen auf, sich die Ohren zu verstopfen, ihn jedoch nackt an den Schiffsmast zu binden, da er sich nur allein der gefährlichen Offenbarung aussetzen will (kann).

Von der Sprache und der Kultur Abstand zu nehmen, in die man hineingeboren wurde und in denen man zu diesem Zeitpunkt, an diesem Ort, in diesem Milieu und diesem Kontext begonnen hat, die Augen zu öffnen, zu entdecken und zu lernen, sich zu bilden und als »Subjekt« zu konstituieren, sich davon in voller, ich würde sogar sagen: strategischer Absicht zu lösen, wie ich das gemacht habe, als ich von Europa nach China fuhr, ist also, genau besehen, nichts anderes als eine Wiederholung dieser ursprünglichen, ersten Geste der Philosophie, aber von Neuem und unter verschärften Bedingungen. Folglich hat es wirklich nichts Anekdotisches oder »Exotisches« an sich. Es ist ein Wandeln auf den Spuren des Odysseus, nur dass von diesem Abstand her die Möglichkeiten und Bestrebungen systematisch ausgebeutet werden. Damit aber verlässt man *de facto* die Geschichte der europäischen Philosophie, löst sich mit einem Schlag von ihren Debatten und Begriffen, durchschneidet seine Herkunftsgeschichte. Denn ist es nicht so, dass man in Europa meist zu philosophieren beginnt, indem man, nicht nur von der Etymologie verleitet, *die Geschichte der Frage* zurückverfolgt? So ist das hier gleich von Anfang an nicht nur ein Bruch mit den großen Philosophemen – mit dem »Sein«, mit »Gott«, mit der »Wahrheit«, der »Freiheit« … –, sondern, radikaler noch, mit der Sprache, die sie artikuliert. Plötzlich ist man vom Indoeuropäischen und seiner Familienähnlichkeit losgelöst – von seinem Ausdehnungsbereich. Von der europäischen Philosophie Abstand zu nehmen, indem man ins chinesische Anderswo hinüberwechselt, in dieses *Anderswo* der Sprache, aber auch der Geschichte – wie viel Zeit haben die beiden Extremitäten des großen Kontinents gebraucht, um einander, wenigstens in Gedanken, zu begegnen –, heißt demnach, von dem Abstand zu nehmen, abzuweichen, was in Europa bereits gedacht worden und sedimentiert ist, von dem, worin das Denken eingebettet und daher nicht mehr denkend ist, von dem, was bereits so gut assimiliert, integriert und beglaubigt ist, dass es die vergrabenen Vorausentscheidungen und die zugeschütteten Voreingenommenheiten vergessen und als »evident« durchgehen lässt, was immer auch die späteren Zweifel der Philosophie gewesen sein mögen – also das, was man nicht mehr denkt, was man nicht mehr zu bedenken denkt.

Wenn ich nun sage, dass eine derartige Entscheidung zugunsten des Abstandnehmens (auf dem Umweg über China) nur ein Exempel der ureigensten Geste der Philosophie darstellt, so heißt das, dass diese Geste in jeder Hinsicht und mit jedem Maßstab gemessen bereits für sich ihre Gültigkeit hat. Sie ist genau das, was im Inneren der Geschichte der Philosophie arbeitet und diese erneuert: Jeder Philosoph wird Philosoph im eigentlichen Sinn nur, indem er von den

Vorgängern abweicht oder, um es genauer zu sagen, indem er ihnen gegenüber einen Abstand *herstellt*. Und gilt dies nicht bereits sich selbst gegenüber? Philosophieren ist doch nichts anderes, als selbst unerbittlich von seinem eigenen Denken abzuweichen, sich von dem zu lösen, was man bereits gedacht hat, um in dem, was Gedanke wird, fortzuschreiten. Diese Arbeit des Abstandnehmens hat also nichts mit irgendeiner beliebigen Originalitätssucht zu tun und ist als Geste des *Anfangs* viel ursprünglicher. Sie mündet in eine kritische Operation, da sie sich der Widerlegung widmet, durch die sich jede Philosophie zu erkennen gibt bzw. befreit und unter deren Banner sie auftritt. Dass, nach einem berühmten Ausspruch, jeder Philosoph gegenüber den vorangegangenen »nein sagt« oder, wie man später immer und immer wieder sagte (Foucault, Deleuze), Philosophieren heiße, »anders zu denken«, ist nur eine Folge davon.

Philosophieren heißt deshalb zuallererst und jedes Mal, einen Bruch zu vollziehen, eine Distanz herzustellen, einen Trennungseffekt zu provozieren und eine abweichende Richtung einzuschlagen, weil ein derartiger Abstand, indem er sich, je mehr er sich vertieft oder vergrößert, einen *neuen Zugang zum Ungedachten* öffnet. Wenn ich nun auf dieser ersten Geste nachdrücklich bestehe, so auch deshalb, weil ich mich frage, ob sie nicht heute in Gefahr, vielleicht sogar überholt ist. Heute, wo man unablässig verkündet, dass die Intelligenz – dank der Möglichkeiten des Internets, das seine Netzwerke in alle Richtungen ausstreckt und in »Realzeit« jede/n mit jeder/m verbindet, also auch wegen der unendlichen Multiplikation der Daten – nunmehr eine kollektive geworden sei, man also »gemeinsam« denke und nicht mehr jede/r für sich; heute, wo man bis hin zu den »Humanwissenschaften« (die so unpassenderweise die Philosophie inkludieren) unablässig wiederholt, dass alle Arbeit nur in einem Team, als einziges anerkannt, durchgeführt werden könne und die Figur des einsamen Forschers verdammt wird, wird da, so frage ich mich, ein Denken, *das Abstand nimmt,* auch nur toleriert? Zugleich ist es eine allgegenwärtige Thematik, bis zum Überdruss gegen das »einheitliche Denken« zu wettern … Vermag man sich aber vor diesem zu bewahren, wenn man nicht mehr weggehen, keinen Rückzug beginnen, von den üblichen Fragen (die zwingend erscheinen) nicht ablassen, sich nicht absondern kann? Oder, um es positiv auszudrücken: Kann man dies, wenn man dort, wo das Terrain nicht mehr bekannt ist, wo die Pfade (und gibt es dort überhaupt solche?) nicht ausgetreten sind und das gemeinsame Licht nicht mehr eindringen kann, nicht versucht, neue Wege einzuschlagen? Wenn man eines Abends allein (anschluss- und verbindungslos) fortgeht und, sich der Einsamkeit stellend, *nicht mehr weiß, wohin* – das ist es, was »Abstand zu nehmen« eigentlich heißt.

DAS WOHLBEKANNTE UNBEKANNTE

Doch wie kann man, ganz allgemein, das, von dem die Philosophie jedes Mal abweicht, wenn sie dabei einen neuen Anfang entdeckt, nennen? Das, von dem sie sich losreißen muss, weil das Denken von vornherein sich darin eingräbt? Man könnte es mit Hegel und Nietzsche, die es in Übereinstimmung, wenn auch jeder auf seine Weise bearbeitend, das »gut Bekannte« nennen. Denn man muss sich von dieser Illusion freimachen: Alles Naheliegende, Bekannte, so Nietzsche, erwecke unweigerlich den Eindruck, leicht zugänglich zu sein, obschon dieses allzu gut Bekannte nur unsere erstarrten Glaubenshaltungen und Denkgewohnheiten widerspiegelt. »Was sie bekannt nennen«, ist das »Übliche«. Nun ist dieses Übliche genau das, was am schwierigsten zu erkennen, d. h. als *ein Problem aufzufassen* ist, so wie eine unbekannte, ferne, außerhalb liegende Sache, die man, statt ihr zu vertrauen, erforschen muss. Oder, wie Hegel (in seiner Vorrede zur *Phänomenologie des Geistes*) sagt: *»Das Bekannte überhaupt ist darum, weil es *bekannt* ist, nicht *erkannt*.«[228] Es wird genau genommen nicht einmal *»er-kannt«. Was uns sofort in die Sicherheit desjenigen verfallen lässt, der zu kennen vermeint und daher nicht einmal zu denken beginnt, dass hier etwas zu denken wäre. Weil man darin nur eine Stütze für den weiteren Weg sieht, beeilt man sich, darüber hinwegzugehen.

So wird einer im Grunde sehr allgemeinen Weisheit zufolge nicht nur gesagt, man sollte über das erstaunt sein, was uns nicht mehr erstaunt, also über das Geläufige, Vertraute. Vielmehr verliert jeder Gedanke, in dem Augenblick, in dem er vertraut wird, seine Aktivität; er kreist nur mehr in dem, worin und wodurch er vertraut wird. Da er unsere Vorstellung der Dinge geworden sei, glaube der Geist, sagt Hegel, mit ihm fertiggeworden zu sein. Schlimmer noch, er glaube, ohne weiteres Misstrauen aus ihm ein Werkzeug machen zu können. Das heißt, dass der Geist das, was sich schließlich »unmittelbar« seinem Denken aufgezwungen hat, nunmehr als allgemeine Kategorien verwendet, deren Genese und Ungedachtes er nicht misstraut. Von diesen Kategorien erstellt Hegel so beiläufig eine Liste unbeweglich gewordener Termini, um die das europäische Denken ständig kreist, um die es eigentlich »im Kreis geht«, wie man sagt, also einigermaßen vergebens: das Paar »Subjekt«-»Objekt«, »Gott«, die »Natur«, der »Verstand« gegenüber der »Sinnlichkeit« usw. Der philosophische Diskurs kann dann, soviel er will, zwischen diesen Termini hin- und hergehen, er wird sie nicht mehr in Bewegung setzen können. Sie sind zu Säulen geworden, die »Bewegung« geht zwischen ihnen, die unbewegt bleiben, hin und her und somit nur auf ihrer *»Oberfläche« vor. So bestehen auch das Auffassen und Prüfen darin, zu sehen, ob jeder das von ihnen Gesagte auch in seiner Vorstellung findet, ob es ihm so scheint und bekannt ist oder nicht, denn er hat nicht genügend Distanz, um sie infrage zu stellen.

Wie kann ich hoffen, dieses unverrückbar gewordene Wohlbekannte-Unbekannte in den Griff zu bekommen, wenn ich von ihm ausgehend denke? Wenn das europäische Denken zutiefst *von diesen Termini* geprägt ist – Terminus sagt man übrigens auch für Endstation –, welchen Kunstgriff, welchen Kniff braucht es, um diesem Prägestock zu entkommen? Nach China überwechseln und dort ein gedankliches Anderswo finden, ist eine Strategie des Geistes, um dergleichen nicht mehr hinnehmen zu müssen. Dort begegnet man einem Denken, das genauso ausgearbeitet ist wie das »unsere« in Europa, ohne dass wechselseitiger Einfluss oder Ansteckung vermutet werden müsste: Es ist ein

Anderswo, das nicht mehr dem alphabetischen Kompositionssystem entsprungen ist und dessen Schrift einer anderen Möglichkeit, nämlich der ideografischen und nicht phonetischen, entspricht; einem Anderswo, das nicht ein »Sein« sagt, daher auch nicht die »Frage« nach dem Sein formuliert hat; das nicht die Existenz »Gottes« voraussetzen (beweisen) musste, das also, ohne das Göttliche ignoriert zu haben, nicht »mit Gott zu verhandeln« hatte; in dem »Wahrheit« auch nicht das Kriterium des Denkens ist oder das, worum es beim Denken geht; das keinen Gedanken von einem Subjekt entwickelt hat, dessen erstes Attribut die Freiheit wäre, usw. Das war also die strategische Entscheidung, die ich getroffen hatte, um zu versuchen, endlich von diesem Wohlbekannten-Unbekannten Abstand zu gewinnen. Welche Beziehung besteht aber zwischen dem »Sein«, »Gott«, der »Wahrheit«, der »Freiheit« usw., eben diesen »Säulen«, was für ein Gebäude sie auch immer tragen? Unter welchem Aushängeschild sind unwissentlich *alle* unsere Gedanken untergebracht?

ABSTAND VERSUS UNTERSCHIED

Man muss, um sich der Frage zu nähern, eine prinzipielle Unterscheidung vornehmen, ohne die das Unterfangen vergebens wäre – ein Unterfangen, das zweifellos sofort auf die erregten Reaktionen und das Gezeter jener stoßen wird, die sich weigern, auch nur im Geringsten am »Wohlbekannten« zu rütteln. Genügt tatsächlich der Begriff des Unterschieds dieser Denkweisen, der chinesischen und der europäischen, wie er gewöhnlich ins Treffen geführt wird? Ist er nicht, trotz der Banalität seines Gebrauchs, von vornherein durch die von ihm aufgezwungene Perspektive ein Verrat an der schrägen strategischen Vorgehensweise, die ich zu verfolgen begonnen habe? Wenn ich davon gesprochen habe, »Abstand zu nehmen«, so deshalb, weil *Abstand* nicht *Unterschied* ist. Was ist der »Unterschied« zwischen Abstand und Unterschied? Sagen wir zunächst einmal, wenn dem Abstand und dem Unterschied auch eine Trennung gemein ist, so *markiert* der

Unterschied *eine Verschiedenheit*, während der Abstand *eine Distanz herstellt*. Daraus folgt, dass die Unterscheidung klassifikatorisch ist, indem sie nach Ähnlichkeit und Unterschiedenheit sortiert; zugleich ist sie identifizierend: Weil sie von »Unterschied zu Unterschied« und das bis zur letzten Unterscheidung geht, gelangt sie nach Aristoteles zum Wesen (zur Definition) der Sache. Demgegenüber ist der Abstand eine erforschende, ich würde sagen: eine *heuristische* und keine identifizierende Figur: Nicht mehr wird durch Unterscheidung(en) nach der Einzigartigkeit [*singularité*] gefragt (»Was ist das?«), sondern: »Wie groß ist der die Norm übertretende Abstand?« Des Weiteren ist der Abstand nicht, wie die Unterscheidung, eine klassifizierende Denkfigur, die eine Zuordnung ermöglicht (die Unterscheidung ist *das* Werkzeug für die Erstellung einer Typologie), sondern, im Gegenteil, etwas *Unordentliches* oder *Störendes* (ähnlich wie man von einer »Entgleisung« hinsichtlich der Sprechweise oder des Verhaltens spricht). In diesem Sinn stellt sich der Abstand dem Erwarteten, Üblichen, Gewöhnlichen, oder sagen wir ab nun: dem »Wohlbekannten« entgegen.

Daraus folgt, dass die Unterscheidung durch die Analyse der *Deskription* dient (bereits die *dihairesis ton eidon* διαίρεσις τῶν εἴδων der Alten), während der Abstand eine *Prospektion* in Angriff nimmt: Der Abstand erwägt – er »sondiert« , bis wohin neue Wege eingeschlagen werden können. Während sich ein Unterschied *determinieren* lässt (und damit zu einem Ende kommt), muss ein Abstand *erforscht* werden. Dieser Unterscheidung der Operationen kann man entnehmen, welchen Vorteil sie jeweils haben. Jener des Unterschieds, insofern er von einer nächsthöheren Gattung eine Art unter vielen anderen auseinanderhält, ist es, durch diese Spezifizierung *eine Charakteristik zu erstellen*. Jener des Abstands dagegen ist es, durch die auftauchende Distanz das *in Spannung zu versetzen*, was er getrennt hat. Was will dieses »In-Spannung-Versetzen« nun besagen? Im Fall des Unterschieds genügt jeder der unterschiedenen, einmal erkannten Termini sich selbst, wie er ist, bleibt ganz banal auf seiner je eigenen Seite, da er sich auf seine Besonderheit beschränkt, während im Fall des Abstands jeder der getrennten Termini durch die aufgetauchte Distanz – eine Kluft – dem anderen gegenüber offen bleibt. Während in der Unterscheidung jeder der getrennten Termini in seinem Selbst, in welchem er sein Wesen findet, ruht, gewinnt der Abstand dadurch an Wert, dass ein Terminus sich am anderen misst, indem er, wenn man so sagen kann, an ihm hängen bleibt; erst *durch* den anderen, von ihm abhängig, begreift er sich als Abstand, wobei dieses »Durch« aktiv bleibt.

Man versteht von daher auch, weshalb das Los des Unterschieds vom *Identitätsgedanken* abhängt, und zwar gleich zweifach. Am Anfang setzt er zunächst eine gemeinsame Gattung voraus, die als solche durch eine festgestellte Besonderheit identifiziert wurde; an seinem beabsichtigten Ziel, an seinem Endpunkt, vermag er eine Identität zu isolieren, die als solche das Wesen der Sache fixiert oder, anders gesagt, definiert. Auch wenn solch ein Unterschied nunmehr als ursprünglich angesetzt wird, wie das bereits seit einiger Zeit der linguistische Minimalismus macht, ja wenn er nicht einmal mehr gemeinsam mit der Ähnlichkeit auftritt – die Linguistik hat bekanntlich mit dieser nichts mehr zu tun –, so bleibt doch festzuhalten, dass die Bestimmung eines solchen Unterschieds von der Sorge nach Identifikation getragen, begründet und gerechtfertigt wird. Ob einem Element nur mehr im Namen eines Unterschieds Existenz zuerkannt wird oder ob sich Eigenschaften nur durch die Feststellung von Unterschieden herausstellen und nicht mehr umgekehrt, wie das das klassische Schema der Metaphysik wollte – es bleibt dabei, dass in dieser Struktur oder diesem System die gleich *ab initio* gesetzte Beziehung des Unterschieds die Funktion des Charakterisierens oder Spezifizierens hat – sie kennt für sich keinen anderen Zweck als den der Erkenntnis. Demgegenüber erlaubt der Abstand, diese Identitätsperspektive fallen zu lassen. Er lässt, indem er über die Identität hinaustritt, so etwas wie »Fruchtbarkeit« gewahr werden, die den Erkenntnisgesichtspunkt vernachlässigt und sich als *Ressource* des Denkens versteht.

Die vom Abstand aufgedeckte *Fruchtbarkeit* ist tatsächlich eine doppelte. Dass die Seiten des Abstands einander zugewandt bleiben und ein wechselseitiges Erfassen beibehalten, statt sich jeweils in die eigene Besonderheit zurückzuziehen, bewirkt, dass sie *miteinander arbeiten*, und zwar, indem sich eine durch die andere entdeckt. Da sie kein Wesen in sich selbst finden, betrachten sie sich nur durch ihr Gegenüber. Anders gesagt, wenn der Abstand arbeitet bzw. etwas bewirkt, so in dieser Distanz, die er zum Vorschein bringt und die sich nicht mehr zum Verschwinden bringen lässt: Der Abstand *eröffnet ein Zwischen*, indem er das von ihm Getrennte in Spannung zueinander versetzt. Der Abstand geht nicht analytisch vor wie der Unterschied, sondern wird, je mehr er sich vertieft, umso *intensiver*. Mag der Unterschied auch eine Beziehung herstellen, so kennt er dadurch, dass in der Folge seine jeweiligen Termini allein ihres Weges gehen, nicht die Fruchtbarkeit dieses Intensität erzeugenden *Zwischen*. Der Abstand wiederum legt Möglichkeiten frei, von denen man sich – erstaunt, überrascht und stutzig geworden – fragt, wohin sie führen könnten, wo sie doch das, was man zuvor in Erwägung gezogen oder sich bloß vorstellen konnte, bei Weitem übersteigen. Sie lassen von markierten Wegen abweichen, brechen die Siegel des Bekannten und in Geltung Befindlichen auf, versetzen das »Wohlbekannte« in Ratlosigkeit. Sie schieben die Grenzen des Erforschten und Identifizierten hinaus und entfalten einen Fächer von Kapazitäten und in der Folge auch von zu erschließenden Ressourcen. Je mehr das, was voneinander abweicht, Abstand gewinnt, desto mehr lässt sich darin eine Auseinandersetzung mit der Grenze und vielleicht eine Überschreitung dieser, mit anderen Worten: ein Abenteuer entdecken.

Abstand und Unterschied sind also verschieden, jedoch nicht aufgrund ihres Gegenstands, sondern durch die eingeschlagene Blickrichtung, oder besser: durch ihre Ethik: Der Unterschied verlangt Sorgfalt und Strenge in seiner Entschlossenheit, der Abstand erfordert für sein Erforschen-Auswerten Wagemut. Der eine untersucht genauestens, der andere sondiert – selbst hier, wo ich nach anfänglicher Präzisierung ihrer Unterschiede den Abstand zwischen beiden arbeiten lasse. So kann ich unter dem Titel der Unterscheidung in komparatistischer Absicht dieses oder jenes Kennzeichen analysieren, aus dem ich dann ein Kriterium für die bestimmende Einordnung von

Besonderheiten mache. Ich kann aber eben dasselbe Kennzeichen auch unter dem Titel des Abstands zur Geltung bringen – obgleich »Kennzeichen« bedauerlicherweise eher einer differenzierenden Beschreibung zugeordnet wurde –, um herauszufinden, für welche Abzweigung es Gelegenheit bietet, wobei in dieser eine Möglichkeit entdeckt wird, aus der sich in unbegrenzter Weise eine Wirkung (bzw. Wirkung schlechthin) ergibt. Im einen wie im anderen Fall handelt es sich um dieselbe »Tatsache«. So konjugiert z. B. die europäische Sprache, das Chinesische nicht. Im einen Fall, vom Blickwinkel des Unterschieds aus gesehen, erkenne ich darin ein unterscheidend-identifizierendes Kennzeichen, das es erlaubt, linguistische Tatsachen systematisch zu beschreiben und entsprechend zuzuteilen, um sie in weiterer Folge in Sprachfamilien zu ordnen. Im anderen Fall, aus der Perspektive des Abstands betrachtet, nehme ich eine Möglichkeit wahr, von der ich im Hinblick auf das, im begrifflichen Ausdruck des Denkens beiseite gedrängte, Mögliche gar nicht ermessen kann, welche Ressource sie (wechselseitig) freisetzt. Dank Letzterer sehe ich etwa, dass die chinesische Poesie in einer unbegrenzt prozesshaften Zeit verbleiben kann, ohne ein Subjekt herausragen zu lassen, dafür aber die korrelative Dimension der Aussagen betont usw.

Wir sollten lernen, Synonymen wie Abstand und Unterschied zu misstrauen, um zu sehen, wie sich durch die jeweils implizierte Perspektive das Denken unterschiedlich orientiert, sodass man sie eigentlich in Gegensatz zueinander bringen und zu Antonymen machen sollte. Man braucht nur, als ein anderes Beispiel dafür oder als eine daraus zu ziehende Lehre und in größerem Zusammenhang, die Kategorien vom »Übel« und vom »Negativen« herzunehmen, mit denen ich mich früher einmal ausführlicher befasst habe und von denen man weiß, dass sie gewöhnlich dasselbe bezeichnen (Leiden, Tod, Krieg, »Unglück« usw.). Nichtsdestoweniger sieht man, dass das Übel unter dem Gesichtspunkt der Innerlichkeit (eines Subjekts) geschieht – erinnern wir uns nur an die Theodizeen –, das Negative dagegen unter jenem der Funktionalität (des großen Prozessverlaufs der Dinge). In weiterer Folge ereignet sich das Übel, zu einem Begriff geworden, unter dem Gesichtspunkt der Singularität (das individuelle Schicksal), der Ausschließung (das Böse im Kampf gegen das Gute), der dramatischen Erzählung (der Kampf zieht eine Geschichte nach sich), einer geheimnisvoll abgründigen Befragung (auf das quälende »Warum« abzielend) und führt schließlich zu einem Protest (die Klage des aufgebrachten Hiob). Der Begriff des *Negativen* dagegen macht das unter dem Blickwinkel des Globalen (die »Harmonie« der Gesamtheit), der Integration (»man braucht von allem etwas, um eine Welt zu machen«), der »logischen« Beschreibung (die das »Wie« dieser Syntax des »von allem« erklärt) und führt schließlich zum stoischen Akzeptieren (durch *zusammenfassendes Verstehen* [*com-préhension*], dass das Eine nicht ohne das Andere geht) usw. Je nach der einen oder anderen eingenommenen Sichtweise, die im Namen dieser scheinbaren Synonyme zur Wahl steht, wird man entweder im Heil (im Heiligen) einen Ausweg suchen, der einen von allem Übel erlöst, oder man gelangt dadurch, dass man »voller Verständnis« [*compréhensif*] (für die Unabtrennbarkeit des Negativen) ist, zum Stadium der Weisheit. Nun bedeutet »Sichtweise« hier so viel wie *Werkzeug*: ein selbst hergestelltes Werkzeug, das nicht relativiert (relativieren kommt von vergleichen), sondern unter der Hand operiert und, ohne dass man dessen gewahr wird, eine Kluft auftut: Je nachdem, ob man das eine oder das andere arbeiten lässt, und zwar an derselben Sache, wird das Leben auf die eine oder die andere Seite kippen.

Dasselbe gilt auch für die Sichtweisen von *Abstand* und *Unterschied*: Der Unterschied setzt durch seine Bestimmung dem Horizont Grenzen und bleibt an seiner letzten Unterscheidung stehen, die zur Definition wird; der Abstand dagegen führt durch die Spannung, die ihn arbeiten lässt, zu einem unbegrenzt Möglichen. Auf die Geschichte der Philosophie zurückkommend, frage ich mich dann auch nicht mehr, was das Denken des Aristoteles von jenem Platons *unterscheidet* – solch ein Blickwinkel, der die Unterschiede Punkt für Punkt katalogisierte, wäre von vornherein steril –, sondern inwiefern *es* vom Denken Platons *abweicht*, wobei ich durch diese niemals ausgeschöpfte Geste der Dissidenz einen neuen Zugang zum Ungedachten bekomme. Wenn also diese beiden Werkzeuge je nach ihrem Gebrauch auch ihre Rechtfertigung haben, so könnte man sagen, dass der Unterschied durch Identifizierung zu *erkennen* erlaubt, während der Abstand, der über die Identitäten hinausreicht, zu *denken* gibt. Bei dieser Verifizierung der beiden Betätigungen des Geistes fällt auf, dass die erste logischerweise transitiv ist und ein Objekt voraussetzt, während die zweite durch ihre ursprüngliche Intransitivität (jene des »Ich denke«, *cogito*) im Fortgang das Denken aufrechterhält, weil sie die Einzäunung jeglichen Objekts umstößt. Man könnte auch sagen: Wenn der Unterschied ein Werkzeug der Wissenschaft ist, wie ich das bereits für die Linguistik angeführt habe und für die Anthropologie noch nachweisen werde, so ist die Philosophie dazu bestimmt, durch Abstandnehmen vorzugehen, um die Grenzen des Denkbaren stets weiter hinauszuschieben, indem es vom *bereits Gedachten* abweicht.

DAS KULTURELL FRUCHTBARE VERTEIDIGEN, NICHT DIE IDENTITÄTEN

Von diesem Abstand, den das Abweichen öffnet, habe ich hoffentlich genug gesagt. Ebenso habe ich ausreichend die Nützlichkeit der durch diesen Begriff hervorgerufenen Störung gezeigt, damit man versteht, weshalb ich die kulturelle Vielfalt mit dem Terminus des *Abstands* und nicht dem des *Unterschieds* behandeln werde und zum Prinzip mache. Ein wesentlicher Grund dafür ist auch, dass das Schicksal des Unterschieds an die Identität gebunden ist. Es ist ein altes Paar der Philosophie, dessen Bindung gleich auf zweifache Weise erfolgt, was auch ein Hindernis darstellt. Wenn der Unterschied in Bezug auf eine bekannte Gattung verstanden wird, von der er eine Besonderheit darstellt, so wird man in diesem Fall, wenn nach der einigenden Bezeichnung oder gemeinsamen – »nächsthöheren« – Gattung gefragt wird, von der sich die Unterschiede der Kulturen ableiten, um eine Antwort verlegen sein. Wird man sie etwa »Mensch« nennen oder »menschliche Natur«? Dabei handelt es sich doch nur um Lumpenfetzen, die nichts mehr bedecken und höchstens eine bequeme Konvention darstellen, da es ziemlich schwierig ist, einen glaubhaften Inhalt an ihnen festzumachen. Was kann man sich sonst noch als gemeinsamen Ursprung der kulturellen Unterschiede vorstellen, aus der diese dann hervorgehen könnten wie die Falten eines geöffneten Fächers? Wie könnte man es vermeiden, aus diesem gemeinsamen Ursprung eine ideologische Konstruktion zu machen, ohne die man allerdings nicht wüsste, worauf diese kulturellen Unterschiede beruhen sollten? Mag man es auch eine »gemeinsame Grundlage« nennen, wie das Jean-François Billeter als Einwand gegen mich vorbrachte[229] – es ist doch nur eine naive Art, dieses große X zu bezeichnen, ohne das der Gedanke des Ursprungs nicht auskommt, eingesperrt, ja angekettet wie er ist in diesem Register des »Unterschieds«, von dem er nicht weiß, wie er sich da herauswinden kann.

Wenn man des Weiteren einmal mit dieser uralten, sehr beruhigenden und daher häufig auftauchenden, fürchterlich zäh sich haltenden Vorstellung vom ersten Einen und vom Monismus abrechnete, würde leicht klar werden, dass das dem Kulturellen Eigentümliche, in welcher Größenordnung auch immer betrachtet, die *gleichzeitige* Pluralität in der Singularität ist. Anders gesagt: Man muss sich von der ebenfalls bequemen, aber unausrottbaren mythologischen Vorstellung lösen, nach der zuerst eine kulturelle Einheit-Identität existiert hätte, die sich dann wie durch einen Fluch (Babel) oder zumindest durch Komplikationen (wegen ihrer Ausbreitung) diversifizierte. Als Beweis dagegen kann die Verschiedenheit der Sprachen herhalten, die in keiner Weise ein späteres Phänomen ist. Ich würde sogar eher sagen, dass es dem Kulturellen eignet, sich in dieser Spannung – oder in diesem Abstand – von Vielfalt und Einheit zu entfalten, dass es von dieser doppelten Bewegung einer Hetero- und Homogenisierung erfasst wird, die dazu führt, zu verschmelzen und sich abzugrenzen, sich von einer Identität loszusagen und wieder zu ihr zurückzukommen, sich konform zu verhalten und Widerstand zu leisten, kurz, es gibt keine dominierende Kultur ohne eine dissidente usw. Woraus auch sonst könnte das »Kulturelle« entspringen, wenn nicht genau diese Spannung des Verschiedenen es arbeiten ließe und daher ständig umwandelte?

Genauso wenig wie man eine dem Unterschied vorausliegende (gemeinsame) kulturelle Identität annehmen kann, kann man diese als den den Unterschied abschließenden Zielpunkt verstehen: Wenn sich die Unterscheidung dadurch auszeichnet, dass sie in eine charakteristische Identität mündet, die eine Definition bildet, kann dies nur ein Verrat an der eigentlichen Natur des Kulturellen, nämlich der ununterbrochenen Transformation, sein (»Kultur-Verwandlung«, *wen-hua* 文化, so treffend nennt sie das chinesische Binom). Eine Kultur, die sich nicht mehr verwandelte, die sich demnach an ihren besonderen Zügen identifizieren ließe, wäre eine tote Kultur (so wie eine tote Sprache) und würde ihren Platz nur mehr in einem Museum haben. Man muss sich daher ein für alle Mal von der Idee verabschieden, man könne kulturelle »Identitäten« oder »Charakteristiken« schaffen, und zwar durch »Unterscheidungen«. Das berühmte Werk von Huntington[230] (berühmt wegen seines Konformismus) zeigt in dieser Hinsicht ausreichend, welchen nicht nur theoretischen, sondern auch (und vor allem) politischen Schaden das anrichten kann. Man findet in diesen typologischen Verallgemeinerungen, in die die Kulturen tabellarisch aufgeteilt werden, nicht nur immer Ausnahmen, sondern gerade auch das »Außerordentliche«, dieses Unübliche und aus dem Rahmen Fallende, das, weil es einzigartig ist, weil es einen Abstand herstellt und arbeiten lässt, stets das Signifikanteste ist, das die meiste Aufmerksamkeit verdient. Man erinnere sich doch nur: Da wollte man vor einiger Zeit als Präambel seiner Verfassung eine kulturelle Identität Europas definieren – ist Europa nun »christlich« oder »atheistisch«? usw. – und *musste* daran scheitern, denn es sind der Abstand und *die Spannung zwischen beiden*, zwischen der Religion *und* dem Atheismus, die für Europa bezeichnend sind und es vorwärtsbrachten. In weiterer Folge hat man auf diese unmögliche Charakteristik verzichten müssen. Logischerweise scheiterte man dann auch daran, Europa zu *machen*.

Wenn nun die Idee einer kulturellen Identität eine Sackgasse ist – ist diese doch, aus Prinzip, an den Unterschied gebunden, ebenso wie die Idee einer »multiplen« kulturellen Identität, die man heute gewöhnlich vorbringt, um diese Schwierigkeit zu umgehen –, so wird man deshalb noch lange nicht zu einer Demission oder Passivität hinsichtlich der Geschichte verdammt sein. Man müsste nur auf diese kontaminierende, noch nicht ausreichend reflektierte und kritisierte Sprechweise des Seins verzichten, auf der die »Id-entität« beruht, was stets in Begriffen von Stabilität (was dem Wandel von Kultur widerspricht) und Homogenität (entsprechend dem Mythos einer »reinen« Kultur) zu denken erfordert. Es wäre besser, das Kulturelle nicht in Begriffen des Unterscheidens zu denken, womit man letztlich ein Wesen definierte, sondern in *Ressourcen* zugänglich machenden Begriffen des Abstands, oder anders gesagt: in Begriffen der *Fruchtbarkeit*. So werde ich also keine französische oder europäische kulturelle Identität verteidigen, die sich ja im Sinn einer Teilhabe versteht – so als besäße ich »meine« Kultur –, dafür aber die »französischen« oder die »europäischen« kulturellen Fruchtbarkeiten, wie sie in Frankreich und in Europa in diesem oder jenem Milieu zur Entfaltung gekommen sind. Wie Nietzsche das richtig gesehen hat, entfaltet eine Kultur sich immer in einem bestimmten »Milieu«. Wie ich noch zeigen werde, steht die kulturelle Fruchtbarkeit allen zur Disposition, weshalb ich sie umso mehr bewahren und weiter zur Entfaltung bringen möchte – »verteidigen« und »erläutern«: beides gehört in aktiver Weise zusammen –, da wir nun der durch die globale Uniformierung drohenden vereinnahmenden Einebnung widerstehen müssen. Vor allem in Europa gilt es insbesondere, die Ressource der Vielfalt der Sprachen zu verteidigen und die *Abstände,* die die Sprachen voneinander trennen, zu bedenken.

Was unterschwellig, aber unberechtigterweise der Idee einer kulturellen Identität trotz ihrer offensichtlichen Brüchigkeit eine gewisse Grundlage verschafft, hängt, so glaube ich, mit ihrer Zweideutigkeit zusammen, vor allem damit, dass man gewöhnlich dazu neigt, sie mit dem (psychologischen) Prinzip der *Identifikation* zu verwechseln – ein Amalgam, das ihr Nährboden wurde. Wenn die Identifikation als Prozess der Herausbildung des Subjekts seine Berechtigung haben mag – das heranwachsende Kind identifiziert sich mit seinem Vater –, so schmückt sich die kulturelle Identität missbräuchlich mit dieser Legitimierung, wenn sie diese auf eine kollektive Angehörigkeit zurechtstutzt, die angeblich stabil sei und von der sogar behauptet wird, sie sei dauerhaft (»identitär«); wenn sie glaubt, berechtigt zu sein, Unterschiede, durch die sich ein Subjekt konstituiert, auf die es sich beruft und die es angeblich charakterisieren, erkennbar werden zu lassen. Die den Begriffen von *Unterschied* und *Identität* entgegengesetzten des *Abstands* und der *Fruchtbarkeit* ersparen uns dagegen in vorteilhafter Weise, immer wieder die verdächtige Frage nach dem Ursprung, nach der »nächsten Gattung« zu stellen – egal, ob diese nun von einer »menschlichen Natur« oder einer »gemeinsamen Grundlage« ausgeht –, mit der sich der Diskurs des Unterschieds ärgerlicherweise herumschlagen muss, um sich zu gründen, denn ein Abstand begreift sich nur in Beziehung zu dem, wovon er Abstand nimmt, seine Berechtigung hängt einzig von der Spannung des Vis-à-vis ab, das sich öffnet, und von dem, was dieses zum Vorschein bringt, ohne dass ein gemeinsames Vorausliegendes angenommen und identifiziert werden müsste. In der Perspektive, für die ich eintrete, bleibt nur mehr die eine relevante Frage, in welcher Weise sich der Mensch, ausgehend von allen Abständen, die die kulturelle Vielfalt ausmachen, im Zuge seiner Geschichte selbst entdeckt und reflektiert. Ich habe das anstelle der »Erkenntnis der menschlichen Natur« – woher käme diese? – die *Selbstreflexion* [*autoréfléchissement*] des Menschen genannt, die einzige effektive Erkundungsweise, um »den Menschen« – hier im engeren, aber unendlich offenen Sinn gemeint – zu erfassen, sowohl in der Vielfalt seines Abenteuers als auch in dem, was das Gemeinschaftliche seines Schicksals ausmacht.

Die Begriffe des Abstands, der Ressource und der Fruchtbarkeit lassen uns einzig im Register des Ausforschens und Ausbeutens arbeiten. Sie verlangen nicht die Annahme einer Zugehörigkeit, beanspruchen für sich auch nicht, von irgendeiner »Ontologie« begründet zu sein. Die einzige Frage, die nach dieser schichtweisen Freilegung bleibt, ist die, *wie weit* sich diese Abstände auftun, als Abweichungen sich einen Weg bahnen, sich entfalten, neue Horizonte entdecken und neues Mögliches erscheinen lassen können. In welchem Ausmaß können die daraus hervorgehenden Ressourcen oder befruchtend wirkenden Potenziale gedeihen? Man kann diese Fähigkeit des abenteuerlichen Abweichens auch resorbierend dahinsiechen lassen, in eine kollektive Einebnung und Nivellierung, in diesen Komfort des sogenannten »einheitlichen« Denkens zurückfallen lassen – die Medien, die sich darüber beklagen, beweisen das zur Genüge. Man kann diese Ressourcen oder Fruchtbarkeiten auch verlieren, vernachlässigen, brachliegen lassen. (Ein Beispiel einer noch vor gar nicht langer Zeit verlorenen Ressource wäre etwa die in Frankreich übliche »Eleganz«. Ist sie für immer verloren?) Klar scheint, dass sich Ressourcen, die hier vernachlässigt werden, anderswo erneut zur Geltung bringen können. So sind es heute kaum mehr die Einheimischen, die sich um das Französische Sorgen machen. Was mir dieses Konzept eines *erfindungsreichen (aussichtsreichen), Fruchtbarkeit ausströmenden Abstands* des Weiteren so wertvoll macht, ist, dass dieser zwar lokal (aus einem »Milieu«) hervorkommt, sich aber nicht von irgendeiner Zuordnung blockieren lässt; er beschränkt sich auf seine Wirkungskapazität, er erhält sich im *Effektiven*. Daraus ergibt sich, dass eine derartige Ressource, wie bereits gesagt, *disponibel* ist: Wer sie aktiviert, bringt sie zur Entfaltung, sie ist nicht so sehr »exportierbar« als vielmehr ohne Anbindung. Die von mir verteidigten »französischen« und »europäischen« Fruchtbarkeiten stehen allen in gleicher Weise zur Verfügung, außerhalb Frankreichs wie auch außerhalb Europas, was keineswegs heißt, sie als universell geltend zu verkünden, wie man das so nachdrücklich für »unsere« Werte gefordert hat. Ressourcen muss man nicht »anpreisen«.

Daraus lässt sich erkennen, in welche Aporie der kulturelle Diskurs vom Unterschied notwendigerweise führt, ebenso, in welch aussichtslose Dilemmata sich die sogenannte »inter«-»kulturelle« Reflexion eingesperrt hat, weil sie nicht das intensive »Zwischen« auf sich zu nehmen vermag: Entweder setzt man den kulturellen Unterschied an die zweite Stelle, folglich die kulturelle Identität an die erste, oder man gleitet in einen *leichtfertigen Universalismus* ab, d. h. in einen, der seinen Ethnozentrismus nicht verhehlen kann. Mit ihm verfehlt man die Chance oder Ressource der kulturellen Vielfalt und verbleibt in seinen Anfangskategorien, die man wie selbstverständlich auf den Rest der Welt projiziert, ohne anzufangen, sie auseinanderzunehmen und sich aus der Reihe zu bringen. Oder man setzt umgekehrt den kulturellen Unterschied an die erste Stelle und leitet die je eigene kulturelle Identität daraus ab, so als besäße sie einen einheitlichen Charakter: Hier gleitet man in einen *faulen Relativismus* oder einen sogenannten »Kulturalismus« ab. Dann ist jede Kultur in ihrer Blase eingeschlossen und bildet eine Welt für sich; ihre Unterschiede machen ihr Wesen aus. Beide Positionen, die eine wie die andere, sind politisch gefährlich. Die erste Option kann nur einen »weichen«, unterschwellig geführten interkulturellen Dialog hervorbringen, in dem das *dia* des Dialogs verwaschen, umgangen oder außer Kraft gesetzt wird; die zweite verschärft, verhärtet die Standpunkte und macht sie von Anfang an antagonistisch (der angekündigte *clash*): Der Dialog ist dann bestenfalls nicht unterschwellig, sondern bloß simuliert. Beide sind überdies steril. Im ersten Fall ist die Begegnung unecht und wirkungslos, im zweiten wird die Möglichkeit einer Begegnung von vornherein verneint.

Das führt also auf beiden Seiten in eine Sackgasse. Gibt es da aber wirklich »zwei« Seiten, oder belässt uns das Umschlagen des einen ins andere nicht in ein und derselben Immobilität? Im einen wie im anderen Fall entdeckt man nichts vom Anderen, ändert sich nichts an den eigenen Vorstellungen – es passiert einfach nichts. Nun kann man nicht damit rechnen, dass man dieses in seiner falschen Alternative blockierte System wieder lockern kann: Genauso wenig wie man es besser einrichten kann, genauso wenig kann man es mit einem Kompromiss versuchen. Letzterer, der tagtäglich zusammengebastelt wird, bringt einen nicht weiter. Er *produziert nichts*, wie man laufend feststellt: Der »Dialog« der Kulturen bleibt ein Deckmäntelchen für die tatsächlichen Kräfteverhältnisse. Mit ihm wird ein »guter Wille« vorgetäuscht, oder er dient als Verkleidung des Willens zur Macht. Es bleibt einem also nichts anderes übrig, als diese alten Denkformen, in die uns der Unterschied eingesperrt hat, aufzubrechen oder, wie ich sagen würde, von ihnen Abstand zu nehmen. Wenn man dem »Dialog der Kulturen« endlich seine historische Chance geben wollte, müsste man ihn im eigentlichen, ursprünglichen Sinn verstehen und seinen beiden Komponenten ihre Bedeutungskraft zurückgeben, dem *dia* ebenso wie dem *logos*, in fruchtbarer Spannung zueinander: diesem *dia*, das eben genau *Abstand* besagt, zugleich aber auch die Möglichkeit eines Verlaufs – schon seit den Griechen weiß man, dass ein Dialog noch fruchtbarer ist, wenn es um einen Abstand geht; und diesem *logos*, der das einzig effektiv Gemeinsame besagt, jenes des *Intelligiblen*. Das Gemeinsame ist nicht gleich von Anfang an eine Projektion oder Hypothese und wird auch nicht hypostasiert, wie dies bei jeder als Prinzip gesetzten Identität der »menschlichen Natur« oder einer »gemeinsamen Grundlage« unausweichlich der Fall ist, sondern ist etwas, was es hervorzubringen gilt. Es konstituiert für sich allein, einzig dazu berechtigt, die Gemeinschaft der Menschen. Zu behaupten, *das dem Menschen Gemeinsame* sei *das Intelligible*, bedeutet nun, dass dieses Gemeinsame nicht endgültig gegeben und auch nicht vollendet ist, sondern dass es unsere Verantwortung ist, es im *Dia-log* der Kulturen zur Entfaltung zu bringen.

NICHT VERGLEICHEN, SONDERN REFLEKTIEREN

Wer den Dialog fordert, kann nicht vergleichen. *Vergleichen* heißt Ähnlichkeiten und Unterschiede gegeneinander abzugrenzen, nach dem Gleichen und dem Anderen zu ordnen, das Eine im Hinblick auf das Andere zu charakterisieren und die entsprechenden Identitäten festzuhalten. Entweder man betont die Ähnlichkeiten zwischen den Kulturen und verfällt in eine bequeme, unbestimmte Assimilation, die nur in einer Tautologie enden kann (»alles ist in allem«, »der Mensch ist der Mensch« usw.), oder man räumt dem Unterschied Priorität ein, und die kulturelle Vielfalt verwandelt sich in miteinander rivalisierende Entitäten. Dann spricht man von »China« und dem »Westen«, so als wären das mögliche Abstraktionen oder große Subjekte – man tut dann das, was ich anderswo »Welten Bilden« genannt habe, d. h. man produziert theoretische Ungeheuer.

Ich mache etwas anderes. Statt zu vergleichen, organisiere ich *Gegenüberstellungen* von chinesischem und europäischem Denken, sodass sich durch den Abstand das eine im anderen betrachten kann und umgekehrt (mit »chinesischem Denken« bezeichne ich nichts anderes als das Denken in der chinesischen Sprache, mit »europäischem Denken« das Denken in der europäischen). Für die Zeit, vor der, historisch gesehen, China und Europa einander begegneten, ist diese Gegenüberstellung allerdings nicht gegeben und muss konstruiert werden. Zu diesem Zweck mache ich Abstände zwischen diesen Denkweisen ausfindig; ich entdecke sie und lasse sie arbeiten. Es sind Abstände, wie sie auch von einem Philosophen zum anderen in der Philosophiegeschichte zu finden sind (diese besteht eigentlich aus nichts anderem), ja sogar innerhalb ein und desselben Gedankengangs, wodurch ein Gedanke eigentlich denkt. Sind nun diese Abstände von gleicher Natur? Zumindest sind sie aufgrund der *gegebenen* Außenständigkeit dieser Gedanken füreinander – ich habe noch nicht »Alterität« gesagt – von solcher Art, dass sie sich in der Begegnung mit dem Anderen in dem, was sie von sich selbst nicht wissen, jeweils selbst erfassen (was ich »genau betrachten« [*dévisager*] nenne) und ihr Ungedachtes ausloten können, um dadurch wieder mit dem Denken anzufangen (sich erneut ins Denken hineinzubegeben). Um so etwas wie ein angefangenes Lexikon fortzusetzen, würde ich sagen, dass das »Ungedachte« das ist, womit ich zu denken beginne, und dass ich es eben deshalb nicht denke: die in meinem Denken verborgenen Vorausentscheidungen, die wie Offensichtliches transportiert werden und die ich eben deshalb *nicht denken kann.* Ein solcherart *Ungedachtes* muss aber nicht nur negativ verstanden werden: Dieses Ungedachte ist die Bedingung der Möglichkeit meines Denkens und zugleich seine Begrenzung. Es ist das, was mein Denken nicht von selbst von sich denkt und ebenso die Quelle seiner Fruchtbarkeit, d. h. die Falte [*pli*] seines Erfindungsreichtums.

Nun ist es die positive Eigenschaft des Abstands, dass er im Denken einen Rückzug hervorbringt, und dieser Rückzug distanziert, lässt entdecken – und zwar zunächst das Wohlbekannte-Unbekannte, da dieses sein Ungedachtes verbirgt. Ich würde also die allgemeine, den Rahmen kultureller Studien übersteigende Regel aufstellen, die besagt: Das dem Abstand Eigentümliche, seine Fruchtbarkeit, besteht darin, im Denken durch Ablösung einen Rückzug herzustellen und zugleich die Perspektive zu verändern, etwas *Ver-rücktes* einzuführen. Ein derartiger Abstand ist aber tatsächlich nur – und deshalb ist das Interkulturelle für die Philosophie auch so lehrreich – in der Begegnung mit dem Anderen möglich; d. h. man kann die Bedingungen seines Befremdens [*dépaysement*] *nicht erfinden* (auch nicht sich vorstellen). Man verlässt seine Sprache nur, wenn man eine andere erlernt, man verlässt sein Denken nur, indem man in ein anderes eintritt. Man kommt nicht von alleine, *proprio motu*, aus seinem Denken heraus. Denn man kann »zweifeln«, so viel man will, und den Zweifel genauso hyperbolisch wie Descartes anwenden – man wird immer nur an dem zweifeln, was man glaubt, was man als zweifelhaft »ansieht«. Man zweifelt nicht an dem, von dem man nicht weiß, dass man daran zweifeln könnte, an dem, was sich dem Denken unwissentlich aufzwingt und nur aus einem gewissen Abstand wahrnehmbar wird. Aus dem Inneren seiner Sprache erkennt man nicht deren Grenzen oder wie sie das Denken »faltet«; aus dem Inneren seiner eigenen Sprache weiß man nicht, in welcher Sprache man spricht und welche uns denken lässt. Aus dem Inneren seines Gedankens weiß man nicht, wie sehr er *bereits* konfiguriert ist.

Aus diesem Rückzug, dieser Ablösung und Distanz, zu der der Abstand ermächtigt, resultiert im Gegenzug das, was ich die Wirkung eines »Ansatzpunkts« oder »In-den-Griff-Bekommens« nenne. Man bekommt das »in den Griff«, was man nicht oder nur viel schwerer aus dem Inneren seiner Sprache und seines Denkens erfassen und vor allem nicht umreißen kann: dieses Possessiv, dieses »sein«, das nicht eine Zugehörigkeit, sondern eine Abhängigkeit ausdrückt. Das gilt vor allem für diese Begriffe und Vorstellungen, *in* denen wir denken und deren Umrisse wir nicht wahrnehmen, da die Sprache sie uns von innen her bewohnen lässt. Das gilt in erster Linie für das, woraus ich ein symbolisches Viereck Europas zu machen begonnen habe (das Sein – Gott – die Wahrheit – die Freiheit) und von dem ich, vom Inneren des gewordenen »Europas« her, nur schwer sowohl meine Sprache als auch mein Denken loslösen kann. Schließlich lässt sich, ich wiederhole, eine Distanz oder, besser gesagt: eine *Gleichgültigkeit* – selbstverständlich nicht zu verwechseln mit einer Kritik – ihnen gegenüber nicht erfinden. Wenn man aber nun über ein Sprechen-Denken wie dem Chinesischen von außen an sie »herangeht«, gewinnen sie aus der Distanz ein bestimmtes Profil, es lässt sie als eine Konfiguration unter vielen möglichen anderen erscheinen, macht ihre Kanten oder Ränder, die sie umreißen, sichtbar und ermöglicht, da sie sich dadurch vom Hintergrund des Denkmöglichen abheben, dass man »an sie herangehen« [*aborder*] kann.

Was diese *Sicht von außen* [*exoptique*] anlangt, so muss man hinzufügen, dass von außen, aus weiter Ferne, mit Abstand zu betrachten nicht heißen soll, nur so im Großen und Ganzen oder bloß ungefähr hinzusehen. Vielmehr wird durch den möglich gewordenen »Umriss« das klarer hervorgehoben, was so präsent, durchdringend, diffus, alles durchströmend ist, dass man es, wenn man die Augen ganz nahe darauf gerichtet hat, nicht mehr *wahrnimmt*. Um kurz im Bereich des Visuellen zu bleiben – einer bequemen, obschon nicht unbedingt der adäquatesten Vorstellungsweise –, so würde ich sagen, dass dieses Milieu oder Bad, in das uns die Sprache (jede Sprache) eintaucht – mit allem, was sie an unvermuteten Optionen mittransportiert –, nur durch ein Übereinanderlegen (der Ansichtsweisen ebenso wie der Begriffe) Gestalt annimmt. Wenn ich hinzufüge, dass sich ein Fremdwerden nicht erfinden lässt, so will ich damit sagen, dass es etwas anderes ist, die *Perserbriefe* zu schreiben oder »nach China zu gehen«. Im ersteren Fall vermag die fiktive Exteriorität zwar zu unterstreichen und hervorzuheben, aber nur das, was man bereits (er-)kennt;[231] sie stört nicht, weil sie nicht de-konfiguralisiert. Wenn man dagegen aus Europa fortgeht, um sich in das Sprechen-Denken Chinas einzuhausen, wird man (zunächst in völliger Mittellosigkeit) in etwas nicht Erwartetes eingetaucht, in etwas Befremdliches, aus dem man dann so große Schwierigkeiten hat, wieder herauszukommen, ja, sogar niemals herauskommen wird.

Es geht auf dem Umweg über China als gewähltem Ort möglicher Exteriorität im Grunde weniger darum, zu vergleichen und gar zu kontrastieren, als vielmehr darum, das zu organisieren, anzuordnen oder (im experimentellen Sinn) »herzurichten«, was als ein Dispositiv der *Reflexion* dienen wird. »Reflexion« sei hier im wörtlichen wie im übertragenen Sinn verstanden, transitiv, aber auch intransitiv gebraucht, denn man muss sich dieses Spiels von Optik und Perspektive zum Zweck einer emanzipierten Entfaltung des Denkens bedienen. Wie ein Spiegel ein Bild reflektiert, so reflektiert sich ein Sprechen-Denken im Anderen, weil es sich genauestens in dem betrachtet, was es von sich aus bei sich nicht gesehen hat. Die Reflexion passiert diesseits der Vorurteile, die Descartes aufzustöbern suchte, und bringt das zum Vorschein, was man sein Vor-Begriffliches – Vor-Kategorisiertes und Vor-Befragtes –, d. h. sein Ungedachtes nennen könnte. Wenn ich, weil ich die beiden Termini nicht voneinander trennen kann, von einem Sprechen-Denken rede, Descartes hingegen nicht bedachte, dass er in einer Sprache denkt, so unterstelle ich nicht, dass die Sprache das Denken bestimmt, ziehe aber in Erwägung, dass das Denken die Ressourcen, oder anders gesagt: die *Fruchtbarkeit* seiner Sprache ausbeutet. Daraus ergibt sich auch, dass *Reflexion* dann nicht mehr auf ein gegebenes Objekt bezogen wird (»ich reflektiere« bedeutet dann soviel wie »ich denke«): Das Denken bezieht sich in der Begegnung mit dem Anderen auf sich selbst zurück, kann in diesem Freiraum des Zwischensprachlichen und Zwischengedanklichen reflektieren, weil es plötzlich befreiter ist (weniger an Ort und Stelle um sich selbst rotierend), ohne dass es sogleich wissen muss, »woran« es zu denken hat, ohne dass sich bereits ein Thema und eine Fragestellung, an die es sich anzuhängen hat, aufdrängen. Dort kann es von einem Neuanfang seiner »Meditation« – einer noch ursprünglicheren (einer vielleicht noch wahrhafteren cartesianischen) – träumen.

VON EINER ANTHROPOLOGIE DER UNTERSCHIEDE ZU EINER PHILOSOPHIE DES ABSTANDS

Man könnte nun entgegnen, dass es bereits eine Disziplin gibt, deren Aufgabenfeld genau diese kulturelle Vielfalt ist, eine, die befugt ist, in Form von Unterschieden und Ähnlichkeiten darüber zu sprechen, die darauf aus ist, Besonderheiten festzustellen, und nicht aufhört, zu vergleichen, einzuordnen und Fälle systematisch in Tabellen aufzunehmen, indem sie diese nach Kriterien und Taxa definiert und durch Isolierung ihrer Elemente stabile Formen ihrer Kombinationen bestimmt – kurz, diese Disziplin, die derartige Bedingungen des Möglichen untersucht, ist die Anthropologie. Sie kann auf mehr als ein Jahrhundert ihres Weges zurückblicken und hat ihre Gültigkeit bewiesen. Wahr ist auch, dass es ihr gelungen ist, eine Dezentrierung des westlichen Denkens herbeizuführen, ihre Ausgangskultur, die europäische, nur mehr als eine mögliche unter anderen zu begreifen, und dass sie das Verdienst hat, weil sie sich als Wissenschaft konstituieren wollte, ihre Gegenstände bereits ausgearbeitet und ihre Methode schon konstruiert zu haben. Wozu noch eine andere Herangehensweise?

Freilich könnte man der Anthropologie vorwerfen, sie habe missbräuchliche Verallgemeinerungen produziert: Wenn Philippe Descola in einem trotz allem sehr schönen Buch feststellt, dass der Gegensatz von »Innerlichkeit« und »Körperlichkeit« alle Kulturen gleichermaßen durchdringt, liefert er damit sicherlich ein *dem Intelligiblen Gemeinsames.*[232] Ist dieses aber hinsichtlich der chinesischen Kultur, mit der ich mich beschäftige, das bedeutsamste? Diese begreift doch alles Reelle – obschon dieser Terminus bereits eine schreckliche Option ist – entsprechend der Paarung von »Körperlichkeit« und »Funktionstüchtigkeit« [*opérativité*] (*ti* 体 und *yong* 用), um damit vor allem den prozessualen Charakter dessen, was traditionellerweise der »Weg« (*tao* 道) genannt wird, herauszustellen. Man kann auch fragen, was dieser Auflistung in Tabellen alles entgeht, was sie aufgrund ihrer taxonomischen Logik, die der Geschichte eine Struktur vorzieht, nicht erklären kann: Wenn man, wie es Descola immer noch macht, die griechische und chinesische Kultur in dasselbe Kästchen des »Analogen« einordnet, wird man vielleicht, ausgehend von diesem gemeinsamen »Analogen«, nicht mehr genügend erklären können, weshalb die europäische Kultur die einzige war, die den modernen »Naturalismus« hervorgebracht hat. Man wird sich auch fragen müssen, wie es die Anthropologie beim Herangehen an außereuropäische Kulturen vermochte, sich der Kategorien europäischen Denkens zu entledigen, und bis zu welchem Ausmaß sie es tatsächlich schaffte: Hat sie nicht wiederum das, was in ihrem Schematisieren der »Vergegenständlichungsweisen« von »Welt« ihre eigene theoretische Erwartungshaltung war, auf andere projiziert? Hat sie den Abstand zwischen den Sprachen genügend berücksichtigt oder spricht sie nicht immer noch ganz einfach in Einfaltungen des europäischen Sprechen-Denkens? Vor allem aber stellt sich die Frage – wenn sie sich nun scheinbar dabei so wohl fühlt, Kulturen aus allen vier Weltgegenden in ihre Typologien einzuordnen, Kulturen, deren implizierte, aber auch sehr komplexe Strukturen sie rekonstruiert, wofür sie sich trefflich ausgestattet hat –, wie, d. h. auf welcher Ebene ihrer eigenen theoretischen Ausarbeitung, sie so entwickelte Kulturen integrieren kann. Eine so ausgearbeitete, textualisierte und monumentalisierte Kultur, wie es »zum Beispiel« die chinesische ist, wird nur selten in Betracht gezogen – dagegen, gewissermaßen in Überfülle, ihre Minoritäten.

Meiner Ansicht nach muss man deshalb einen neuen, nämlich philosophischen Weg einschlagen, um sich mit der kulturellen Vielfalt auseinanderzusetzen – parallel verlaufend zu dem von der Anthropologie angebotenen und im Übrigen ohne Rivalität zu ihr –, weil diese ausdrücklich auf Erkenntnis abzielt. Indem sie das Unvergleichbare vergleicht, wie es programmatisch der schöne Titel von

Marcel Detienne[233] ausdrückt, d. h. durch Ähnlichkeit und Unterschied vorgeht, indem sie gleich von Anfang an ihre Kriterien festlegt sowie ihre Typologien konstruiert, definiert sich die Anthropologie hinsichtlich ihrer Aufgabe und Autorität zugleich als Wissenschaft, deren Aufgabe vor allem die Bestimmung ist. Deshalb hält sie sich nur wenig bei der Erfahrung der völligen Mittellosigkeit auf, die das Eintreten in ein anderes Denken bewirkt. Sie befasst sich auch nicht mit der verstörenden Wirkung des Abstands und möchte diesen als einen Unterschied in seiner resultativen Form oder in tabellarischer »Ausbreitung« ansehen, der einen Platz in ihrer Typologie findet, die selbst als eine Gesamtausstattung konstruiert ist. Eine philosophische Annäherung dagegen begnügt sich damit, an der Schwelle zu verharren und dort umherzustreifen, in einer Schwierigkeit, die all ihr Wissen zunichtemacht, in diesem genauen Betrachten des Anderen, von dem sie, solange sie nur kann, die Wechselseitigkeit – die Wechselwirkung – sich selbst gegenüber verspürt, quasi in einer * *Unruhe*, die die Reflexion offenhält. Oder wird (bzw. bleibt) dann die Anthropologie, wenn sie sich in dieser Erschütterung, in dieser Unsicherheit aufrechterhält, die sie weniger dazu bringt zu wissen als vielmehr zu denken, nicht gar philosophisch?

Was das anthropologische von dem philosophischen Projekt hinsichtlich der kulturellen Vielfalt ganz deutlich unterscheidet, ist, dass Ersteres dazu führt, die Möglichkeiten *auf eine begrenzte Zahl* einzuschränken: Indem sie die Einordnungskriterien bestimmt, aus denen ihr taxonomisches Unterfangen hervorgeht, erstellt die Anthropologie ein System von Fällen, das unendlich komplex zu äußerst vielfältigen Kombinationen fähig sein kann, aber trotz allem vom Prinzip her begrenzt ist. Das Netz, das sie über die zahlreichen Arten, »die Welt zu bewohnen«, auswirft – so schillernd und bunt dieses Unterschiedliche auch sein mag –, ist in einen Rahmen gespannt, der, einmal fixiert, von seinen Parametern zusammengehalten wird und nicht mehr zerlegt werden kann. Dieses Unterschiedliche ist darum nur eine Auffächerung, diese Fälle sind nur Variationen, denn alle die Struktur betreffenden Untersuchungen führen durch die zur Anwendung gebrachte Modellierung eine Logik der Erfüllung mit sich. Philippe Descola macht dies zu einem Schwerpunkt seines Programms: Diese Eingrenzung und Vermessung der Weisen des Weltbezugs gehen Hand in Hand mit ihrer Kommensurabilität.

Wenn man nun diese Verschiedenheit der Kulturen nicht unter dem Blickwinkel des Unterschieds, sondern unter jenem des Abstands betrachtet, nicht als bestimmende Einordnung, sondern als erforschende Verstörung, so ist diese Verschiedenheit der Kulturen vom Prinzip her nicht nur unendlich, sondern findet darüber hinaus in dieser Unbegrenztheit ihre Berufung. Das dem »Abstand« Eigene ist, dass er sich weder normieren noch begrenzen lässt, dass er, zerrüttend wie er wirkt, in jeder Hinsicht und in jedem Maßstab arbeitet und jeden Versuch, mit Vorgaben eine Homogenisierung oder Homologisierung herbeizuführen, untergräbt. Statt sich auf einer Übersichtskarte ausbreiten zu lassen, widerspricht er jedem taxonomischen Unterfangen, geht er über jede Zuweisung hinaus. Auch wenn sich diese Abstände, wie ich sie zwischen den Kulturen Chinas und Europas verfolge, aneinanderreihen und abwechseln und sich zugleich so sehr miteinander verflechten und verzweigen, dass sie Kohärenzen bilden, die die Form theoretischer Alternativen annehmen können, so wird ihre Vermehrung, weit davon entfernt, zu einem Abschluss zu kommen, sich doch unbeschränkt fortsetzen, als Unterlage für weitere Befragungen dienen, also so unerschöpflich sein, wie es die Fragen in der Philosophie nun einmal sind.

Man muss die beiden Unterfangen entsprechend ihrer Bestimmung auseinanderhalten. Die Anthropologie inventarisiert das Verschiedene der Kulturen und ordnet es, um die der Menschheit eigenen Möglichkeiten, wie sie sie in ihrer Geschichte entwickelt hat, zu erkennen, ohne sie unter ein einheitliches Schema oder Schicksal subsummieren zu können – und wäre es das des »Menschen« als eines absolut ersten Begriffs, den zu isolieren man für möglich hielte. Auf diese Weise hat sie das Verdienst, die projizierte Universalität – sei es eine der Religion wie bei Bossuet, sei es eine der klassischen Philosophie – zu zerbrechen, da sie nur mehr relative, sogar miteinander konkurrierende Kategorien akzeptiert und sich jegliche globale Erzählung verbietet. Nun kann die philosophische Herangehensweise, für die ich plädiere, gerade aus diesem Grund nicht auf die Anforderung, universell zu sein, verzichten – selbst wenn sie es sich zur Aufgabe macht, das Denken so weit wie möglich *auseinanderzuspreizen, indem sie den Abstand arbeiten lässt.* Sie will damit nicht nur das Denkbare über das markierte Feld hinausdehnen, sondern, mehr noch, das Denken von innen her spannen, indem sie einen Abstand öffnet, der es reagieren lässt, und zwar mit der Absicht, alles normative Denken ins Wanken zu bringen, selbst alle Begriffsbildung, die in ihren parteilichen Entscheidungen dahinschlummert. Dies gilt dabei natürlich nur unter der Voraussetzung, dass es sich nicht um eine totalitäre Universalität mit umfassenden Ansprüchen handelt, um einen »Universalismus«, von dem wir hoffen, dass er bereits ausgestorben ist, sondern dass es etwas Universelles von völlig umgekehrter Bestimmung ist, ein rebellisches, weil niemals zufriedenes Universelles, das geradezu darauf versessen ist, jede errungene Totalität aufzubrechen, und als »regulative Idee« (im Sinne Kants) dient – ein Ansporn, um den Horizont des Begrenzten hinauszuschieben und das Gemeinsame stets weiter auszufalten.

Die Frage, die die Philosophie an diese Vielfalt der Kulturen heranträgt, ist nun nicht mehr jene nach ihrer möglichen kategorialen Aufteilung und Einordnung, sondern die, was es mit diesen konkurrierenden Weisen, »die Welt zu bewohnen und ihr Sinn zu geben«, auf sich hat – um es in der noch gänzlich europäischen Terminologie einer nicht genügend extravertierten Sprache, wie sie die Anthropologen bevorzugen, auszudrücken. Erhellen sie die Erfahrungen *jedes* Subjekts, sind sie ihm als Subjekt förderlich, d. h. können sie zum Aufbau und zur Verbesserung seiner Existenz beitragen? Welche *Ressourcen* stellen sie dar, um heute *mein* Verständnis der »Dinge« und des »Lebens« eben dank ihrer Abstände aufzuschließen und zu erweitern? Während sie unaufhörlich das Ferne und Heterogene, das eigentlich Verrückte zum Vorschein bringt, ist diese Perspektive eben dadurch transkulturell und transhistorisch. Genauso wie ein

Philosoph nicht darauf verzichten würde, so weit entfernte Denker wie Platon und Nietzsche in einen Dialog treten zu lassen, sobald er einen theoretischen Entwurf ausarbeitet, der so eine Begegnung ermöglicht, genauso ist es angebracht, europäische und chinesische Denker miteinander ins Gespräch zu bringen, um der Erwartungshaltung unserer Zeit zu entsprechen. Zweifellos geht es dabei vor allem darum, die sie trennende *Gleichgültigkeit* zu überwinden, zumindest jene hinsichtlich der jeweiligen Vergangenheit sowohl der Sprache als auch der Geschichte – eine Arbeit, die sicherlich schwieriger ist, als den »Unterschied« festzustellen, wird es doch zweifellos noch mehr an Begrifflichkeit und Vermittlung, also philosophischer *Ausarbeitung*, bedürfen.

VON EINEM AUSSEN HER PHILOSOPHIEREN

Als ich, junger Hellenist, der ich war, beschloss, Europa zu verlassen und nach China zu gehen, zu einer Zeit, da China alles andere als dialog- und aufnahmebereit war (zum Ende des Maoismus), so wollte ich, indem ich *Abstand nahm*, an die Philosophie von einem Außen aus herangehen. Ich wollte nicht Gefahr laufen, in ihrem Inneren eingeschlossen zu bleiben, nicht mehr die Geschichte der Fragen nachvollziehen können, ja sogar nicht mehr wissen, was für Fragen es eigentlich waren. Waren es noch jene des »Seins«, der »Wahrheit« und dergleichen? Ich ging, um in einer Suspendierung des Denkens zu leben – jedem seine *epochē*, die meine sollte auch existenziell sein –, eine derartige Suspendierung, dass ich nicht mehr wusste, was sich ähnelte und was nicht, was sich unterschied und was nicht, sodass die ursprünglichen Orientierungspunkte so sehr ins Wanken kamen, dass ich begann, mich darüber zu wundern, was meine Sprache mich sagen ließ und mir zu denken vorgab. Ich wollte nicht mehr ein Gefangener – vielleicht gar ein Betrogener? – eines Spiels (eines »Ichs«[234]) sein, das ich nicht gewählt hatte. Wir sagen gewöhnlich, dass wir in Europa die Erben der Griechen seien – oder dass die Philosophie »eine griechische Sache sei«, wie man seit Hegel unablässig wiederholt –, wir gebrauchen das wie etwas beruhigend Offensichtliches, weil es sogleich einen Herkunftsnachweis darstellt. Was wissen wir aber tatsächlich davon? Was wissen wir, solange wir nicht genügend Abstand dazu haben – und damit auch einen »Anhaltspunkt« –, um es zu sondieren? Ein weiterer Grund, sich in eine damals noch als »selten« geltende Sprache, in ein sehr hermetisches, um nicht zu sagen: exotisches »Spezialfach« (die »Sinologie«) einzuarbeiten, war außerdem, dass man sich nicht noch mehr spezialisieren konnte (musste): dass man in dieser Mittellosigkeit »alles« wahnsinnig, aber unvermeidlich brauchte – dieses »Alles«, was der Philosophie eigen ist: Ästhetik, Moral, Politik usw. –, um zu beginnen, sich im Denken zu »orientieren«.

Wenn ich an diese Entscheidung, die ich im Alter von zwanzig Jahren getroffen habe, zurückdenke, muss ich ein wenig schmunzeln, so sehr war sie konstruiert und begründet, vielleicht sogar geschwätzig hypermotiviert und zugleich inhaltslos. Ich wusste nichts über China, aber genau das reizte mich: die Wirkung der *tabula rasa*, der »weißen Seite« (allerdings nicht in Sachen Geschichte – ich war kein »Maoist«), die Hoffnung auf einen neuen Start – »sich in keine Falle locken lassen« war damals das Schlagwort. Die Philosophie von der Kehrseite her oder im Rücken angreifen, sich nicht von dem verführen lassen, was vielleicht nur ein ausgetretener Pfad oder ein »Atavismus« war – Nietzsche hatte mich davor gewarnt. Die (griechische) Philosophie behauptet, »alles« durch das, was sie an Gegensätzen aufbaut, zu denken, alles dem Denken Mögliche zur Entfaltung zu bringen. Weiß sie aber auch, woran sie *vorbeigeht*, ohne daran zu denken? Welche Strategie braucht es, um dem zu entgehen, dass alle ihre zukünftigen Entfaltungen immer nur »Ausfaltungen« sein würden? Ich sage: »Strategie« und nicht Methode, denn man kann sein Ungedachtes im Unterschied zum »Vorurteil«, das im Endstadium des Urteils auftaucht, nicht frontal angreifen – da würde man es bereits denken. Man braucht, wie ich bereits gesagt habe, einen »Kunstgriff«, muss einen »Kniff« anwenden, aus der Schräge die Sache angehen, einen Umweg und zugleich einen Rückweg einschlagen – wobei dieser Rückweg nicht »nachher« erfolgt, sonst würde man niemals zurückkehren, man würde sich spezialisieren, sich »sinisieren«. Man muss wie eine Krabbe gehen, so sagt man mir – es braucht ein ununterbrochenes Hin und Her.

Der »schräge Zugang« bestand nicht zuletzt darin, auf dem Umweg über China wieder auf das zurückzukommen, was in den 1960er und 1970er Jahren in Frankreich zu den markantesten Denkoperationen gehörte: zur Funktion des als erstes Axiom gesetzten »Einschnitts« [*coupure*] zwischen einem Vorher und Nachher im Rahmen des sogenannten westlichen Denkens, aus dem die »Moderne« hervorgegangen sei. Es war ein Einschnitt, der jeweils (Koyré, Kojève, Barthes, Lacan …), sei er verabsolutiert, sei er relativiert, eher historisiert oder eher strukturalisiert, eher global oder eher lokal angesetzt wurde, für »bedeutend« oder nicht, für »synchron« verlaufend oder nicht angesehen wurde.[235] Man setzt ihn mit einer einzigen Geste zwischen der alten *episteme* und der modernen Wissenschaft, also zwischen dem ungefähren Wissen und dem mathematisierten der Genauigkeit und des Maßes (zwischen der »endlichen« Welt und dem »unendlichen Universum«: als synthetisierender und symbolischer Name für ihn gilt Galilei); oder, im Gegenteil, man setzt zahlreiche Einschnitte, deren Aufteilung dann komplex wird und von denen man nicht einmal mehr sicher ist, ob sie homolog und kongruent sind (die Baustelle von Foucault). Handelt es sich da aber wirklich um die einzig existierende Heterogenität zwischen den »Diskursen«, um die einzig mögliche Zäsur, die es erlaubt, die durchgehende »Synonymie« zu brechen? Das stets ins Homologe gleitende Denken, gegen das Char und Foucault zur Revolte aufriefen, vermeidet es damit, sich zu denken, und hat dadurch keinen Angriffspunkt, keine Zugriffsmöglichkeit mehr, um sich ein wenig zu öffnen und zu lockern (was etwas völlig anderes ist, als sich zu widerlegen).

»Den Umweg über China« zu machen, dieses nun zum Programm gewordene *Leitmotiv war eine andere Art, eine Diskontinuität zum Vorschein zu bringen, von der ausgehend man wieder einen Zugriff zum Denken gewinnt, es »reflektiert«. Man versetzt es damit in

Spannung zu sich selbst, statt es dem Dahindämmern der Synonymie, der Belanglosigkeit von Gemeinplätzen zu überlassen, die auf einem, bequemerweise von vornherein gegebenen, Universalen beruhen – also nicht auf einem erst zu *produzierenden*, wie ich es fordere – bzw. von einem bereits fertigen (unkritischen) Humanismus abgeleitet sind, den man uns in immer neuem Anstrich anzudrehen versucht. Der »Einschnitt«, den ich dagegen setzte, war eigentlich keiner mehr, jedenfalls kein Bruch, sondern eher die Wirkung eines Parallelverlaufs zweier Denkweisen, die sich über zwei Jahrtausende hinweg, ohne einander zu kennen, ohne einander anzusehen, entwickelt haben und für die man heute eine Gegenüberstellung organisieren muss – ein »wechselseitiges In-Betracht-Ziehen« –, um sie endlich füreinander präsent zu machen. Nun würde durch diese Gegenüberstellung, durch den indirekten Weg dieser Heterotopie, der Begriff eines »Einschnitts« – den Europa (entsprechend seinem großen Mythos von der Revolution) zu seinem wichtigsten Drehpunkt erwählt hat, um den herum es bisher glaubte, sich einrollen zu können, um dann umso besser seinen »Sinn« zu entrollen – mit einem Schlag sein selbstbewusstes Auftreten verlieren, während der gegenteilige Terminus »Tradition«, von Foucault verschmäht, seltsamerweise wieder seine Berechtigung fände. Wenn man vom Inneren einer Kultur ausgeht, so muss man diesen Auswirkungen von Brüchen Aufmerksamkeit schenken, so muss das Denken mit Leidenschaft auf seine Diskontinuitäten zurückkommen, um sich weiterzuentwickeln und sich zu erfinden. Von außen her aber, wenn etwa China sich Europa zuwendet, sind es eher die Auswirkungen einer Kohärenz (von dem, was ich symbolisch als in der Einflusssphäre von Sein, Gott, Wahrheit und Freiheit befindlich erwähnt habe), einer Fortdauer und eines zähen Festhaltens (nicht zu verwechseln mit einer Ahistorizität), die, verborgen wie sie waren unter diesem Umbruchdenken, wieder an die Oberfläche treten.

Die Arbeit bestand nun darin, diesen von der Geschichte vorgegebenen Parallelverlauf in eine theoretische Gegenüberstellung zu überführen, die die Form einer *möglichen Alternative* des Denkens annimmt: also den Zulauf an unzähligen, nicht einzuordnenden, nicht integrierbaren Abständen, die, wenn man, aus Europa kommend, das chinesische Denken zu studieren beginnt, sich der Reflexion zeigen und in ihr zu verzweigen beginnen, in einer gewissen Logik, nicht aber einer »logischen« Logik, d. h. in einer, die nicht mehr von Anfang an vom *logos* angeleitet wird. Es ging darum, eine nicht-»logische« Logik aufzuspüren, die der *ontologischen* Logik, wie sie von den Griechen auf uns gekommen ist, gegenüberzutreten vermag und die ich, um ihr nicht gleich in der europäischen Sprache Unrecht zu tun, zunächst einmal eine »daoische« *Kohärenz* nennen würde – nach diesem gewöhnlich unübersetzt gebliebenen Schlüsselwort, diesem Sammelbegriff und der Wiege des chinesischen Denkens. Ich sage: »Kohärenz« (*li* 理), weil ich prinzipiell eine Gemeinsamkeit an Intelligiblem angenommen habe und glaube, dass dieser Terminus der direkteste Brückenschlag zwischen den beiden sein könnte, indem er von Anfang an über jenen von »Vernunft« und »Wahrheit« hinausgeht, die allzu sehr vom europäischen Denken gekennzeichnet sind. Kohärenz, die nicht mehr auf die Frage nach dem Wesen oder auf »Was ist das?« (die »quiditas«) antwortet, muss sich nicht nach einem abstrakten Plan, einem Modell oder einem Ideal (dem *eidos*) richten und befindet sich nicht mehr im Spannungsfeld einer Finalität – Terminus und zugleich Ziel, *telos*, jene der Teleologie oder der »Entelechie«. Dagegen leitet die Kohärenz ab und dekliniert die Folgen (die Wichtigkeit des *ze* 则 in seiner Funktion der Aneinanderreihung), ohne jedoch von der Prozesshaftigkeit der Dinge abzulassen oder gleich einen ganzen Satz an Hypothesen konstruieren zu müssen.

Wie kann man nun eine derartige Kohärenz anders als in unseren Termini verbleibend, diese jedoch zugleich ablehnend, anders als durch Zurücknahme, Mangel und Negation verbalisieren? Man wird ihr nur nach und nach in seiner Sprache und seinem Geist Platz einräumen können, indem man diese durch fortschreitende Anpassung still und leise, Schritt für Schritt, mit Rissen überzieht, um jenen anderen Geist in sie einzuführen: geduldig, unermüdlich, sich aus dem Geschriebenen zurücknehmend und wieder schreibend, durch Abweichen und Neuformulieren, durch konsequentes Nachhelfen und langsame Akkulturation. Worauf dabei nicht zu hoffen war, war eine plötzliche Erleuchtung oder ein gewaltsames Eindringen. Es konnte keine Hoffnung auf eine große synthetische Darstellung – mit einem Schlag, quasi durch eine Offenbarung – dessen geben, »was« »das Andere« wäre, was das sogenannte chinesische Denken in europäischen Termini wäre. Wie wäre eine solche Darstellung überhaupt möglich, müsste sich meine Sprache doch ihm »kon-formieren«, d. h. aber auch sich »de-formieren«, *nach und nach* von sich fortziehen, um dort einzuziehen? Man wird das folglich nur in kleinen Schritten und mehrstufigen Abweichungen machen können, die einiges von außen in das Innen, das sich zu öffnen, anzupassen und zu vermengen beginnt, schlüpfen lässt; man könnte auch sagen: durch eine Folge von angeordneten Abweichungen, die nach und nach meine Sprache zum *Schmelzen* bringen, indem sie beginnen, sie zu de-kategorisieren und *auszufalten*. Ansonsten bestünde nämlich stets die Gefahr, dieses außenstehende Denken zu einem *Faksimile* des unseren werden zu lassen und wir blieben bei uns zu Hause.

Kann man eigentlich von innen her *dekonstruieren*, und wie weit ginge das? Wäre es für die »Dekonstruktion« – wenn ich nun einmal an diesem historischen Begriff der zeitgenössischen Philosophie festhalte – nicht eigentlich von Vorteil, wenn sie sich von diesem Außen her fortsetzte, das nun nicht mehr jenes des hebräischen Denkens wäre, welches traditionellerweise der Philosophie als Gegengewicht oder Rückzugsgebiet dient, wenn sie sich von den Griechen lösen, ihre Umzäunung niederreißen und dem Lager entkommen will? Wenn der begriffliche Apparat, durch den sich das nun endlich aus »historischer« Sicht als »westlich« zu erkennende Denken geregelt hat, jener des »Logozentrismus« ist, der selbst wiederum in der Form eines »Phonozentrismus« daherkommt, wie das ganz zu Recht Derrida vermutet hat, wäre es da nicht lehrreich, sich darüber genauer zu informieren, was das chinesische Denken davon, quasi von der Hinterseite her, für uns aufdecken kann? Es ist ein Denken, dessen Schrift sich so deutlich fernab jeglicher Mündlichkeit konstituiert hat, wie Léon Vandermeersch das ausreichend gezeigt hat,[236] wo auch der

Begriff einer »Spur«, sowohl nicht ausschließend als auch zu einer »Verwandlung« (*ji hua* 迹化) hinführend, sehr bald prägend geworden ist usw. Auch dass die Stimme, dieses so subtile Element des *logos*, tatsächlich eine Metaphysik der Präsenz bevorzugt hat, wird man *a contrario* insofern entnehmen können, als sich in China diese Kette von fest verbundenen Gegenteilen auflöst, auf deren Basis die europäische Onto-Theologie so prächtig gediehen ist. Im chinesischen Denken, wo es kein »Sein« außer dem prädikativ gebrauchten gibt, war die Kluft zwischen Präsenz und Absenz nicht entscheidend, hat sich das Repräsentationsverhältnis (sowohl im semiotischen als auch im ästhetischen und politischen Bereich) nur wenig entwickelt. Zum Bild sagt man sehr wohl auch Erscheinung (*xiang* 象), und der Gegensatz von Wesen und Erscheinung hat dem Denken auch nicht als Faltung gedient. Umgekehrt versetzt uns China in dieses Erstaunen, aus dem herauszukommen wir unendlich viel Zeit brauchen werden: Wie hat ein metaphysisches Denken überhaupt *möglich sein können*? Sind es nun nicht die »Griechen«, die seltsam erscheinen?

MIT CHINESISCHEM DENKEN DENKEN

Könnte man nicht eines Tages damit beginnen, etwas anderes zu machen? Könnte man nicht endlich damit aufhören, immer und immer wieder nur eine »Geschichte des chinesischen Denkens« zu schreiben, wie man dies, nach dem Vorbild der Geschichte der europäischen Philosophie, seit hundert Jahren immer wieder getan hat, ohne sich auch nur zu fragen, ob sich unsere Art der Geschichtsauffassung mit der anderen überhaupt deckt, und das alles mit unkritischer Zuhilfenahme inzwischen global gebräuchlicher westlicher philosophischer Kategorien (wie »Metaphysik«, »Ästhetik«, »Ontologie« usw.)? Man vergleicht X und Y, Wang Yangming und Descartes. Man erstellt eine Übersicht von »Unterschieden« und »Ähnlichkeiten«, wobei man sogleich den einen dem Sprechen-Denken des anderen unterwirft, gleich ob von China oder vom Westen her, so als wäre die Sprache durchsichtig, so als wäre das Dazwischenschalten einer Übersetzung neutral, so als würde sie nichts auslassen oder hinzufügen, folglich ohne Ausarbeitung von Vermittlungsschritten, also ohne eine Gegenüberstellung zu konstruieren, die ein Gemeinsames des Intelligiblen freilegt und den beiden erlaubt, in einen Dialog zu treten. Meiner Ansicht nach, oder eher noch: meiner *Vorgehensweise* nach ist das chinesische Denken nicht bloß ein riesiges, noch nicht genügend erforschtes Territorium des Denkens, eine große Schublade voller Zettelkästen und Gelehrsamkeit, sondern kann auch als theoretischer *Betreiber* dienen. Das ist es, was ich *mit* dem chinesischen Denken denken nenne: in seiner Begleitung, einer immer aktiven Begleitung, selbst wenn ich sie nicht erwähne, einer Begleitung, die mir seine unendlichen Ressourcen zur Verfügung stellt, um mich zum Denken zu bringen, oder besser noch: um mich dazu zu provozieren.

Wenn man sich nicht auf diese propädeutische Fragestellung, oder sagen wir: auf diese initiierende Problematik einlässt, wenn man sich nicht dazu entschließt, diese Schwierigkeiten gleich zu Beginn in Erwägung zu ziehen, wie nämlich *mögliche* Objekte sinologischer Erkenntnis so zu konstruieren sind, dass diese weder nur Objekte der Gelehrsamkeit oder der Wiederholung (chinesischen Wissens) sind, noch sich der Illusion hingibt, diese Objekte wären von vornherein gegeben; wenn man nicht über die Bedingungen einer derartigen Betrachtungsweise nachdenkt, bevor man noch zu »vergleichen« beginnt, könnte man zwar seinen Informationsstand unendlich erweitern – hat man aber einmal damit begonnen, eine meist viel zu früh eingeräumte Äquivalenz oder *Synonymie* in beiden Sprachen anzunehmen, würde man unwissentlich stets dazu verdammt sein, eine zwanghafte Assimilation vorzunehmen. Da wird man, weil das leicht geht, *fa* 法 stets mit »Gesetz« übersetzen, ohne sich zu fragen, was für ein Gesetz das ist, wenn es mit keiner Idee von Gerechtigkeit verbunden ist und nur einen Unterdrückungsapparat meint, der bei den sogenannten »Legalisten« dazu diente, eine autoritäre, um nicht zu sagen: totalitäre Ordnung aufrechtzuerhalten; oder *xin* 信 mit »Aufrichtigkeit«, ohne sich zu fragen, was es mit solch einer Aufrichtigkeit auf sich hat, wenn sie bedeutet, eher an dem festzuhalten, was man sagt, als auszusprechen, was man denkt, d. h. also, sich verlässlich zu verhalten; man wird den einen oder den anderen Terminus (*zhi* 志, *yi* 意 …) mit »Ideal« übersetzen, ohne sich über die Bedingungen der Möglichkeit, in China so eine Idealität zu denken, den Kopf zu zerbrechen, wo doch dort eine Verdoppelung des »Ideellen« gegenüber dem »Reellen« gar nicht markiert ist. Kann man so viele *Abstände* außer Acht lassen, die doch *zu denken geben,* oder besser gesagt: zum Denken zwingen? »Philosophie« wird in China seit mehr als hundert Jahren, und nunmehr definitiv und kanonisch festgelegt, mit so etwas wie »Klarheit-Fleiß« (»Studium«-»Nachahmung«, *xue* 学) übersetzt, wobei letzterer Terminus das erste Wort in den *Gesprächen* des Konfuzius ist und die Wichtigkeit, auf den Spuren seiner Meister zu wandeln, meint.[237] Von Anfang an verloren ist das triebhafte Begehren bzw. der freche, schamlose *eros*, der in Griechenland, zum Bruch aufrufend, zum Philosophieren provozierte. Er wird im chinesischen Terminus durch eine Gewissenhaftigkeit ersetzt, die sich vom Rituellen und einem inneren Bemühen, sich ihm konform zu verhalten, nicht gelöst hat – mit einem Wort: mit seinem Gegenteil. In der Übersetzung, unter dem Schutz aufgestellter Äquivalente, bleibt das darin verborgene Quiproquo vollständig erhalten. Wird es denn überhaupt vermutet?

Begehren [*désir*] – ganz klar, dass hier alles anfängt. Eine Streiterei, in die ich manchmal mit Sinologen verwickelt bin, ist zweifellos darauf zurückzuführen – und weshalb soll ich das verschweigen? –, dass wir unser Begehren nicht am selben Ort platzieren: Mein Begehren ist nicht ein »aus China« stammendes, durch Bewunderung, Faszination, den Traum einer Assimilation oder Sinisierung veranlasstes – wobei ich übrigens durchaus mögliche Beweggründe dafür anerkennen würde –, sondern ein Begehren, das, indem es über China verläuft, dort Unterstützung sucht, um mich gegenüber meiner Sprache zu desolidarisieren und noch entblößter – noch radikaler vielleicht? – zu philosophieren. Man sollte in der Tat nicht die verschiedenen subjektiven Formen unseres Einsatzes verkennen, auch nicht die unterschiedliche Geschwindigkeit, in der wir denken und die uns im Denken in verschiedener Weise etwas wagen, zirkulieren und durchführen lässt. Der sogenannte Widerstreit der »Ideen« leitet sich, wenn die Vorstellungen nicht nur von Angst oder eifersüchtigem, primitivem Verlangen, den anderen auszuschalten, geleitet werden, zuallererst aus diesen Diskrepanzen des *ethos* her. Erkennt man sie nicht an, läuft man Gefahr, nicht zu verstehen, weshalb das Auf-den-Begriff-Bringen nicht ein Ignorieren der Geschichte ist, oder dass die Philosophie nicht mit der Philologie im Streit liegt, sondern ihr gewissermaßen erhellende Einsichten liefern kann.

Den *Kontext* in Rechnung zu stellen, wie das lautstark und zu Recht die Sinologen fordern, verhindert keinesfalls, das *Begriffliche*, d. h. das eigentliche Instrument der Philosophie, voranzubringen. Einen Begriff *vom chinesischen Denken ausgehend* zu schmieden, wie ich das hier immer wieder ausgearbeitet habe, heißt keineswegs, das chinesische Denken zu »essenzialisieren«, den historischen Wandel zu ignorieren oder gar den langen Zeitraum zu privilegieren, sondern zu versuchen, aus einer gewissen Kohärenz, die man in den chinesischen Texten am Werk sieht, *ein Konzept zu machen*, das dann *für sich selbst* seine Allgemeinheit auf sich nimmt. »Essenzialisieren« sterilisiert, eine derartige Kohärenz dagegen *aktiviere* ich, indem ich sie reflektiere. Anders gesagt: Die Allgemeinheit, die ich da hervorbringe, ist dem Konzept eigen, das ein Instrument der »Reflexion« in zweifacher Bedeutung ist, wie ich das weiter oben aufgezeigt habe, und nicht die eines »chinesischen Gedankens«, der sich darin identifiziert sehen würde und damit auch mumifiziert. Sie ist eine Abstraktion, die *fördert*, erklärt, auswertet, die Kohärenz arbeiten lässt, ihre Möglichkeiten zur Entfaltung bringt und aus ihr ein Denkwerkzeug (allen Denkens) macht – statt sie ihrem einzigen Auftreten zu überlassen, vergraben, eingesperrt in die Enge ihrer Referenz, gefangen in einem einzigen Entwicklungsverlauf.

Man müsste auch zwischen dem unterscheiden, was einerseits eine *falsche Verallgemeinerung* wäre, die die Unterschiede der Schulen und der Optionen innerhalb des chinesischen Denkens ignoriert – denn diese sind sehr wohl zu gewissen Zeiten seiner Geschichte in Debatten zum Ausdruck gekommen, wodurch es philosophisch wurde (in Jixia in der Antike oder während der Song-Dynastie), ohne sich allerdings einer so markanten und prinzipiellen Widerlegungsanstrengung zu widmen, wie die Griechen es getan haben –, und andererseits dem, was ich unter einem »Bestand an Übereinstimmung« [*fond d'entente*] des Denkens verstehe und wie das einer der wichtigsten Denker des Alten China, Zhuangzi, ausspricht: »In jeder Diskussion gibt es das Nichtdiskutierte«.[238] Man könnte auch sagen: In jeder *disputatio* gibt es etwas, was nicht zur Debatte steht (*zai bian zhe you bu bian* 在辩者有不辩). Ich nenne dieses Nichtdiskutierte oder nicht zur Debatte Stehende, oder besser noch: dieses Unbestreitbare, nicht eigentlich Ungedachte, aber stets Implizierte, das eine Bedingung jeglicher Erklärung ist, das, worin die Denker ohne weitere Analyse miteinander übereinstimmen und aufgrund dessen sie diskutieren und einander widerlegen können, zugleich eine Grundlage und Quelle. Ein Bestand an Übereinstimmung gilt genauso für die griechische Seite (und die gesamte Entwicklung der europäischen Philosophie). Er ist das, worauf die Philosophen gemeinsam vertrauen und woran sie festhalten, was sie an selbst von den Skeptikern Unbefragtem miteinander teilen, vor allem dieses gemeinsame Element oder Bad des *logos* und seine Entscheidung hinsichtlich dem, was Wahrheit ist – an ihr zweifeln, sie aufkündigen und auf sie verzichten, heißt eben nicht, von ihr absehen. Diesen Bestand an Übereinstimmung kann man umso besser – von außen und mit einigem Abstand – ausloten, als uns das chinesische Denken gleich von Anfang an da herausgeholt hat.

Gegen das Unterfangen, auf das ich mich eingelassen habe, höre ich noch einen anderen, sogar immer lauter werdenden Einwand aufkommen: Die Zeit für eine derartige Arbeit sei bereits vorbei, der Krieg sozusagen zu Ende, eine neue Seite aufgeschlagen. Es gebe nun, angesichts der begonnenen Globalisierung, keine »chinesische« oder »europäische« Philosophie mehr, sondern nur mehr eine gemeinsame, weltumspannende, deren Kolloquien und Debatten heute in allen Teilen der Welt zu finden seien und in derselben Sprache durchgeführt würden, zumindest über dieselben Fragen und in derselben globalisierten Begrifflichkeit. Wir seien nun, woher auch immer wir kommen, von der gleichen Modernität erfasst, gleich, welche Sprache sie spricht: Diese Moderne ist es, die nun gedacht werden müsse. Das beweise die Tatsache, dass die kulturellen Unterschiede, die bis zum heutigen Tag der Vielfalt der Kulturen Konsistenz verliehen haben, Unterschiede, die früher derart markant waren, nun dabei seien, nach und nach zu verschwinden und in jüngster Zeit durch eine brüske Änderung des Rhythmus und des Ausmaßes in sich zusammenzustürzen. Diese Entwicklung verdanke sich der allen bekannten Tatsache, dass die Globalisierung des Warenverkehrs heute zum Abschluss gekommen, die technische Standardisierung, und hier vor allem jene der Kommunikation, weltumfassend geworden sei und mit ihr die Lebens-, *daher* auch Denkweisen. Wir hätten also nur mehr gemeinsame Probleme, global auch sie, aufgrund des neuen Maßstabs jedoch umso entscheidendere (der »Planet«, das Regelwerk, die Globalisierung usw.): Philosophen aller Länder, vereinigt euch, um gescheit darüber zu reden!

Wer erinnerte sich nicht, würde ich antworten, an die Langeweile und das ausgiebige Gähnen, in das diese Foren uns unweigerlich stürzen – mit ihren beglaubigten, abgesicherten, mit Stempeln versehenen Begriffen, mit ihren Fragen, hinsichtlich denen Übereinstimmung besteht, dass sie ab nun die für die Welt relevanten Fragen schlechthin sind? Wenn aber eine Frage festgelegt und mühelos an *Panels* verwiesen wird, ist sie bereits seelenlos geworden. Und wenn ich »Langeweile« sage, meine ich nicht einen etwas depressiven psychischen Zustand unter anderen, sondern diese Demobilisierung, die das Denken erfasst und ihm, wenn es nichts Stimulierendes mehr für seinen Antrieb findet, nur mehr eine Flucht ins bloß Scheinbare erlaubt – die Universität weiß ein Lied davon zu singen … –; es sei denn, das Denken trifft auf den Narzissmus der »kleinen Unterschiede«, der jene beseelt, die in winzigen Abweichungen ihre Positionen geltend machen und einzig damit Debatten auslösen. Ist es nun nicht genau diese *Langeweile* (jene dieser *issues*, *topics*), die dieses »heraufkommende«, »globale« Denken, das sie da beschreiben, bedroht?

Man kann sich freilich auch an die letzte Neuheit anhängen, an die jüngste Schlagzeile, den *scoop* des Denkens, *the next thing* (das zum *happening* wird: Walter Benjamin, der Dekonstruktivismus, Badiou …) – all das aber verkommt, kaum hat es Zugang zum Markt bekommen, bereits wieder zur Mode und versinkt in Konvention. Gegenmaßnahmen finden sich nur dort, wo sich unverhofft irgendwo eben eine gewisse *Abweichung* zeigt, die plötzlich diese Lethargie anreißt, weil sie einen möglichen Rückzug jenseits des markierten Bereichs sichtbar werden lässt, einen Weg, der ins Unbekannte, in ein schattiges, dicht wucherndes, nicht erkundetes Terrain vorstößt, von dem man nicht weiß, wohin er führt, ein **Holzweg*, auf dem das Denken sich jedoch infrage stellt, der es in *Spannung* versetzt.

All jenen, deren Diskurs die von ihnen hypostasierte Moderne für sich reklamiert, die sie zum großen historischen Thema, sogar zur einzigen Instanz der Geschichte machen, würde ich antworten, dass sie damit auch eine Globalität verkünden, die hinter all ihrer Einzigkeit, ihrer anscheinenden Einstimmigkeit ebenso abstrakt ist. Wenn es eine europäische Moderne gibt – die in der Tat durch die unter der Patronanz des Revolutionsmythos entwickelten Vorstellung eines Umbruchs herausgearbeitet und durch eine immer schärfer werdende Funktion der Kritik, dieser feingeschliffenen Spitze des Negativen, hervorgebracht wurde, die das europäische Denken seit zwei Jahrhunderten immer radikaler gegen sich selbst gewandt hat, was auch seine historische Einzigartigkeit ausmacht –, so wurde eine Moderne dieser Art in weiterer Folge nach China exportiert, oder besser: wurde China gegen Ende des 19. Jahrhunderts im Zuge der Opiumkriege, der Ungleichen Verträge und der Schaffung von Konzessionen *aufgezwungen*, sodass die theoretische Globalisierung in einem unterdrückten und in Stücke zerrissenen China stattgefunden hat. Es gibt somit ein Vorher und ein Nachher. Was das *Vorher* anlangt, so ist die Begegnung von europäischem und chinesischem Sprechen-Denken immer noch eine zu konstruierende, eine *zu erledigende*, jedenfalls weiter zu verfolgende Aufgabe, da andernfalls ein gefährliches Quiproquo bestehen bliebe: eine *erzwungene Synonymie* zwischen diesen zwei Vermächtnissen, wobei das Denken des klassischen China, jenes aus der Zeit vor der Begegnung mit dem Westen, bisher stets mit westlichen, nachträglich eingeführten Kategorien (mit allem dem, was dieses **nachträglich* an Rekonfigurationen mit sich trägt) ins Visier genommen wurde. Dies hat zwei Konsequenzen: Auf chinesischer Seite wurde dem Kulturalismus der Vorzug eingeräumt und als Reaktion auf die erlittene Vereinnahmung ein nationales »Wesen« (das »Chinesentum«) eingefordert, wobei diese Kultur (so wenig wie andere Weltkulturen) sich nicht mehr unter diesen, nunmehr globalisierten, westlichen Kategorien wiedererkennen will. Auf europäischer Seite dagegen wird der Sturz des Ethnozentrismus akklamiert, des Vorgängers eines leicht zu handhabenden Exotismus, der glauben macht, dass das nun nicht mehr übersetzte, dafür verzerrt wiedergegebene Denken des »Fernen Ostens« direkt auf die in unserer Sprache formulierten Fragen Antworten geben könnte und von sich aus einen Ausweg aus unseren allzu bedrückenden Dualismen böte – hier denke ich vor allem an das zum Phantasma und Geschäft verkommene *zen*, an das »Glück nach Konfuzius«.

Könnte andererseits die heraufkommende, das *Nachher*, die Zukunft des Modernen-Globalen betreffende Szenerie wirklich jene sein, die man uns auf der Grundlage von Fragen und Begriffen skizziert, die *von vornherein* gemeinsame sind? Wird man endlich zu der einzigen – universellen – Tafel von Urteilen und Kategorien gelangen, von der Kant glaubte, er hätte sie, Aristoteles übertreffend, erstellt, was ihm, befangen wie er war in seiner Sprache (seinem Lateinisch-Deutschen), jedoch auch nicht gelang? Das hieße bereits die Ausdauer Babylons und die Vielfalt der Sprachen unterschätzen. Wenn (und solange) man auf der Welt nicht nur eine Sprache (das Verkehrsenglisch oder *globish*) spricht, wenn man noch Chinesisch oder, um es allgemein zu sagen, in *mehr als einer* Sprache spricht, dann wird man immer noch *von vornherein* nicht dasselbe sagen und denken. Es würde weiterhin einen Abstand geben, nicht als bloßes Überbleibsel, sondern als etwas Fruchtbares, Subversives. Auch wenn man selbst zweisprachig ist, würde man sich nur selbst übersetzen. Die Vielfalt der Sprachen wird in der *Spannung* des Abstands, die zu denken gibt, erhalten bleiben, nicht so nebenbei, sondern prinzipiell und radikal, selbst wenn diese Abstände dem ersten Anschein nach geringer erscheinen.

Man muss einmal mehr auf diesen feinstgeschliffenen Grat zwischen *Abstand* und *Unterschied* zurückkommen und sich seiner Schärfe bedienen. Wenn die Unterschiede zwischen den Kulturen heute auch tatsächlich im Verschwinden begriffen sind, die Ähnlichkeiten durch das Faktum der globalen Vereinheitlichung zunehmen, die Kulturen also dabei sind, das zu verlieren – und zwar, wie ich glaube, auf glückliche Weise –, was man ihnen allzu leichtfertig als ihrem Wesen entsprechende charakteristische Identitäten zuschrieb, so verhält es sich mit dem Abstand ganz anders: Sein Schicksal kann nicht mit diesem Niedergang verbunden werden. Der Abstand, auf welcher Ebene und auf welche Art auch immer er zutage tritt, schlägt, agil wie er ist, eine Bresche in den Konformismus oder Atavismus des Denkens. Weshalb sollte man auf die Ressourcen verzichten, die die zwischen dem weltweiten Sprechen-Denken entdeckten Abstände wie durch einen Ausschnitt unendlich hervorsprudeln lassen, wo diese doch andere Möglichkeiten zum Vorschein bringen, die eine *Reflexion* eröffnen, die keinen Abschluss haben wird? Derartige Abstände zwischen den Sprachen sind die einzigen schrägen Zugänge, die es erlauben, einen gewissen Einblick in die Art des eigenen Denkens zu gewinnen; in weiterer Folge sind sie auch Ansatzhebel, die das Denken aus seiner Lethargie herausreißen und ihm zu neuem Aufschwung verhelfen, die Risse in seinen willfährigen Überzeugungen oder seinem allzu schnell erlangten Gemeinsamem hervorrufen. Sie vermelden eine Art *Widerstand* gegen die Langeweile eines Konsensus, der dazu führt, sich pandemisch zu globalisieren, weil er nichts mehr findet, womit er sich auseinandersetzen kann.

VON ABSTÄNDEN AUSGEHEND, GEMEINSAMES FÖRDERN

Den Abstand im Denken arbeiten lassen bzw. selbst damit beginnen, »Abstand zu nehmen«, statt ihn als einen nur mehr sich selbst verzehrenden kulturellen Restbestand zu betrachten, könnte den Eindruck erwecken, die Menschheit spalten zu wollen: durch seine Divergenz einen Dissens einführen und dem Gemeinsamen im Weg stehen – wäre diese Formel nicht gewagt, riskant, ideologisch gefährlich? (Oder, ganz plump, reaktionär?) Nun, ich werde hier genau das Gegenteil verfechten. Denn das Gemeinsame *ist nicht das Ähnliche*. In diesem Zeitalter oberflächlicher Vereinfachungen und erzwungener Assimilierung muss man dies sagen und sogar als Prinzip setzen. Braque hat es für die Kunst formuliert, indem er bemerkte, dass Trouillebert Corot ähnele, aber sie nichts gemein hätten.[239] Verstehen wir doch die Radikalität dieser Formulierung und lassen sie uns eine Warnung sein: Die Ähnlichkeit ist nicht nur keine Grundlage für Gemeinsames, sie ist vielmehr ein Hindernis dafür; sie fördert es nicht, sondern wirkt vielmehr störend auf seine Möglichkeit. Mit der Ähnlichkeit bleibt das Gemeinsame nicht nur platt an der Oberfläche und arbeitet nicht, dieser *Schein* entbindet auch davor, Erkundungen anzustellen. Die Ähnlichkeit ist darum ein noch viel denkfaulerer, energieloserer Begriff als der des Unterschieds. Nun kann das noch viel allgemeiner verstanden werden, demnach auch auf politischer Ebene. Ich setze also dies als anfängliche Aussage: Nur indem man *die Abstände arbeiten* lässt, kann man *das Gemeinsame fördern*.

Tatsächlich sind zwei Gemeinsamkeiten zu unterscheiden: einerseits das Gemeinsame, das uns vorgegeben ist und in dem wir uns entdecken; das, was man »natürlich« nennen könnte: das Gemeinsame von der Familie bis zum »Nationalen«, d. h. das, von dem man von Geburt her, im Leben, im Kosmos usw. abhängt; andererseits das im eigentlichen Sinn kulturell und politisch Gemeinsame, das man hervorbringt bzw. fördert. An und für sich bedeutet das *Gemeinsame* das Teilen, das einschließend ist, was seinen Innenbereich anlangt, das aber ausschließend werden kann, wenn die Eingrenzung dieses Innenbereichs zu einer Ausgrenzung wird (wie z. B. im Kommunitarismus). Im Unterschied zum *Universellen*, das präskriptiv ist, eine prinzipielle Notwendigkeit impliziert, *a priori* oder logisch, zu jenem Universellen der Wissenschaft, von dem Kant behauptete, er habe es auf die Ethik übertragen, wird das Gemeinsame im ersteren Sinn konstatiert, im zweiteren jedoch gewählt und gefördert, wie das Gemeinsame im Stadtstaat, worin die Griechen sehr wohl das grundlegende Konzept der Politik verstanden haben. Wie wird so ein Gemeinsames hervorgebracht? Nicht durch Ähnlichkeit, wie ich bereits sagte, denn das wäre doch nur ein Wiederholen und Klonen, sondern eben durch Abstand, der, von der möglich gewordenen Reflexivität ausgehend, Gemeinsames hervorbringt oder fördert, da er die getrennten, zueinander in Spannung geratenen Seiten dazu bringt, ihre Begrenzungen zu übertreten. Ich sage: *durch* Abstand, wobei dieses »durch« eher den eingeschlagenen Weg als die Ursache oder das Mittel ausdrückt, d. h. es geht über Abstände und ihre Überwindung vor sich, was nicht heißen soll, sie aufzugeben: Das Gemeinsame lässt die Abstände nicht hinter sich, so als wären sie überholt. Ganz im Gegenteil: Je aktiver diese Abstände sind, desto *intensiver* ist das Gemeinsame. Sonst wäre es nur eine umhüllte Plattitüde nach der Art unserer »Gemeinplätze«.

Man muss demnach zum Gemeinsamen *vordringen* – etwa dem Gemeinsamen eines Konzepts, das sich zum Beweis und auf exemplarische Weise hier anführen lässt. Nun wird das Gemeinsame des Konzepts umso reicher (fruchtbarer, aktiver) sein, wenn es nicht mehr – banal und ungerührt – nur von einer Allgemeinheit ist, sondern durch diesen einmal geöffneten Abstand, der sogar riesig werden kann, stimuliert, herbeigerufen und provoziert wird. Dieses Gemeinsame wird dann nicht mehr nur eine Abdeckung (Subsumption) sein, sondern durch den aufgetauchten Abstand sich wie ein von seinen Extremitäten gespannter Bogen verbunden sehen. Dies führte mich etwa in meiner jüngsten Untersuchung zur Landschaft dazu, die zwei großen Landschaftskulturen der Erde, die zwei einzigen, nämlich die chinesische und die europäische, die sich unabhängig voneinander entwickelten und so lange Zeit voneinander nichts wussten, als *Ressourcen* zu benutzen. Indem ich sie einander gegenüberstellte, versuchte ich, ein ganz neues Konzept von Landschaft aufzustellen. Dieses Konzept ist durch den zwischen beiden sich in dieser Hinsicht auftuenden Abstand hervorgegangen, d. h. aus nichts weniger als einer Gegenüberstellung der Standpunkte von *Leben* (in China) und der *Aussicht* (in Europa), die sich zu einer Alternative ausformte. Es wurde sowohl eine Herausforderung als auch so etwas wie eine Anordnung. Schließlich musste es doch da *ein gemeinsames Intelligibles* geben, dem man sich bloß von zwei Seiten nähert, entweder mit dem Begriff von »Landschaft« (als einem Ausschnitt von »Land«) oder mit dem, was man »Berg(e)-Gewässer« (*shan-shui* 山水) nennt, wie das heute noch das Chinesische macht, das diese Termini als aufeinander bezogen ansieht. Statt sich also damit zu begnügen, beide Landschaftskulturen als voneinander getrennt oder als einander abdeckend zu denken, wobei dann die europäische Kultur durch ihre Konzeption der »Natur«, die zur »Physik« wurde, die Oberhand gewinnt, gebietet das solcherart unter Spannung stehende Konzept von Landschaft eine umso radikalere Neukonfiguration, als es dieser Vielfalt, ja diesem Gegensätzlichen gegenüber geöffnet werden muss – ohne es jedoch zu zerbrechen.

AUS EINEM NETZ VON ABSTÄNDEN: VON DER FRAGE NACH DEM SEIN ZUM DENKEN VON LEBEN

Was für eine Gestalt kann nun diese, zwischen dem Sprechen-Denken Chinas und dem Europas eröffnete Baustelle annehmen, wenn man jeder Gesamtdarstellung misstraut, da man ja sieht, dass sie sofort das eine in das Denkschema des anderen einordnen und damit das *Dazwischen* ihres Abstands, aus dem das Gemeinsame hervorgeht, verfehlen würde? Oder anders gefragt: Welche Weise der Entfaltung – gar des Fortschritts – wäre für sie geeignet, die nicht sogleich der Rückzug auf eine *projizierte ideologische Konstruktion* ist? Jede punktuell organisierte Gegenüberstellung, jeder begrifflich eingefädelte Abstand ist durch die ineinander verschränkten Fäden nur eine Masche. Eine Masche wiederum ist eine Schlinge, die ein durchlässiges Dazwischen zulässt; sie ist nur ein Kreuzungspunkt, dessen Folgelogik ausschließlich additiv ist: Eine Masche verlangt in ihrer Folge eine andere; Konsistenz resultiert einzig aus dieser Aneinanderreihung. Auch braucht es eine gewisse Anzahl von Maschen, um ein Netz daraus zu machen, oder anders gesagt, sind in meiner Arbeit die aufeinanderfolgenden Essays jeweils Kapitel. Wohlgemerkt, ich spreche von einem *Netz*, nicht von einem System. Ein System setzt einen Abschluss voraus und verlangt eine, aus verschiedenen Teilen bestehende, interne Organisation, deren Zusammenstellung der stoischen Konzeption nach dermaßen genau geordnet ist, dass kein Element auch nur im geringsten Ausmaß versetzt werden kann. Dem hat man in unserer Moderne, seit der deutschen Romantik und seit Nietzsche, den Archipel und das Fragment vorgezogen, d. h. eine Zerstreuung der unmöglichen Totalität. Ein Netz folgt nun weder der Logik des einen noch der des anderen, sondern weitet sich unbegrenzt aus, Masche für Masche, einzig durch die Verschlingung, die es durch ein Darüberhinausgehen und Verlängern immer und immer wieder vornimmt. Ein Netz existiert nur dank seines Fadens und die Vernetzung, die dieser nach und nach entstehen lässt, hat nichts mit einer Struktur zu tun. Konzeptuelle Abstände folgen einander, verketten sich, antworten einander, kommunizieren untereinander, errichten jedoch keinerlei Architektur und können noch weniger Welten darstellen.

Wozu dient ein solches Netz? Nun, wie das Netz eines Fischers dient es dazu, einzufangen, und was ich einzufangen suche, indem ich dieses zwischen dem chinesischen und europäischen Sprechen-Denken aufgespannte Problemnetz knüpfe, das ist, wie bereits gesagt, ihr *Ungedachtes*. Ein Netz kennt aber auch noch einen anderen Gebrauch: Es nimmt, indem es einfängt und festhält, die jeweilige Form des Eingesammelten an – es hält zusammen, indem es eine neue Gestalt annimmt. Flexibel, Bewegung zulassend, weil mit Abständen geknüpft, mit Öffnungen, die nicht verschließen, hüllt es, leicht bleibend, ein, so wie ein Haarnetz die Haare festhält. Was nun dieses aus konzeptuellen Abständen geknüpfte Netz hier nach und nach ausgestaltet und zunehmend, Masche für Masche, zusammenhält – wobei dieses Zusammenhalten ohne Armatur Flexibilität und Disponibilität beibehält –, erweist sich im Nachhinein als ein Ausweg für die »Frage nach dem Sein«, ein Freilassen oder vielmehr ein Ablassen von der »Ontologie«, sowohl jener des Seins als auch jener des Subjekts. Es ist ein Ausweg, der nur *unterwegs* gefunden werden kann, Schritt für Schritt, im Maße der Verknüpfung und ihres Fortschreitens. Kann man denn einen effektiven Ausweg aus der Ontologie nur dadurch finden, dass man ihn durch Konstruktion oder gar durch »Dekonstruktion« *projiziert*?

Man weiß doch, von welchem Widerspruch dieser Weggang aus der Ontologie – eine der großen Schicksalsfragen der Philosophie des 20. Jahrhunderts, von Heidegger bis zu Lévinas und Derrida – stets bedroht ist: dass man alles tut, um sich von der Frage nach dem Sein zu entfernen, dabei jedoch immer in der Sprache des »Seins« verharrt, oder dass man weiter in der Redeweise des »Gegenwärtigen« auch in dem Augenblick spricht, in dem man behauptet, dieses unwiderruflich dekonstruiert zu haben.[240] In welch anderer Redeweise könnte man auch sprechen, solange man in Europa bleibt? Oder: Wie den »Ausgang« finden, wenn man keinen *Zugang* hat? Zugang zu einem Anderswo ohne Vorurteil und Vorsatz? Ist das jüdische Anderswo nicht selbst zu sehr in Europa eingeschrieben, um ein derart verstörendes, *befremdendes* Anderswo sein zu können? Dagegen kann dieser Ausweg aus der Ontologie jedoch in der Begegnung mit dem chinesischen Sprechen-Denken stattfinden, wie bereits angekündigt, durch kleine Verschiebungen, zunächst nur sehr begrenzt, Masche für Masche, durch Übersetzen, Ent-Übersetzung der Übersetzung und nochmaliger Übersetzung, Ent- und Re-Kategorisierung, durch schrittweise, geduldige und bescheidene Anpassung, »knüpfend« und ohne angekündigte Offenbarung.

Wenn man nun den Ausgang aus der Frage nach dem Sein gefunden hat, wohinein ist man da *bereits* geraten? Dieser Ausgang aus der Ontologie, der nicht mit einem Schlag, sondern Masche für Masche, von einem Abstand zum anderen, durch aufeinanderfolgende Versuche entdeckt wurde, ist, wenn man ihn umfassend und retrospektiv, sich umwendend betrachtet, ein Ausgang aus der ***Seinsfrage*, der zugleich ein Eingang in das Denken von *Leben* ist. Die Frage nach dem »Sein« oder das Denken von »Leben« – das ist der wichtigste Angelpunkt oder die ursprünglichste Alternative, die dieses Netz in Filigranem Masche für Masche wahrnehmbar werden lässt. Ist aber »leben« nicht selbst zu elementar, zu undefiniert, damit es sich im Hinblick auf das Sein denken lässt? Wie kann man es überhaupt in Angriff nehmen? Um diese Frage einzugrenzen und anzufangen, ließe sich zunächst sagen, dass »existieren« ein der Theologie entstammender und der Metaphysik zugeordneter Begriff gemäß der allerersten Fragestellung ist, die uns quasi aus der Welt schleudert, nämlich: »Wieso existiere ich?« Das »Leben« [*vie*] oder das »Lebendige« andererseits weist zunächst auf das Biologische, d. h. auf die metabolische Erneuerung, hin. »Leben« [*vivre*] wird sich damit zu umschreiben und zu begrenzen beginnen, dass es weder in das eine kippt noch sich auf das andere reduzieren lässt. Daraus folgt, dass *leben*, zwischen den beiden, eine zutiefst ethische Kategorie ist, ja ich würde sogar sagen, eine vor allem strategische und dann erst ethische. Denn es geht zunächst darum, *Zugang* zum Leben zu gewinnen, so wie ich weiter oben vom Zugang zum Gemeinsamen gesprochen habe. So mancher in Europa hat dies in Erinnerung gerufen, aber in Form einer Anrufung oder eines frommen Wunsches, nicht offen und in voller Lautstärke, sondern versteckt, indirekt, so nebenbei und unfähig, es zum Gegenstand seines Denkens zu machen: *»Gedenke zu leben!«[241] (Goethe); oder »Leben: ich versuche es!«[242] (die letzte Strophe vom »Friedhof der Seeleute«); oder »Endlich leben lernen«[243] (das letzte Gespräch mit Derrida). Was heißt aber schon Zugang zum »Leben« finden? Und warum das immer bis zum Schluss aufheben?

Der Eingang in ein Denken ist noch lange nicht das Verlassen des anderen. Was bedeutet nun »hinaus-weggehen«? Denn hinaus-weggehen ist nicht gleichbedeutend mit fliehen, ist nicht verzichten. Im

Gegensatz zu einer gewissen messianischen Konzeption, für die der Ausgang aus der Ontologie zum Gegenstand einer Erwartung und Hoffnung wird, verstehe ich, wenn ich nach China gehe, einen derartigen Ausgang aus der »Frage nach dem Sein« nicht als eine Befreiung. Diese Seinsfrage hat, insbesondere auf Grundlage ihrer Bestimmung von Wahrheit sowie ihrer konsequenten Errichtung einer Idealität, eine unvergleichliche Entwicklung der Wissenschaft sowie die Konstruktion von Ethik und Politik ermöglicht. Können wir, was die Seinsfrage anlangt, überhaupt auf ihre geheimnisvolle und erfinderische Kraft verzichten? Oder schauen wir uns die Frage von der anderen Seite her an: Das chinesische Denken, das sich in der Begegnung mit dem ontologischen Denken Europas von seiner »taoistischen« Denkweise entfernte, kennt auch seine Befreiung (und zuallererst eine Emanzipation vom »königlichen Weg«, d. h. von seiner autokratischen Regulierung). Es geht also nicht darum, auf ein Denken zugunsten eines anderen zu verzichten oder ein Denken dem anderen unterzuordnen, schon gar nicht das europäische unter das chinesische, quasi durch eine Umkehrung von vergangener Entfremdung. Es geht nicht darum, sich zu der einen oder anderen Seite zu bekehren, sondern diese Denkweisen mit allen ihren jeweiligen Ressourcen oder dem, was ich ihre Fruchtbarkeit nenne, in Betracht zu ziehen.

Wenn ich den Versuch unternehme, Kohärenzen des chinesischen Denkens zu entwickeln – und ich muss das mit umso größerem Engagement einer westlichen Öffentlichkeit gegenüber machen, als sie, ganz allgemein, dieses Denken nicht oder nur aus zweiter oder dritter Hand kennt, d. h. aufgrund einer unkontrollierten und zu Phantasmen verleitenden *doxa* –, so handelt es sich hier genau um das Gegenteil von Exotismus. Es geht, trotz aller hervorgerufenen Illusion, nicht so sehr darum, die durch diese zutage getretene Alternative neu profilierten Kohärenzen des europäischen Denkens zu verwerfen oder abzuwerten. Es geht vielmehr darum, sie von diesem Außen her neu in ihrem Einfallsreichtum zu entdecken, sie erneut sowohl in ihrer Einzigartigkeit als auch mit ihren Ressourcen zu erfassen. Nichts ist betrügerischer als diese ideologische Falschmünzerei, die unter dem

Deckmantel des Orientalismus und dem Aufruf zu leben ihren glückverheißenden Markt zum Blühen brachte und das mit einem völlig verwässerten Denken, das keinesfalls ein anderes oder ein Gegen-Denken ist, schon gar nicht ein anderes Mögliches des Denkens. Am Ende wie schon zu Beginn halte ich an der Figur des »Abstands« fest, an der Spannung, die der Abstand aufrechterhält und in der zu verbleiben und zu arbeiten er veranlasst, ohne dabei jemals zu einem Abschluss zu kommen oder der Versuchung irgendeiner Schlussfolgerung oder Versöhnung zu weichen. Unaufhörlich stellt diese Spannung die Vernunft auf die Werkbank, ohne sie deshalb zu disqualifizieren. An unsere Freiheit appellierend, stellt sie wieder *Auswahlmöglichkeiten* in unserem Denken her.

Anmerkungen des Übersetzers

In allen wissenschaftlichen Publikationen ist heute die Pinyin-Umschrift des Chinesischen Standard. Die Besonderheit im deutschen Sprachraum beruht darauf, dass die Übersetzungen von Richard Wilhelm, weil so erfolgreich und bedeutend, immer wieder neu aufgelegt werden und zwar in der von ihm selbst geschaffenen Umschrift des Chinesischen. Daneben gab und gibt es auch eine DDR-Umschrift, die sich noch mehr bemühte, die chinesische Aussprache zu imitieren. All dies wurde durch die Pinyin-Umschrift ersetzt, deren Nachteil allerdings darin besteht, dass man die richtige Aussprache ihrer Buchstaben und Silben erlernen muss. (Lu Xun z. B. wird Lu Hsün ausgesprochen, Zhuangzi etwa Dschuangdse.) Zitiert man nun Schriften von Richard Wilhelm oder Ernst Schwarz, so muss man selbstverständlich die Umschrift, die sie verwendeten, befolgen. Ausnahmen wurden nur für Konfuzius [Kongzi] und Menzius [Mengzi] gemacht, da deren traditionelle Umschrift zu bekannt ist. Für fachliche Auskünfte danke ich Frau Univ.-Prof. Susanne Weigelin-Schwiedrzig recht herzlich.

François Jullien ist der Ansicht, dass es sich im vorliegenden Text um einen Essay handelt. Dieses literarische Genre ist nicht den sonst üblichen akademischen Gepflogenheiten der Quellenangabe verpflichtet. Im französischen Originaltext sind Quellenangaben, wenn überhaupt, nur im Fließtext vorhanden, was deren Nachvollziehbarkeit erleichtert. Als Übersetzer war es meine Aufgabe, neben Hinweisen vor allem zu chinesischen Personen, bereits existierende Übersetzungen bzw. deutschsprachige Quellen zu zitieren. Der Verlag war aber noch gründlicher und bestand darauf, möglichst alle von Jullien angeführten Zitate mit Quellenangaben zu versehen. Alle Angaben im Text in eckiger Klammer stammen vom Übersetzer.

Besonders herzlich bedanken möchte ich mich bei Horst Ebner (Wien) für die Redaktion der deutschen Ausgabe.

1 *Konzept* [*concept*] wird vom Autor strategisch gesetzt gegenüber *Begriff* [*notion*]. **2** Vgl. Aristoteles, Metaphysik, V, 1013a, neubearb. Übers. v. Hermann Bonitz, hrsg. v. Horst Seidl, Erster Halbband, Hamburg 1989. **3** Vorangestelltes Sternchen (*) bedeutet: im Original deutsch. **4** Lukrez, De rerum natura (Von der Natur der Dinge), II, 216–293, Stuttgart 1986. **5** Baruch de Spinoza, Ethik in geometrischer Ordnung dargestellt, übers. v. Wolfgang Bartuschat, Hamburg 1999, S. 5. **6** Menzius oder Mengzi (in der Umschrift von Richard Wilhelm Mong Dsi) (372–289 v. u. Z.), Philosoph, dessen gleichnamiges Werk als eines der einflussreichsten in der direkten Nachfolge von Konfuzius gilt. **7** Vgl. Dschung Yung/Maß und Mitte, XX, in: Li Gi, Das Buch der Sitte, übers. v. Richard Wilhelm, Düsseldorf, Köln 1981. *Mitte und Maß* ist neben dem *Menzius* eines der vier kanonischen Bücher des Konfuzianismus, die die Fünf Klassiker ablösten **8** Neokonfuzianer des 17. Jahrhunderts. **9** Siehe Montesquieu, Betrachtungen über die Ursachen von Größe und Niedergang der Römer, Bremen 1957. **10** Petit Robert, Paris 1989, S. 1383. **11** Sun Zi (um 544–um 496 v. u. Z.), Philosoph und General, dessen gleichnamiges Buch zu den einflussreichsten Werken der strategischen Kriegsführung zählt; siehe Sun Tsu (Sunzi): Wahrhaft siegt, wer nicht kämpft. Die Kunst des Krieges, Kap. I, übers. v. Ingrid Fischer-Schreiber, München 2001. **12** Carl von Clausewitz (1780–1831), preußischer General und Militärtheoretiker; siehe seine Schrift: Vom Kriege, Bonn 1980, S. 293. **13** Mong Dsi, Die Lehrgespräche des Meisters Meng K'o, IX, 4, übers. v. Richard Wilhelm, Köln 1982. Die *Gespräche* werden als Kurzbeleg: Lehrgespräche, Buch- und Kapitelangabe nachgewiesen. Vgl. François Jullien, Der Weise hängt an keiner Idee. Das Andere der Philosophie, München 2001. **14** Lehrgespräche, II, 14. **15** Ebd., IV, 10. **16** Ebd., XVIII, 8. **17** Ebd., VII, 18. **18** Menzius, V, B, 1. Das Werk *Menzius/Mengzi* wird nach der von F. Jullien verwendeten Quelle aus dem Franz. übersetzt. **19** Ludwig Wittgenstein, Vermischte Bemerkungen, Frankfurt/M. 1994, S. 112. **20** Menzius, VII, A, 26. **21** Vgl. Montaigne, Vivre à propos. Préface de Michel Onfray, Paris 2009. **22** Xunzi (auch: Hsün-tzu) (um 298–um 220 v. u. Z.), Philosoph gegen Ende der Zeit der Streitenden Reiche (480–222 v. u. Z.), dessen Werk unter gleichem Namen vorliegt. Siehe Hsün-tzu, Kap. »Jiebi/Die Abschaffung des Voreingenommenseins«, übers. v. Hermann Köster, Kaldenkirchen 1967. **23** Zhuangzi (um 370–290 v. u. Z.), Philosoph und Dichter, aus dessen gleichnamiger Textsammlung zumindest die ersten sieben, »inneren« Kapitel von ihm selbst stammen. Die »äußeren« Kapitel und vermischten Texte sind von Anhängern seiner Lehre. Zit. n. Guo Qingfan (Hg.), Xiaozheng Zhuangzi jishi, 2 Bde., Taipei [o. J.]. **24** Ebd., S. 50. **25** Sigmund Freud, »Ratschläge für den Arzt bei der psychoanalytischen Behandlung«, Studienausgabe, Ergänzungsband, Frankfurt/M. 1997, S. 169 ff. **26** Martin Heidegger, Vom Wesen der Wahrheit, in: ders., Wegmarken, Frankfurt/M. 1978, S. 182 f., 189. **27** Homer, Ilias, IX, 308–313, übers. v. Wolfgang Schadewaldt, Frankfurt/M. 2004. **28** Platon, Hippias II, 374c, Sämtliche Werke, Bd. I, übers. v. Friedrich Schleiermacher, Reinbek b. Hamburg 1982. **29** Augustinus, Die Lügenschriften/De mendacio, übers. v. Alfons Städele, Paderborn 2013. **30** Immanuel Kant, »Über ein vermeintes Recht aus Menschenliebe zu lügen«, WA, Bd. VIII, Frankfurt/M. 1977, S. 637 ff. **31** Hier wäre, bei Rousseau, nochmals die Episode vom gestohlenen Band zu lesen: Jean-Jacques wagt nicht die Wahrheit zu gestehen, weil man begonnen hat, ihn mit einem Gefühl von Schuld und Scham zu belasten. (Anm. F. J.) Vgl. Jean-Jacques Rousseau, Die Bekenntnisse, München 1981, S. 86 ff. **32** Das *Buch der Lieder* gehört zu den Fünf Klassikern (deren bedeutendstes das *Buch der Wandlungen*, *Yi-jing*, ist) und stellt die älteste literarische Textsammlung Chinas dar. **33** Platon, Siebenter Brief, 344 b, Sämtliche Werke, Bd. I. **34** Immanuel Kant, Grundlegung zur Metaphysik der Sitten, WA, Bd. VII, Frankfurt/M. 1977, S. 18. **35** Jean-Jacques Rousseau, Emil oder Über die Erziehung, Bd. 2, übers. v. Hermann Denhardt, Leipzig o. J., S. 142. **36** Kant, Kritik der praktischen Vernunft, WA, Bd. VII, S. 142. **37** Augustinus, Vom Gottesstaat, XII, 8, übers. v. Wilhelm Thimme, München 2007. **38** Kant, Grundlegung zur

Metaphysik der Sitten, S. 19 f. **39** Friedrich Nietzsche, Jenseits von Gut und Böse, Sämtliche Werke, Bd. 5, München 1980, S. 32. Dort auch die folgenden Zitate. **40** Menzius, II, A, 2. **41** Ebd., I, A, 7. **42** Ebd., VI, B, 2. **43** Ebd., I, A, 7. **44** Ebd., I, B (am Ende). **45** Maß und Mitte, XI. **46** Ebd., VIII. **47** I Ging, Das Buch der Wandlungen, übers. v. Richard Wilhelm, Düsseldorf, Köln 1987. **48** Menzius, II, A, 2. **49** Polybios, Geschichten, XIII, 3, übers. v. Johann F. C. Campe, Stuttgart 1862. **50** Xenophon, Hellenika, VI, 5, hrsg. Gisela Strasburger, Düsseldorf 2005. **51** Vgl. Marcel Detienne, Jean-Pierre Vernant, Les ruses de l'intelligence. La mètis des Grecs, Paris 1974. **52** Xenophon, Über die Reitkunst, übers. v. Richard Keller, Berlin u. a. 1984. **53** Sextus Julius Frontinus, Kriegslisten, übers. v. Gerhard Bendz, Berlin 1978. **54** Diogenes Laertius, Leben und Meinungen berühmter Philosophen, IX, 51, übers. v. Otto Apelt, Hamburg 2015, S. 506. **55** Liang Shiqiu, Ma ren zhi yishu [Die Kunst der Kritik], Shijiazhuang 1994. [Übers. E. L.] **56** Ebd. **57** Platon, Sophistes, 218d, Sämtliche Werke, Bd. IV, übers. v. Friedrich Schleiermacher, Reinbek b. Hamburg 1980. **58** Platon, Politeia, VII, 533c–d, Sämtliche Werke, Bd. III, übers. v. Friedrich Schleiermacher, Reinbek b. Hamburg 1985. **59** Ein Ausdruck aus dem Wienerischen für »sich durchschlagen«, der dem französischen *se débrouiller* sehr nahekommt. **60** Vgl. Freud, »Zur Dynamik der Übertragung« sowie »Weitere Ratschläge zur Technik der Psychoanalyse: II. Erinnern, Wiederholen und Durcharbeiten«, Studienausgabe, Ergänzungsband, S. 157 ff. u. 205 ff. **61** Siehe Jean-Paul Sartre, Fragen der Methode, Reinbek b. Hamburg 1999, S. 94 ff. **62** Lehrgespräche, XVII, 21. **63** Ebd., XV, 7. **64** Ebd., IX, 10. **65** »Buch der Musik«, ein Teil des *Buchs der Riten*, das zu den Fünf Klassikern des Konfuzianismus gehört. »Pädagogik/Xueji«, §13–15, in: Li Gi, Das Buch der Sitte. **66** Sigmund Freud, »Bemerkungen über einen Fall von Zwangsneurose«, Studienausgabe, Bd. VII, Frankfurt/M. 1982, S. 31ff. **67** Sigmund Freud, »Das Unbewußte«, Studienausgabe, Bd. III, Frankfurt/M. 1982, S. 126. **68** Platon, Politea, VIII, 548b. **69** Parmedides, Fr. 6 (vgl. Empedokles, Catharmes, Fr. 189), in: Jaap Mansfeld/Oliver Primavesi, Die Vorsokratiker, Stuttgart 2012. Daraus auch die folgenden Zitate der Vorsokratiker. **70** Platon, Theaitetos, 190c, Sämtliche Werke, Bd. IV. **71** Immanuel Kant, Logik, WA, Bd. VI, Frankfurt/M. 1977, S. 50ff. **72** Platon, Kriton, Sämtliche Werke, Bd. I. **73** Lehrgespräche, XII, 19. **74** I Ging. **75** Buch der Lieder (Shijing). **76** Lehrgespräche, IX, 23. **77** Zhuangzi, Kap. 5. **78** Ebd., Kap. 23. **79** Freud, »Bemerkungen über einen Fall von Zwangsneurose«, S. 54 u. 57. **80** Aristoteles, Metaphysik, IV, 1011b. **81** Marcus Tullius Cicero, Timaeus, 15, übers. v. Karl und Gertrud Bayer, Düsseldorf 2006. **82** Marcus Tullius Cicero, Rede für M. Caelius, übers. v. Marion Giebel, Stuttgart 1994. **83** Heraklit, Fr. 45. **84** Ebd., Fr. 47. **85** Ebd., Fr. 49. **86** Duan Yucai, Kommentar, in: Xu Shen, Shuowen jiezi zhu, Schanghai 1981. **87** Han Fei (280–233 v. u. Z.), Philosoph aus der Zeit der Streitenden Reiche, der als einer der Begründer des Legalismus gilt. Seine Grundlehren sind in dem gleichnamigen Buch in 55 Kapiteln festgelegt. Han Fei, Die Kunst der Staatsführung: Die Schriften des Meisters Han Fei, Kap. XX, übers. v. Wilmar Mögling, Leipzig 1994. **88** Heraklit, Fr. 48. **89** »Schmückt ihn als eitler tand die muschel – klanggeboren«, in: Stéphane Mallarmé, Sämtliche Dichtungen, übers. v. Carl Fischer u. Rolf Stabel, München – Wien 1992, S. 124 f. **90** Galileo Galilei, Il Saggiatore [dt. Die Goldwaage], 1623. **91** Alexandre Koyré, Leonardo, Galilei, Pascal, Frankfurt/M. 1998, S. 73. **92** Ort der entscheidenden französischen Niederlage 1954 im Indochinakrieg. **93** Menzius, II, A, 2. **94** Ebd., VII, A, 24. **95** Liu Xie, Wenxin diaolong, Kap. 1, Guiyang 1996. **96** Lehrgespräche, XVII, 19. **97** I Ging, Xici, A, 5. **98** Lehrgespräche, IX, 10. **99** Ebd., XIV, 41. **100** Ebd., XIV, 34. **101** Ebd., IX, 2 und VIII, 19. **102** Ebd., VII, 18. **103** Ebd., XVIII, 8. **104** Menzius, V, B, 1. **105** Maß und Mitte. **106** Menzius, VII, A, 26. **107** Sigmund Freud, Die Traumdeutung, Studienausgabe, Bd. II, Frankfurt/M. 1982, S. 583. **108** Freud spricht von »automatischen« Verschiebungen, aber ist dies wirklich der richtige Terminus? (Anm. F. J.) **109** Charles Baudelaire, Die Blumen des Bösen, übertr., hrsg. u. komm. v. Friedhelm

Kemp, München 1997. [Ü. leicht modifiziert] **110** Maß und Mitte, XXIII. **111** Menzius, VII, A, 41. **112** Platon, Philebos, 23c–26d, Sämtliche Werke, Bd. V, übers. v. Friedrich Schleiermacher, Reinbek b. Hamburg 1989. **113** Vgl. Platon, Timaios, 51e–53c, Sämtliche Werke, Bd. V. **114** Laudse, Daudedsching, §14, übers. v. Ernst Schwarz, München 1991. **115** Vgl. ebd., S. 64. **116** Ebd., §35. **117** Sikong Tu, »Yu Ji Pu shu«, in: Guo Shaoyu (Hg.), Zhongguo lidai wenlun xuan, Bd. 1, Schanghai 1981 ff., S. 500. **118** *Yulu*, von Schülern aufgezeichnete Gespräche mit ihren philosophischen Lehrern, hier zitiert nach der Edition von Wang Yangming. **119** Jean-Paul Sartre, Das Sein und das Nichts, Reinbek b. Hamburg 1991, S. 843, 876. **120** Mallarmé, Sämtliche Dichtungen, S. 284 f. **121** Jacques Lacan, Die vier Grundbegriffe der Psychoanalyse. Das Seminar XI (1964), Weinheim, Berlin 1987, S. 38. **122** Aristoteles, Metaphysik, IV, 1006c, d. **123** Zhuangzi, Kap. 33. **124** Laudse, Daudedsching, §23. **125** Zhuangzi, Kap. 33. **126** Vgl. ebd., Kap. 27 »Yu yan«. Das Kapitel kann zugleich als Einleitung in Zhuangzis Werk dienen. **127** Mallarmé, Sämtliche Dichtungen, S. 284. **128** Vgl. Georges Braque, Le jour et la nuit, Paris 1952. **129** Marcus Fabius Quintilianus, Ausbildung des Redners, VIII, 6, 44, übers. v. Helmut Rahn, Darmstadt 2006. **130** Pierre Fontanier (1765–1844), frz. Grammatiker, dessen Abhandlungen über rhetorische Stilfiguren auch von den Strukturalisten rezipiert wurden. **131** Friedrich Schlegel, Kritische Ausgabe seiner Werke, Bd. 18, Paderborn 1963, S. 357. **132** Ebd., S. 416. **133** Jean-François Lyotard, »Vorstellung, Darstellung, Undarstellbarkeit«, in: ders., Das Inhumane, Wien 2001, S. 146. **134** Eingangsbemerkung, in: Laudse, Daudedsching. **135** Qu Yuan (um 340–278 v. u. Z.), Dichter aus der Zeit der Streitenden Reiche. **136** Freud, »Bemerkungen über einen Fall von Zwangsneurose«, S. 38 f. **137** Sigmund Freud, Selbstdarstellung, GW, Bd. 14, Frankfurt/M. 1991, S. 66. **138** Vgl. Sigmund Freud, »Analyse der Phobie eines fünfjährigen Knaben«, Studienausgabe, Bd. VIII, Frankfurt/M. 1982. **139** Martin Heidegger, Sein und Zeit, Tübingen 1986, S. 174 (§37. Die Zweideutigkeit). **140** Aristoteles, Metaphysik, IV, 1003b. **141** Ebd. **142** Vgl. Pierre Aubenque, Le problème de l'être chez Aristote, Paris 1991. **143** Platon, Sophistes, 241d. **144** Platon, Gorgias, 496e, Sämtliche Werke, Bd. I. **145** Georg Wilhelm Friedrich Hegel, Wissenschaft der Logik I, Werke 5, Frankfurt/M. 1986, S. 82 f. **146** Nietzsche, Jenseits von Gut und Böse, S. 17. **147** Sigmund Freud, »Beiträge zur Psychologie des Liebeslebens. I. Über einen besonderen Typus der Objektwahl beim Manne«, Studienausgabe, Bd. V, Frankfurt/M. 1982, S. 14. **148** Sigmund Freud, »Die Verdrängung«, Studienausgabe, Bd. III, S. 111. **149** Heraklit, Fr. 45. **150** Jacques Derrida, »Platons Pharmazie«, in: ders., Dissemination, Wien 1995, S. 69–190. **151** Zhuangszi, Kap. 2. **152** »doch fade schmeckt das Dau/das auge sieht es und erkennt nichts/das ohr hört es und vernimmt nichts/wer nach ihm handelt, dem versagt es nichts.« Laudse, Daudedsching, §35. **153** Platon, Gorgias, 493. **154** Augustinus, Tractatus in Epistulam Ioannis ad Parthos, III. **155** Platon, Theaitetos, 176a. **156** Zhuangszi, Kap. 12. **157** Im Französischen heißt »Unterhaltung« *entretien*. Das Verb *entretenir* bedeutet auch »erhalten« im Sinne von unterstützend am Leben erhalten, Unterhalt gewähren. Im Deutschen wird *entre* in verschiedenen Zusammenhängen mit »unter« übersetzt, so z. B. *»dit entre nous«* – »unter uns gesagt«. Daher ist das im Original angewandte Wortspiel mit »zwischen« nicht völlig übertragbar. **158** Laudse, Daudedsching, §5. **159** Platon, Symposion, Sämtliche Werke, Bd. II, übers. v. Friedrich Schleiermacher, Reinbek b. Hamburg 1980. **160** Aristoteles, Physik, V, 224b, zweiter Halbband, übers. v. Hans Günter Zekl, Hamburg 1988. **161** Zhuangzi, Kap. 3. **162** Su Dongpo alias Su Shi (1037–1101), Maler und Dichter. **163** Vgl. Braque, Le jour et la nuit. **164** Ernst Schwarz übersetzt diese Stelle: »das höchste De weiß nichts vom De/so bleibt das De erhalten/das niedre De will erhalten sein De/so geht sein De verloren.« (Laudse, Daudedsching, §38.) **165** Laudse, Daudedsching, §2. **166** Ebd., §41. **167** Ebd., §45. **168** Ebd., §41. **169** Eigentlich das *Stauwasser*, der Stillstand zwischen dem Wechsel der Gezeitenströmung. **170** Edmund Husserl, Logische

Untersuchungen, 2. Bd., Husserliana, Bd. XIX, Den Haag 1984, S. 10; siehe auch ders., Cartesianische Meditationen, Hamburg 2015. **171** Vgl. Martin Heidegger, Was ist Metaphysik? [1929], in: ders., Wegmarken, S. 103 ff. **172** Martin Heidegger, Identität und Differenz, Pfullingen 1957, S. 57. **173** Laudse, Daudedsching, § 41. **174** Joh., 12,25. **175** Georg Wilhelm Friedrich Hegel, Phänomenologie des Geistes, Werke 3, Frankfurt/M. 1986, S. 39. **176** Arthur Rimbaud, »Junger Morgen«, Das poetische Werk, übers. v. Hans Therre u. Rainer G. Schmidt, München 1988, S. 92. **177** Jean Siméon Chardin (1699–1779), frz. Maler, dessen bevorzugtes Sujet alltägliche Dinge waren. **178** Heraklit, Fr. 6. **179** Ebd., Fr. 2. **180** Ebd., Fr. 5. **181** Marcel Proust, Auf der Suche nach der verlorenen Zeit, Werke II, Bd. 1 u. 2, Frankfurt/M. 2002, S. 263 bzw. S. 328 u. 417 f. **182** Augustinus, Confessiones/Bekenntnisse, XI, übers. v. Kurt Flasch u. Burkhard Mojsisch, Stuttgard 2009. **183** Vgl. Edmund Husserl, Zur Phänomenologie des inneren Zeitbewußtseins, Hamburg 2013, S. 21 ff. **184** Henri Bergson, Denken und schöpferisches Werden, Hamburg 1993, S. 172 f. **185** Zur besseren Unterscheidung wird *reporter* mit »verschieben« und *différer* mit »aufschieben« übersetzt. Vgl. das Sprichwort »Aufgeschoben ist nicht aufgehoben«. **186** Laudse, Daudedsching, §7: »... so stellt der weise sein selbst zurück/und ist den anderen voraus/wahrt nicht sein selbst/und es bleibt ihm bewahrt/denn ohne eigensucht/vollendet er das eigene.« **187** Gottfried Wilhelm Leibniz, Monadologie und andere metaphysische Schriften, Hamburg 2002, S. 133. **188** Vgl. René Descartes, Regulae ad directionem ingenii/Regeln zur Ausrichtung der Erkenntniskraft, Hamburg 2011. **189** Friedrich Nietzsche, Menschliches, Allzumenschliches, Sämtliche Werke, Bd. 2, München 1980, S. 24. **190** Vgl. Heidegger, Sein und Zeit, S. 218 ff. bzw. S. 163. **191** Heidegger, Vom Wesen der Wahrheit, S. 186. **192** Spinoza, Ethik, S. 101. **193** Platon, Theaitetos, 145 e. **194** François Jullien, Von Landschaft leben oder das Ungedachte der Vernunft, Berlin 2016. **195** Georg Wilhelm Friedrich Hegel, Vorlesungen über die Geschichte der Philosophie, Werke 20, Frankfurt/M. 1986, S. 123. **196** Während das französische *conscience* sowohl *Bewusstsein* als auch *Gewissen* besagt, wird im Deutschen das Bewusstsein in ethischer Hinsicht *Gewissen* genannt. **197** Nietzsche, Jenseits von Gut und Böse, S. 29 ff. **198** Vgl. Husserl, Cartesianische Meditationen, S. 3. **199** Maurice Merleau-Ponty, Phänomenologie der Wahrnehmung, Berlin 1974, S. 102 f. u. 421 ff. **200** Vgl. Jean-Paul Sartre, Der Existentialismus ist ein Humanismus, Reinbek b. Hamburg 2000, S. 164 ff. **201** Vgl. Jacques Derrida, »Cogito und Geschichte des Wahnsinns«, in: ders., Die Schrift und die Differenz, Frankfurt/M. 1976, S. 56 ff. **202** Lacan, Die vier Grundbegriffe, S. 50 ff. **203** Aristoteles, Physik, 190 a. **204** Aristoteles, Metaphysik, IV, 1007b; V, 1017b; VI, 1028b usw. **205** Marc Aurel, Wege zu sich selbst, IV, 3; V, 19, hrsg. u. übers. v. Rainer Nickel, Düsseldorf/Zürich 1998. **206** Aristoteles, Metaphysik, IV, 1004b. **207** Marc Aurel, XII, 3. **208** Augustinus, De trinitate, X, 10, 14, übers. u. hrsg. v. Johann Kreuzer, Hamburg 2003. **209** Augustinus, Vom Gottesstaat, XI, 26. **210** Augustinus, Confessiones/Bekenntnisse, I. **211** Lehrgespräche, XIV, 43. **212** Ebd., XIX, 17. **213** Maß und Mitte, I. **214** Zhuangzi, Kap. 33. In Bezug auf Shen Dao und Konsorten. **215** Zhuangzi, Kap. 18, »Höchste Freude«. **216** Michel Foucault, Hermeneutik des Subjekts (1981/82), Frankfurt/M. 2004; ders., Die Regierung des Selbst und der anderen (1982/83), Frankfurt/M. 2009; und ders., Der Mut zur Wahrheit (1983/84), Frankfurt/M. 2010. **217** Menzius, VII, B, 25. **218** *Yulu*, von Schülern aufgezeichnete Gespräche mit ihren philosophischen Lehrern, hier zitiert nach der Edition von Wang Yangming. **219** Jean-Paul Sartre, Das Sein und das Nichts, S. 843, 876. **220** Vgl. Sartre, Der Existentialismus ist ein Humanismus, S. 165 ff. **221** Bei Richard Wilhelm: »des Friedens und der Stockung«. **222** Ludwig Wittgenstein, Logisch-philosophische Abhandlung, Frankfurt/M. 2003, S. 9. **223** Sun Zi, Kap. 4. **224** Sun Zi, Kap. 1. **225** Sun Zi, Kap. 5. **226** Arthur Rimbaud, »Le Bateau ivre« (»Das trunkene Schiff«), hrsg. v. Karlheinz Barck, Übersetzung von Paul Celan, Leipzig 1991, S. 49. **227** Parmenides, Fr. 4. **228** Hegel,

Phänomenologie des Geistes, S. 35. **229** Jean-François Billeter, Gegen François Jullien, Berlin 2015. **230** Samuel P. Huntington, Kampf der Kulturen. Die Neugestaltung der Weltpolitik im 21. Jahrhundert, München 2002. **231** Vgl. Charles de Montesquieu, Perserbriefe, Frankfurt/M. 1988. **232** Philippe Descola, Jenseits von Natur und Kultur, Berlin 2011, S. 414 ff. **233** Marcel Detienne, Comparer l'incomparable, Paris 2000. **234** Ein nicht ins Deutsche übertragbares Wortspiel von *jeu* = Spiel und dem fast gleich ausgesprochenen *je* = Ich. **235** Vgl. Jean-Claude Milner, Die nicht zu unterscheidenden Namen, Wien 2014. **236** Vgl. Léon Vandermeersch, Les deux raisons de la pensée chinoise, Paris 2013. **237** Lehrgespräche. **238** Zhuangzi. **239** Quelle nicht eruierbar. **240** Vgl. Derrida, Die Schrift und die Differenz, S. 121–235, sowie Emmanuel Lévinas, »Tout autrement«, in: ders., Noms propres, Montpellier 1976. **241** Johann Wolfgang Goethe, Wilhelm Meisters Lehrjahre, Werke, Bd. 4, Frankfurt/M. u. Leipzig 1998, S. 568. **242** Vgl. Paul Valéry, »Der Friedhof am Meer«, übers. v. Rainer Maria Rilke, Werke, Bd. 1, Frankfurt/M. u. Leipzig 1992, S. 181. **243** Jacques Derrida, Leben ist Überleben, Wien 2005.

Matthes & Seitz Berlin · Paperback 052

Erste Auflage dieser Ausgabe 2023

Großbeerenstr. 57A, 10965 Berlin
info@matthes-seitz-berlin.de

Redaktion: Horst Ebner
Satz: Laura Fronterré, Bielefeld
Umschlaggestaltung: Pauline Altmann, Palingen
Druck und Bindung: GGP Media GmbH, Pößneck
ISBN 978-3-7518-0120-1
www.matthes-seitz-berlin.de

François Jullien

Von Landschaft leben oder das Ungedachte der Vernunft

Gebunden mit Schutzumschlag

Während in Europa das Bewusstsein von Landschaft relativ jung ist – es taucht erst in der Malerei der Renaissance auf –, entstand es in China schon mehr als tausend Jahre früher und hat sich ohne große Unterbrechung bis heute weiterentwickelt. Anders in Europa: Nach einem Höhepunkt der Landschaftsmalerei im 19. Jahrhundert nimmt das Interesse im 20. Jahrhundert ab, um erst mit der Sorge um Natur und Umwelt wiederzuerstehen. Jullien macht in dieser grundlegenden Studie über den Begriff und die Wahrnehmung von Natur und Landschaft im östlichen und westlichen Denken deren Unterschiede für unser Denken produktiv. Er zeigt, weshalb China so früh und auf so zentrale Weise das Denken von Landschaft entwickelt hat, und wie es zur Weiterentfaltung unseres Begriffs von Landschaft und vielleicht zu dessen Neuformulierung beitragen kann.

Matthes & Seitz Berlin

François Jullien

Denkzugänge

Mögliche Wege des Geistes

Gebunden mit Schutzumschlag

Was heißt es, einen Gedanken zu fassen, einen Gedanken zudem, der einem entfernten Denken entstammt? François Jullien erkundet die Wege ins Innere der chinesischen Geisteswelt und stellt die Frage nach der Möglichkeit, Zutritt zu ihr zu erlangen. Ihre Begriffe nachzuzeichnen, ihre Geschichte zu rekonstruieren genügt dafür nicht. Erst wenn wir unser Denken wirklich hinter uns lassen, können wir uns auf alternative Wege des Geistes begeben. Anhand der konzentrierten Lektüre des ersten Satzes der chinesischen Spruchsammlung »Yi-Jing« veranschaulicht Jullien, was es heißt, verschiedene Wege des Denkens zu beschreiten – einen Text von innen her zu lesen und sich ihm von außen, von der Bibel und griechischer Philosophie her zu nähern. Im Laufe der Lektüre richtet sich zwischen beiden Interpretationszugängen eine Schwelle auf, eine Schwelle jedoch, die uns einlädt, sie zu überschreiten und einzutreten.

Matthes & Seitz Berlin

François Jullien

Existierend leben

Eine neue Ethik

Aus dem Französischen von Daniel Fastner
239 Seiten, gebunden mit Schutzumschlag

Seit Jahrtausenden ist das Denken mit der Frage befasst, was »leben« bedeutet. Doch während die philosophische Tradition das Leben in den Schraubstock abstrakter und normativer Begriffe gezwungen und somit leblos gemacht hat, ist zugleich eine Blüte an Lebensratgebern entstanden, in der die Gravität des Seins zugunsten leichtgewichtiger Statusmeldungen zur Persönlichkeitsentwicklung aus dem Blick gerät. Doch wie soll man das Leben auch einfangen, wo es sich mit seiner Vitalität im naturgemäßen Gegensatz zum Denken zu bewegen scheint? In seiner großen philosophischen Abhandlung über das Leben tastet François Jullien die verschiedenen Aspekte des Begriffs und seiner Erscheinungen im Hier und Jetzt ab und gibt ihm seine existenzielle Dimension zurück. Indem er fernöstliches und abendländisches Denken meisterhaft in Dialog bringt und das chinesische Denken und die chinesische Sprache in ihrem Reichtum begreift, zeichnet sich eine neue Ethik des Lebens ab, die nicht nur scharf gedacht, sondern auch lebensnah ist.

Jean François Billeter

Gegen François Jullien

Aus dem Französischen von Tim Trzaskalik
142 Seiten, Klappenbroschur

Seit vielen Jahren prägen die Philosophen Jean Francois Billeter und Francois Jullien mit ihren antagonistischen Positionen den Diskurs um das Verhältnis des Westens zu China. Insbesondere die Schriften Julliens genießen weltweit enorme Aufmerksamkeit, sie zielen mit ihren Thesen zur Kulturbegegnung auf globale Gültigkeit auch außerhalb der Sinologie. Der Schweizer Sinologe Jean François Billeter formuliert in diesem Debattenbeitrag Einwände gegen Julliens Methode und dessen Blick auf China. Aus seiner Sicht verhilft Jullien dem Mythos vom absolut »andersartigen« China zu neuer Virulenz und spielt damit jenen in die Hände, die ihr Desinteresse und ihre Ignoranz durch den Blendspiegel der Fremdheit kaschieren. Mit seiner scharfen Parade eröffnet Billeter eine wichtige Debatte von großer intellektueller, moralischer und philosophischer Tragweite und stellt die Weichen für die Begegnung mit dem Sein der anderen.

Matthes & Seitz Berlin

Kai Marchal

Tritt durch die Wand und werde, der du (nicht) bist

Auf den Spuren des chinesischen Denkens

Im Klassiker des Daoismus, dem Dàodéjīng, heißt es: »Wer gut zu gehen weiß, bleibt ohne Spuren.« Kai Marchal war 22, als er in den 1990ern mit der Transsibirischen Eisenbahn nach China reiste. Dieses Land verkörperte damals für ihn das radikal Andere, einen letzten Sehnsuchtsort jenseits der westlichen Lebensform. In unserer chaotischen Gegenwart ist China längst ins Zentrum der Welt gerückt; mit dem schleichenden Niedergang des Westens wird auch die neue Führungsmacht China immer wichtiger. Doch was wissen wir eigentlich über das chinesische Denken? Suchten Daoisten, Konfuzianer und Buddhisten »nur« nach Weisheit – oder verfolgten sie ein philosophisch-spirituelles Projekt, das uns auch heute noch helfen kann, ein gelingendes Leben zu führen? Welche neuen Perspektiven können uns Denker wie Lozi, Wáng Bì oder Wáng Yángmíng anbieten? Das Ergebnis von Kai Marchals langjährigem Ringen mit dem Gegenstand »China«, der sich uns wie kein anderer entzieht, ist ein Buch, das auf faszinierende Weise sehr unterschiedliche Genres miteinander verbindet: philosophische Einführung, literarischer Essay, Reisebericht, autobiografisches Bekenntnis.

»Wang Bis Gedanken macht Marchal zum Fluchtpunkt eines Memoirs, das auf höchst unsystematische und unterhaltsame Weise um die Frage kreist, wie es einen jungen Deutschen, der an sich und der ›ironischen Coolness‹ seiner bundesrepublikanischen Umgebung leidet, zum alten China verschlägt und nach Zwischenstationen in Heidelberg, Paris und Osaka nach Taiwan.«
– Mark Siemons, *FRANKFURTER ALLGEMEINE SONNTAGSZEITUNG*

Weiming Tu, Kai Marchal (Hg.)

Menschsein lernen

Entwurf eines Humanismus im konfuzianischen Geist

Deutsche Übersetzung von Kai Marchal und Guje Kroh
140 Seiten, Klappenbroschur

»Weisheit« ist ein Begriff, mit dem die westliche Philosophie heute wenig anfangen kann, und doch waren es die Gründerväter auch der westlichen Philosophie, allen voran Sokrates, die sich mit der »Weisheit« beschäftigt haben. Immer geht es ihnen darum, das Leben zu ändern und dem Getriebe unserer Welt, die wir heute als kapitalistisch bezeichnen, zu entkommen. Michael Hampe und Kai Marchal unternehmen nun zusammen mit anderen Wissenschaftler:innen und Poet:innen den höchst anregenden und durchaus vergnüglichen Versuch, Konzepte von Weisheit – seien sie theoretisch, narrativ, poetisch, kontemplativ oder meditativ – näher zu bestimmen und zu vermitteln – in der Überzeugung, dass die allgemeine und sich stetig vertiefende Kenntnis der Lebenslehren der unterschiedlichen Kulturkreise nicht nur akademisch eine dringende Aufgabe darstellt, sondern auch für ein mögliches, globalisiertes, friedliches, gedeihliches und auf Dauer fortsetzbares Alltagsleben von Bedeutung ist.

Mit Beiträgen von Michael Krüger, Gert Scobel, Daniel Strassberg, Christian Unverzagt, Kai Marchal, Michael Hampe, Elisa Duca und Andreas Walther

»Weisheit, das zeigt dieser Band, kann sogar unterhaltsam sein.«
– Jutta Person, *PHILOSOPHIE MAGAZIN*

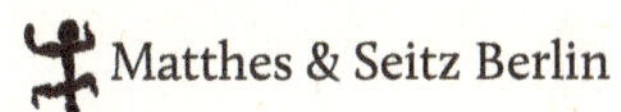

Tetsuro 哲郎 Watsuji 和辻

Fudo 風土
Wind und Erde

Übersetzt und eingeleitet von
Dora Fischer-Barnicol und Ryogi Okochi
272 Seiten, gebunden mit Schutzumschlag

Tetsurō Watsuji zählt zu den herausragenden Philosophen Japans. Schon früh widmete er sich Fragen des Klimas und schrieb 1935 seinen wegweisenden Essay über den Zusammenhang zwischen Klima und Kultur, der heute, vor dem Hintergrund des Klimawandels und den theoretischen Prämissen des Anthropozäns, neu gelesen werden muss. Watsuji entwickelt darin eine eigenwillige, asiatische Charakterologie des Klimas und erinnert daran, dass Klima mehr ist als Temperatur- und Niederschlagswerte: ein wesentlicher Faktor des Seins in der Welt.

»[...] ein Reisebericht, der seinen Leser*innen die Länder der Welt, zuweilen die eigene, europäische Kultur aus den Augen des ›Fremden‹ näherbringt. Auf diese Weise ermöglicht Fûdo einen zeitgenössischen, mithin historischen Blick auf unsere europäische Kultur, der derart allzu selten zu lesen ist. Gleichzeitig gemahnt das Buch mit seiner Klimageschichte an die Bedeutung der ökologischen Umwelt und an den Einfluss, den die Natur auf das menschliche Leben besitzt.«
– Felix T. Gregor, *LITERATURKRITIK.DE*